国家科学技术学术著作出版基金资助出版
信息科学技术学术著作丛书

第三类产品制造调度模式
——综合调度

谢志强 著

科学出版社

北 京

内 容 简 介

  2009 年，本书作者提出继产品加工调度和产品装配调度之后的第三类产品制造调度模式——针对单件或小批产品加工和装配一同处理的综合调度。本书按问题的特点和解决次序排序，系统介绍综合调度研究的发展过程、作用和应用，为有兴趣研究综合调度的人员提供系统、全方位的参考。

  本书可供智能计算和调度优化专业的研究生学习，也可供装配制造企业的研究人员、管理人员和从事生产计划的工作人员参考。

图书在版编目（CIP）数据

第三类产品制造调度模式：综合调度/谢志强著. —北京：科学出版社，2023.3
 （信息科学技术学术著作丛书）
 ISBN 978-7-03-075225-3

Ⅰ. ①第… Ⅱ. ①谢… Ⅲ. ①产品–生产调度–研究 Ⅳ. ①F273

中国国家版本馆 CIP 数据核字(2023)第 048123 号

责任编辑：魏英杰 / 责任校对：崔向琳
责任印制：吴兆东 / 封面设计：陈 敬

科 学 出 版 社 出版
北京东黄城根北街 16 号
邮政编码：100717
http://www.sciencep.com

北京中石油彩色印刷有限责任公司 印刷
科学出版社发行 各地新华书店经销
*
2023 年 3 月第 一 版 开本：787×1092 1/16
2023 年 3 月第一次印刷 印张：27
字数：542 000
定价：216.00 元
（如有印装质量问题，我社负责调换）

《信息科学技术学术著作丛书》序

21世纪是信息科学技术发生深刻变革的时代,一场以网络科学、高性能计算和仿真、智能科学、计算思维为特征的信息科学革命正在兴起。信息科学技术正在逐步融入各个应用领域并与生物、纳米、认知等交织在一起,悄然改变着我们的生活方式。信息科学技术已经成为人类社会进步过程中发展最快、交叉渗透性最强、应用面最广的关键技术。

如何进一步推动我国信息科学技术的研究与发展;如何将信息技术发展的新理论、新方法与研究成果转化为社会发展的推动力;如何抓住信息技术深刻发展变革的机遇,提升我国自主创新和可持续发展的能力? 这些问题的解答都离不开我国科技工作者和工程技术人员的求索和艰辛付出。为这些科技工作者和工程技术人员提供一个良好的出版环境和平台,将这些科技成就迅速转化为智力成果,将对我国信息科学技术的发展起到重要的推动作用。

《信息科学技术学术著作丛书》是科学出版社在广泛征求专家意见的基础上,经过长期考察、反复论证之后组织出版的。这套丛书旨在传播网络科学和未来网络技术,微电子、光电子和量子信息技术、超级计算机、软件和信息存储技术、数据知识化和基于知识处理的未来信息服务业、低成本信息化和用信息技术提升传统产业,智能与认知科学、生物信息学、社会信息学等前沿交叉科学,信息科学基础理论,信息安全等几个未来信息科学技术重点发展领域的优秀科研成果。丛书力争起点高、内容新、导向性强,具有一定的原创性,体现出科学出版社"高层次、高水平、高质量"的特色和"严肃、严密、严格"的优良作风。

希望这套丛书的出版,能为我国信息科学技术的发展、创新和突破带来一些启迪和帮助。同时,欢迎广大读者提出好的建议,以促进和完善丛书的出版工作。

中国工程院院士

原中国科学院计算技术研究所所长

李国杰

前　　言

对于批量相同的产品生产，一般采取先加工后装配的方式，通过加工流水线和装配流水线高效率完成产品制造。但是，对于单件复杂结构(如树状工艺树)的产品，如果采取先加工后装配的方式制造，必然割裂产品内在加工和装配可并行处理的关系，影响产品的制造效率。因此，2009年谢志强提出继产品加工调度和产品装配调度之后的第三类产品制造调度模式，即加工和装配一同处理的综合调度，简称综合调度。

本书按综合调度解决的大问题分类，即一般综合调度篇、特殊产品综合调度篇和特殊设备综合调度篇。一般综合调度篇主要介绍一般单件复杂产品、多件不同小批量产品和多件不同小批量产品动态分批制造的调度算法。特殊产品综合调度篇主要介绍存在工序间紧密衔接加工和工序间固定延迟加工的调度算法。特殊设备综合调度篇主要介绍存在相同设备、柔性设备和瓶颈设备的调度算法。

每篇按问题的特点和解决次序排序，系统介绍综合调度研究的发展过程、作用和应用，从综合调度研究的深度、广度和应用领域为有兴趣研究综合调度的人员提供系统、全方位的参考。

综合调度研究不但可以扩展制造调度解决的问题范围，而且可以推动装备制造业的发展，在调度研究、人才培养、国民经济发展等方面将发挥积极的作用。综合调度是智能制造的组成部分，也是实现《中国制造2025》的重要手段，因此研究推广综合调度可以使企业获得可观的社会效益和经济效益。

综合调度相关研究得到相关老师和学生的帮助，衷心感谢支持我探索研究的刘胜辉教授、谭光宇教授、杨静教授。感谢团队创新综合调度研究的学生，他们是，杨光、丛璟、刘秋杉、莫涛、叶广杰、刘勇、郝淑珍、周勇、李志敏、郭宇坤、胡火艳、赵磊、张磊、兰兰、王悦、于庆莲、辛宇、王鹏、邵侠、常宁宁、滕宇峥、刘长海、张伟涛、何宇静、桂忠艳、朱天浩、齐永红、韩英杰、周含笑、郑付萍、于洁、鲁光、薛戬、夏迎春、王有为、李志宁、张晓欢、郭禾、苏文秀、高一龙、余泽睿、蔡军、杨丹、裴莉榕、周伟、刘冬梅等。

限于作者水平，书中难免存在不妥之处，恳请读者批评指正。

作　者

目　　录

一般综合调度篇

第1章 综合调度基本概念介绍

1.1 引　言

由于车间调度问题(job-shop scheduling problem，JSSP)在产品数大于 2 时是 NPC(non-deterministic polynomial complete)问题[1]，人们提出许多近优解方案[2,3]。本书对综合调度问题只存在唯一紧前、紧后相关工序和独立工序两类工序时，结合操作系统中内存调度的最佳适应(best fit，BF)调度方法和首次适应(first fit，FF)调度方法的先进思想[4]，提出一种全新近优解方案，即对这两类工序分批采用拟关键路径法(allied critical path method, ACPM)和最佳适应调度算法(best fit scheduling method，BFSM)安排工序，并以实例加以验证。分析和实验表明，该方法不但约束条件少，有较令人满意的算法复杂度，而且最优效果好。

1.2 相关和独立工序调度的数学描述

设有 k 个产品，每个产品的工序数为 J_l，$l=1,2,\cdots,k$，则总工序数为 $\sum\limits_{l=1}^{k} J_l$。

在 m 个设备上加工产品，要求满足以下条件。

① 一台设备在某一时刻只能加工一道工序。

② 一道工序在某一时刻只能被一台设备加工。

③ 一台设备一旦加工某道工序，则直到该工序完成加工，这台设备才能加工其他工序。

④ 每道工序都必须在其紧前工序加工完成后，才能开始。

⑤ 当上一道工序加工完后，立即送下一道工序加工。

⑥ 每道工序的加工时间已知，并且与加工顺序无关。

⑦ 允许工序之间等待，允许设备在工序达到之前闲置。

除最后工序外，假设加工的产品只有唯一紧前、紧后相关工序和独立工序。由于产品最后工序的开始加工时间必须等其前面的相关工序和独立工序加工完毕，因此产品加工时间主要受其最后工序前的唯一紧前、紧后相关工序和独立工序全部加工完毕时间的影响。在最后工序加工时间不计的情况下，k 个产品全部加工完毕的时间为给定约束条件下的最短值，即

$$T = \min\left\{\max\left\{s_{ij} + t_{ij}\right\}\right\} \tag{1-1}$$

$$\text{s.t.}\quad \min\left\{s_{ij}\right\} \tag{1-2}$$

$$s_{ij+1} \geqslant s_{ij} + t_{ij}, \quad i=1,2,\cdots,m;\ j=1,2,\cdots,n \tag{1-3}$$

$$s_{xy} \geqslant s_{ij} + t_{ij}, \quad \text{第 } j \text{ 个工序是第 } y \text{ 个工序的紧前工序} \tag{1-4}$$

式中，s_{ij} 为设备 i 的第 j 个工序的开始加工时间；t_{ij} 为设备 i 的第 j 个工序的连续加工时间。

1.3   工序分类与分析

当只存在具有唯一紧前、紧后相关工序和独立工序两类工序时，以往调度方法都是不分工序的种类，一并考虑排序。

事实上，将两类工序分别采用不同的排序方法，不但可以在排序方法上得到互补，而且可以充分考虑工序在设备上加工的并行性，即提高设备的利用率，缩短产品加工的总时间。

1.3.1   相关工序

虽然具有唯一紧前、紧后相关工序开始加工的时间有严格的约束，但是不同的相关工序序列加工是并行的。由于各相关工序序列一般包含多个工序且加工总时间相对较长，因此加工总时间越长，相关工序序列对全部产品加工总时间的影响越大。但是，其灵活性却很差，所以只有将加工总时间长的相关工序序列优先排序，才能将相关工序排序总的调整时间段控制到最少。如果有加工总时间长度相同的相关工序序列，则优先排序相关工序数多的相关工序序列。这不但可以减少排序总时间，而且可以减少所有相关工序的加工总时间。

1.3.2   独立工序

在不考虑产品最后工序的情况下，本书将不存在紧前工序或紧后工序的工序称为独立工序。严格地说，产品加工无独立工序。

独立工序的加工特点是不但可并行、时间短，而且没有工序开始加工的时间约束，因此具有很强的灵活性。

1.4   分类排序最优性分析

分类排序的最大优点是充分考虑工序在设备上加工的并行性，将两类工序排序优势互补，既考虑相关工序对全部产品加工总时间的影响，又考虑独立工序的灵活性。

利用各相关工序序列与各独立工序在设备上加工的并行性，按工序连续加工时间的长短安排设备既可以优先安排加工总时间长的相关工序序列，又可以让灵活性强的短工序序列与各独立工序根据实际情况插入工序排序过程中形成的时间空隙段，提高各设备的利用率。

总的来说，分类排序是先分类，再综合排序，以实现快速、全部工序加工总时间尽可能少为目标。

1.5 拟关键路径法和最佳适应调度算法

1.5.1 拟关键路径法

根据最优关键路径法定理，关键路径若不包含块，则一定是最优解[3]。因此，首先将相关工序序列连续加工总时间分别求出，按总时间由长到短排序。如果有加工总时间长度相同的相关工序序列，则优先排序相关工序数多的相关工序序列。其次，将总时间最长的相关工序序列按工序加工时间和顺序分配给相关设备，即形成工序排序初始关键路径。再次，分配总时间第二长的相关工序序列，按工序序列顺序将各工序插入，并使工序尽早完工，直到全部相关工序序列都分配给相关设备。最后，根据相关工序的分析，研究应用 ACPM。

① 将所有相关工序构成三维数组 $W=[w_{ijk}]_{I*J*M}$，其中 I 为各序列按总时间由长到短排序好的相关工序序列数，如果有加工总时间长度相同的相关工序序列，则优先排序相关工序数多的相关工序序列；J 为各相关工序序列中工序数最大值；M 为设备数。

② 设与相关工序数组 $W=[w_{ijk}]_{I*J*M}$ 相应的工序连续加工时间数组为 $H=[h_{ijk}]_{I*J*M}$，工序开始时间数组为 $E=[e_{ijk}]_{I*J*M}$。

③ 相关工序加工排序要求 $e_{1(j+1)k_x} = e_{1jk_y}+h_{1jk_y}$ AND $e_{i(j+1)k_x} \geqslant e_{ijk_y}+h_{ijk_y}$ AND $\min\{e_{i(j+1)k_x}\}$ AND i，1 AND $M \geqslant k_x$，$k_y \geqslant 1$。

④ 按 $e_{1(j+1)k_x} = e_{1jk_y}+h_{1jk_y}$ 对第一序列[w_{1jk}]排序，并将安排的工序按设备加工排序，s_{kn} 表示第 k 台设备上第 n 个加工工序的开始时间，t_{kn} 表示第 k 台设备上第 n 个加工工序的连续加工时间。具体实现方法如下。

第一，对下标 i 赋值 $i \leftarrow 1$。

第二，因为设备初始时无工序，所以 $n \leftarrow 0$。

第三，如果工序属于第 k_x 台设备，即 $e_{ijk}= e_{ijk_x}$，则 $n \leftarrow n+1$，$e_{ijk} \rightarrow s_{k_x n}$，$h_{ijk} \rightarrow t_{k_x n}$。

第四，循环执行第三步，直到第一相关序列上的工序排完。

第五，顺序排列其他序列$[w_{ijk}]$ $(i \geqslant 2)$，按 $e_{i(j+1)k_x} = e_{ijk_y} + h_{ijk_y}$ AND $\min\{e_{i(j+1)k_x}\}$ 及下面的约束条件排序。

其一，如果设备已排工序间无法安排新增工序 $e_{i(j+1)k_x}$，将其排在设备 k_x 已排工序的最后，即 $s_{k_x(n+1)}=0$，则 $e_{i(j+1)k_x} \to s_{k_x(n+1)}$，$s_{k_x(n+1)} \leftarrow s_{k_xn} + t_{k_xn}$。

其二，如果设备 k_x 已排工序 n 和 $n+1$ 之间可安排新增工序 $e_{i(j+1)k_x}$，即$(s_{k_x(n+1)} - (s_{k_xn} + t_{k_xn})) \geqslant h_{i(j+1)k_x}$，则设备 k_x 上第 $n+1$ 个及以后的已排工序后移 $s_{k_xs} \to s_{k_x(s+1)}$，将 $e_{i(j+1)k_x}$ 插入合适的空闲段 $e_{i(j+1)k_x} \to s_{k_x(n+1)}$，$s_{k_x(n+1)} \leftarrow s_{k_xn} + t_{k_xn}$。

其三，循环执行上述两步，直到工序排完。

1.5.2 最佳适应调度算法

将独立工序按对应设备插入由 ACPM 形成的工序加工排列中，为了提高各设备利用率，即缩短各设备完工时间，插入对应设备的独立工序时，可以采用 BFSM 将设备的各闲置时间段控制到最短，即无法安排尚未插入的独立工序[4]。为了更好地实现 BFSM，具体方法如下。

① 将各设备的独立工序按加工时间由长到短排序，令 d_{kn} 表示独立工序按加工时间由长到短排序后，第 k 台设备上第 n 个独立工序的加工时间，其开始时间为 e_{kn}，因此有 $d_{kn} \geqslant d_{kn+1}$。

② 对排序的各设备工序，将第一个独立工序的加工时间与该设备各闲置时间段从前到后进行比较。

③ 采用 FF 调度算法[4]，对第一个满足闲置时间段大于等于加工时间的工序，将其插入该闲置时间段。此工序开始加工时间紧接该闲置时间段前的工序完工时间。

第一，如果设备 k 已排工序间无法安排新增工序 e_{kp}，将 e_{kp} 排在设备 k 已排工序的最后，即 $s_{k_x(n+1)}=0$，则 $e_{kp} \to s_{k(n+1)}$，$d_{kp} \to t_{k(n+1)}$，$s_{k(n+1)} \leftarrow s_{kn} + t_{kn}$。

第二，如果设备 k 已排工序 n 和 $n+1$ 之间可安排新增工序 e_{kp}，即 $s_{k(n+1)} - (s_{kn} + t_{kn}) \geqslant d_{kp}$，则设备 k 上第 $n+1$ 个及以后已排的工序后移 $s_{ks} \to s_{k(s+1)}$，将 e_{kp} 插入合适的空闲段 $e_{kp} \to s_{k(n+1)}$，$d_{kp} \to t_{k(n+1)}$，$s_{k(n+1)} \leftarrow s_{kn} + t_{kn}$。

④ 循环执行②和③，直到各设备的独立工序全部插入。

1.6 算法实现及复杂度分析

1.6.1 算法实现

结合相关工序序列的 ACPM 和独立工序的 BFSM。算法实现的程序流程图如

图 1-1 所示。

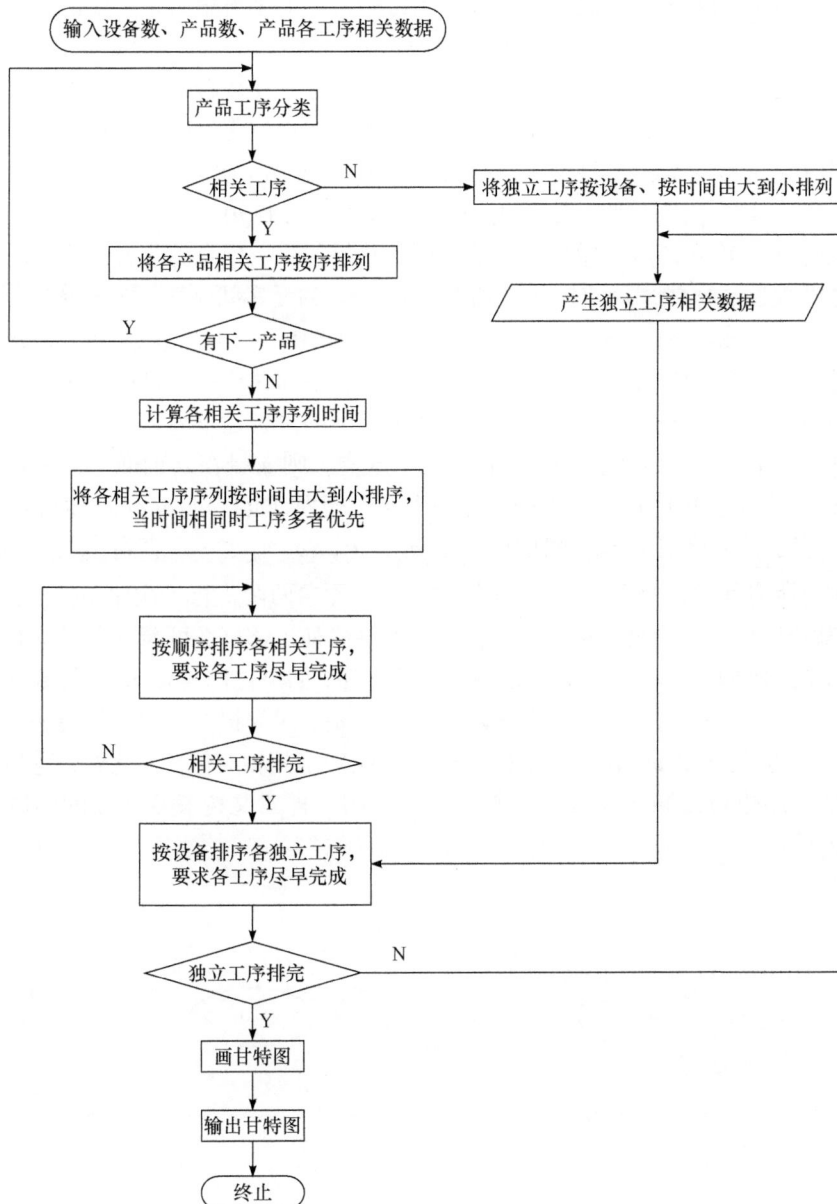

图 1-1　算法实现的程序流程图

1.6.2　排序算法复杂性

对排序算法计算时间的分析可以遵循若干种不同的准则,通常以排序过程需要的算法步数作为度量，有时也以排序过程中的链比较次数为度量。特别是，当作一次链比较需要较长的时间。例如，当链是较长的字符串时，常以链比较次数作为排序算法计算时间复杂性的度量。当排序时需要移动记录，且记录都很大时，还应该考虑记录的移动次数。究竟采用哪种度量方法比较合适，需要根据具体情况而定。在下面的讨论中，本章主要考虑用比较次数作为复杂性度量。

为了对有 n 个元素的线性表进行排序，至少必须扫描线性表一遍，以获取这 n 个元素的信息，因此排序问题的计算复杂性下界为 $O(n)$。

如果不对输入的数据做任何要求，则能获得的唯一信息就是各个元素的具体值。本章仅通过比较来确定输入序列 $<a_1,a_2,\cdots,a_n>$ 的元素间顺序，即给定两个元素 a_i 和 a_j，通过测试 $a_i<a_j$，$a_i\leq a_j$，$a_i=a_j$，$a_i\geq a_j$，$a_i>a_j$ 中的哪一个成立来确定 a_i 和 a_j 间的相对顺序。这样的排序算法称为比较排序算法。下面讨论比较排序算法在最坏情况下至少需要的次数，即排序算法在最坏情况下的复杂性下界。

假设每次比较只测试 $a_i\leq a_j$，如果 $a_i\leq a_j$ 成立，则 a_i 排在 a_j 前面，否则 a_i 排在 a_j 后面。一个比较排序算法可以描述为一串比较序列，即 (a_i,a_j)，(a_k,a_l)，$\cdots$，(a_m,a_n)，$\cdots$。该序列表示首先比较 (a_i,a_j)，然后比较 (a_k,a_l)，$\cdots$，(a_m,a_n)，$\cdots$，直到获取足够的信息，确定所有元素的顺序。显然，如果对所有的元素两两进行一次比较(共比较 C_n^2 次)，就可以确定所有元素的顺序。但是，如果序列足够好，可能不必对所有元素两两比较。例如，对 a_1、a_2、a_3 的线性表进行排序，如果先比较 a_1 和 a_2 得到 $a_1\leq a_2$，然后比较 a_2 和 a_3 得到 $a_2\leq a_3$，则不必比较 a_1 和 a_3。因为根据偏序集的传递性，必有 $a_1\leq a_3$，但是如果 $a_2\geq a_3$，则比较 a_1 和 a_3 才能确定其相对位置。此外，适当安排比较的顺序也可以减少比较的次数。这可以用一棵二叉树表示比较的顺序，如图 1-2 所示。

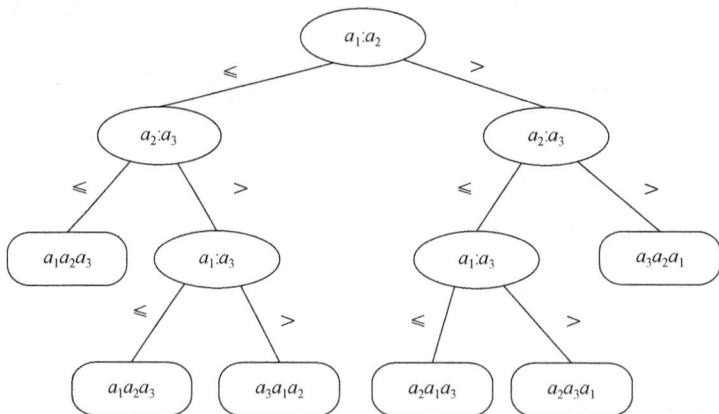

图 1-2　比较的顺序

该树的每一个非叶节点表示一次比较，每一根树枝表示一种比较结果，每一个叶节点表示一种排列顺序。这样的二叉树叫作决策树。它用树枝表示每次决策做出的选择。因此，本章可以将任何一种比较排序算法用一棵决策树表示。

如图 1-2 所示，依次比较$(a_1,a_2)(a_2,a_3)(a_1,a_3)$，一旦中间某步得到足够的信息就可以停止比较，但是当算法执行完成(三次比较)，一定可以确定三个元素间的顺序。因此，有理由将算法在最坏情况下的比较次数作为算法复杂性的度量。

显然，一棵决策树中最高叶节点的高度就是该决策树对应的算法在最坏情况下所需的比较次数，而决策树中最低叶节点的高度就是该决策树对应的算法在最好情况下所需的比较次数。

本章的问题变成对于任意一棵决策树(任意一种比较排序算法)，最高树叶的高度是多少？这个高度对应比较排序算法所需的最多比较次数。

决策树的每个叶节点对应 n 个元素的排列，其中可能有重复的。但是，由于决策树表明所有可能遇到的情况，因此 n 个元素的所有排列都在决策树中出现过。n 个元素共有 $n!$ 种排列，即决策树的叶节点数目至少为 $n!$。又因为一棵高度为 h 的二叉树的叶节点数目最多为 $2h$(满二叉树，即每个非叶节点都有两个子节点)，所以 $n!<2h$，可以得到 $h>\log(n!)$。根据 Stirling 公式，有 $n!>(n/e)n$，因此 $h>n\log n-n\log e$，即 $h=O(n\log n)$。

这就证明，对于任意一种利用比较确定元素间相对位置的排序算法，其最坏复杂性为 $O(n\log n)$。

另外，快速排序在平均情况下的复杂性为 $O(n\log n)$，最坏情况下复杂性为 $O(n^2)$；堆排序和合并排序在最坏复杂性为 $O(n\log n)$，因此堆排序和合并排序是渐进最优的比较排序算法。

1.6.3 复杂度分析

设产品数是 k，总工序数是 n，设备数是 m，由于工序分类多次排序，降低了排序算法的复杂度，因此算法的复杂度降低了。

1. 相关工序排序形成各相关工序序列

由于各相关工序序列仅与各产品有关，而相关工序总数一般是 $n/2$，因此各产品相关工序数一般是 $n/(2k)$。因为相关工序与紧前工序可成对提取，所以排序时可交叉比较相同排列，各产品相关工序排序在最坏的情况下需比较相同的次数为 $2(n/(2k)-2)$。因此，全部产品相关工序排序最多比较 $2k(n/(2k)-2)=n-4k$ 次。

例如，调度实例中 CP1 的相关工序简表(表 1-1)。

表 1-1　CP1 的相关工序简表

行	紧前工序名	相关工序名
1	A3	A1
2	A4	A3
3	A6	A4
4	A1	A5

比较排序步骤如下。

① 对角比较前两行是否相同，如果相同，沿相同对角合并(图 1-3)。

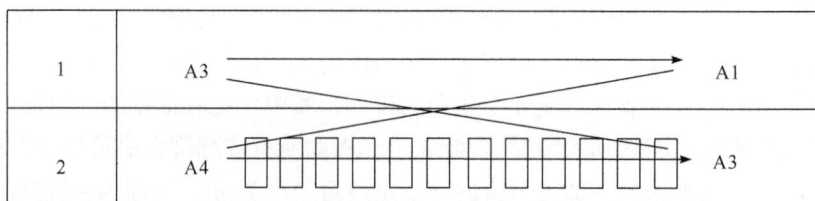

图 1-3　对角比较前两行

② 将 1、2 行排序结果与第 3 行对角比较，如果相同，沿相同对角合并(图 1-4)。

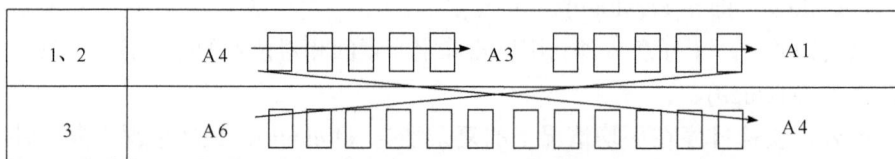

图 1-4　排序结果与第 3 行比较

③ 将 1、2、3 行排序结果与第 4 行对角比较，如果相同，沿相同对角合并(图 1-5)。

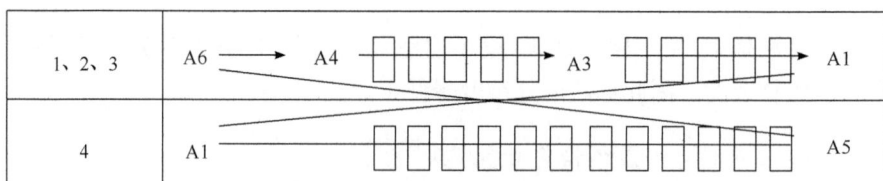

图 1-5　排序结果与第 4 行比较

④ CP1 的相关工序序列最后为 A6→A4→A3→A1→A5。

2. 独立工序在各相关设备按时间由大到小排列

由于独立工序总数一般是 $n/2$，各设备上的独立工序数一般是 $n/(2m)$。按各设备上每两个独立工序的大小排列，最坏的情况是比较 $C_{n/(2m)}^2$ 次。因此，全部独立工序在各相关设备按时间由大到小排列需要比较的次数为 $m\,C_{n/(2m)}^2$。

3. 工序加工调度排序

由于工序是将总数为 n 的工序分配到 m 台设备上，平均每台设备上分配到的工序数为 n/m，因此各设备上每个工序按开始时间的约束及设备空闲时间段的大小插入相应位置的排序需要比较的次数为 $C_{n/m}^2$。全部工序加工调度排序需要比较的次数为 $m\,C_{n/m}^2$。

综上，排序复杂度为 $O(n*(n-m)/(2m))$。

1.6.4 实例分析

当有产品 CP1、CP2、CP3 时，进行如下调度。3 个产品的加工工艺树如图 1-6 所示。

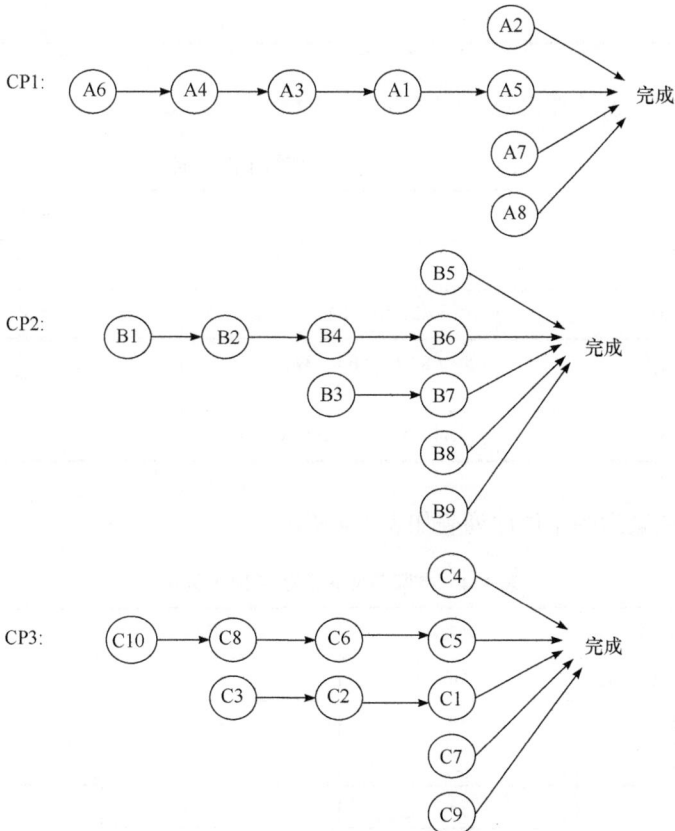

图 1-6　3 个产品的加工工艺树

工序相关数据信息表如表 1-2 所示。

表 1-2　工序相关数据信息表

产品名	工序数	1			2			3			4			5			6			7			8			9			10		
		工序名	使用机器名	紧前工序名	工序名	使用机器名	紧前工序名	工序名	使用机器名	紧前工序名	工序名	使用机器名	紧前工序名	工序名	使用机器名	紧前工序名	工序名	使用机器名	紧前工序名	工序名	使用机器名	紧前工序名	工序名	使用机器名	紧前工序名	工序名	使用机器名	紧前工序名	工序名	使用机器名	紧前工序名
CP1	8	A1	M1	A3	A2	M2	—	A3	M2	A4	A4	M4	A6	A5	M3	A1	A6	M1	—	A7	M4	—	A8	M3							
CP2	9	B1	M2	—	B2	M3	B1	B3	M2	—	B4	M4	B2	B5	M3	—	B6	M1	B4	B7	M3	B3	B8	M1	—	B9	M4	—			
CP3	10	C1	M4	C2	C2	M1	C3	C3	M3	C6	C4	M2	—	C5	M2	—	C6	M3	C8	C7	M4	—	C8	M1	C10	C9	M2	—	C10	M3	—
用机时间/工时		10			1			2			3			4			5			6			7			8			9		

单机工序及连续加工总工时表如表 1-3 所示。

表 1-3　单机工序及连续加工总工时表

机器	相关工序	连续加工总工时
M1	A1、A6、B6、B8、C2、C8	35
M2	A2、A3、B1、B3、C4、C5、C9	30
M3	A5、A8、B2、B5、B7、C3、C6、C10	38
M4	A4、A7、B4、B9、C1、C7	36

有紧前或紧后的工序序列表如表 1-4 所示。

表 1-4　有紧前或紧后的工序序列表

相关工序序列	序列时间	总工时	安排机器顺序
A6→A4→A3→A1→A5	24	5	2
B1→B2→B4→B6	19	4	3
B3→B7	8	2	5
C3→C2→C1	13	3	4
C10→C8→C6→C3	25	4	1

独立工序对应相关机器由大到小排列表如表 1-5 所示。

表 1-5　独立工序对应相关机器由大到小排列表

机器	独立工序(由大到小排列)
$M1$	B8
$M2$	C9、C4、A2
$M3$	A8、B5
$M4$	B9、A7、C7

数据输入窗口如图 1-7 所示。

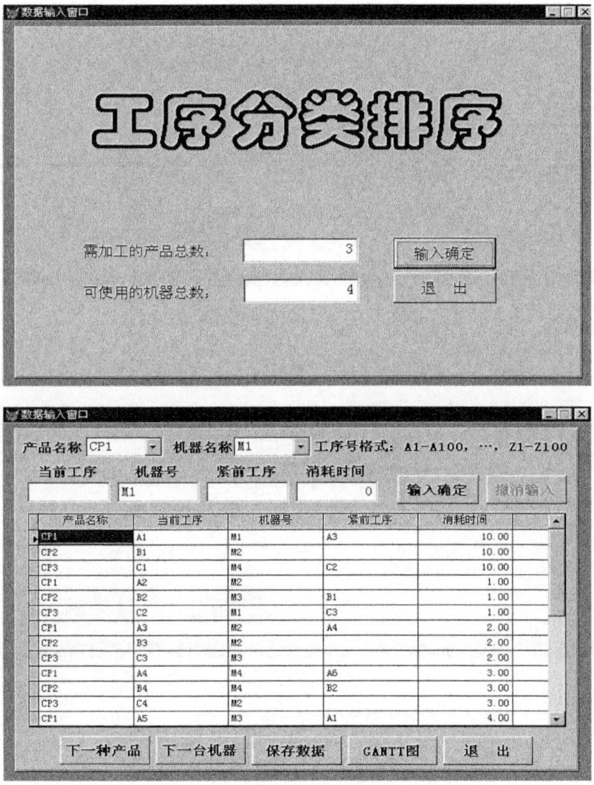

图 1-7　数据输入窗口

分批调度工序中不同阶段输出的甘特(Gantt)图(排序结果)如图 1-8 所示。可以看到，该产品最终调度周期为 43，设备利用率为 38/43≈88.4%。

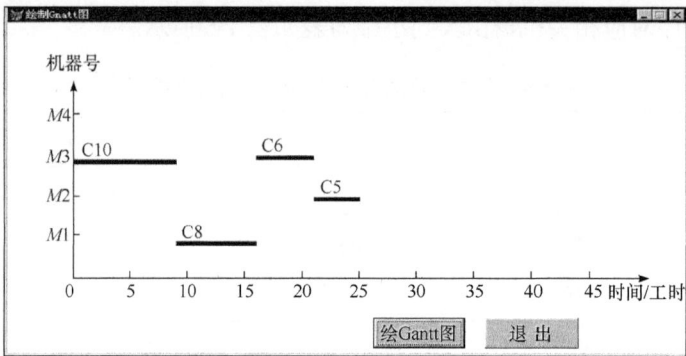

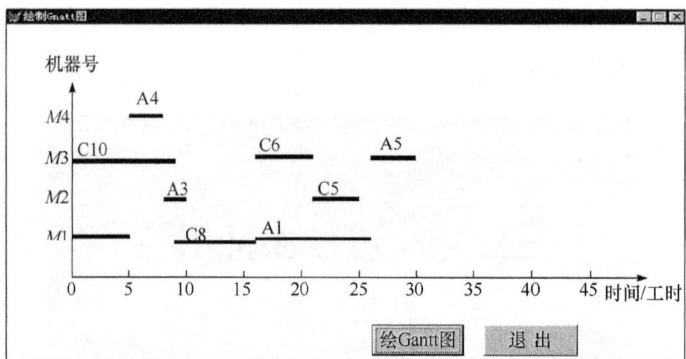

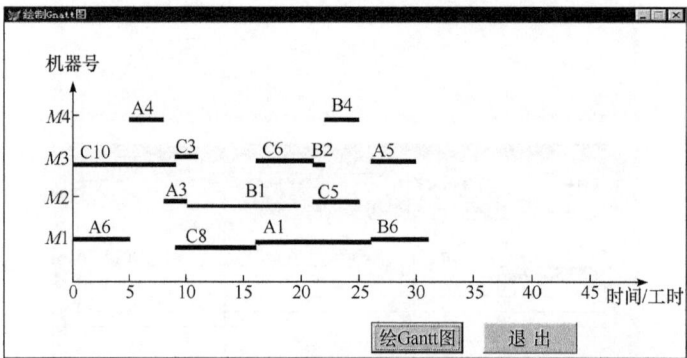

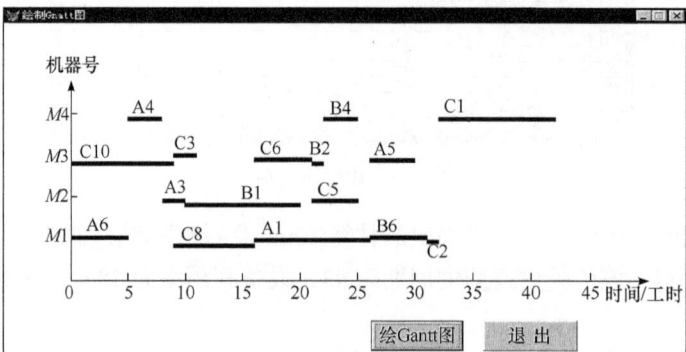

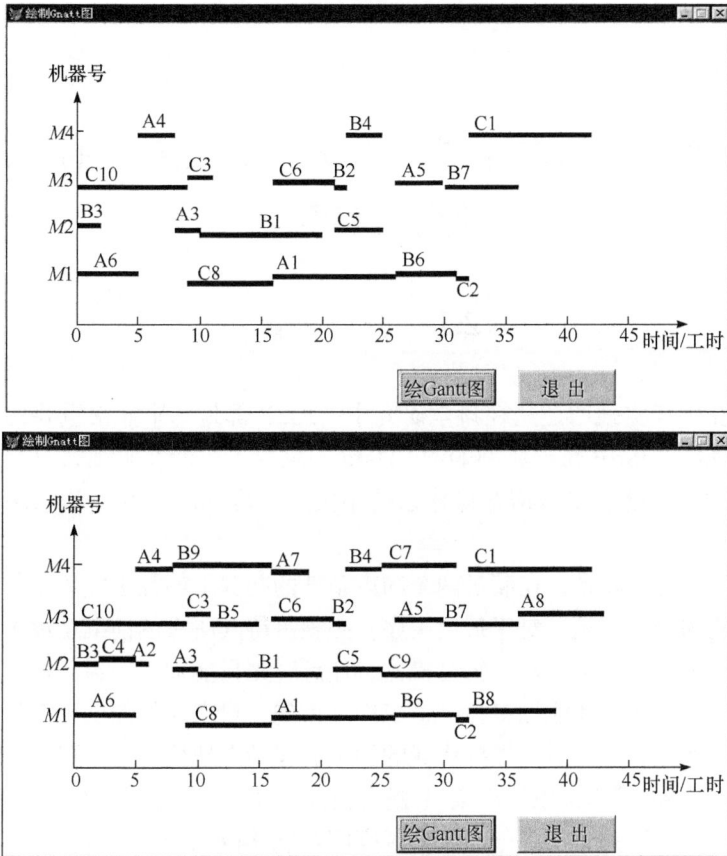

图 1-8　不同阶段输出的甘特图

1.7　本章小结

通过分析和实例验证，本章提出的调度方法是一种新的关于特殊综合调度问题的近优解方案，不但约束条件少，而且有较令人满意的算法复杂度。如果将特殊产品工艺树看作一般产品加工工艺树的末端分支[5]，该调度方法可以推广到一般的综合调度问题。

第2章 可动态生成具有优先级工序集的单产品综合调度算法

2.1 引　言

无论在生产实践中还是在科学研究中，JSSP 都是一个非常重要的问题。理论上已经证明，JSSP 属于典型的 NP-Hard 问题，不可能在多项式复杂度的算法时间内找到最优解。本章借鉴操作系统中关于调度的思想和算法求解单产品的 JSSP。

本章研究的问题是，在满足两个约束条件的前提下使加工完单个作业所用的时间尽可能的少。一是，对于每道工序，必须等待其所有的前继工序加工完毕后才加工此道工序。二是，对于每台机器，任意时刻只能加工一道工序，且必须满足加工完一道工序后才能加工另一道工序。首先，对产品的加工环节进行分析，为工序设置优先级。然后，根据作业的加工流程动态地构造一个可供调度的备选工序集，在遵循机器忙原则的基础上提出四种调度策略。最后，给出完整的算法，验证本章提出的算法对于单产品综合调度问题能够得到较优的解。

2.2　单产品综合问题描述

对于作业 P_i，必须在满足以下两个约束条件的情况下，使加工 P_i 的时间最短。作业 P_i 需要工序 $P_{i1}, P_{i2}, \cdots, P_{ij}, \cdots, P_{il}\,(l=1,2,\cdots)$。

① 若满足 $P_{ij} \prec P_{ik}\,(j,k=1,2,\cdots,l)$，$\prec$ 为偏序关系，即必须等待工序 P_{ij} 加工完毕后才能开始工序 P_{ik}。

② 对于机器集合 $M=\{M1,M2,\cdots,Mi,\cdots,Mk\}$。若 P_{ij} 在 Mi 上加工，则必须等待 P_{ij} 加工完毕，Mi 方可成为空闲机器。

由于 $Mi\,(i=1,2,\cdots,k)$ 上加工的工序是已知的，设 E_i 是在 Mi 上加工完最后工序的时间，因此问题的解可表示为

$$T = \min\{\max\{E_1, E_2, \cdots, E_i, \cdots, E_k\}\} \tag{2-1}$$

2.3　单产品综合调度问题分析

在本章涉及的综合问题中，由于没有相同的加工机器，因此加工机器是稀有资源。为了减少总的加工时间，就要充分利用资源(加工机器)，即尽可能地使机器不停地工作。本章调度工序遵循两个原则。第一个原则是，当有工序需要机器，且机器空闲时，将机器分配给工序。第二个原则是，尽可能地使加工机器并行工作。因为机器并行加工的时间越长，总的加工时间就越短。

定义 2-1 (加工工艺树)　单一作业 P_i 的所有工序在偏序关系作用下可以映射为一棵树，称为加工工艺树。

显然，加工工艺树上的节点代表工序，边代表偏序关系。叶节点工序为初始可加工工序，根节点为最后加工的工序。根节点加工完毕表明作业加工完毕。由于每种类型的机器只有一台，而在某一时刻很可能有若干工序需要在同一台机器上加工，因此会出现类似操作系统中作业(进程)分配处理机的情况。这就是工序争夺同一台加工机器[6]。合理地解决竞争是得到较优解的关键。下面对加工工艺树进行分析，利用操作系统中作业(进程)调度的算法解决竞争问题。

定义 2-2 (可调度工序)　设 $P_{l1}, P_{l2}, \cdots, P_{lm}$ 为叶节点工序，而且都需要在同一台机器 Mi 上加工。当 Mi 空闲时，称 $P_{l1}, P_{l2}, \cdots, P_{lm}$ 为可调度工序。

定义 2-3 (准可调度工序)　设 $P_{l1}, P_{l2}, \cdots, P_{lm}$ 为叶节点工序，而且都需要在同一台机器 Mi 上加工。当 Mi 忙时，称 $P_{l1}, P_{l2}, \cdots, P_{lm}$ 为准可调度工序。

定义 2-4 (不可调度工序)　所有非叶节点工序为不可调度工序。

定义 2-5 (备选工序集)　所有可调度工序和准可调度工序的集合。

2.4　调度策略设计

下面加工工艺树上的长方块代表的是产品工序号 / 加工机器号 / 工序加工时间。

2.4.1　优先级调度策略

首先，为工序设置优先级。设加工工艺树为 c 层，将根节点工序的优先级设置为 1，所有子节点工序的优先级设置为 2，依此类推。规定根节点工序的优先级最低，c 层的优先级最高。若存在可调度工序 $P_{i1}, P_{i2}, \cdots, P_{ic}$，优先级分别为 $Y_1, Y_2, \cdots, Y_c$（$Y_i \neq Y_j, \ i \neq j$），且它们都需要在机器 Mi 上加工。设 P_{ij} 为优先级最小的工序，其优先级为 Y_j，从 P_{ij} 到根节点的路径上的工序序列为 P_{ij}，P_{ij}^1，P_{ij}^2，$\cdots$，P_{ij}^r；P_{ik} 为优先级次小的工序，其优先级为 Y_k，从 P_{ik} 到根节点路径上的工序序列为 P_{ik}，P_{ik}^1，P_{ik}^2，$\cdots$，P_{ik}^s。由于 $Y_j < Y_k$，如果优先调度 P_{ij}，则可能使 P_{ij} 路径上剩余的工序与 P_{ik} 路径上的工序可并行加工的工序数会减少，使并行加工的时间减少，总的加工时间增加[7,8]。最极端的，当调度完 P_{ij} 后，P_{ij} 上没有工序可以与 P_{ik}，P_{ik}^1，P_{ik}^2，$\cdots$，P_{ik}^s 上的工序并行加工；如果优先调度 P_{ik}，由于 P_{ik} 的优先级较高，当调度完 P_{ik} 后，一定不会使路径 P_{ij}，P_{ij}^1，P_{ij}^2，$\cdots$，P_{ij}^r 和路径 P_{ik}^1，P_{ik}^2，$\cdots$，P_{ik}^s 上可并行加工的工序数减少。这可以保证不增加总的加工时间。对于优先级更高的工序 $P_{ix} \in \{ P_{i1}, P_{i2}, \cdots, P_{im} \}$ 和 P_{ik}，由以上分析可以看出，应该优先调度 P_{ix}。由此可知，对于 $P_{i1}, P_{i2}, \cdots, P_{im}$，应该优先调度优先级最高的工序。

对于图 2-1 所示的加工工艺树，优先调度低优先级工序的甘特图如图 2-2 所示，优先调度高优先级工序的甘特图如图 2-3 所示。

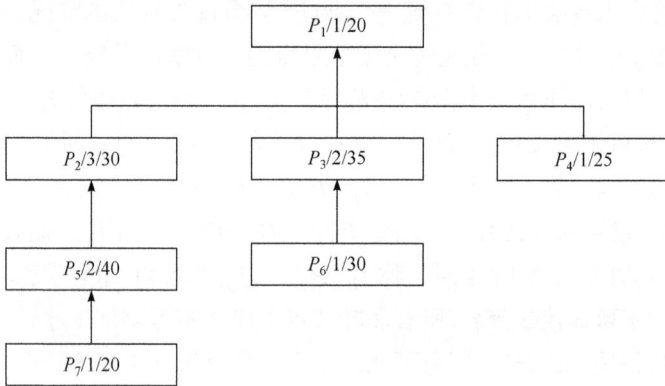

图 2-1　加工工艺树

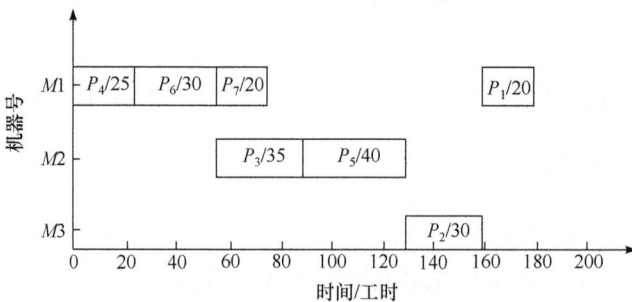

图 2-2　优先调度低优先级工序的甘特图(180 工时)

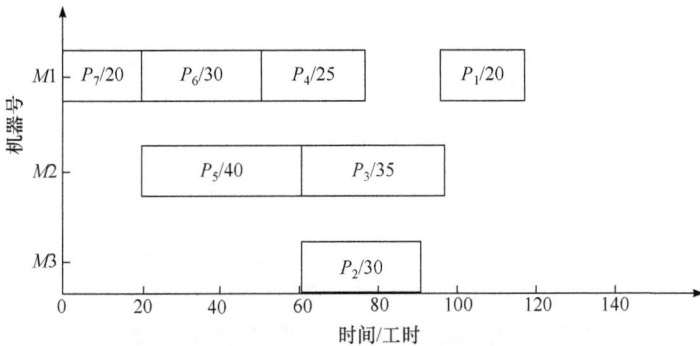

图 2-3　优先调度高优先级工序的甘特图(115 工时)

2.4.2　短用时调度策略

若存在可调度工序 P_{i1}，P_{i2}，$\cdots$，P_{im}，它们的优先级相同，都是 Y_i，而且都需要在同一台机器 Mi 上加工，用时分别为 t_{i1}，t_{i2}，$\cdots$，t_{im}。在这种情况下，P_{i1}，P_{i2}，$\cdots$，P_{im} 在 Mi 上一定是串行加工的，又由机器忙原则和优先级策略可知，加工是紧密的，即加工完一个工序后立刻加工另一个工序。因此，无论先加工哪个工序都不会影响与正在其他机器上加工的工序并行加工。又设 $P_{ij} \in \{P_{i1}, P_{i2}, \cdots, P_{im}\}$，$t_{ij} = \min\{t_{i1}, t_{i2}, \cdots, t_{im}\}$，$P_{ij}^1$ 为 P_{ij} 的直接后继工序，由于 P_{ij} 的用时最少，优先调度有两个明显的优点。首先，调度完 P_{ij}，可以使其后继工序 P_{ij}^1 获得比较早的可被加工的时间。其次，对于集合 $\{P_{i1}, P_{i2}, \cdots, P_{im}\} - \{P_{ij}\}$ 中的工序来说，也可以比较早地获得 Mi，从而使其后继工序能够较早地被加工[9,10]。对图 2-4 所示的加工工艺树，优先调度用时长的工序甘特图(130 工时)如图 2-5 所示，优先调度用时短的工序甘特图(120 工时)如图 2-6 所示。由此可见，短用时策略可以减少用时。

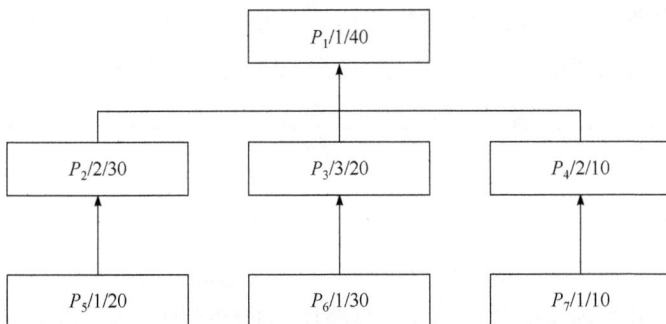

图 2-4　加工工艺树

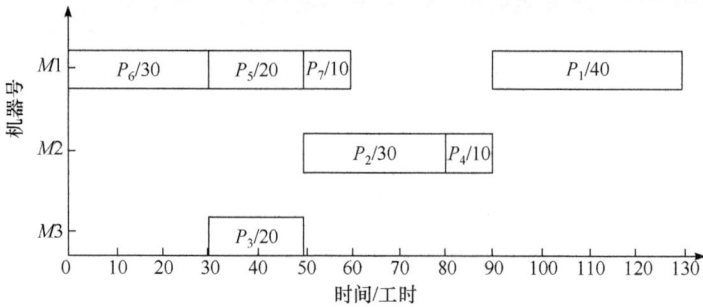

图 2-5　优先调度用时长的工序甘特图(130 工时)

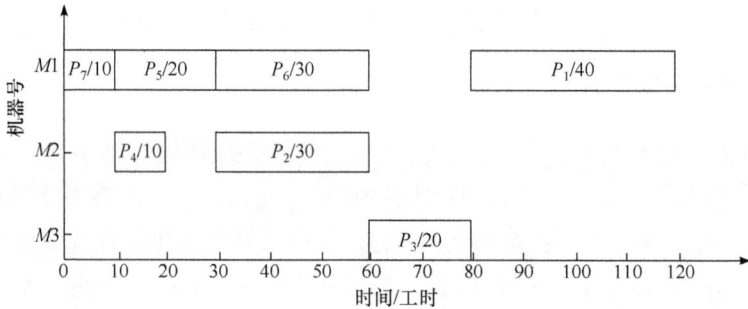

图 2-6　优先调度用时短的工序甘特图(120 工时)

2.4.3　长路径调度策略

定义 2-6 (路径)　设 $n_1, n_2, \cdots, n_r$ 为加工工艺树上的节点，n_1 为叶节点，n_r 为根节点，n_{i+1} 为 n_i 的父节点，称此节点序列为路径。

定义 2-7 (路径长度)　设路径 $n_1, n_2, \cdots, n_r$，加工节点上的工序需要的时间为 $t_1, t_2, \cdots, t_r$，$L = \sum_{i=1}^{r} t_i$ 为 n_1 的路径长度。

若存在可调度工序 $P_{i1}, P_{i2}, \cdots, P_{im}$，它们的优先级相同，都为 Y_i；需要在同一台机器 Mi 上加工；用时分别为 $t_{i1}, t_{i2}, \cdots, t_{im}$，而且 $t_{i1} = t_{i2} = \cdots = t_{im}$。设从 P_{is} ($s = 1, 2, \cdots, m$) 到根节点的路径上的工序序列为 $P_{is}, P_{is}^1, P_{is}^2, \cdots, P_{is}^r$，用时分别为 $t_{is}, t_{is}^1, t_{is}^2, \cdots, t_{is}^r$，$P_{is}$ 的路径长度为 $L_{is} = \sum_{k=0}^{r} t_{is}^k$ (其中 $t_{is}^0 = t_{is}$)，P_{is}^1 的路径长度为 $L_{is}^1 = \sum_{k=1}^{r} t_{is}^k$。由于 $t_{ij} = t_{ik}$ ($j, k = 1, 2, \cdots, m$)，因此无论优先调度哪个工序都不会使后续工序的调度时间提前，但是可以影响总的加工时间。总的加工时间取决于并行加工的时间，并行加工的时间越长，总的加工时间越短，反之亦然[11,12]。又因为并行加工的时间取决于短路径，所以当优先调度 P_{ij} ($L_{ij} = \min \{ L_{i1}, L_{i2}, \cdots, L_{im} \}$)，

后面工序的并行时间便取决于 L_{ij}^1 。 $L_{ij}^1 = \min\{ L_{i1}^1, L_{i2}^1, \cdots, L_{im}^1 \}$ ，也就是说后续工序并行加工的时间最短。这样会使整个加工的时间增加，因此应该优先调度路径较长的工序。

　　分别采用短路径策略和长路径策略调度如图 2-7 所示的加工工艺树。优先调度短路径工序的甘特图如图 2-8 所示。优先调度长路径工序的甘特图如图 2-9 所示。

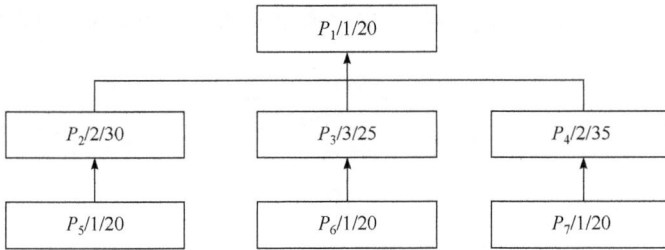

图 2-7　加工工艺树

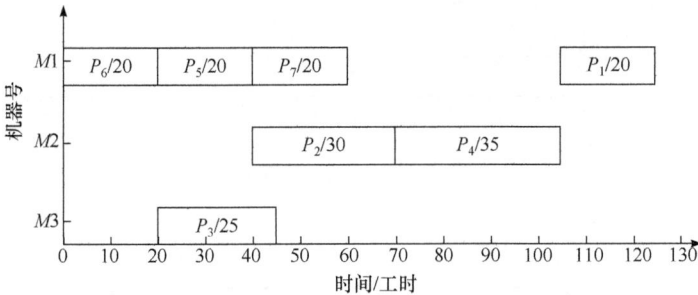

图 2-8　优先调度短路径工序的甘特图(125 工时)

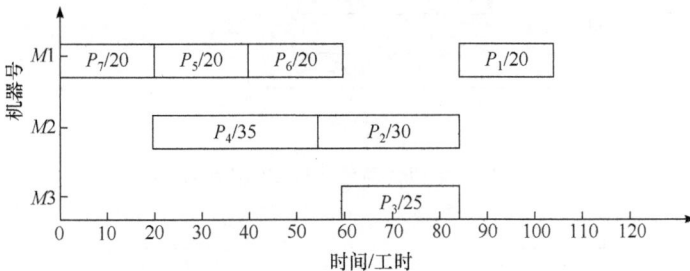

图 2-9　优先调度长路径工序的甘特图(105 工时)

2.4.4　动态调整调度策略

　　若存在优先级为 Y_j 的不可调度工序 P_{ij}，优先级为 Y_k 的可调度工序 P_{ik}，P_{ik}^1 是 P_{ik} 的直接后继工序，P_{ij} 和 P_{ik} 需要在 Mi 上加工，且满足 $Y_j \geqslant Y_k + 1$。根据机器忙原则，此时应调度 P_{ik}。但是，由于存在 P_{ij}，调度完 P_{ik} 后会出现两种情况，即在

P_{ik} 加工完毕时，P_{ij} 仍为不可调度工序；在 P_{ik} 加工完毕之前，P_{ij} 为准可调度工序。对于第一种情况，因为在 P_{ik} 加工完毕之前没有优先级更高的工序，而且根据机器忙的原则，应该调度 P_{ik}。对于第二种情况，若仍然先调度 P_{ik}，则在 P_{ik} 加工完毕之前的某一时刻，P_{ij} 成为准可调度工序，而 P_{ik} 的优先级比 P_{ij} 的低，此时违背优先级策略。因此，对于第二种情况应该使 P_{ik} 等待，不予调度。对于图 2-10 所示的加工工艺树，若采取非动态调整策略，则总的加工时间为 85 工时(图 2-11)；否则，为 90 工时(图 2-12)。

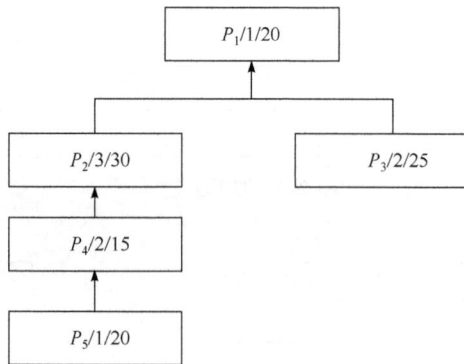

图 2-10　加工工艺树

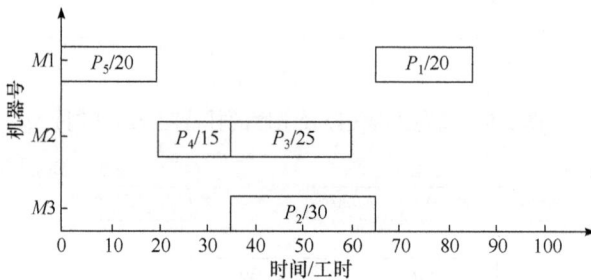

图 2-11　非动态调整的甘特图(85 工时)

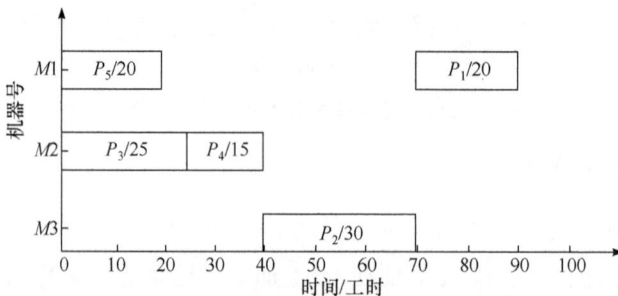

图 2-12　动态调整的甘特图(90 工时)

2.5　算 法 设 计

根据以上分析，对单个产品的加工工艺树采用下面描述的算法进行调度。

① 根据加工工艺树的层结构为工序设置优先级。

② 根据加工工艺树生成备选工序集。若工序集为空，则转到第⑤步。

③ 根据优先级调度策略从备选工序集中选取优先级最高的可调度工序。若工序唯一，则选取此工序；否则，根据短用时调度策略选取用时最少的工序。若用时最少的工序不唯一，则根据长路径调度策略选取路径最长的工序。

④ 若选取的工序满足动态调整条件，或者在所有需要在同机器上加工的工序优先级最高，则调度此工序；否则，在优先级最高的工序中任选一个可调度工序进行调度。然后，从加工工艺树上删除此节点，从备选工序集中删除此工序，转到第②步。

⑤ 结束。

需要说明的是，选取不是调度，③是选取的过程，④是决定是否调度的过程。

2.6　算法复杂度分析

设作业 P_i 的工序数为 n，则加工工艺树上有 n 个节点。初始时，备选工序集中最少有 1 个工序，最多有 $n-1$ 个工序。这里只分析备选集中包含工序最多的情况。因为初始时备选集中有 $n-1$ 个工序，所以最极端的情况是，调度第一个工序需要比较 $4(n-2)$ 次，调度第二个工序需要比较 $4(n-3)$ 次。当备选集中只包含最后两个工序时需要比较 1 次。因此，算法需要比较的次数为 $4[(n-2)+(n-3)+\cdots+2+1]=2n^2-6n+4$，时间复杂度为 $O(n^2)$。

2.7　实 例 分 析

这里分别采用算法①(基于 ACPM 和 BFSM 的综合调度算法[13,14])和算法②(本章提出的算法)对图 2-13 所示的加工工艺树进行调度。调度的结果如图 2-14 和图 2-15 所示。可以看出，本章提出的算法可以得到较好的解，用时比算法① 缩短约 10%。

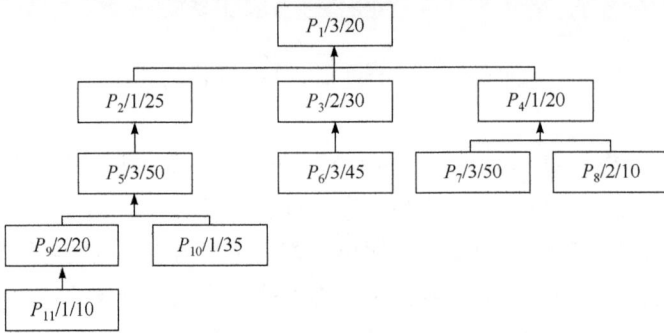

图 2-13　加工工艺树

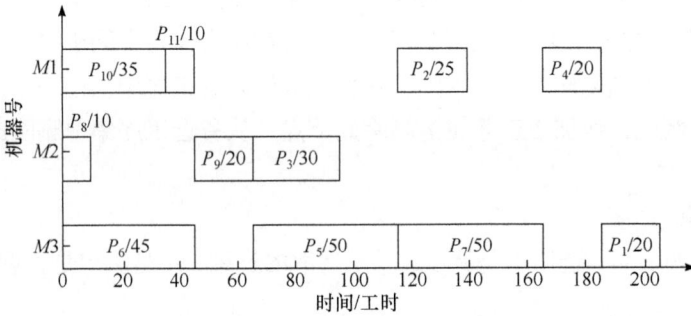

图 2-14　算法①的甘特图(205 工时)

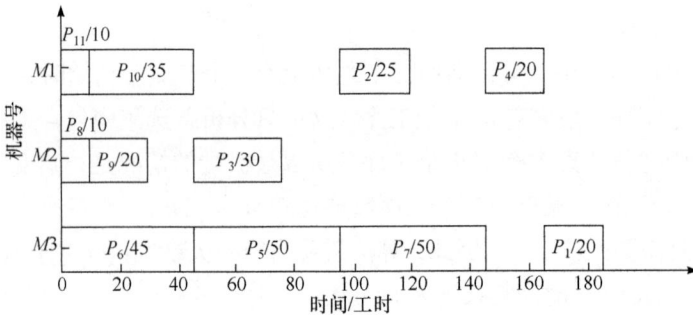

图 2-15　算法②的甘特图(185 工时)

2.8　本章小结

由上面的分析和实例验证可以看出，本章提出的算法对于综合问题能够得到较优的解。由于调度的过程中不存在将工序调出备选工序集的情况，因此算法可以避免操作系统的抖动问题。若将每个作业看作一个加工工艺树的子树，则可先生成一棵虚拟的加工工艺树，然后应用本章算法对其进行调度。因此，本章提出的算法可以作为研究多作业综合问题的基础。

第3章 关键设备工序紧凑的综合调度算法

3.1 引 言

受前两章结论的启发,本章在考虑使关键设备上的工序尽量紧凑的情况下,用 ACPM 和 BFSM 解决一般综合调度问题。

由于综合调度问题在产品数大于 2 时是 NPC 问题,因此人们提出许多近优解方案。本书对综合调度问题的加工工艺树进行分解,使工序在一定时间段是具有唯一紧前、紧后的相关工序,或具有独立工序,再结合操作系统中内存调度的 BF 调度方法和 FF 调度方法的先进思想,考虑关键设备的工序紧凑性,通过分析提出一种解决一般综合调度问题的全新近优解方案:将工序分类,对这两类工序分批采用 ACPM 和 BFSM 安排工序,同时考虑使关键设备上的工序尽量紧凑,并以实例加以验证。该方法是较常用的启发式算法,不但约束条件少,有较令人满意的算法复杂度,而且最优效果好。

3.2 工序分类与分析

以往调度方法都是不分工序种类,采用某一种方法排序。事实上,将工序分类采用不同的排序方法,不但可以在排序方法上得到互补,而且可以更充分地考虑工序在设备上加工的并行性,即提高设备的利用率,缩短产品加工的总时间。

3.2.1 产品加工工艺树的分析

一般产品的加工工艺树呈树状形式,只是边的方向与树相反,因此产品加工工艺树中出度为零的节点为树根,即产品加工的最后一道工序,树中入度为 0 的节点为树叶,入度大于 1 的节点为叉点。

各个工序从整体上虽然彼此都有联系,但是如果仔细分析,会发现每个工序都有其自身的特点。从整个产品加工工艺树看,是否前后有直接与其联系的紧前或紧后工序,紧前工序有几个、与最后工序的联系,即属于关联最后工序的哪个分支。从产品加工工艺树的某个分支或某个分支的分支看,每个工序都有上面分析的不同特点。

　　每个工序都有不同的特点，因此其对产品加工结束时间所起的作用也不同。通过对产品加工工艺树的分析与分解，对产品加工结束时间起关键作用的工序称为关键工序。将关键工序加工顺序在其所需要的设备上紧凑排序，可以使关键工序尽早完工。对于非关键工序，利用设备加工工序的并行性，根据工序加工的前后顺序，分别插入由关键工序在相应设备上加工排序产生的空闲段中。因此，对产品加工工艺树仔细分析与分解，结合有效的调度方法，可以缩短产品加工的总时间，即求出产品加工调度的近优解。

3.2.2　加工工艺树的分解及工序加工的优先级

　　产品加工工艺树的分解是为了找出产品加工的关键工序，同时对非关键工序给出工序加工的优先级，即给出一种工序调度方法。

　　产品加工工艺树的分解方法从树根(产品加工的最后工序)开始，目的是找出产品加工的关键工序。产品加工工艺树的分解步骤如下。

　　① 根据最后工序的紧前工序，将产品加工工艺树分解为产品加工的最后工序和以最后工序的紧前工序为支树根的分支。这些分支对最后工序是相对独立的，且可并行加工。为了缩短产品加工的总时间，应使这些分支全部加工完毕所需要的时间尽可能少。

　　② 对产生的分支分别计算其加工关键路径的长度。加工关键路径是指从叶到根的最长路径。关键路径长度的计算方法是计算各分支所有从叶到根的路径长度(路径上各工序连续加工总时间)，其中最长路径为该分支的关键路径。如果最长路径不止一条，最长路径为工序数最多的路径，同时按关键路径长度由大到小排序各分支。

　　③ 假定排序的各分支为加工工艺树，再按①、②分解，直到余下的工序仅为具有唯一紧前、紧后的相关工序，或者独立工序。

　　④ 优先调度属于关键路径上的工序。至于其他工序，虽然具有唯一紧前、紧后的相关工序，开始加工的时间有严格的约束，但是不同的相关工序序列加工是并行的。由于各相关工序序列一般包含多个工序且加工总时间相对较长，因此加工总时间越长的相关工序序列，对全部产品加工总时间的影响越大，但是灵活性却很差，只有将加工总时间长的相关工序序列优先调度，才能将相关工序排序总的调整时间段控制到最少。如果有加工总时间长度相同的相关工序序列，则优先调度相关工序数多的相关工序序列。这不但可以减少排序总时间，而且可以减少所有相关工序加工总时间。独立工序不但可并行、时间短，而且没有工序开始加工的时间约束，具有很强的灵活性，因此最后调度独立工序。

　　以上是对一个产品的加工分析，如果有多个产品同时加工，将各产品分别看作一个大产品不同的并行分支即可。如果某产品有最长的加工关键路径，则称其为关键产品。

3.2.3 分类排序最优性分析

因为关键路径一般包含多个工序且加工总时间相对较长，所以它对全部产品加工总时间的影响大，但是灵活性差。优先调度属于有最长关键路径分支上的工序，可以将最长关键路径上的工序紧凑排序，使最长关键路径上的最后工序尽早完工。利用各分支工序在设备上加工的可并行性，其他分支上的工序可以按分支上关键路径的长度由大到小在相应设备上并行排序。

分类排序的最大优点是充分考虑工序在设备上加工的并行性，既考虑关键路径上的工序对全部产品完工时间的影响较大，又考虑非关键路径上工序有很强的灵活性，将两类工序排序优势互补，可以让灵活性强的非关键路径上的工序根据实际情况插入关键路径在工序排序过程中形成的时间空隙段。

总的来说，分类排序是先分类，再综合排序，是以实现一个快速的、全部工序完工时间尽可能早为目标的调度方法。

3.3 分类排序的描述

首先，对有最长关键路径的关键产品上的工序排序，沿关键路径由叶向根排序。具体方法如下。

① 先找到离关键路径叶最近的入度大于一的叉点，即该工序的紧前工序不唯一，对此工序前的具有唯一紧前、紧后的相关工序和独立工序按 3.2.2 节的分析方法调度，以它们加工结束时间为该叉点工序的开始加工时间。

② 找到离关键路径叶第二近的叉点工序，对此工序前的工序先排序关键路径上的工序，然后按①中的分析方法并行调度其他工序。

③ 重复②，直到有最长关键路径的关键产品上的工序排序完毕。

其次，对其他产品上的工序按关键路径长度由大到小的顺序在相应设备上并行排序，直到所有产品上的工序排序完毕。以它们加工结束时间为这批产品加工周期。

由此可知，分类排序的过程就是重复使用 3.2.2 节的分析方法进行调度。

3.4 关键设备上的工序尽量紧凑法

分类排序虽然考虑工序在设备上加工的并行性，容易实现让灵活性强的非关键路径上的工序根据实际情况插入关键路径上的工序排序过程中形成的时间空隙段，提高各设备的利用率。但是，当产品较多、较复杂时，工序排序过程中形成的时间空隙段不一定适合需要插入的工序，使后续工序不能在各设备上紧凑排序，降低设备的利用率。为了使工序在各设备上尽可能紧凑排序，提高各设备的利用率，最简单、有效的方法是关键设备上的工序尽量紧凑法。

1. 关键设备

关键设备指将各个设备上加工工序的加工时间求和，加工总时间最大的设备。因为关键设备上加工的工序对产品加工周期影响大，所以应重点提高关键设备的利用率，即使关键设备上的工序尽量紧凑。

2. 工序紧凑法

为使关键设备加工紧凑，可将关键设备上的空隙适当加大，即后移某些相关工序，使加大的空隙正好可以安排欲插入的工序。

3.5　考虑关键设备的调度算法

3.5.1　考虑关键设备的拟关键路径法

根据最优排序关键路径法定理，排序关键路径若不包含块，则一定是最优解。于是优先调度关键产品上的关键分支，循环分析分支的分支，得到具有唯一紧前、紧后的相关工序和独立工序。按 3.3 节介绍，将产品关键路径分支上的工序排完。其每一步都形成一些工序初始排序关键路径，直到形成关键产品、关键分支上工序初始排序的关键路径。

对其他分支上的工序按分支关键路径长度由大到小在相应设备上并行排序，直到所有分支上的工序排序完毕。加工结束时间就是关键产品最后工序的开始加工时间。

对其他产品按产品关键路径长度由大到小在相应设备上并行排序，在插入前面工序排序形成时间空隙段时，考虑关键设备工序的紧凑性，直到所有产品的工序排序完毕。

总之，考虑关键设备的 ACPM 是优先调度关键工序，并在插入非关键工序时结合关键设备上工序的紧凑性的调度算法。由前面分析，研究应用考虑关键设备的 ACPM 很有意义。具体步骤如下。

① 将靠近关键产品关键路径叶的第一个叉点前所有的相关工序构成三维数组 $W=[w_{ijk}]_{I*J*M}$，其中 $I=1$ 为关键工序构成的相关工序，$I \geq 2$ 为其他按总时间由长到短排序好的各相关工序序列数，如果有加工总时间长度相同的相关工序序列，

则相关工序数多的相关工序序列 I 值小；J 为各相关工序序列中工序数的最大值；M 为设备数。

② 与相关工序数组 $W=[w_{ijk}]_{I*J*M}$ 对应的工序连续加工时间数组为 $H=[h_{ijk}]_{I*J*M}$，工序开始时间数组为 $E=[e_{ijk}]_{I*J*M}$。

③ 相关工序加工排序要求 $e_{1(j+1)k_x}=e_{1jk_y}+h_{1jk_y}$ AND $e_{i(j+1)k_x} \geqslant e_{ijk_y}+h_{ijk_y}$ AND $\min\{e_{i(j+1)k_x}\}$ AND $i \Leftrightarrow 1$ AND $M \geqslant k_x, k_y \geqslant 1$。

④ 首先排第一序列 $[w_{1jk}]$，按 $e_{1(j+1)k_x}=e_{1jk_y}+h_{1jk_y}$ 条件排序，将安排的工序按设备加工排序。令 s_{kn} 表示第 k 台设备上第 n 个加工工序的开始时间，t_{kn} 表示第 k 台设备上第 n 个加工工序的连续加工时间。具体实现方法如下。

第一，对下标 I 赋值 $i \leftarrow 1$。

第二，因为设备初始时无工序，所以 $n \leftarrow 0$。

第三，如果工序属于第 k_x 台设备，即 $e_{ijk}=e_{ijk_x}$，则 $n \leftarrow n+1$，$e_{ijk} \rightarrow s_{k_x n}$，$h_{ijk} \rightarrow t_{k_x n}$。

第四，循环执行第三步，直到第一相关序列上的工序排完，即形成第一步工序初始排序关键路径。

⑤ 对第二至最后序列 $[w_{ijk}]$ ($i \geqslant 2$) 排序，按 $e_{1(j+1)k_x}=e_{1jk_y}+h_{ijk_y}$ AND $\min\{e_{i(j+1)k_x}\}$，以及下面约束条件排序。

第一，如果设备已排工序间无法安排新增工序 $e_{i(j+1)k}$，将其排在设备 k_x 已排工序的最后，即 $s_{k_x(n+1)}=0$，则 $e_{i(j+1)k_x} \rightarrow s_{k_x(n+1)}$，$s_{k_x(n+1)} \leftarrow s_{k_x n}+t_{k_x n}$。

第二，如果设备 k_x 上已排工序 n 和 $n+1$ 之间可安排新增工序 $e_{i(j+1)k}$，即 $[s_{k_x(n+1)}-(s_{k_x n}+t_{k_x n})] \geqslant h_{i(j+1)k_x}$，则设备 k_x 上第 $n+1$ 个及以后的已排工序后移 $s_{k_x s} \rightarrow s_{k_x(s+1)}$，将 $e_{i(j+1)k}$ 插入合适的空闲段 $e_{i(j+1)k} \rightarrow s_{k_x(n+1)}$，$s_{k_x(n+1)} \leftarrow s_{k_x n}+t_{k_x n}$。

第三，循环执行前两步，直到相关序列上的工序排完。

3.5.2 最佳适应调度算法

将独立工序按对应设备插入由 ACPM 形成的工序加工排列中，为了提高各设备的利用率，即缩短各设备完工时间，插入对应设备的独立工序时，采用 BFSM 将设备的各闲置时间段控制到最短，即无法安排尚未插入的独立工序。为了更好地实现 BFSM，具体方法如下。

① 将各设备的独立工序按加工时间由长到短排序，令 d_{kn} 表示独立工序按加工时间由长到短排序后，第 k 台设备上第 n 个独立工序的加工时间，其开始时间为 e_{kn}，因此有 $d_{kn} \geqslant d_{k(n+1)}$。

② 将第一个独立工序的加工时间与该设备的各闲置时间段从前到后进行比较。

③ 采用首次适应调度算法，对第一个满足闲置时间段大于等于工序加工时间，将此工序插入闲置时间段，且此工序开始加工时间紧接该闲置时间段前的工

序完工时间。

第一，如果设备 k 已排工序间无法安排新增工序 e_{kp}，将 e_{kp} 排在设备 k 已排工序的最后，即 $s_{k_x(n+1)}=0$，则 $e_{kp} \rightarrow s_{k(n+1)}$、$d_{kp} \rightarrow t_{k(n+1)}$、$s_{k(n+1)} \leftarrow s_{kn} + t_{kn}$。

第二，如果设备 k 上已排工序 n 和 $n+1$ 之间可安排新增工序 e_{kp}，即$[s_{k(n+1)} - (s_{kn} + t_{kn})] \geqslant d_{kp}$，则设备 k 上第 $n+1$ 个及以后的已排工序后移 $s_{ks} \rightarrow s_{ks+1}$，将 e_{kp} 插入合适的空闲段 $e_{kp} \rightarrow s_{k(n+1)}$，$d_{kp} \rightarrow t_{k(n+1)}$，$s_{k(n+1)} \leftarrow s_{kn} + t_{kn}$。

④ 循环执行②、③，直到各设备的独立工序全部插入。

3.5.3　排序非关键分支上的工序

在得到关键产品关键分支上工序初始排序的关键路径后，将非关键分支上的工序循环应用 3.5.1 节、3.5.2 节插入含关键分支上工序初始排序关键路径，再加上最后一道工序完成关键产品的加工调度。

3.5.4　其他产品

按产品加工关键路径由大到小排序，按序重复 3.5.1～3.5.3 节时，考虑关键设备的工序紧凑性。具体方法如下。

① 如果关键设备 k 上已排工序 n 和 $n+1$ 之间有空隙，但不能安排新增工序 e_{kp}，即 $0<[s_{k(n+1)}-(s_{kn}+ t_{kn})]<d_{kp}$，$[s_{k(n+1)}-(s_{kn}+ t_{kn})] \geqslant d_{kp}$。

② 如果受 $s_{k(n+1)}$ 影响的已排序工序为 s_{xy}，即 $s_{k(n+1)}<s_{xy}$。

③ 向后移动 $s_{k(n+1)}$ 和②中的工序，移动时间为 $d_{kp}-[s_{k(n+1)}-(s_{kn}+ t_{kn})]$。

④ 在设备 k 上已排工序 n 和 $n+1$ 之间安排新增工序 e_{kp}，则设备 k 上第 $n+1$ 个及以后的已排工序后移 $s_{ks} \rightarrow s_{k(s+1)}$，将 e_{kp} 插入合适的空闲段 $e_{kp} \rightarrow s_{k(n+1)}$，$d_{kp} \rightarrow t_{k(n+1)}$。

3.6　算法实现及复杂度分析

1. 算法实现

考虑关键设备工序紧凑性的结合相关工序序列的 ACPM 和独立工序的最佳适应调度的算法，算法实现的流程图如图 3-1 所示。

2. 复杂度分析

算法复杂之处在于较多次的排序，但仔细分析后发现，工序的分类多次排序可以降低排序算法的复杂度，进而降低算法的复杂度。具体分析如下。

设产品加工工艺树中所有入度大于一的分支点为 b，即子树为 b，总工序数为

开始

输入设备数和产品各工序相关数据

产品加工工艺树分解

计算各产品的关键路径长度,并按由长到短排序各产品

计算各分支的关键路径长度,并按由长到短排序各分支

对排序分支的关键路径由叶到根寻找分支工序

对各分支工序前的工序分类,并优先排序关键路径上的工序

相关工序　　N　→　将独立工序按设备、时间由大到小排列

Y

将各相关工序分别按序排列并计算各相关工序序列时间

产生独立工序相关工序

将各相关工序序列按时间由大到小排序,
时间相同时工序多者优先

按顺序排序各相关工序,
要求各工序及早完成,并考虑关键设备工序的紧凑性

N　←　相关工序排完

Y

按设备排序各独立产品,
要求各工序及早完成,并考虑关键设备工序的紧凑性

独立工序排完　　N

Y

Y　←　有下一分支工序

N

Y　←　有下一分支

N

Y　←　有下一产品

N

画甘特图

输出甘特图

终止

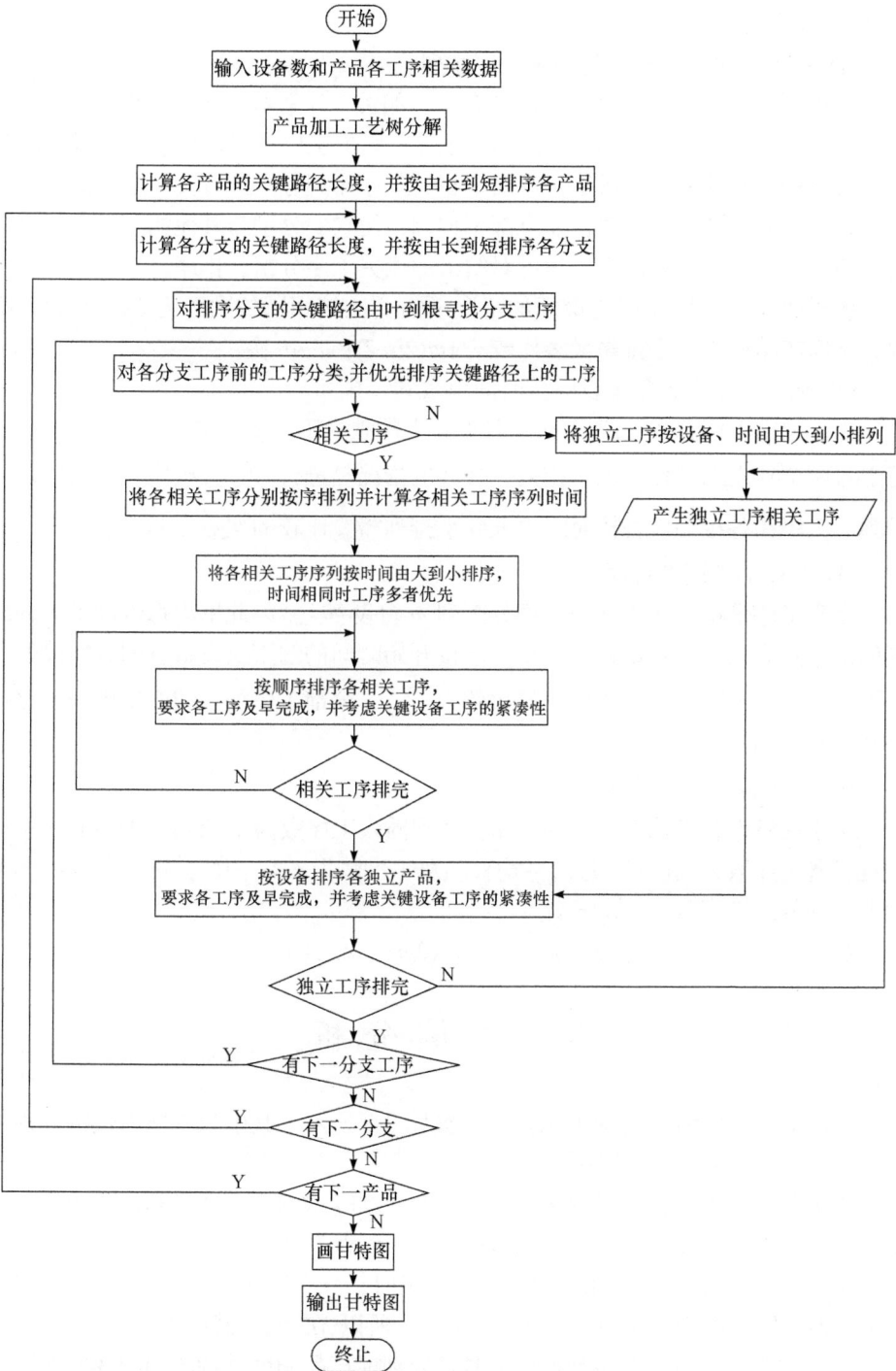

图 3-1　算法实现的流程图

n，设备数为 m。

(1) 相关工序排序形成各相关工序序列

由于各相关工序序列仅与各产品有关，相关工序总数一般是 $n/2$，因此各子树相关工序数一般是 $n/(2b)$。因为相关工序与紧前工序可成对提取，所以排序时可交叉比较相同排列。方法是，对两个相关工序序列分别进行头与尾的比较，如果有相同，沿相同对角合并；如果都不相同，使它们分别与其他相关工序序列进行头与尾的比较，重复以上过程可对给出的相关工序分组、排序。

各子树相关工序排序在最坏的情况下需要比较相同的次数为 $2n/(2b-2)$。因此，全部产品相关工序排序最多比较 $2b[n/(2b-2)]=n-4b$ 次。

(2) 独立工序在各相关设备按时间由大到小排列

由于独立工序总数一般是 $n/2$，各设备上的独立工序数一般是 $n/(2m)$，按各设备上每两个独立工序比较大小排列，最坏的情况是进行 $C_{n/(2m)}^2$ 次比较。因此，全部独立工序在各相关设备按时间由大到小排列需要比较的次数为 $m\,C_{n/(2m)}^2$。

(3) 工序加工调度排序

由于工序是将总数为 n 的工序分配到 m 台设备上，因此平均每台设备上分配到的工序数为 n/m。各设备上每个工序按开始时间的约束及设备空闲时间段的大小插入相应位置的排序需要比较的次数为 $C_{n/m}^2$。全部工序加工调度排序需要比较的总次数为 $m\,C_{n/m}^2$。

(4) 关键设备紧凑排序

由于关键设备平均工序数为 n/m，平均插入工序数为 $n/(2m)$，平均插入移动关键设备工序数为 $n/(4m)$，每次平均移动总工序数为 $n/4$；因此关键设备紧凑排序需要移动的总工序数为 $n^2/(16m)$。

综上，排序复杂度为 $O\{\max\{n(n-m)/(2m)，n^2/(16m)\}\}$。

3.7　实例分析

设产品 A、B 和 C 的加工工艺树[15]如图 3-2 所示。其中长方框内数字分别为产品工序号/加工设备号/工序加工时间。

因为产品 A 的加工关键路径为 170，B 的加工关键路径为 180，C 的加工关键路径为 140，所以 B 的加工关键路径最长，B 为关键产品。

因为 $M1$ 上加工工序的总时间为 315 工时，$M2$ 上加工工序的总时间为 350 工时，$M3$ 上加工工序的总时间为 290 工时，所以 $M2$ 为关键设备。

不考虑关键设备的工序紧凑性，紧凑处理前产品调度甘特图如图 3-3 所示。

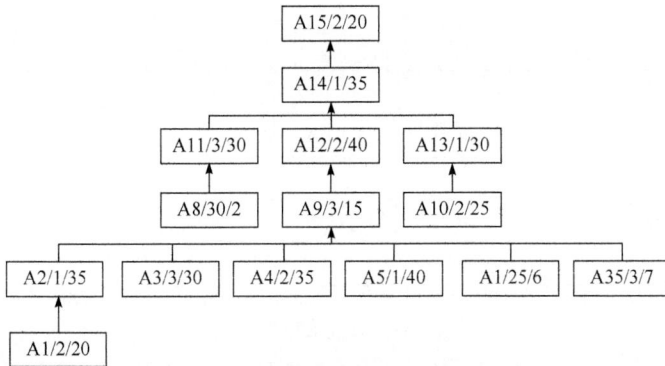

(a) 产品A

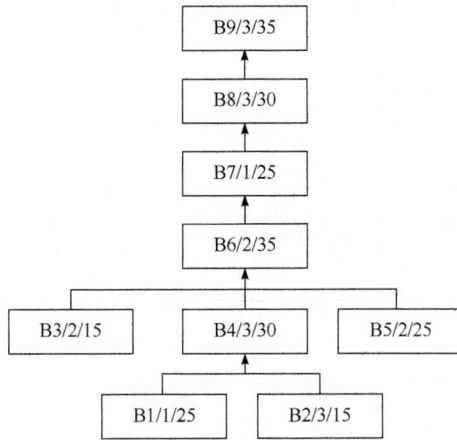

(b) 产品B

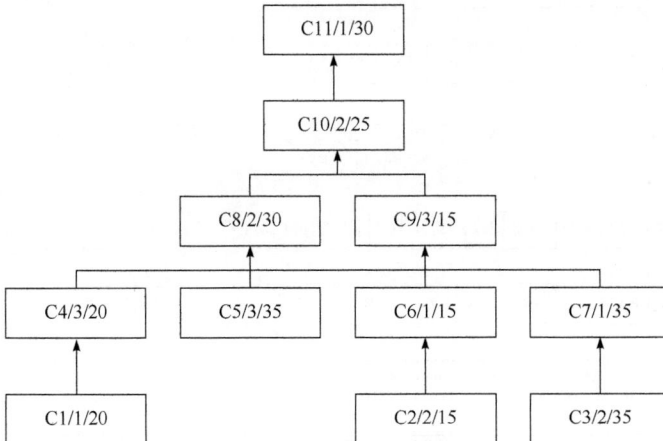

(c) 产品C

图 3-2　产品 A、B 和 C 的加工工艺树

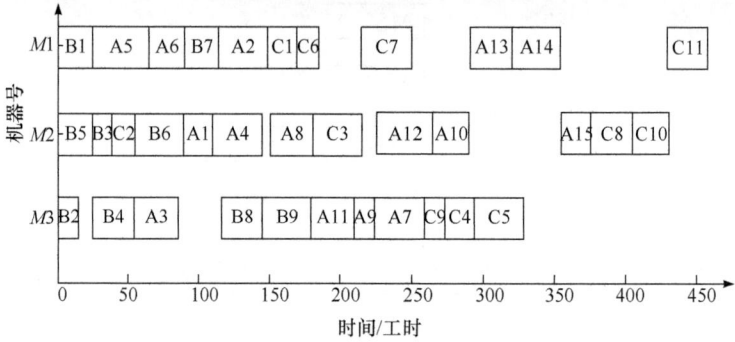

图 3-3　紧凑处理前产品调度甘特图(370 工时)

考虑关键设备的工序紧凑性，紧凑处理后产品调度甘特图如图 3-4 所示。

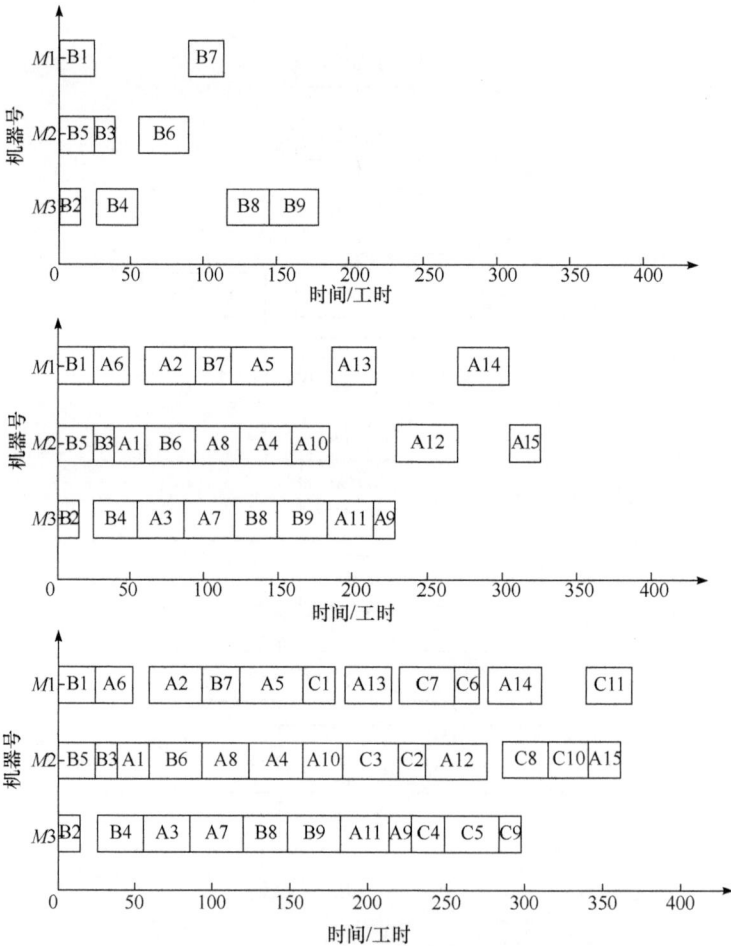

图 3-4　紧凑处理后产品调度甘特图(460 工时)

可以看到，考虑关键设备的工序紧凑性，产品加工周期为 370 工时，比不考虑关键设备的工序紧凑性，产品加工周期为 460 工时，缩短了 90 工时。

3.8 本 章 小 结

通过分析和实例验证，本章调度方法是一种新的关于一般综合调度问题的近优解方案。它不但约束条件少，而且有较令人满意的算法复杂度，因此有一定的理论和实用价值。如果产品加工开始时间不同，算法可以推广解决动态综合调度问题。

第4章　多设备紧凑的复杂产品调度优化算法

4.1　引　　言

调度问题属于 NP 问题。传统的车间调度理论主要解决工件间无约束的调度问题，与实际存在较大偏差。对于工件间有约束的复杂产品调度，与传统调度中基本元素为工件、工序、机器的纯加工理想化状态相比，复杂产品强调装配与加工的结合，增加调度问题的可扩展性，同时加强理论与实际的结合。目前对复杂产品进行研究的关键设备紧凑法[16]，采用 ACPM[14]对关键设备进行紧凑处理，可以产生较好的调度结果。由于影响整个调度质量的是所有设备的利用率，而关键设备紧凑法忽略对非关键设备的考虑，因此本书提出一种考虑所有设备紧凑的调度方法。该方法采用加工工艺树模型建模，通过 ACPM 调度，对需要紧凑处理的工序设计一种空闲时间段的拉伸处理算法，实现所有设备整体调度质量的提高。

4.2　ACPM 和关键设备紧凑算法简介

4.2.1　ACPM 简介

针对具有树状工艺结构的复杂产品，将树状工艺树分解，利用树结构具有末端分支繁衍的特点，分段实现关键路径法，即 ACPM。

ACPM 先计算工艺树各路径的总加工时间，按总时间由长到短排序，时间长的为关键路径。如果路径总加工时间长度相同，则优先排序工序数多的路径。调度方式就是满足工序顺序约束并在无调整的情况下使工序尽早完工，直到全部工序都分配给相关设备。

4.2.2　关键设备紧凑算法简介

工序加工时间总和最长的设备称为关键设备。由于关键设备的完工时间直接影响产品的加工时间,因此减少关键设备上的空闲时间可以缩短产品的加工时间。

关键设备紧凑法是在 ACPM 和 BFSM 的基础上，考虑关键设备上工序安排尽量紧凑，关键设备上的空闲时间段长度小于插入工序加工时间时，采用拉伸此关键设备上空闲时间段使其满足插入工序的方法以达到产品总加工时间的缩短。

关键设备紧凑法的主要步骤如下。

① 当关键设备上的空闲时间段满足插入工序的约束条件，并且空闲时间段长度小于插入工序加工时间时，后移此空闲时间段紧后工序，拉伸空闲时间段满足插入工序。

② 后移可能受拉伸空闲时间段影响的全部工序。为简化处理，移动所有开始加工时间晚于空闲时间段紧后工序开始加工时间的工序，统一后移空闲时间段紧后工序。移动的距离是使全部工序满足约束条件。

4.3　多设备紧凑算法描述

多设备工序紧凑算法的基本思想[16]是在基于关键设备工序紧凑的工序分类、分批的综合调度算法的基础上，将关键设备工序紧凑的调度优化思想推广到所有设备上。由于关键设备工序紧凑的调度方法只涉及一台设备，在调度中只考虑提高关键设备的利用率，忽略了非关键设备的利用率有可能下降问题，如果直接将关键设备工序紧凑的调度方法应用于所有设备工序紧凑的调度，必然导致设备上的空隙此消彼长，因此关键设备工序紧凑的调度方法不能简单地推广到所有设备工序紧凑的多台设备工序紧凑调度上。为了避免多台设备工序紧凑调度时空隙此消彼长问题，不但要确定设备紧凑的条件，还要设计工序紧凑调度时被影响工序位置调整的算法。

因此，多设备工序紧凑调度是在工序满足约束条件时，为工序尽早加工选择设备上的空闲时间段小于该工序加工时间，需要将空闲时间段进行适当拉伸以满足相应工序的插入，并对由时间段拉伸约束关系破坏的工序进行位置调整，使之重新满足约束关系的调度方法。该方法以所有设备上的工序安排更加紧凑，从而达到节省加工时间和提高设备利用率为目的。

4.3.1　空闲时间段拉伸条件的确定

为了使正调度的工序满足约束条件且尽早加工，选择并确定设备空闲时间段位置的方法描述如下。

由于采用所有设备紧凑的方法，因此正调度的工序可选择满足约束条件且设备上最早出现的长度大于零的空闲时间段。

对于工序满足的约束条件，由于复杂产品对应工艺树模型中节点有分叉和不分叉，即入度大于 1 和不大于 1 两种形式，因此需要考虑的约束关系有两种。

① 分叉节点产生的制约关系。分叉节点对应的工序必须安排在其所有紧前工序之后。

② 不分叉节点产生的约束关系。不分叉节点对应工序必须安排在其唯一紧前工序之后。

如果正调度的工序按以上方法插入的空闲时间段长度大于正调度工序的加工时间，正调度的工序可直接插入。如果插入的空闲时间段长度小于正调度工序的加工时间，需要将该空闲时间段的紧后工序后移，使拉伸的空闲时间段刚好满足正调度工序的插入。

4.3.2　调整约束关系被破坏的工序位置

当插入的空闲时间段长度小于正调度工序的加工时间时，需要通过拉伸空闲时间段的长度满足正调度工序的插入。后移该空闲时间段的紧后工序会使已调度工序间的约束关系被破坏。此时，需要调整工序位置，重新满足工序的约束条件。

为了描述由拉伸空闲时间段的长度约束关系破坏的工序，以及工序恢复约束关系的调整过程，引入预影响工序集概念。

定义 4-1 (预影响工序集)　受空闲时间段拉伸直接影响的工序集合包含拉伸空闲时间段的长度、后移工序的紧后工序和后移工序同设备的紧后工序。

对预影响工序集中可能受影响的工序，逐一判断其开始加工时间是否小于被后移工序的结束时间，如果不小于，可能受影响的工序不动；否则，受影响的工序后移调整。后移的距离长度为受影响的工序开始加工时间减后移工序结束时间。

由于产生新的后移工序，因此产生新的预影响工序集。整个调整过程是递归过程，递归的结果使所有工序不再产生受影响工序集。此时，完成一次工序紧凑处理，所有工序按此方法调度。

4.4　多设备紧凑算法的设计

对待调度产品计算各分支路径长度，按分支路径长度采用 ACPM 处理。根据工序约束条件找到待调度工序对应加工设备的空闲时间段。当待调度工序插入的空闲时间段需要拉伸时，按递归调整约束关系被破坏的工序位置调度，直到调度完所有工序。

算法步骤如下。

① 用 ACPM 调度待处理工序 P。

② 根据 P 的约束条件，确定加工设备和开始时间。

③ 以工序尽早加工为条件，寻找符合条件且最早出现的空闲时间段。

④ 如果空闲时间段长度大于 P 的加工时间，P 可直接插入。

⑤ 如果空闲时间段长度小于 P 的加工时间，按递归调整约束关系被破坏的

工序位置调度。

⑥ 重复上述步骤，直到所有工序完工。

多设备紧凑算法流程图如图 4-1 所示。

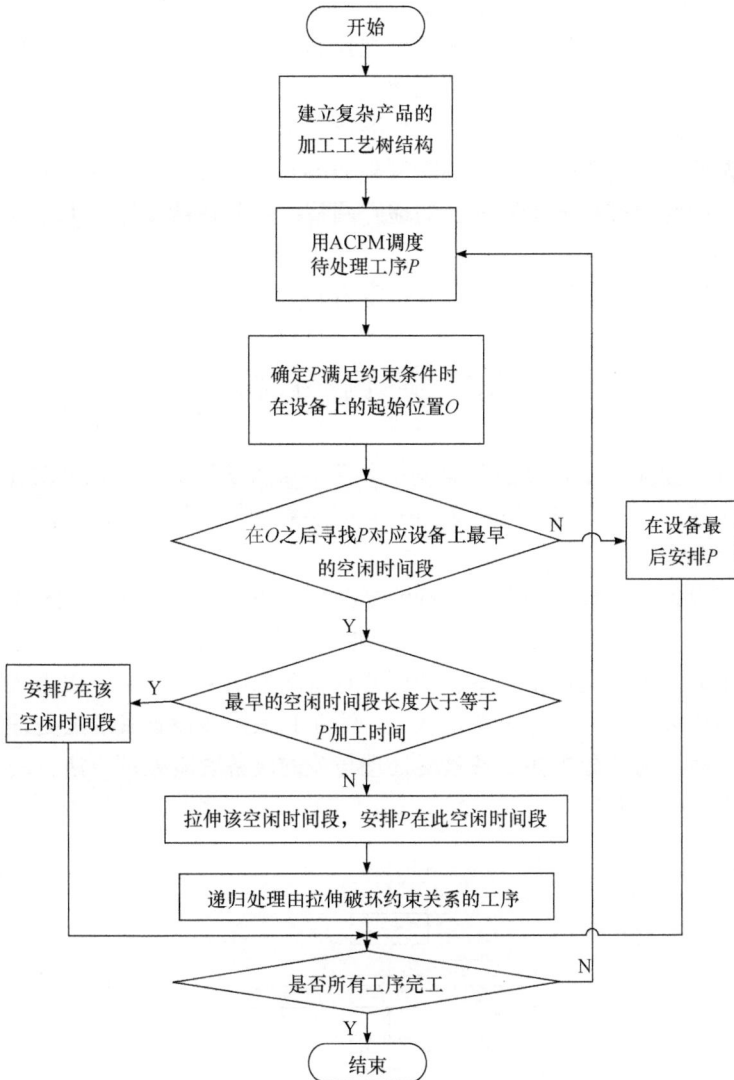

图 4-1　多设备紧凑算法流程图

4.5　多设备紧凑算法分析

设工序数为 n，设备数为 m，平均每台设备工序数为 n/m。多设备紧凑算法各部分的复杂度分析如下。

① 用 ACPM 调度待处理工序 P 的复杂度为 $O(n^2)$ [14]。

② 待处理工序 P 在一台设备上确定位置最多比较 n/m 次。

③ 递归调整约束关系被破坏的工序位置的过程是，判断预影响工序集中受影响的工序，并调整受影响的工序，产生新的预影响工序集，重复判断调整受影响的工序，直到受影响的工序调整完毕。

由于每次判断调整受影响的工序只涉及 2 个工序，第 1 个工序不需要调整，因此最多调整 $n-1$ 个工序，递归判断调整 $2(n-1)$ 次。另外，最多 $n-1$ 个工序涉及拉伸插入，因此全部插入工序涉及的递归调整约束关系被破坏的工序位置的操作数是 $2(n-1)^2$。

综上所述，多设备紧凑算法的复杂度为 $O(n^2)$。

4.6　实 例 分 析

选择 3 个复杂产品用多设备紧凑法和关键设备紧凑法进行调度对比，其中 3 个产品对应的加工工艺树如图 4-2～图 4-4 所示。图中节点数字表示工序名/加工设备名/加工时间。

由于多设备紧凑算法中递归处理的复杂性，我们对产品 1，即图 4-2 进行算法的细节处理说明。多产品处理方法相同。产品 1 采用 ACPM 处理的甘特图如图 4-5 所示，采用关键设备紧凑法处理的甘特图如图 4-6 所示。因为 $M1$ 上工序总加工时间最多，所以关键设备是 $M1$。产品 1 采用多设备紧凑法处理的甘特图如图 4-7 所示。为了分析多设备紧凑处理与关键设备紧凑处理方法，用一个插入工序的处理过程说明。

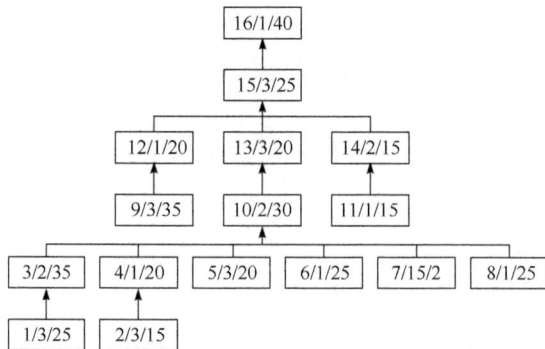

图 4-2　产品 1 的加工工艺树

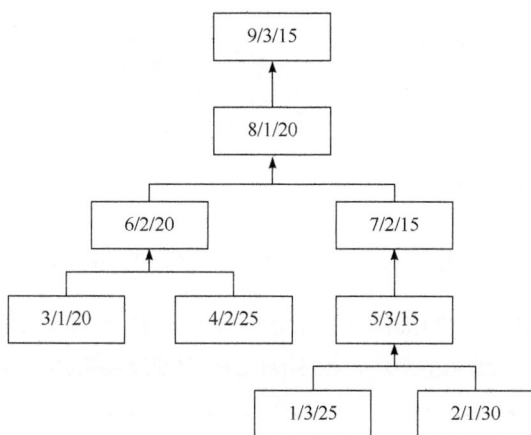

图 4-3　产品 2 的加工工艺树

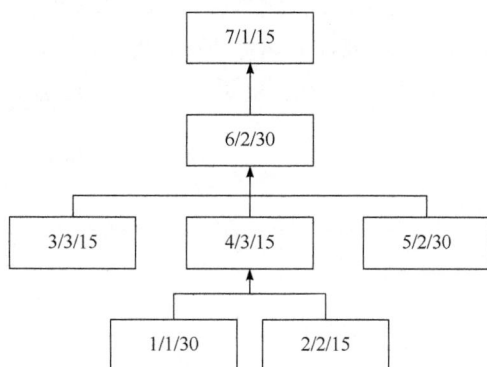

图 4-4　产品 3 的加工工艺树

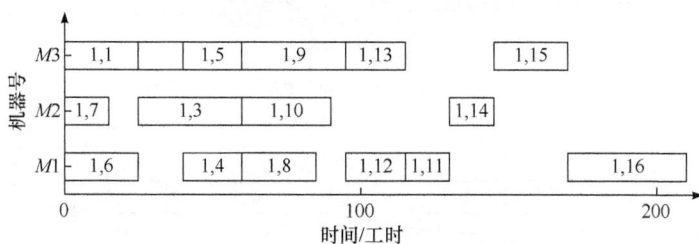

图 4-5　产品 1 采用 ACPM 处理的甘特图(210 工时)

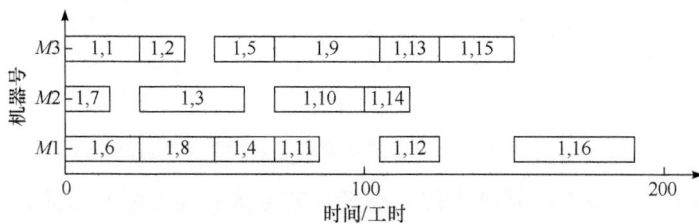

图 4-6　产品 1 采用关键设备紧凑法处理的甘特图(190 工时)

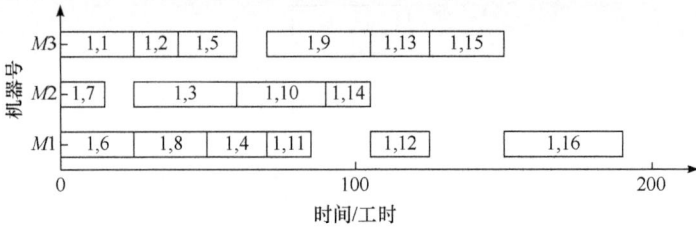

图 4-7　产品 1 采用多设备紧凑法处理的甘特图(190 工时)

　　工序 8 插入前的甘特图如图 4-8 所示。工序 8 插入后按多设备紧凑法处理的结果如图 4-9 所示。处理过程是，设 s_i 为工序 P_i 的开始时间，t_i 为工序 P_i 的加工时间，因为 $s_4-(s_6+t_6)<t_8$，所以后移 P_4 的距离是 $t_8-[s_4-(s_6+t_6)]$，此时预影响工序集是 $\{P_9, P_{12}\}$。因为后移 P_4，新的 $(s_4+t_4)>s_9$、$(s_4+t_4)<s_{12}$，所以 P_9 是后移 P_4 的影响工序，后移 P_9 的距离是 $(s_4+t_4)-s_9$，此时后移 P_9 的预影响工序集是 $\{P_{12}, P_{13}\}$。因为后移 P_9，新的 $(s_9+t_9)>s_{13}$、$(s_4+t_4)<t_{12}$，所以 P_{13} 是后移 P_9 的影响工序，后移 P_{13} 的距离是 $(s_9+t_9)-s_{13}$。因为后移 P_{13} 的预影响工序集是空集，所以此时 P_8 插入调整结束。

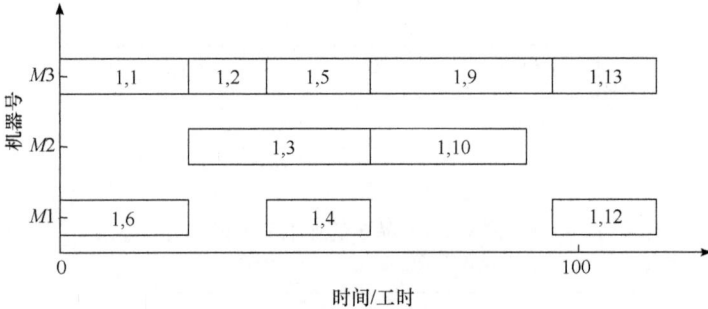

图 4-8　工序 8 插入前的甘特图(115 工时)

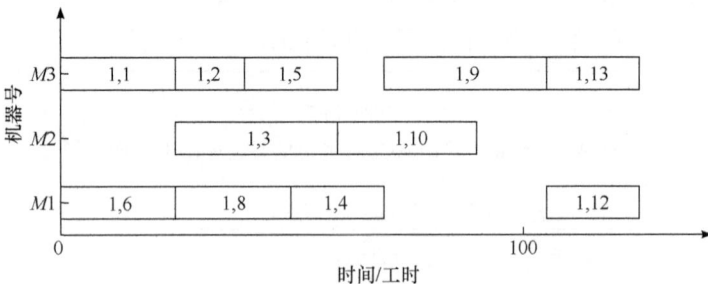

图 4-9　工序 8 插入后按多设备紧凑法处理的结果(125 工时)

　　图 4-10 是在图 4-8 的基础上按关键设备紧凑法插入工序 8 后的处理结果。处理过程是，后移所有开始时间大于等于 s_4 的工序。此时，受影响工序集是 $\{P_5, P_9,$

P_{10}, P_{12}, P_{13}}，统一后移的距离是 $t_8-[s_4-(s_6+t_6)]$。

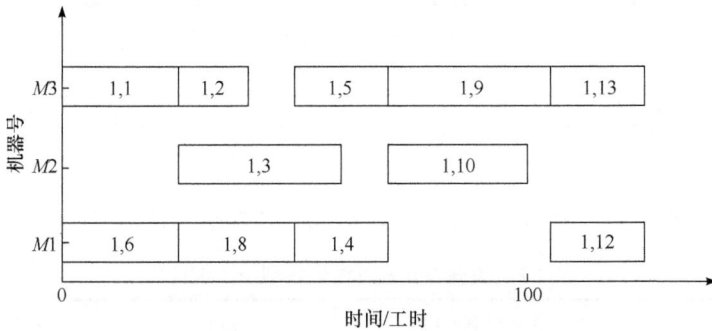

图 4-10　工序 8 插入后按关键设备紧凑法处理的结果(125 工时)

对比图 4-9 和图 4-10，虽然两种方法在调度完 P_8 后设备的最长加工时间一样，但设备 $M2$ 的利用率是不一样的。关键设备紧凑法在 $M2$ 上产生的空隙比多设备紧凑法多。

下面是 3 个产品同时调度的比较。由 ACPM 确定的产品加工顺序是产品 1、产品 2、产品 3。

3 个复杂产品采用多设备紧凑法所得的甘特图如图 4-11 所示。图中工序上的数字表示产品名和工序名，如 2，6 代表产品 2 的工序 6，对应的设备利用率统计表如表 4-1 所示。用关键设备紧凑方法处理 3 个复杂产品所得调度结果的甘特图如图 4-12 所示。对应的设备利用率统计表如表 4-2 所示。

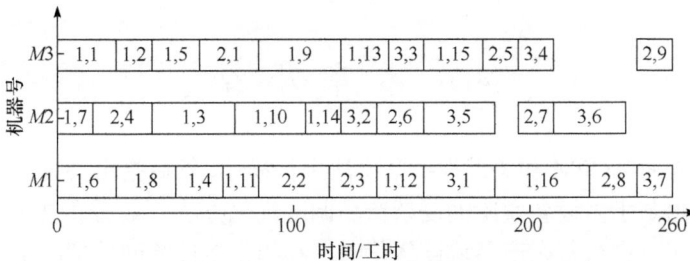

图 4-11　3 个复杂产品采用多设备紧凑法所得的甘特图(260 工时)

表 4-1　多设备紧凑法设备利用率统计表

设备	总加工时间/工时	空闲时间/工时	利用率/%
$M1$	260	0	100
$M2$	230	10	95.8
$M3$	225	35	86.5

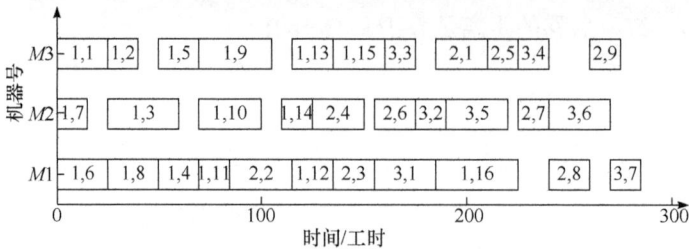

图 4-12　3 个产品采用关键设备紧凑法处理所得甘特图(285 工时)

表 4-2　关键设备紧凑法设备利用率统计表

设备	总加工时间/工时	空闲时间/工时	利用率/%
$M1$	260	25	91.2
$M2$	230	35	86.8
$M3$	225	50	81.8

比较图 4-11 和图 4-12，多设备紧凑法比关键设备紧凑法缩短加工时间近10%。比较表 4-1 和表 4-2，多设备紧凑法的设备空闲值仅为关键设备紧凑法的41%。

多设备紧凑法之所以有明显的优化效果，是因为多设备紧凑方法的拉伸处理是按影响顺序和影响值进行的，使工序间原有的空隙被利用，可以提高设备的整体利用率。相比考虑关键设备上空闲时间段拉伸的关键设备紧凑方法，不但可以提高设备的利用效率，而且可以缩短产品的加工时间。

4.7　本 章 小 结

本章首先对 ACPM 和关键设备紧凑法进行描述，然后指出关键设备紧凑法的缺陷，并提出基于多设备紧凑的复杂产品调度优化方法，最后通过实例验证与分析。结果表明，进行复杂产品调度优化时，在约束条件相同的情况下，多设备紧凑的调度方法可以充分利用所有设备上的空闲时间段，与关键设备紧凑法相比可以减少设备上的空闲时间，提高设备的利用效率，在一定程度上缩短产品加工时间，提高企业产量。

第5章 考虑工序前移的多设备紧凑优化调整策略

5.1 引　　言

本章考虑按多设备紧凑法进行调度时，对某个设备上空闲时间段的拉伸影响其他设备部分工序的约束条件，从而进行必要调整时产生新的空闲时间段。对这些新的空闲时间段进行利用就能产生更好的调度结果，本章提出一种考虑工序前移的多设备紧凑优化调整策略，充分利用新产生的空闲时间段。最后，通过实例进行验证。

5.2　工序前移调整策略描述

工序前移的基本思想是对多设备紧凑方法造成的拉伸效应进行充分利用，在处理预影响集时考虑工序的前移调整，从而使整体调度结果优化。多设备紧凑法相比关键设备紧凑法，能够充分考虑多个设备的紧凑优化处理。在满足空闲时间段拉伸条件下，对预影响集递归调整使调度结果优化。但是，多设备紧凑法在预影响集调整过程中仅考虑工序的后移调整，忽略对部分工序前移调整的考虑，会造成一定空闲时间段的浪费。

为了进一步提高设备利用率，充分利用设备的空闲时间段，在采用多设备紧凑调度方法处理，对拉伸空闲时间段产生的递归调整效应进行调整时，查找满足约束条件的可前移工序，并对该工序进行前移调整。工序前移调整策略可以充分利用设备上的空闲时间段，使部分工序前移，达到提高设备利用率的目的，并在一定程度上节省加工时间。

5.3　空闲时间段拉伸条件的确定

为了使正调度工序满足约束条件且尽早加工，选择并确定设备上空闲时间段位置的方法描述如下。

由于采用所有设备紧凑的方法，因此正调度的工序可选择满足约束条件且设备上最早出现长度大于零的空闲时间段。

　　对于工序满足的约束条件，由于复杂产品对应加工工艺树中节点有分叉和不分叉，即入度大于 1 和不大于 1 两种形式，因此需要考虑的约束关系有两种。

　　① 分叉节点产生的制约关系。分叉节点对应工序必须安排在其所有紧前工序之后。

　　② 不分叉节点产生的约束关系。不分叉节点对应的工序必须安排在其唯一紧前工序之后。

　　如果正调度的工序按以上方法插入的空闲时间段长度大于正调度工序的加工时间，正调度的工序可直接插入。如果插入的空闲时间段长度小于正调度工序的加工时间，需要将该空闲时间段的紧后工序后移，使拉伸的空闲时间段恰好满足正调度工序的插入。

5.4　调整约束关系被破坏的工序位置

　　当插入的空闲时间段长度小于正调度工序的加工时间时，需要通过拉伸空闲时间段的长度满足正调度工序的插入。由于后移该空闲时间段的紧后工序，已经调度工序间的约束关系被破坏。此时需要调整工序位置，重新满足工序的约束条件。

　　为了清楚地描述由拉伸空闲时间段的长度约束关系破坏的工序，以及工序恢复约束关系的调整过程，引入前移工序集和新预影响工序集概念。

　　定义 5-1 (前移工序集)　受空闲时间段拉伸影响，在满足紧前、紧后约束的条件下，能够前移的工序集合。

　　定义 5-2 (新预影响工序集)　定义 4-1 加入前移工序集，即新预影响工序集。具体描述为，受空闲时间段拉伸直接影响的工序集合，包含为拉伸空闲时间段的长度后移工序的紧后工序和后移工序同设备的紧后工序，以及前移工序集。

　　对新预影响工序集中可能受影响的工序，逐一判断其开始加工时间是否小于被后移工序的结束时间，如果不小于，可能受影响的工序不动；否则，受影响的工序后移调整。后移的距离长度为受影响的工序开始加工时间减后移工序的结束时间。

　　由于产生新的后移工序，因此产生新的预影响工序集。整个调整过程为递归过程。递归的结果使所有工序不再产生受影响的工序集。此时完成一次工序紧凑处理，所有工序按此方法调度。

5.5　加入工序前移调整策略的算法设计

　　工序前移策略是基于多设备的紧凑算法。空闲时间段拉伸条件的确定与多设备紧凑法相同, 在调整约束关系破坏的工序位置时, 考虑前移工序集的调整。因此, 基本步骤与多设备紧凑法相同, 只是增加了对前移工序集的处理。

对待调度产品计算各分支路径长度, 按分支路径长度采用 ACPM 处理。根据工序约束条件找到待调度工序对应加工设备上空闲时间段。当待调度工序插入的空闲时间段需要拉伸时, 按递归调整约束关系被破坏的工序位置, 直到调度完所有工序。步骤如下。

① 用 ACPM 调度待处理工序 P。

② 根据 P 的约束条件确定其加工设备和开始时间。

③ 以工序尽早加工为条件, 寻找符合条件且最早出现的空闲时间段。

④ 如果空闲时间段长度大于 P 的加工时间, P 可直接插入。

⑤ 如果空闲时间段长度小于 P 的加工时间, 需按递归调整约束关系破坏的工序位置。

⑥ 对满足约束条件且能够前移的工序, 进行前移处理, 按递归调整约束关系破坏的工序位置。

⑦ 重复以上步骤, 直到所有工序完工。

加入工序前移调整策略的算法流程图如图 5-1 所示。

5.6 加入工序前移调整策略的算法分析

设工序数为 n, 设备数为 m, 平均每台设备工序数为 n/m。工序前移算法各部分的复杂度分析如下。

① 用 ACPM 调度待处理工序 P 的复杂度为 $O(n^2)$[14]。

② 待处理工序 P 在一台设备上确定位置最多比较 n/m 次。

③ 递归调整约束关系被破坏的工序位置过程是, 判断预影响工序集和前移工序集中受影响的工序, 并调整受影响的工序, 产生新的预影响工序集和前移工序集, 重复判断调整受影响的工序, 直到所有受影响的工序调整完。

由于每次判断调整受影响的工序只涉及 2 个工序, 第 1 个工序不需要调整, 因此最多调整 $n-1$ 个工序, 递归判断调整 $2(n-1)$ 次。另外, 最多 $n-1$ 个工序涉及拉伸插入, 所以全部插入工序涉及的递归调整约束关系被破坏的工序位置的操作数是 $2(n-1)^2$。

由于工序前移是基于多设备紧凑算法, 但多考虑对前移工序集的处理。处理方法与多设备紧凑算法相同, 在第③步增加对前移工序集的判断, 因此加入工序前移的算法复杂度与多设备紧凑算法相同。

综上所述, 加入工序前移的算法复杂度为 $O(n^2)$。

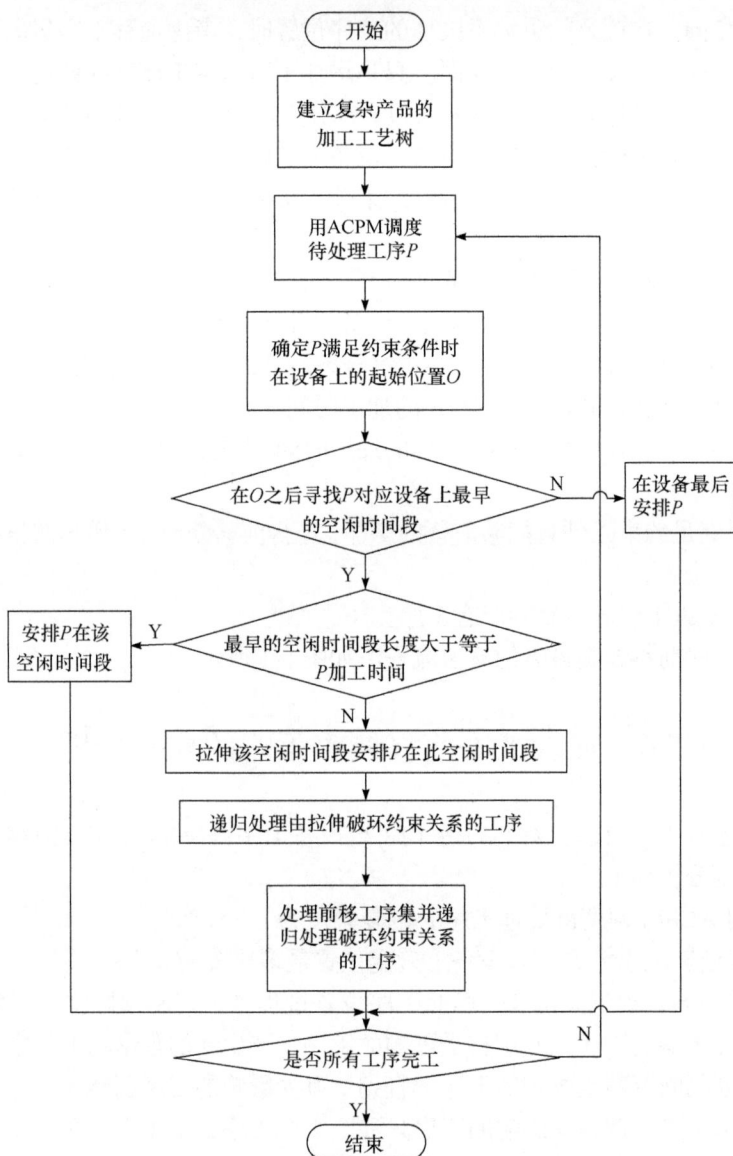

图 5-1　加入工序前移调整策略的算法流程图

5.7　实例分析

选取 3 个复杂产品分别用多设备紧凑算法和工序前移策略进行验证分析。产品 1 的加工工艺树如图 5-2 所示。产品 2 的加工工艺树如图 5-3 所示。产品 3 的加工工艺树如图 5-4 所示。

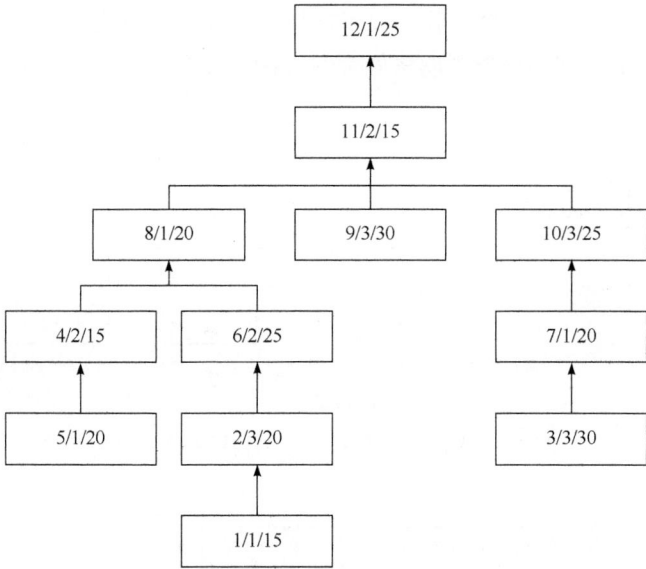

图 5-2　产品 1 的加工工艺树

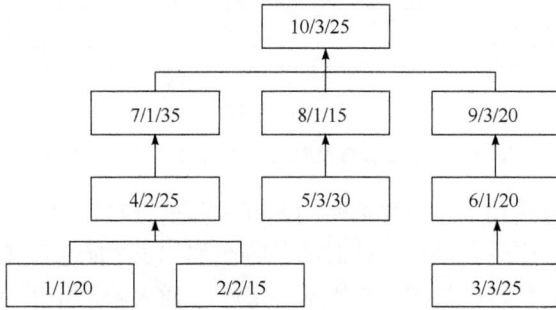

图 5-3　产品 2 的加工工艺树

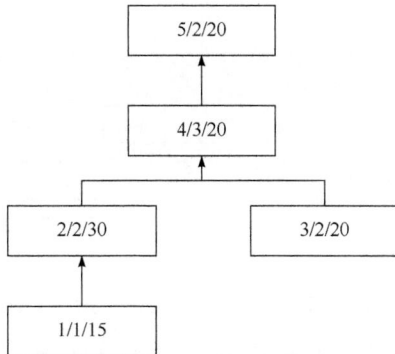

图 5-4　产品 3 的加工工艺树

　　由于工序处理的重复性，我们仅对产品 1 的处理细节描述，其余产品处理方法相同。产品 1 采用多设备紧凑法处理的甘特图如图 5-5 所示。工序前移调整策略处理的甘特图如图 5-6 所示。

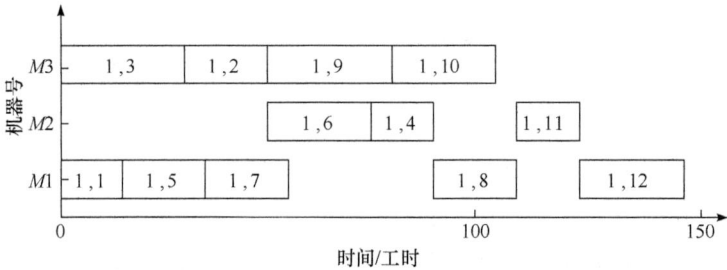

图 5-5　多设备紧凑法处理的甘特图(150 工时)

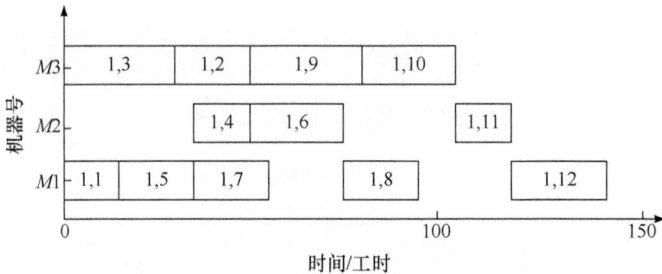

图 5-6　工序前移策略处理的甘特图(145 工时)

　　对多设备紧凑法和工序前移策略的调度过程进行对比分析，在产品 1 工序 3 插入之前不涉及工序位置调整，此时的甘特图如图 5-7 所示。工序 3 插入后用多设备紧凑法处理的甘特图如图 5-8 所示。工序 3 插入后采用工序前移策略处理的甘特图如图 5-9 所示。

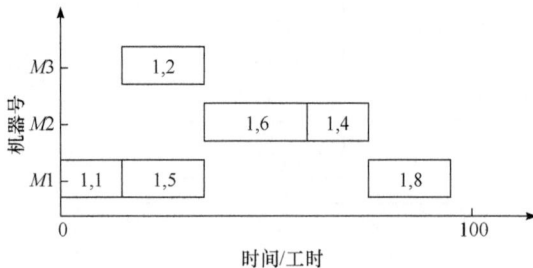

图 5-7　工序 3 插入前的甘特图(95 工时)

　　如图 5-8 所示，工序 5 和工序 6 之间产生长度为 15 工时的空闲时间段。由于工序 4 是工序 5 的紧后工序，满足在工序 5 加工完成之后加工的约束即可，因此可将工序 4 前移，插入起始时间在工序 5 加工结束的地方。同理，工序 8 为工序 4 和工序 6 的装配工序，需要满足在工序 4 和工序 6 完成后加工的约束条件。工序 4 的前移使工序 8 前移 15 工时仍能满足约束条件，因此处理后的甘特图如图 5-9 所示。

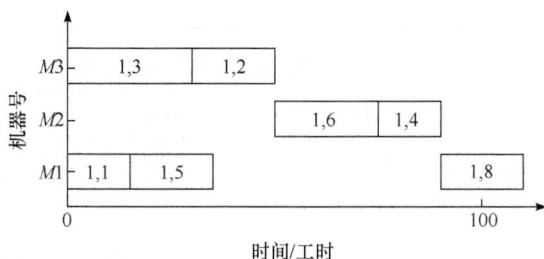

图 5-8　工序 3 插入后用多设备紧凑法处理的甘特图(110 工时)

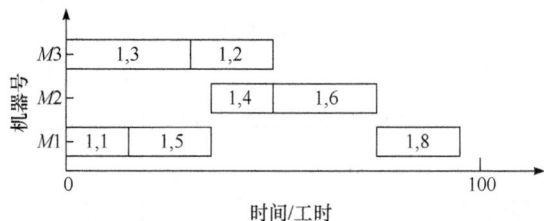

图 5-9　工序 3 插入后用工序前移策略处理的甘特图(95 工时)

3 个复杂产品分别采用多设备紧凑法和考虑工序前移策略处理的甘特图如图 5-10 和图 5-11 所示。设备利用率统计表如表 5-1 和表 5-2 所示。

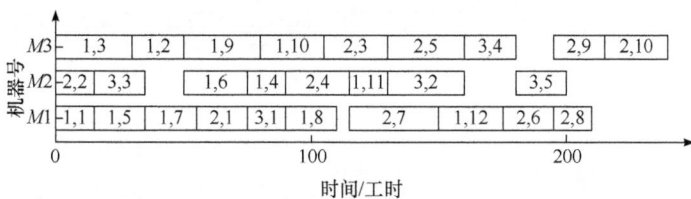

图 5-10　3 个复杂产品采用多设备紧凑法处理的甘特图(240 工时)

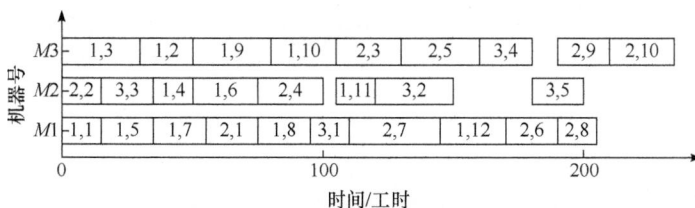

图 5-11　3 个复杂产品采用工序前移策略处理的甘特图(235 工时)

表 5-1　多设备紧凑法设备利用率统计表

设备	总加工时间/工时	空闲时间/工时	利用率/%
M1	205	5	97.6
M2	165	35	82.5
M3	225	15	93.8

表 5-2　工序前移策略设备利用率统计表

设备	总加工时间/工时	空闲时间/工时	利用率/%
M1	205	0	100
M2	165	35	82.5
M3	225	10	95.7

综上分析，对 3 个复杂产品采用工序前移策略处理可以比仅采用多设备紧凑法处理提高整体设备的利用率，同时节省 5 工时。

5.8　本章小结

本章简要介绍多设备紧凑算法，指出多设备紧凑算法在调整约束关系破坏工序的位置时，忽略对满足约束条件下部分工序能够前移的考虑，从而造成设备上空闲时间段过长的缺陷，提出一种考虑满足约束下工序前移的调度优化策略。实例验证，加入工序前移调整策略的算法比多设备紧凑算法节省加工时间，并提高设备利用率。

第6章　考虑无缝拉伸的多设备紧凑优化调整策略

6.1　引　　言

本章以第4、5章为基础，考虑在拉伸处理时仅对设备上存在的空闲时间段进行拉伸处理，忽略对约束关系的充分利用，基于在满足约束条件下工序间尽量紧凑的原则，提出一种无缝拉伸调整策略，并通过实例进行分析验证。

6.2　无缝拉伸调整策略描述

无缝拉伸的基本思想是在改变空闲时间段拉伸条件的情况下，综合运用多设备紧凑法和工序前移策略。无缝拉伸策略实际上把拉伸条件放宽了，对满足约束条件但空闲时间段为零的位置同样进行拉伸处理。经过无缝拉伸处理，在满足约束条件下工序间尽量紧凑的原则，多设备紧凑法在预影响集调整过程中仅考虑工序的后移调整，忽略了对部分工序前移调整的考虑，会造成一定空闲时间段的浪费。工序前移策略可以弥补多设备紧凑法的缺陷，但未考虑对空闲时间段为零的位置进行拉伸处理，造成满足约束条件下工序间尽量紧凑的原则不能充分发挥。

为了进一步提高设备利用率，充分保证在满足约束条件下工序间尽量紧凑的原则，在多设备紧凑算法和工序前移调整策略的基础上，对满足约束条件但空闲时间段为零的位置进行拉伸处理，从而进一步提高设备利用率，在一定程度上节省加工时间。

6.3　空闲时间段拉伸条件的确定

为了使正调度的工序满足约束条件且尽早加工，选择并确定设备上空闲时间段位置的方法描述如下。

因为基于所有设备紧凑的方法，所以正调度的工序可选择满足约束条件且设备上最早出现的长度大于等于零的空闲时间段。

对于工序满足的约束条件，由于复杂产品对应工艺树模型中的节点有分叉和不分叉，即入度大于1和不大于1两种形式，因此需要考虑的约束关系有两种。

① 分叉节点产生的约束关系。分叉节点对应工序必须安排在其所有紧前工序后。

② 不分叉节点产生的约束关系。不分叉节点对应工序必须安排在其唯一紧前工序之后。

如果正调度的工序按以上方法插入的空闲时间段长度大于正调度工序的加工时间，正调度的工序可直接插入。如果插入的空闲时间段长度小于正调度工序的加工时间，需要将该空闲时间段的紧后工序后移，使拉伸的空闲时间段刚好满足正调度工序的插入。

6.4 调整约束关系被破坏的工序位置

当插入的空闲时间段长度小于正调度工序的加工时间时，需要通过拉伸空闲时间段的长度满足正调度工序的插入。后移该空闲时间段的紧后工序会使已经调度工序间的约束关系被破坏。此时需要调整工序位置，重新满足工序的约束条件。

为了描述由拉伸空闲时间段的长度约束关系破坏的工序，以及工序恢复约束关系的调整过程，定义 5-1 引入前移工序集的概念，定义 5-2 引入新预影响工序集的概念。具体描述如下。

前移工序集指受空闲时间段拉伸影响，在满足紧前、紧后约束的条件下能够前移的工序集合。

新预影响工序集指受空闲时间段拉伸直接影响的工序集合，包含为拉伸空闲时间段的长度后移工序的紧后工序和后移工序同设备的紧后工序，以及前移工序集。

对新预影响工序集中可能受影响的工序，逐一判断其开始加工时间是否小于被后移工序的结束时间，如果不小于，可能受影响的工序不动；否则，受影响的工序后移调整，后移的距离长度为受影响的工序开始加工时间减后移工序的结束时间。

由于产生新的后移工序，因此产生新的预影响工序集。整个调整过程是递归过程。递归的结果使所有工序不再产生受影响工序集。此时完成一次工序紧凑处理，所有工序按此方法调度。

6.5 加入无缝拉伸调整策略的算法设计

无缝拉伸是在改变空闲时间段拉伸条件的情况下，对多设备紧凑法和工序前移策略的综合运用，拉伸条件包含空闲时间段为零的情况。其余与加入工序前移策略的多设备紧凑算法处理过程相同。

对待调度产品计算各分支路径长度，按分支路径长度采用 ACPM 处理。根据工序约束条件找到待调度工序对应加工设备的空闲时间段。当待调度工序插入的空闲时间段需要拉伸时，按递归调整约束关系被破坏的工序位置，直到调度完所有工序。

算法步骤如下。

① 用 ACPM 调度待处理工序 P。

② 根据 P 的约束条件确定其加工设备和开始时间。

③ 以工序尽早加工为条件，寻找符合条件且最早出现的空闲时间段。

④ 如果空闲时间段长度大于 P 的加工时间，P 可直接插入。

⑤ 如果空闲时间段长度小于 P 的加工时间，按递归调整约束关系破坏的工序位置。

⑥ 对满足约束条件且能够前移的工序，进行前移处理，按递归调整约束关系破坏的工序位置。

⑦ 重复以上步骤，直到所有工序完成。

加入无缝拉伸策略的算法流程图如图 6-1 所示。

6.6　加入无缝拉伸调整策略的算法分析

设工序数为 n，设备数为 m，平均每台设备工序数为 n/m。加入无缝拉伸策略的算法复杂度分析如下。

① 用 ACPM 调度待处理工序 P 的复杂度为 $O(n^2)$[14]。

② 待处理工序 P 在一台设备上确定位置最多比较 n/m 次。

③ 递归调整约束关系被破坏的工序位置过程是，判断预影响工序集和前移工序集中受影响的工序，并调整受影响的工序，产生新的预影响工序集和前移工序集，重复判断调整受影响的工序，直到所有受影响的工序调整完毕。

每次判断调整受影响的工序只涉及 2 个，第 1 个工序不需要调整，所以最多调整 $n-1$ 个工序，递归判断调整 $2(n-1)$ 次。另外，最多 $n-1$ 个工序涉及拉伸插入，所以全部插入工序涉及的递归调整约束关系被破坏的工序位置的操作数是 $2(n-1)^2$。

由于无缝拉伸是基于考虑工序前移的多设备紧凑算法，但多考虑对空闲时间为零的拉伸处理，因此加入无缝拉伸的算法复杂度与多设备紧凑算法相同。

综上所述，加入无缝拉伸调整策略算法的复杂度为 $O(n^2)$。

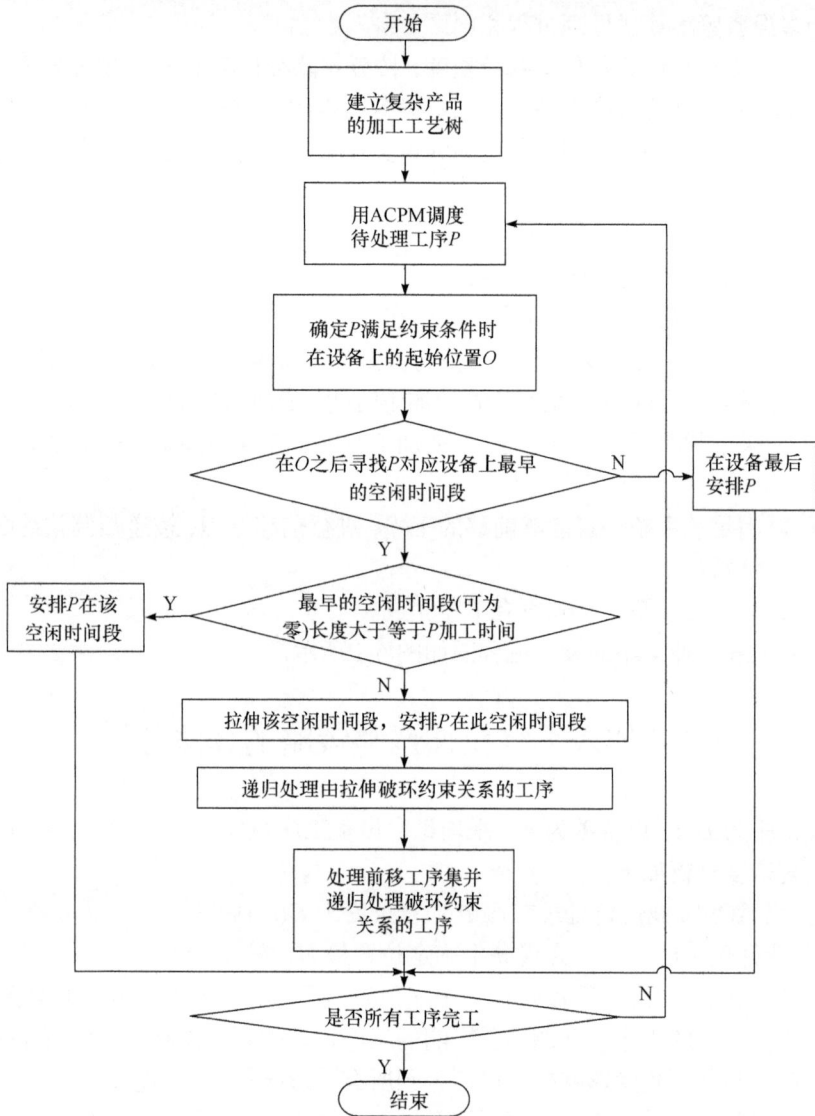

图 6-1　加入无缝拉伸策略的算法流程图

6.7　实例分析

　　选取 2 个复杂产品,用工序前移策略和无缝拉伸策略进行验证分析。产品 1 的加工工艺树如图 6-2 所示。产品 2 的加工工艺树如图 6-3 所示。

　　对产品 1 进行细节描述,产品 2 的处理方法相同。产品 1 采用工序前移处理的甘特图如图 6-4 所示。无缝拉伸处理的甘特图如图 6-5 所示。

产品 1 中工序 2 和工序 3 的插入均为无缝拉伸处理，经过无缝拉伸处理使相关工序位置变化，符合在满足约束的条件下，工序间尽可能紧凑的调度优化目标。

最后对复杂产品调度分析，2 个产品经工序前移处理的甘特图如图 6-6 所示。经无缝拉伸处理的甘特图如图 6-7 所示。经两种算法处理后的设备利用率统计表如表 6-1 和表 6-2 所示。

对比图 6-6 和图 6-7 可知，无缝拉伸比工序前移的调度时间节省 7%。对比表 6-1 和表 6-2 可知，加入无缝拉伸调整策略的算法设备利用率比仅考虑工序前移的算法高效。

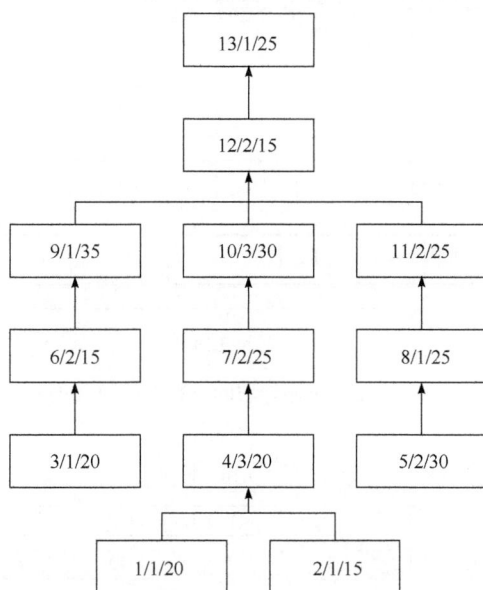

图 6-2　产品 1 的加工工艺树

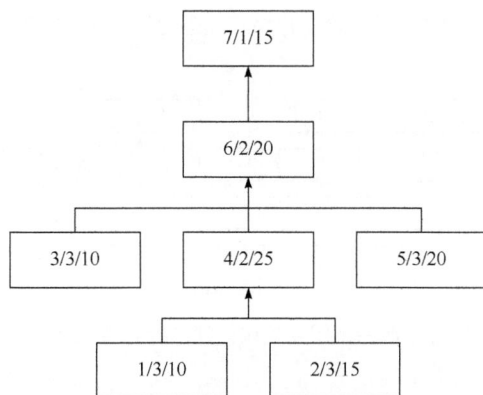

图 6-3　产品 2 的加工工艺树

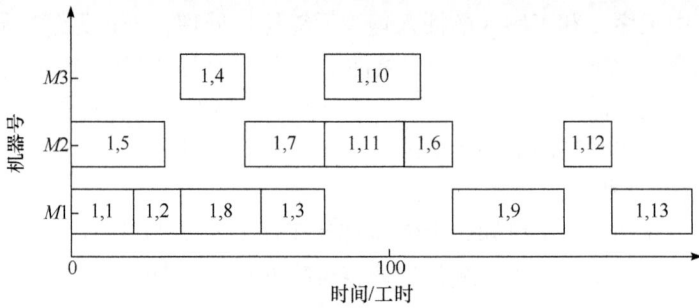

图 6-4　工序前移处理的甘特图(195 工时)

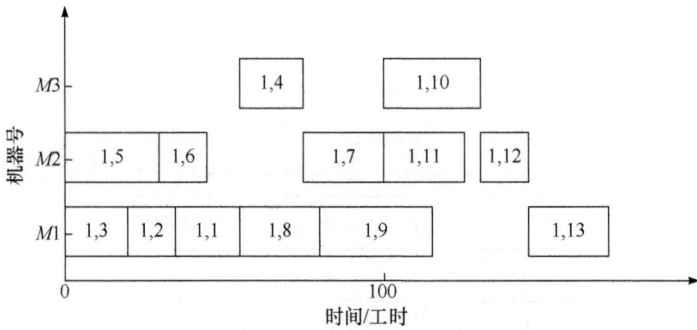

图 6-5　无缝拉伸处理的甘特图(170 工时)

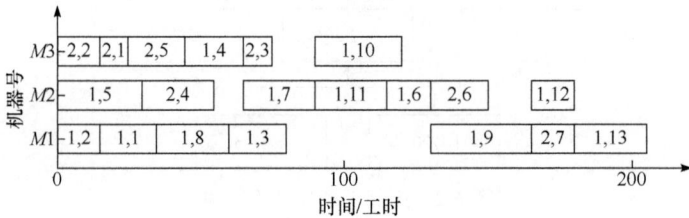

图 6-6　2 个产品经工序前移处理的甘特图(205 工时)

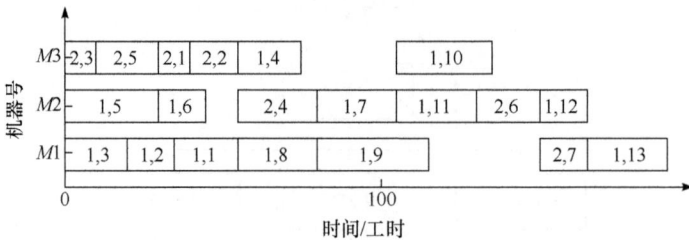

图 6-7　2 个产品采用无缝拉伸处理的甘特图(190 工时)

表 6-1　工序前移策略设备利用率统计表

设备	总加工时间/工时	空闲时间/工时	利用率/%
$M1$	155	50	75.6
$M2$	155	25	86.1
$M3$	105	15	87.5

表 6-2　工序无缝拉伸策略设备利用率统计表

设备	总加工时间/工时	空闲时间/工时	利用率/%
$M1$	155	35	81.6
$M2$	155	10	93.9
$M3$	105	30	77.8

6.8　本 章 小 结

　　本章首先介绍多设备紧凑算法和工序前移调整策略，分析这两种方法存在的缺陷。然后，提出无缝拉伸调整策略。该策略充分考虑部分工序间空闲段为零的实际情况，通过放宽拉伸条件使在满足约束条件的前提下工序间尽量紧凑。最后，通过实例进行验证分析。

第 7 章　基于调度长路径的复杂产品综合调度算法

7.1　引　　言

　　现有的产品加工是将产品的制造过程分为产品加工和产品装配两个阶段,分别考虑加工任务调度算法和装配任务调度算法。这种方式适合大批量产品加工调度。随着社会的进步,对产品多元化的需求使产品生产趋向多品种小批量。当制造产品复杂单一,制造过程包括工件间有约束的加工与装配时,如果分别考虑加工任务调度算法和装配任务调度算法必然割裂单一产品内在的加工与装配的并行关系,因此有必要进行复杂产品加工与装配综合调度优化研究。

　　由于传统车间调度研究的对象是工件间无约束的,因此经典的车间调度方法,如分支定界法、人工神经网络、遗传算法和局部搜索法等[17-22],不能综合解决复杂产品调度问题。考虑复杂产品综合调度算法中的 ACPM[13]只侧重复杂产品纵向工艺关系对调度结果的影响,而忽略横向,文献[23]提出的策略包含考虑横向工序的优先按层调度的优先级策略、优先调度加工时间短工序的短用时策略和优先调度,从根节点到该节点路径上工序的加工时间和最长工序的长路径策略。这三种策略虽然可以提高调度工序纵横双向优化及选择的效率,但忽略了关键路径上工序对总加工时间的主要影响。本章针对上述问题,提出采用优先级策略、调度长路径策略和长用时策略等多种策略结合的方式确定工序调度顺序。该方法在考虑优先级策略的情况下优先调度对整体加工时间影响较大的关键路径上的工序和长用时工序,可以实现以关键路径为主的纵横双向调度优化算法。

7.2　问 题 描 述

　　现有一等待加工产品和 m 台加工设备,该产品共有 n 道工序,工序 i 在设备 j 上的连续加工时间为 t_{ij},开始加工时间为 s_{ij},其中 $i=1,2,\cdots,n$, $j=1,2,\cdots,m$。需要满足以下条件:工序的顺序按产品树状工艺结构预先确定;每道工序只能在一台设备上加工或装配,简称加工;一台设备一次只能加工一道工序;任何工序只能在其紧前工序加工完毕后,才能开始加工;一台设备上一个工序加工完后,才能开始另一个工序的加工;工序的紧前工序可以不唯一,但工序的紧后工序必唯一。

　　本章讨论的复杂产品综合调度问题是在满足上述的情况下,如何找到一种合适的排序,使每个工序在满足同设备紧前工序和工艺结构紧前工序的约束条件下,尽早开始加工,使最晚完工的设备尽早结束,实现总的加工时间最少[24]。目标函数为

$$T = \min\left\{\max\left\{t_{ij} + s_{ij}\right\}\right\} \tag{7-1}$$

$$\text{s.t.}\quad \min\left\{s_{ij}\right\} \tag{7-2}$$

$$s_{(i+1)j} \geqslant s_{ij} + t_{ij} \tag{7-3}$$

$$s_{xy} \geqslant \max\{s_{ij} + t_{ij}\} \tag{7-4}$$

式中,ij 为 $(i+1)j$ 同设备的紧前工序;xy 为 ij 工艺结构的紧前工序。

式(7-1)表示最后完工时间为所有工序的开始时间与持续加工时间和的最大值中的最小值。式(7-2)表示每个工序的开始加工时间尽可能的早。式(7-3)表示每个工序的开始加工时间要大于等于其同设备紧后工序的开始加工时间与持续加工时间的和。式(7-4)表示每个工序的开始时间都要大于等于其工艺结构中所有紧前工序的开始加工时间与持续加工时间和的最大值。

7.3　调度策略与算法设计

7.3.1　工序调度策略设计与分析

1. 优先级调度策略

根据加工工艺树的层数为工序设置优先级。设加工工艺树有 C 层,根节点的优先级最低(1),叶子节点的优先级最高(C),优先调度优先级最高的工序[23]。

2. 调度长路径策略

根据产品的加工工艺树结构,对调度路径长度进行定义。

定义 7-1 (调度路径长度)　加工工艺树上一节点,在沿其子节点到叶子节点的所有路径中,工序加工时间和最大的路径长度为该节点的调度路径长度。例如,节点 n_i 沿其子节点到叶子节点的序列为 $n_i, n_{i-1}, \cdots, n_k$,其中 k 为节点 n_i 子孙叶子节点数。设各节点上工序的加工时间分别是 $t_i, t_{i-1}, \cdots, t_k$,则 $\max\left\{\sum\limits_{j=i}^{k} t_j\right\}$ 为 n_i 的调度路径长度。

根据调度路径长度定义,从根节点分析,调度长路径属于关键路径,因此优先调度长路径上节点可最终实现优先调度关键路径上的节点。当存在优先级相同的工序 $P_{i1}, P_{i2}, \cdots, P_{im}$ 时,可以过分别计算节点 $P_{i1}, P_{i2}, \cdots, P_{im}$ 的调度路径长度,按调度路径长度降序排列,确定调度顺序[13]。

3. 长用时调度策略

当存在工序 $P_{i1}, P_{i2}, \cdots, P_{im}$，并且它们的优先级和调度路径长度都相同时，由于加工时间较长的工序对完工时间影响较大，为了将设备上的空闲时间段优先分配给长用时工序，因此优先调度加工时间长的工序，将工序按加工时间降序排列，并依次调度。

7.3.2 调度算法设计

通过以上分析，设计的算法步骤如下。

① 输入机器及产品工序的数据，建立复杂产品的工艺树模型结构，计算并记录每个工序的调度路径长度。

② 根据加工工艺树上工序所在的层设置优先级。

③ 如果无可调度工序，则结束；否则，根据优先级策略优先调度优先级高的工序。

④ 当优先级高的工序不唯一时，采用调度长路径策略进行选择，当调度长路径策略不能唯一确定调度工序时，采用长用时策略进行选择。

⑤ 调度选择的工序采用前沿贪心规则。前沿贪心规则指将工序调度到相应设备上时，在满足合理性的前提下，使其开工时间为最小值[24]。

⑥ 将调度完的工序从加工工艺树上删除，转到步骤③。

算法流程图如图 7-1 所示。

7.4　算法复杂度分析

设产品总工序数是 n，设备数是 m。

1. 工序的调度路径长度的比较

由于工序总数一般是 n，各层的工序数最多是 n，比较工序调度路径长度，最坏的情况是比较 $C_n^2 = n(n-1)/2$ 次，复杂度为 $O(n^2)$。

2. 工序加工时间的比较

由于工序总数一般是 n，各层上的工序数最多是 n，比较工序的加工时间，最坏的情况是比较 $C_n^2 = n(n-1)/2$ 次，复杂度为 $O(n^2)$。

3. 工序插入空闲时间段中的比较

工序插入设备空闲时间的复杂度为 $O(n^2)$[25]。

综合以上分析，排序的时间复杂度为 $O(n^2)$。

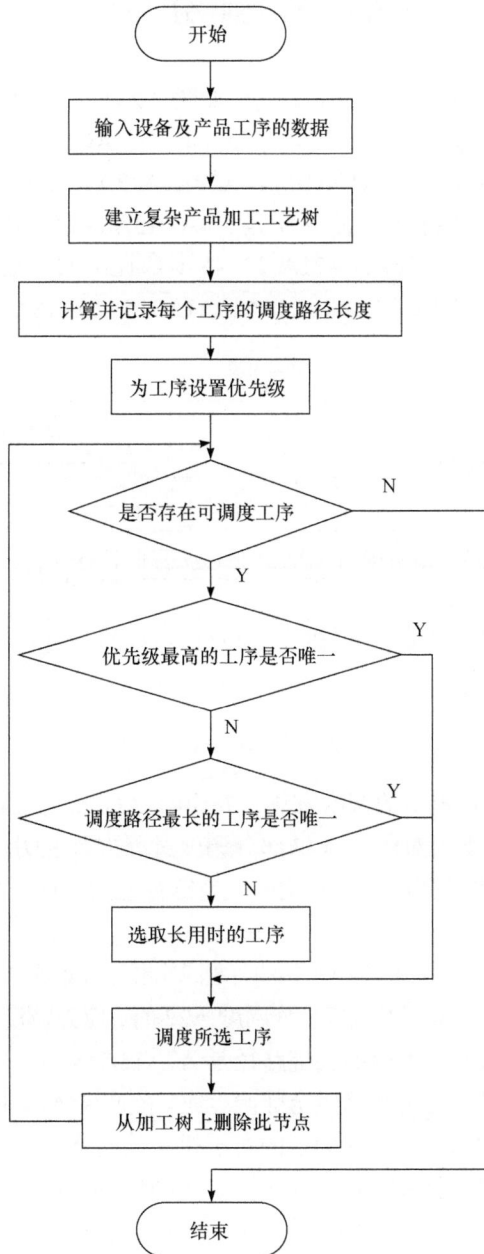

```
          ┌─────────────┐
          │    开始      │
          └─────────────┘
                 │
      ┌────────────────────────┐
      │  输入设备及产品工序的数据  │
      └────────────────────────┘
                 │
      ┌────────────────────────┐
      │   建立复杂产品加工工艺树    │
      └────────────────────────┘
                 │
      ┌────────────────────────┐
      │ 计算并记录每个工序的调度路径长度 │
      └────────────────────────┘
                 │
      ┌────────────────────────┐
      │     为工序设置优先级      │
      └────────────────────────┘
                 │
         ◇ 是否存在可调度工序 ◇ ──N──┐
                 │Y                  │
         ◇ 优先级最高的工序是否唯一 ◇ ─Y─┐
                 │N                 │ │
         ◇ 调度路径最长的工序是否唯一 ◇ ─Y─┤
                 │N                 │ │
      ┌────────────────────────┐   │ │
      │     选取长用时的工序      │   │ │
      └────────────────────────┘   │ │
                 │←─────────────────┘ │
      ┌────────────────────────┐       │
      │      调度所选工序        │       │
      └────────────────────────┘       │
                 │                     │
      ┌────────────────────────┐       │
      │    从加工树上删除此节点     │       │
      └────────────────────────┘       │
                 │                     │
          ┌─────────────┐              │
          │    结束      │←─────────────┘
          └─────────────┘
```

图 7-1 算法流程图

7.5　实例分析

对文献[26]中的产品 A，其加工工艺树如图 7-2 所示。其中方框内的数字分别为产品工序名/加工设备名/产品持续加工时间。按 ACPM [13]进行调度的顺序是 A0A1A3A4A9A2A8A16A5A6A11A10A17A20A7A13A12A18A14A15A19A21A2。按文献[23]中的算法进行调度的顺序是 A0A1A3A6A2A5A7A4A15A12A8A11A9A10A13A14A18A19A17A16A20A21A22。按本章提出的算法进行调度的顺序是 A0A1A3A4A7A2A5A6A9A13A8A11A14A10A12A15A16A18A17A19A20A21A22。

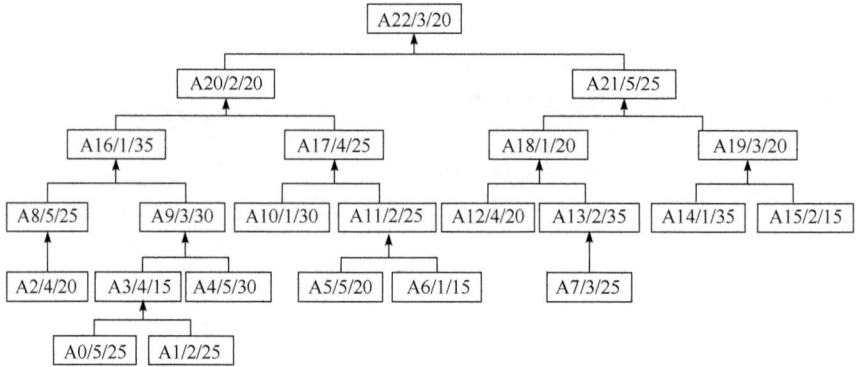

图 7-2　产品 A 加工工艺树

为了具体分析本章提出的调度方法，并说明 ACPM、文献[23]中的算法与本章算法之间的区别，下面对产品 A 的部分调度过程进行说明。

若采用 ACPM 进行调度，首先调度关键路径上的工序，根据产品 A 的加工工艺树可以看出关键路径是 A0A3A9A16A20A22。关键路径上相关工序的开始加工时间必须大于其紧前工序的加工结束时间。因此，调度到 A20 时，以 A20 为根的左子树上的工序已经全部调度完。欲调度 A22 时，应先调度以 A21 为根节点的右子树。以 A21 为根的右子树的关键路径是 A7A13A18A21。当调度到 A18 时，以 A18 为根的左子树上的工序已经全部调度完。欲调度 A21 时，应先调度以 A19 为根的右子树上的工序。以 A19 为根的右子树的关键路径是 A14A19，此时调度 A14。因此，A14 在调度甘特图(图 7-3)中的开始加工时间为 120 工时。

图 7-3 工序上的 x, y 代表的是产品 x 的工序 y。这里产品 1 就代表产品 A，加工产品 A 的设备共有 5 台，且每台设备的功能各不相同。

若采用文献[23]中的算法进行调度，当调度到优先级为 4 的工序时，根据短用时策略，A15 的加工时间最短，为 15 工时，因此优先调度 A15。然后，调度

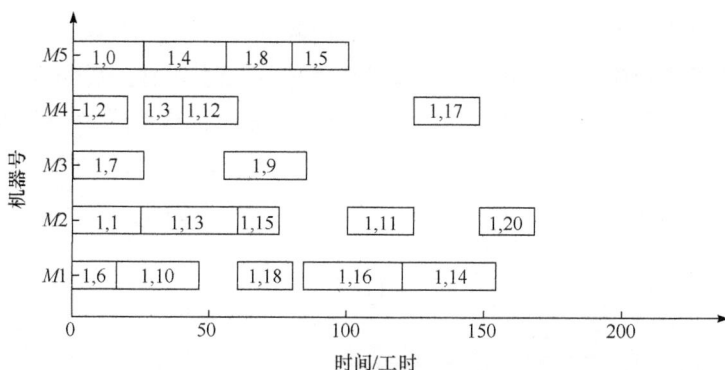

图 7-3　采用 ACPM 调度的部分甘特图(170 工时)

A12。由于 A8 与 A11 加工时间相同，采用短用时策略不能确定优先调度对象，根据长路径策略进行选择，A8 的路径长度是从根节点到 A8 经过工序 A22、A20、A16、A8 的加工时间之和(100 工时)，A11 的路径长度是从根节点到 A11 经过工序 A22、A20、A17、A11 的加工时间之和(90 工时)，A8 的路径长度大于 A11 的路径长度，因此先调度 A8 再调度 A11。由于 A9 与 A10 的加工时间也相同，根据长路径策略，A9 的路径长度 105 大于 A10 的路径长度 95，因此调度完 A9 再调度 A10。最后，A13 和 A14 的加工时间相同，路径长度也相同，因此 A13 与 A14 优先调度谁都可以。此时，A14 在调度甘特图中开始加工的时间为 45 工时，比 ACPM 提前 75 工时，如图 7-4 所示。

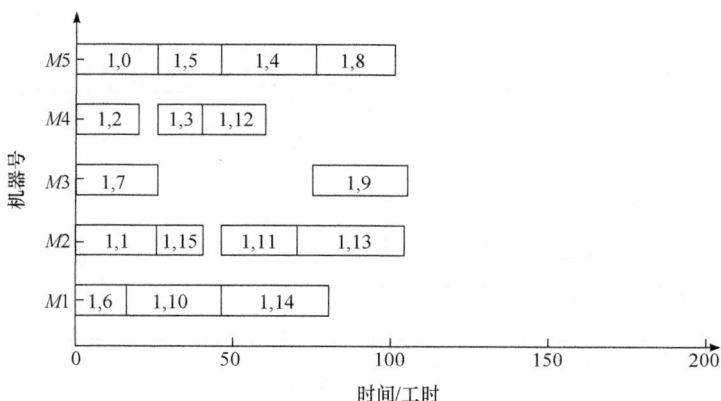

图 7-4　采用文献[23]中算法调度的部分甘特图(105 工时)

若采用本章算法对产品 A 进行调度，根据产品 A 的加工图可得出每个工序的优先级、加工时间与调度路径长度，数据如表 7-1 所示。根据优先级策略优先调度优先级高的工序，当优先级为 6 和 5 的工序都调度完后，调度优先级为 4 的工序, 优先级为 4 的工序不唯一。此时, 采用调度长路径策略进行选择, A9 的调度路径长度等于 A0、A3、A9 的加工时间之和(70 工时)。在同优先级的工序中, A9 的调度路径长度最长, 因此优先调度 A9。然后, 依次调度 A13A8A11A14。此时, A14 在调度甘特图中开始加工时间为 15 工时, 比动态关键路径法又提前 30 工时。采用本章算法进行调度的部分甘特图如图 7-5 所示。

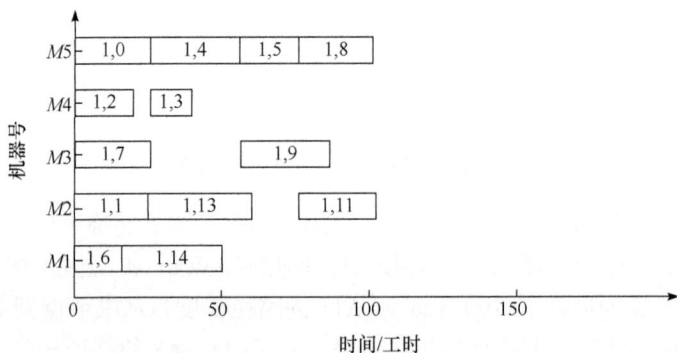

图 7-5　采用本章算法进行调度的部分甘特图(100 工时)

当采用 ACPM[13]对产品 A 进行调度时, 调度的甘特图如图 7-6 所示。当采用文献[23]提出的动态关键路径法对产品 A 进行调度时, 调度的甘特图如图 7-7 所示。当采用本书提出的基于调度长路径的算法对产品 A 进行调度时, 调度的甘特图如图 7-8 所示。

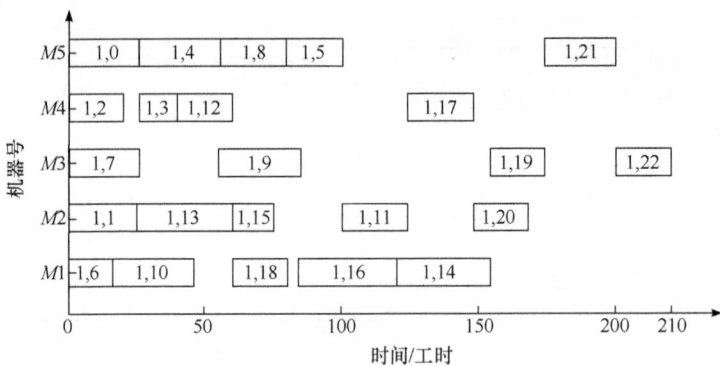

图 7-6　采用 ACPM 调度的甘特图(210 工时)

可以看出, 对于复杂产品调度问题, 采用 ACPM 对实例进行调度, 产品的加工周期为 210 工时。采用文献[23]的算法对实例进行调度时, 产品的加工周期为 200 工时, 比 ACPM 缩短 4.8%。采用本章算法调度时, 产品的加工周期为 175 工时, 比动态关键路径算法缩短 12.5%。可见, 本章算法能更好地解决复杂产品

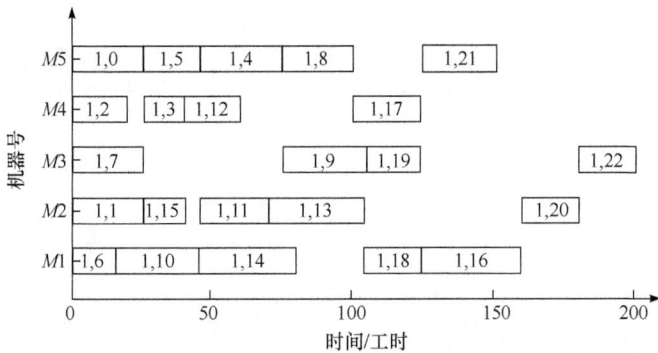

图 7-7 采用文献[23]中算法调度的甘特图(200 工时)

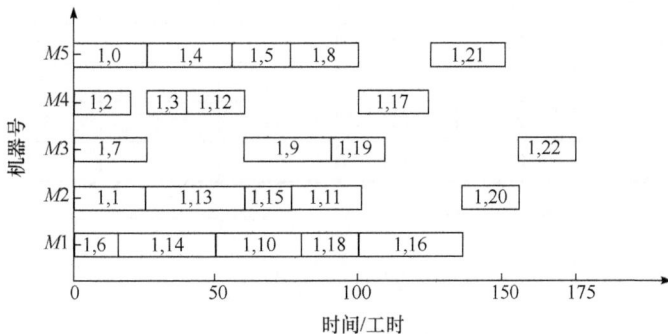

图 7-8 采用本章算法调度的甘特图(175 工时)

调度问题。之所以本章的调度算法更优,对比图 7-6 和图 7-8 可以看出,由于考虑横向,图 7-8 中设备利用率可以得到提高;对比图 7-7 和图 7-8 可以看出,图 7-8 中关键路径上的工序 A0A3A9A16A20A22 除 A0A3 开始时间不变,其他工序开始时间均提前,说明该算法在兼顾纵横双向优化调度时,优先考虑影响总加工时间的关键路径上工序的调度,使纵横双向优化调度更合理、更优化。

7.6 本 章 小 结

本章提出一种解决复杂产品加工和装配综合调度优化的新方法。该方法是在考虑优先级策略的情况下优先调度对整体加工时间影响较大的关键路径上的工序和长用时工序,使产品的调度效率得到提高。理论分析和实例表明,提出的算法对解决复杂产品综合调度问题能获得令人满意的效果,算法复杂度不超过二次多项式,因此该算法简便可行,容易实现。改进该算法,可将其推广应用于存在相同设备的复杂产品综合调度问题。

表 7-1　产品 A 中工序的各项数据

工序	优先级	加工时间/工时	调度路径长度/工时	工序	优先级	加工时间/工时	调度路径长度/工时
A0	6	25	25	A1	6	25	25
A2	5	20	20	A3	5	15	40
A4	5	30	30	A5	5	20	20
A6	5	15	15	A7	5	25	25
A8	4	25	45	A9	4	30	70
A10	4	30	30	A11	4	25	45
A12	4	20	20	A13	4	35	60
A14	4	35	35	A15	4	15	15
A16	3	35	105	A17	3	25	70
A18	3	20	80	A19	3	20	55
A20	2	20	125	A21	2	25	105
A22	1	20	145				

第8章 复杂产品纵横双向综合调度优化算法

8.1 引　言

随着多品种、小批量工件间有约束的复杂产品生产计划逐渐增多，复杂产品加工和装配综合调度问题越来越受到人们的重视。由于传统车间调度研究的对象是工件间无约束的，因此经典的车间调度的方法，如人工智能[27]、神经网络[28]、遗传算法[29,30]和多目标进化优化方法[31]等不能解决复杂产品综合调度问题。

由于关键路径上工序总的加工时间决定产品最早完工时间，优先调度关键路径上的工序可使总的加工时间尽可能地缩短，使调度结果更优。因此，在目前复杂产品综合调度算法中，以关键路径为主的 ACPM[13]被提出，其缺点是只侧重纵向，忽略可并行加工的横向。文献[23]提出的优先级调度、短用时和长路径三种策略在把产品的关键路径动态化的同时，兼顾纵横双向调度工序，其缺点是以横向为主，忽略关键路径上工序对总加工时间的主要影响。

考虑上述问题，本章提出调度长路径算法。该算法根据优先级策略并结合调度长路径和长用时等策略确定工序的调度顺序，将优先调度的工序逐步向关键路径上靠拢，最后归向关键路径，但该方法不能保证算法始终坚持优先调度关键路径上的工序。因此，本章进一步提出以关键路径为主的纵横双向调度算法。该算法将优先级策略与关键路径策略相结合，可以在同层工序中优先调度关键路径上的工序，真正实现以纵向为主的纵横双向调度优化。

8.2 问 题 描 述

设有一待加工产品和 m 台设备，此产品共有 n 道工序，设备 j 上工序 i 的连续加工时间为 t_{ij} 和开始时间为 s_{ij}，其中 $i=1,2,\cdots,n$；$j=1,2,\cdots,m$。需满足如下条件：工序的顺序按产品树状工艺结构预先确定；每道工序只能在一台设备上加工或装配，简称加工；一台设备一次只能加工一道工序；任何工序只能在其紧前工序加工完毕才开始加工；在一台设备上，一个工序完成后才能开始另一个工序的加工。

　　本书讨论的复杂产品综合调度问题是在满足上述情况的前提下，如何找到一种合适的排序，使每个工序的开始加工时间尽可能的早，总的加工时间最少[24]。

8.3　调度策略分析与设计

　　由于调度长路径算法不能保证始终优先调度关键路径上的工序，而关键路径上工序对总加工时间有较大影响[13]，因此提出优先级策略与关键路径策略相结合的方法。该方法在兼顾横向调度优化时，直接优先调度关键路径上的工序，更充分地考虑关键路径上工序对总加工时间的影响。

1. 优先级调度策略

　　根据加工工艺树的层数为工序设置优先级。设加工工艺树有 C 层，根节点的优先级最低(1)，叶子节点的优先级最高(C)，优先调度优先级最高的工序[23]。

2. 关键路径策略

　　根据产品加工工艺树可知，关键路径上工序对总加工时间影响较大。设 $n_1, n_2, \cdots, n_r$ 为加工工艺树上的节点，n_1 为叶节点，n_r 为根节点，n_{i+1} 为 n_i 的父节点，则此节点序列为路径。

　　设路径 $n_1, n_2, \cdots, n_r$ 上工序的加工时间为 $t_1, t_2, \cdots, t_r$，则 $L = \sum\limits_{i=1}^{r} t_i$ 为路径上所有工序的路径长度。

　　设一加工工艺树有 I 个叶子节点，则它有 I 条路径，因此可以计算出每条路径的长度，按路径长度降序排列，并记录每条路径上的工序。若某工序在多条路径上，则将此工序归为所在路径中长度最长的路径上。

　　当存在工序 $P_{i1}, P_{i2}, \cdots, P_{im}$，它们的优先级相同时，分别比较工序 $P_{i1}, P_{i2}, \cdots, P_{im}$ 所在路径长度。按各工序所在路径长度降序排列并依次调度各工序。如果比较的工序中有关键路径上的工序，那么首先调度的工序一定是关键路径上的工序，即实现优先调度关键路径上的节点。

8.4　算 法 设 计

① 输入设备及产品工序的数据，根据复杂产品的加工工艺树，计算工艺树每条路径的长度，并记录每条路径上的工序。若某工序在多条路径上时，则把此工序归为路径长度最长的路径上。设复杂产品的加工工艺树有 I 个叶节点，则路径数为 I。

② 为工序设置优先级，设复杂产品的加工工艺树模型有 C 层，则工序的优先级数为 C。

③ 将所有工序构成二维数组 $W=[w_{ic}]_{IC}$，$1 \leqslant i \leqslant I$，$1 \leqslant c \leqslant C$；$i=1$ 为关键路径；$i \geqslant 2$ 为其他按路径上工序的加工总时间由大到小排序的路径。如果存在某工序在多条路径上时，则 i 值取最小的为其下标值，c 为各工序的优先级。

④ 根据优先级策略优先调度优先级最高的工序，当优先级最高的工序唯一时，直接调度此工序；当优先级最高的工序不唯一时，按关键路径策略选择并调度。设加工工艺树共有 C 层，具体实现方法如下。

第一，对加工工艺树中第 C 层的工序构成的数组下标赋值 $c \leftarrow C$。

第二，当数组下标为 c 的工序唯一时，直接调度此工序；当 c 相同的工序不唯一时，优先调度数组下标 i 值最小的工序，将调度完的工序从加工工艺树上删除。

第三，循环执行第二步，直到 c 值相同的工序全部调度完。

第四，$c \leftarrow c-1$。

第五，循环执行以上四步，直到调度完 $c=1$ 的工序。

⑤ 为已确定调度顺序的工序确定开始加工时间。

第一，t_{ij} 表示设备 j 上第 i 个加工工序的连续加工时间，s_{ij} 表示设备 j 上第 i 个加工工序的开始加工时间。

第二，若设备 j 已排工序 i 和 $i+1$ 之间无法安排新增工序 x，即 $(s_{(i+1)j}-(t_{ij}+s_{ij}))<t_{xj}$，则工序 x 安排在设备 j 已排工序的最后；若设备 j 已排工序 i 和 $i+1$ 之间可安排此新增工序，即 $(s_{(i+1)j}-(t_{ij}+s_{ij})) \geqslant t_{xj}$，则选择工序可开始加工时间最早的空闲时间段将其插入，即 $\min\{s_{xj}\}$，$x \leftarrow i+1$；当 $y \geqslant 1$ 时，$i+y \leftarrow i+y+1$。

算法流程图如图 8-1 所示。

```
                    ┌────────┐
                    │  开始  │
                    └────┬───┘
                ┌────────┴────────┐
                │ 输入设备及产品  │
                │ 工序的数据      │
                └────────┬────────┘
          ┌──────────────┴──────────────┐
          │ 根据产品加工工艺树          │
          │ 计算每条路径的长度，记录路径上的工序，│
          │ 并为工序设置优先级          │
          └──────────────┬──────────────┘
            ┌─────────────┴─────────────┐
            │ 为工序组成的数组下标      │
            │ 路径数i与优先级j赋值      │
            └─────────────┬─────────────┘
                      ┌───┴───┐    Y
                 ─────┤ j=0   ├───────
                      └───┬───┘
                          │ N
              ┌───────────┴───────────┐
              │ 优先选择数组下标j     │
              │ 值最大的工序          │
              └───────────┬───────────┘
                  ┌────────┴────────┐   Y
              ────┤ 数组下标j值最大的工序唯一 ├────
                  └────────┬────────┘
                           │ N
              ┌────────────┴────────────┐
              │ 优先选择数组下标i       │
              │ 值最小的工序            │
              └────────────┬────────────┘
                ┌──────────┴──────────┐
                │ 调度所选工序        │
                └──────────┬──────────┘
                ┌──────────┴──────────┐
                │ 从加工树上删除此节点│
                └──────────┬──────────┘
          N       ┌────────┴────────┐
          ────────┤ j值相同的工序全部调度完 │
                  └────────┬────────┘
                           │ Y
                      ┌────┴────┐
                      │ j=j-1   │
                      └────┬────┘
                    ┌──────┴──────┐
                    │    结束     │
                    └─────────────┘
```

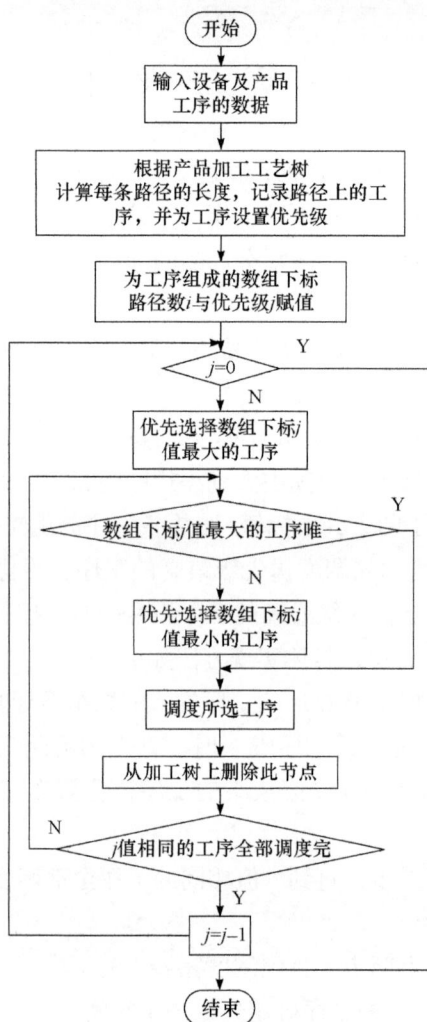

图 8-1　算法流程图

8.5　算法复杂度分析

设加工工艺树上总共有 n 个节点，计算各路径长度，从根节点加到叶节点，各节点只需计算 1 次，所以计算所有路径长度共需要 $n-1$ 次加法，即计算路径长度的时间复杂度为 $O(n)$。

确定工序的层数，从根节点开始，其子节点为第二层，依次确定各层节点的子节点，层数加 1，直到确定全部工序的层数。最坏的情况是，每个工序需要与 $n-1$ 个工序确认紧前关系，全部工序确定层数最多需要确认 $n(n-1)$ 次，所以确定工序层数的时间复杂度为 $O(n^2)$。

叶子节点的总数一般是 $n/2$，那么加工工艺树上的路径总数为 $n/2$，则按路径长度降序排列比较的次数是 $C_{n/2}^2 = n(n-1)/8$，时间复杂度为 $O(n^2)$。

工序插入设备上的空闲时间的复杂度为 $O(n^2)$ [28]。

综上，算法的时间复杂度为 $O(n^2)$。

8.6　实　例　分　析

当有产品 A 时，其加工工艺树如图 8-2 所示。其中方框内数字分别为产品工序名/工序设备名/产品加工时间。按 ACPM 确定关键路径 A2A11A16A20A22A23 后，在满足工艺约束的条件下，优先调度关键路径上工序的顺序是 A2A3A11A12 A10 A16A20A9A8A15A19A22A1A4A5A13A17A7A6A14A18A21A23。采用 ACPM 调度的甘特图如图 8-3 所示。按文献[23]中的算法进行调度，优先调度层数大、加工时间短和到根节点路径长的工序顺序是　A3A1A2A10A12A8A11A5A9A6A4A7 A14A15A13A16A17A20A19A18A21A22A23。采用文献[23]算法调度的甘特图如图 8-4 所示。按调度长路径算法进行调度，优先调度层数大、前续已调度工序路径长和加工时间长的工序顺序是　A2A1A3A4A11A7A9A6A5A8A12A10A16A13 A15A14A20A17A18A19A22A21A23。采用基于调度长路径算法调度的甘特图如图 8-5 所示。按纵横双向综合调度算法，优先调度层数大和所在路径长的工序顺序是　A2A3A1A11A9A12A8A4A10A7A6A5A16A15A13A14A20A19A17A18A22A21 A23。采用本章算法调度的甘特图如图 8-6 所示。图中 x, y 代表产品 x 的工序 y。产品 1 代表产品 A，加工产品 A 的设备共有 3 台，并且每台设备的功能各不相同。

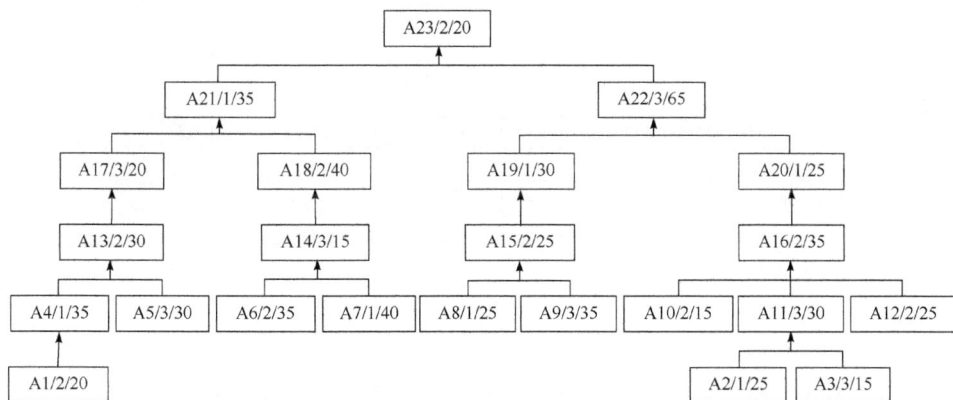

图 8-2　产品 A 加工工艺树

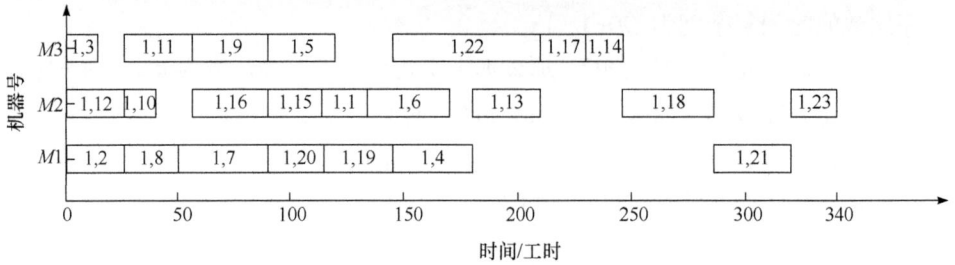

图 8-3　采用 ACPM 调度的甘特图(340 工时)

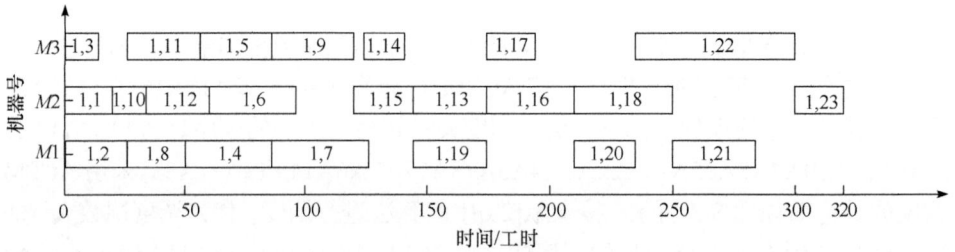

图 8-4　采用文献[23]算法调度的甘特图(320 工时)

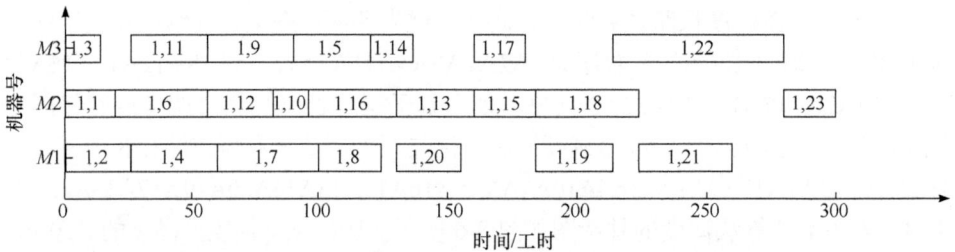

图 8-5　采用基于调度长路径算法调度的甘特图(300 工时)

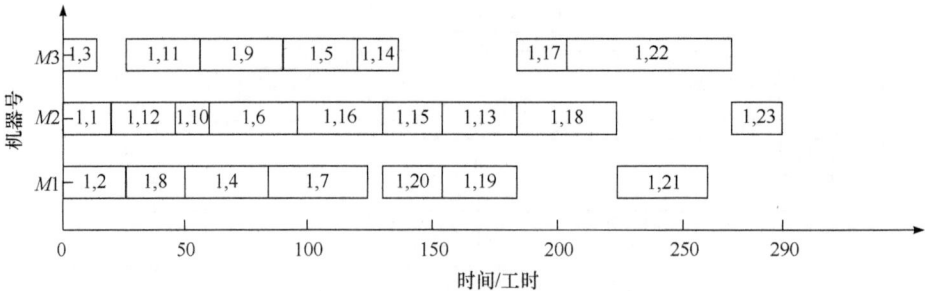

图 8-6　采用本章算法调度的甘特图(290 工时)

可以看出，对于复杂产品综合调度问题，采用 ACPM 对实例进行调度，产品的加工周期为 340 工时。采用文献[23]中算法对实例进行调度，产品的加工周期为 320 工时，比 ACPM 短 5.9%。实例采用调度长路径算法时，产品的加工周期为 300 工时，比文献[23]的算法短 6.3%。采用纵横双向综合调度算法进行调度，产品的加工周期为 290 工时，比调度长路径算法缩短 3.3%。可见，纵横双向综合调度算法能更好地解决复杂产品综合调度问题。纵横双向综合调度算法更优，因为该算法在兼顾纵横双向优化调度时，更加重视关键路径上工序对调度结果的影响，在同优先级的工序中直接优先调度关键路径上的工序。

采用 ACPM 对产品 A 进行调度时，优先调度 A15 所在的右子树，A15 的开始加工时间应在 A8 和 A9 的加工结束时间之后。此时，A15 的开始加工时间是 90 工时。A14 的开始加工时间在 A6 和 A7 的加工结束时间之后。此时，A14 的开始加工时间为 230 工时(图 8-3)。

采用文献[23]中算法对产品 A 进行调度时，根据优先级策略优先调度优先级高的工序，当调度到优先级为 4 的工序时，相同优先级的工序不唯一，有 4 个工序，即 A13A14A15A16。采用短用时策略进行选择，A14 的加工时间为 15 工时最短，优先调度，其次调度 A15A13A16。因此，优先级为 4 的工序的调度顺序为 A14A15A13A16。此时，A14 的开始加工时间为 125 工时(图 8-4)，比采用 ACPM 提前 105 工时。A15 的开始加工时间为 120 工时，比采用 ACPM 延后 30 工时。

由于文献[23]中的算法考虑横向工序可并行加工，虽然 A15 的加工时间延后，但是 A14 的开始加工时间大幅度提前，使整个产品最后完工时间提前。

在图 8-5 中，采用调度长路径算法对产品 A 进行调度，当调度到优先级为 4 的工序时，相同优先级的工序不唯一，有 4 个工序，即 A13A14A15A16。采用调度长路径策略进行选择，A13 的调度路径长度是 A1A4 与 A13 的加工时间之和(85 工时)；A14 的调度路径长度是 A7 和 A14 的加工时间之和(55 工时)；A15 的调度路径长度是 A9 和 A15 的加工时间之和(60 工时)；A16 的调度路径长度是 A2A11 与 A16 的加工时间之和(90 工时)。因此，优先级为 4 的工序调度顺序为 A16A13A15A14。

A15 的开始加工时间是 160 工时，比采用文献[23]算法延后 40 工时。A14 的开始加工时间是 120 工时，比采用文献[23]算法提前 5 工时。由于调度长路径算法考虑工序前续已加工工序路径的长度，工序调度逐渐优先调度关键路径上的工序。因此，调度长路径算法比文献[23]的算法更注重关键路径上的工序对产品完工时间的影响，调度结果比文献[23]好。

当采用本章算法调度时，根据产品 A 的加工工艺树可得所有工序的优先级和所在路径的长度。产品 A 中工序的各项数据如表 8-1 所示。根据优先级策略优先调度优先级高的工序，优先级为 6 和 5 的工序到优先级为 4 的工序时，工序不唯一，采用关键路径策略进行选择，将工序所在的路径长度降序排列并依次调度。A13 所在路径是 A4A7A13A17A21A23，长度为 160；A14 所在路径是 A7A14A18A21A23，长度为 150；A15 所在路径是 A9A15A19A22A23，长度为 175；A16 所在的路径是 A2A11A16A20A22A23，长度为 200，此路径为关键路径。因此，优先级为 4 的工序的调度顺序为 A16A15A13A14。此时，A15 的开始加工时间为 130，比采用调度长路径算法提前 30 工时；A14 的开始加工时间为 125 工时，比调度长路径算法延后 5 工时。

表 8-1 产品 A 中工序的各项数据

工序	优先级	所在路径长度	工序	优先级	所在路径长度
A1	6	160	A2	6	200
A3	6	190	A4	5	160
A5	5	135	A6	5	145
A7	5	150	A8	5	165
A9	5	175	A10	5	160
A11	5	200	A12	5	170
A13	4	160	A14	4	150
A15	4	175	A16	4	200
A17	3	160	A18	3	150
A19	3	175	A20	3	200
A21	2	160	A22	2	200
A23	1	200	—	—	—

8.7 本 章 小 结

  本章提出一种解决工件间具有约束关系的复杂产品调度问题的新方法。该方法是在考虑优先级策略的情况下优先调度对整体加工时间影响较大的关键路径上的工序，使产品总的加工时间缩短。理论分析和实例表明，以纵为主，兼顾横向的调度方法借鉴已有复杂产品综合调度方法的优点，纵横双向调度优化效果更好，且算法复杂度不超过二次多项式，简便可行。因此，本章提出的算法可以进一步优化复杂产品综合调度，有一定的理论和实际意义。

第 9 章 基于工序集的动态关键路径多产品制造调度算法

9.1 引　言

在实际生产中，产品由一组存在约束关系的工件按照加工工艺树装配而成，而工件由一串前后约束的工序组成。因此，产品加工、装配完全工艺树是树状结构。为了简化调度分析，将加工、装配设备定义为设备统一调度，并统一定义加工、装配为加工。本章研究的问题是在满足三个约束条件的前提下使加工完所有的产品所用的时间尽可能的少。这三个约束条件是，对每道工序来说，必须等待其所有的前继工序加工完毕后才能处理此道工序；对每台机器来说，任意时刻只能加工一道工序，且必须满足加工完一道工序后才能加工另一道工序；不存在相同设备。本章首先对单个产品的加工环节进行分析，在尽量做到并行加工的基础上提出两种调度策略。在调度过程中，根据虚拟加工工艺树的加工流程动态地构造一个可供调度的工序集，同时应用提出的两种调度策略调度工序集中的工序。最后，给出完整的算法，通过实例对比验证该算法。

9.2 问 题 描 述

复杂单产品调度问题可描述如下，即给定一个产品和 m 台设备，产品具有 n 道工序，工序 P_i 需要设备 Mk。本章的调度目标是确定工序 P_i 的开始加工时间 s_{ij}，使总的加工时间尽可能少。由于产品工序的开始加工时间必须等其紧前工序加工完毕，产品加工完毕的时间为各设备完工的最大时间值，因此产品完工时间的优化数学描述为

$$T = \min \{ \max \{E_k\}\} \tag{9-1}$$

$$\text{s.t.} \quad \min \{s_{ij}\} \tag{9-2}$$

$$s_{ij+1} \geqslant s_{ij} + t_{ij}, \quad i=1,2,\cdots,m, \quad j=1,2,\cdots,n \tag{9-3}$$

$$s_{xy} \geqslant \max \{s_{ij} + t_{ij}\} \tag{9-4}$$

式中，E_k 为设备 Mk 上最后一个工序的完工时间，$k=1,2,\cdots,m$；第 j 个工序是第 y 个工序的紧前工序；s_{ij} 为设备 i 第 j 个工序的开始加工时间；t_{ij} 为设备 i 第 j 个工序的连续加工时间。

9.3　问题分析

9.3.1　加工工艺树

单个产品的加工流程为树形结构，称为加工工艺树。产品的工艺树呈树状形式，只是边的方向与树相反。加工工艺树上的节点代表工序，边代表偏序关系。叶节点工序为初始时可被加工工序，根节点工序为最后被加工的工序。当根节点工序加工完毕时，表明此产品加工完毕。

9.3.2　工序类型分类

由加工工艺树和问题的约束条件可知，初始时叶节点工序是被调度的对象，而非叶节点工序肯定不会被调度。因此，初始时只能调度某个叶节点工序。当某个节点工序的所有子节点工序全部加工完毕时，则此节点工序转换为叶节点工序。

定义 9-1(可调度工序)　设 $P_{i1},P_{i2},\cdots,P_{im}$ 为叶节点工序，并且需要在同一台机器 M_i 上加工。当 M_i 空闲时，称 $P_{i1},P_{i2},\cdots,P_{im}$ 为可调度工序。

定义 9-2(准可调度工序)　设 $P_{i1},P_{i2},\cdots,P_{im}$ 为叶节点工序，并且需要在同一台机器 M_i 上加工。当 M_i 忙时，称 $P_{i1},P_{i2},\cdots,P_{im}$ 为准可调度工序。

定义 9-3(不可调度工序)　所有非叶节点工序称为不可调度工序。

定义 9-4(备选工序集)　当前所有可调度工序和准可调工序的工序集称为备选工序集。

定义 9-5(直接后继工序)　若满足 $P_{ij}\prec P_{ik}$，并且无 P_{im} 在 P_{ij} 与 P_{kj} 之间，则称 P_{ik} 为 P_{ij} 的直接后继工序。

9.4　调度策略设计

工序是从备选集合中调度的，很可能出现多个可调度工序同时争夺一台机器的情况。假设在某一时刻有 x 个工序争夺机器，则将这些工序调度到机器上的排列共有 $x!$ 种，从而使总的加工时间有 $x!$ 种。为了确定唯一的被调度工序，下面提出两种调度策略，即动态关键路径策略和短用时策略。将可调度工序和准可调度工序加入备选工序集以后，具体调度工序应用策略的顺序是，应用动态关键路径策略选出工序节点，在动态关键路径策略不能唯一确定调度工序的情况下再应用短用时策略。

定义 9-6(路径)　设 $n_1,n_2,\cdots,n_r$ 为加工工艺树上的节点，n_1 为叶节点，n_r 为根

节点，n_{i+1} 为 n_i 的父节点，称此节点序列为路径。

定义 9-7(路径长度)　对路径 $n_1, n_2, \cdots, n_r$，设加工各节点上的工序所需要时间为 $t_1, t_2, \cdots, t_r$，称 $L = \sum_{i=1}^{r} t_i$ 为 n_1 的路径长度。

定义 9-8(关键路径)　设加工工艺树上有 n 条路径分别为 $r_1, r_2, \cdots, r_n$，路径长度分别为 $L_1, L_2, \cdots, L_n$，$L_i = \sum_{i=1}^{n} t_{ij}$，若路径 r_m 的路径长度 $L_m = \max\{L_1, L_2, \cdots, L_n\}$，则路径 r_m 为关键路径。

9.4.1　动态关键路径策略

根据最优关键路径法定理，关键路径若不包含块，则一定是最优解[3]。但是要做到不包含块是很难的。受其他路径上的工序调度安排对关键路径上工序调度安排的影响，关键路径难以避免产生块。关键路径是任务图中开销最大的路径，其有效调度将在很大程度上减小相关任务图的调度长度。在调度过程中，加工工艺树的关键路径是会发生变化的[32]。例如，对于图 9-1 来说，初始时，关键路径为工序 11 所在的路径，即 1、2、3、6、9、11，而在工序 11 调度完毕之后，从当前时刻来看，其加工工艺树会发生变化，关键路径变为工序 10 所在的路径 1、2、5、8、10。考虑关键路径的动态性，本书提出动态关键路径策略，将关键路径视为动态的路径，即在某一时刻，将未调度工序路径最长的视为此刻的关键路径。

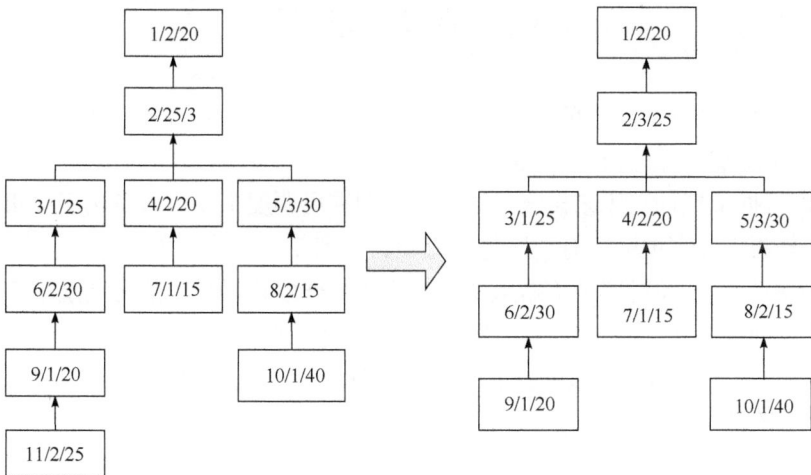

图 9-1　关键路径变化图

设存在可调度工序 $P_{i1}, P_{i2}, \cdots, P_{im}$，需要的加工时间分别为 $t_{i1}, t_{i2}, \cdots, t_{im}$，路径长

度分别为 $L_1, L_2, \cdots, L_m$。设工序 P_{ij} 加工时间为 t_{ij}，其路径长度为 L_j，从 P_{ij} 到根节点的路径上的工序序列为 $P_{ij}, P_{ij}^1, \cdots, P_{ij}^r$；工序 P_{ik}，加工时间为 t_{ik}，其路径长度为 L_k，从 P_{ik} 到根节点的路径上的工序序列为 $P_{ik}, P_{ik}^1, \cdots, P_{ik}^r$，$L_j < L_k$。因为总的加工时间取决于并行加工的时间，并行加工的时间越长，所以总的加工时间就会缩短，反之会增加[16,33,34]。若先调度 P_{ij}，则剩余未调度的工序并行加工的时间取决于 L_j。又因为 $L_j < L_k$，先调度 P_{ij} 会较之先调度 P_{ik}，导致剩余工序并行加工时间缩短，使整个加工时间增加，所以通过以上分析可以看出，对于可调度工序 $P_{i1}, P_{i2}, \cdots, P_{im}$，应该首先调度路径长度最大的工序。

9.4.2　短用时策略

若存在可调度工序 $P_{i1}, P_{i2}, \cdots, P_{im}$，它们的路径长度相同，都为 L_i，用时分别为 $t_{i1}, t_{i2}, \cdots, t_{im}$。设 $P_{ij} \in \{P_{i1}, P_{i2}, \cdots, P_{im}\}$，$t_{ij} = \min\{t_{i1}, t_{i2}, \cdots, t_{im}\}$，$P_{ij}^1$ 为 P_{ij} 的直接后继工序。由于 P_{ij} 的用时最少，优先调度它有三个明显的优点。首先，调度完 P_{ij}，可以使其后继工序 P_{ij}^1 获得比较早的可被加工的时间[35,36]。然后，对于集合 $\{P_{i1}, P_{i2}, \cdots, P_{im}\} - \{P_{ij}\}$ 中的工序来说，也可以比较早地获得机器 M_i，从而使其后继的工序也能较早地被加工，这样就可以缩短总的加工时间。最后，充分利用空闲时段，不浪费较小的空闲时段，尽量做到使机器不空闲。综合以上分析，当工序具有相同的路径长度时，应该调度用时少的工序。

9.5　算　法　设　计

根据以上分析，对于单个产品的加工工艺树采用下面描述的算法进行调度。

① 构造加工工艺树。

② 根据虚拟加工工艺树将可调度工序和准可调度工序加入备选工序集。若备选工序集为空，则说明所有工序加工完毕，转到⑤。

③ 根据动态关键路径策略从备选工序集中选取路径最长的可调度工序。若工序唯一，则选取此工序；否则，选取用时最少的工序。

④ 应用 BFSM[37]调度所选择工序，从加工工艺树上删除此节点，从备选工序集中删除此工序，转到②。

⑤ 结束。

算法流程图如图 9-2 所示。

开始

将产品加入产品集合

为每个产品输入工序信息

为每个产品构造加工工艺树

深度遍历虚拟加工树，计算路径长度

根据定义动态生成备选工序集

备选工序集是否为空　Y

N

选取路径长度的工序是否唯一　Y

选取用时最少的工序是否唯一　Y

N

选择此工序

任选一个工序

应用最佳适应调度法调度所选工序

从虚拟工艺树中删除此节点

从备选工序集中删除此工序

输出甘特图

结束

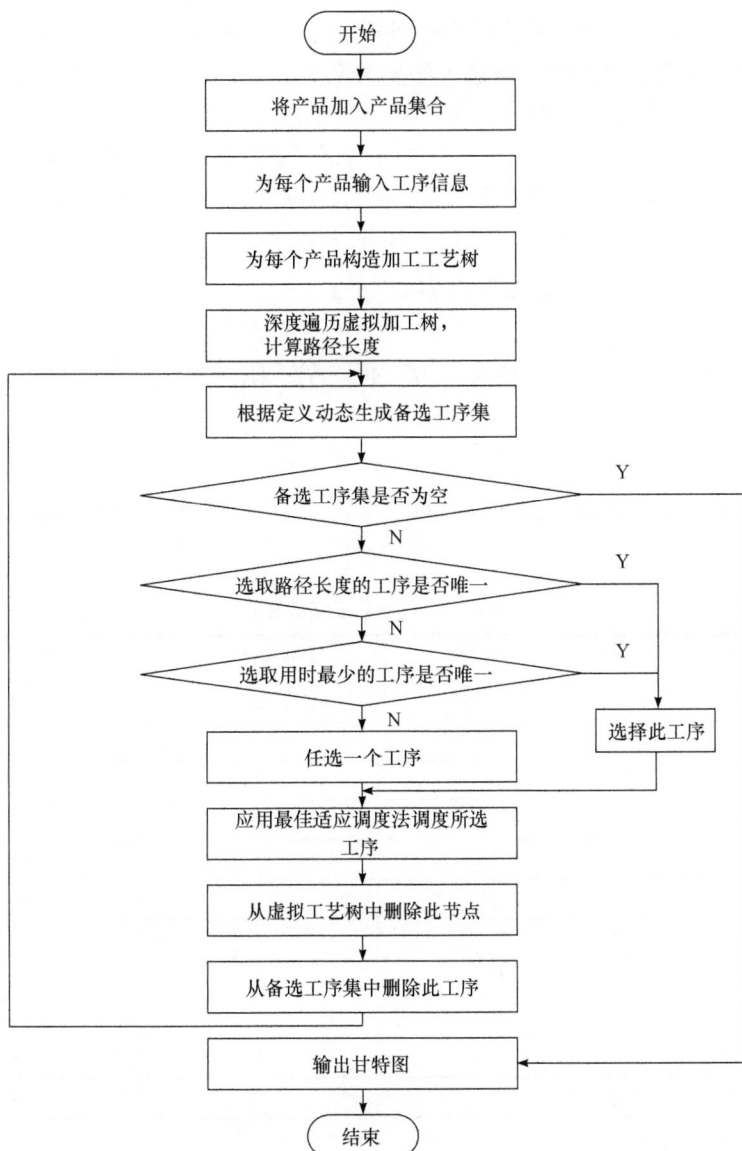

图 9-2　算法流程图

9.6　算法复杂度分析

设总工序数是 n，设备数是 m，则加工工艺树上有 n 个节点。算法的主要操作如下。

① 构造加工工艺树。将产品信息转换成相应的加工工艺树，相应的时间复杂

度常量级，因此构造加工工艺树的时间复杂度为 $O(n)$。

② 工序调度。初始时，备选工序集中至少有 1 个工序，最多有 n 个工序。在此只分析包含工序最多的情况。因为初始时备选工序集中有 n 个工序，所以最坏的情况是，调度第一个工序需要比较 $3(n-1)$ 次，调度第二个工序需要比较 $3(n-2)$ 次，当备选工序集中只剩下 2 个工序的时候只需比较 1 次。因此，算法需要的比较次数为 $3[(n-1)+(n-2)+\cdots+2+1]=3(n-1)n/2$ 。

由此可知，算法的时间复杂度为 $O(n^2)$。

9.7 实 例 分 析

为了评估算法的性能，设有产品 A，其工序信息表如表 9-1 所示。构造的加工工艺树如图 9-3 所示。其中，方框里面的数字分别为产品工序号/加工设备号/工序加工时间。

表 9-1 产品 A 工序信息表

工序号	后继工序	加工设备	消耗时间/工时
1	2	2	20
2	6	1	35
3	6	3	30
4	7	2	35
5	7	1	40
6	8	2	30
7	9	3	15
8	10	3	30
9	10	2	40
10	11	1	35
11	0	2	20

如图 9-3 所示，虚拟加工工艺树将可调度工序和准可调度工序 1，3，4，5 加入备选工序集，根据算法计算确定产品的关键路径为工序 1 所在的路径 1，2，6，8，10，11。工序 1 所需的设备为 2，此时可安排工序 1 到设备 2 进行加工。工序 1 调度完毕后，新增一个叶子节点 2，备选工序集发生变化，加入节点 2。此时，产品的关键路径动态调整为工序 2 所在的路径 2，6，8，10，11，关键路径没有发生变化。节点 2 需要设备 1，安排到设备 1 上进行加工。工序 2 调度完毕后，没有新的可调度工序和准可调度工序产生，备选工序集将保持不变。然而，产品

的关键路径却发生了变化，变为工序 5 所在的路径 5，7，9，10，11，此时应该调度关键路径上的叶子节点工序 5。工序 5 需要设备 1，可将其调度到设备 1 上面。按调度算法重复以上分析过程，直到备选工序集为空。关键路径与备选工序集的变化如表 9-2 所示。

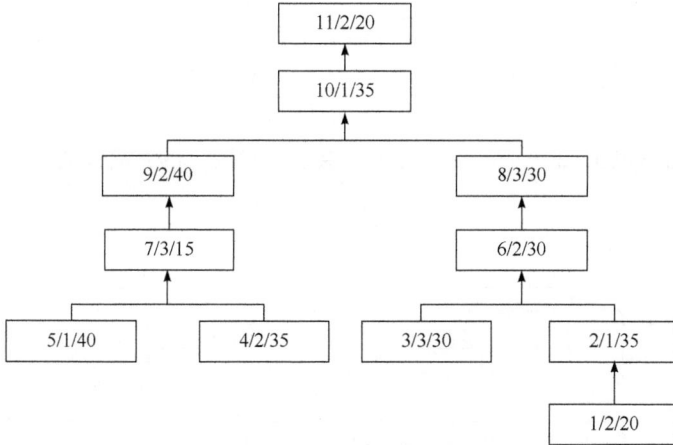

图 9-3　产品 A 构造的加工工艺树

表 9-2　关键路径与备选工序集的变化

关键路径	备选工序集
1，2，6，8，10，11	5，4，3，1
2，6，8，10，11	5，4，3，2
5，7，9，10，11	5，4，3
3，6，8，10，11	4，3
4，7，9，10，11	4，6
6，8，10，11	6，7
7，9，10，11	7，8
9，10，11	8，9
8，10，11	8
10，11	10
11	11

　　图 9-4 所示为采用文献[13]基于 ACPM 和 BFSM 的动态综合调度算法调度产品 A 的甘特图。图 9-5 所示为采用本章算法调度产品 A 的甘特图。图中，工序编号 x,y 表示产品 x 的第 y 道工序。例如，1，1 代表产品 A 的工序 1。

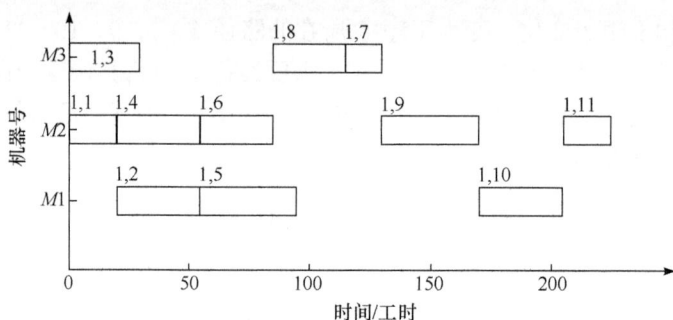

图 9-4　文献[13]基于 ACPM 和 BFSM 的动态综合调度算法调度产品 A 的甘特图(225 工时)

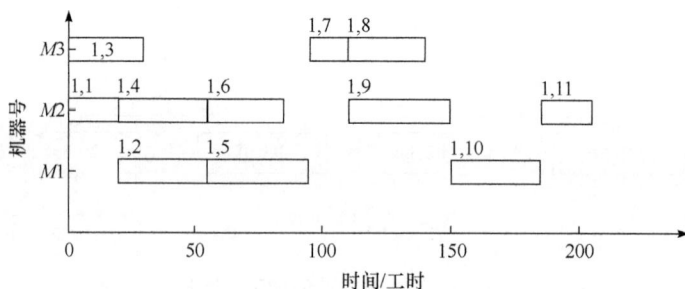

图 9-5　本章算法调度产品 A 的甘特图(225 工时)

可以看出，在不提高算法复杂性的前提下，采用文献[13]中的算法对实例进行调度为 225 工时，采用本章算法对实例进行调度为 205 工时。可见，本章算法对复杂产品加工问题的解决具有较好的性能。

9.8　本 章 小 结

本章提出的算法对于单产品加工的问题能够提高效率，得到较优的解。由于算法在调度工序的过程中动态地生成备选工序集，选择被调度的工序是在较小的集合上完成的，因此效率比较高。除非工序被调度到机器上，工序不会被调出备选工序集，因此算法能够避免操作系统中的抖动问题，具有一定的理论和实用价值。

第 10 章　基于动态实质短路径的综合调度算法

10.1　引　　言

近年来,通过建立加工工艺树来解决复杂单产品综合调度问题是较好的模式。该模式基于树状结构,将加工和装配工序统一为加工,将加工设备和装配设备统一为设备。例如,文献[13]考虑产品加工工艺树中长路径上的工序对调度结果的重要影响,采用 ACPM 优先调度长路径上的工序,可以较好地解决复杂产品综合调度问题,是研究纵向综合调度的代表。ACPM 是以工艺树纵向为主的调度方法,为了兼顾横向工序并行处理,在文献[13]的基础上,文献[38]采取优先调度工艺树中层数大的工序,同层的工序又依次采取短用时和长路径的策略,可以实现在考虑树状结构模型横向关系时兼顾纵向关系的调度算法,使调度效果更好。文献[13]在确定动态调度工序时,采用动态确定长路径的方式;文献[38]采取同层上的短用时工序,长路径优先的策略,因此上述两种具有代表意义的算法在某种条件下都涉及优先调度动态长路径上的工序。

由于静态工艺树中长路径上的工序加工时间总和是产品完工时间的下界,因此应该优先调度最长路径的工序,保证长路径上的工序尽早结束,从而使产品尽早完工,即 ACPM 的出发点。事实上,真正影响产品完工时间下界的不是静态工艺树中的长路径,而是实质长路径,即同一设备上的工序必须串行加工,产生实际最长工艺路径。

在调度过程中,随着已调度工序从工艺树中被删除,工艺树中最长路径的长度是变化的。为了在动态调度长路径工序时避免实质路径更长,本章提出以缩短产品实质路径长度为目的的基于动态实质短路径的综合调度算法,并通过实例验证。

10.2　复杂单产品综合调度优化问题描述

本书利用加工工艺树建立复杂单产品加工与装配综合调度模型[38]。工艺树中的每个节点代表一道工序,其中分叉节点代表装配工序,有向边表示工序加工顺序的偏序关系。研究的综合调度满足一般调度条件,即工序之间有顺序约束关系,各工序必须在其子节点工序加工完成后才开始加工;每道工序必须在指定的设备上加工;每台设备同一时刻只能加工一道工序且加工过程不能中断;不存在相同设备。

在满足以上调度条件时,通过采用实质短路径方法控制实质长路径的长度,可使每个工序在满足顺序约束和实质路径取短条件下尽早开始,从而使产品尽早

完工，因此该问题的数学描述为

$$T = \min\left\{\max\left\{f_i\right\}\right\} \tag{10-1}$$

s.t.

$$\min\left\{s_{ix} \mid H_{ik} = L_{iy} + t_{ix} = \min\left\{L_{ik} + t_{ij}, L_{ij} + t_{ik}\right\}, L_{ik} = \max\left\{L_{xy}\right\}, j = 1,2,\cdots,n\right\} \tag{10-2}$$

$$s_{ij+1} \geqslant s_{ij} + t_{ij}, \quad i = 1,2,\cdots,m; \ j = 1,2,\cdots,n \tag{10-3}$$

$$s_{xy} \geqslant \max\left\{s_{ij} + t_{ij}\right\} \tag{10-4}$$

其中，f_i 为工序 $i(i=1,2,\cdots,n)$ 的完工时间；T 为调度优化目标，即产品完工时间值尽可能小；L_{ik} 为工序 ik 的路径长度；t_{ij} 为工序 ij 的加工时间；$L_{ik}+t_{ij}$ 为工序 ij 所在的实质路径长度；工序 ik 和工序 ij 为设备 i 上加工的可调度工序；H_{ik} 为计划调度工序 ik 时，实质短路径的长度；s_{ix} 为实质短路径 $H_{ik}= L_{iy}+t_{ix}$ 上可调度工序 ix 的开始加工时间；$s_{ij+1} \geqslant s_{ij}+g_{ij}$ 表示相同设备上的工序只能够串行加工；$s_{xy} \geqslant \max\{s_{ij}+t_{ij}\}$ 表示工艺树中各工序必须在其子节点工序加工完成后才能开始加工；工序 xy 为工序 ij 的父节点，表示工序。

10.3　复杂单产品综合调度优化问题分析

为了便于对问题的描述，我们提出若干新的概念并加以定义。

定义 10-1(计划调度工序)　动态变化的备选工序集中路径长度最大的工序即计划调度工序。

定义 10-2(实质路径)　由于同设备工序串行加工，某可调度工序优先加工使其他同设备可调度工序所在的路径实质开始时间后移，形成实际影响调度结果的加工路径，即实质路径。

定义 10-3(实质短路径)　将计划调度工序分别与备选工序集中其他同设备工序两两交叉放到对方路径之前，比较形成的实质路径长度，其中长度值最小的实质路径即实质短路径。

定义 10-4(实质调度工序)　实质短路径上的可调度工序即实质调度工序。

10.4　综合调度优化策略设计

在产品加工过程中，可调度工序均为产品工艺树叶节点工序，随着部分叶节点工序被加工，剩余产品仍然为树状结构。由于不存在相同设备，因此当多个可调度工序都需要同一设备加工时，需要确定哪一个工序优先加工。

已有的一些调度算法是在保证工序间顺序约束关系的同时，依据某种优先调度规则解决同设备可调度工序争夺加工设备问题，使产品完工总用时尽可能的短。例如，文献[13]，[38]的两种算法在考虑工序间加工顺序约束的同时，采用长路径、短用时等优先调度规则[39,40]为同设备可调度工序排序。这些规则是依据产品工序原始数据计算的，没有考虑同设备可调度工序串行加工对产品调度结果的影响，可能导致实质长路径更长，延长产品加工完成时间。为了缩短实质长路径，如果计划调度工序不与其他可调度工序同设备，调度该计划调度工序；否则，采取动态实质短路径和长用时策略确定调度工序。为了让工序尽早开始加工，采用首次适应调度策略。

1. 动态实质短路径策略

若存在与计划调度工序同设备的可调度工序，同设备工序串行加工，产生影响调度结果的实质路径。实质路径越长，产品完工时间越长，因此提出选择实质短路径的策略。例如，产品 A 的加工工艺树及虚拟加工工艺树如图 10-1 所示。

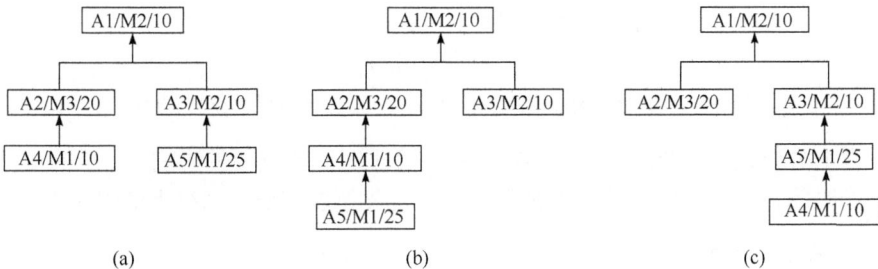

图 10-1 产品 A 的加工工艺树及虚拟加工工艺树

加工工艺树中节点的数据分别代表工序名/加工设备名/用时单位数(下同)。按动态长路径策略选择最长路径上的叶节点工序优先调度，由于各工序路径长度分别为 A5：45、A4：40、A2：30、A3：20、A1：10，A 产品工序调度顺序为 A5、A4、A2、A3、A1。图 10-1(a)和图 10-1(b)产品 A 的甘特图如图 10-2 所示。产品完工时间为 65 工时。图中，长方框表示工序，框中数字表示工序名，框的长度按工序时间比例确定(下同)。

如果在调度最长路径上计划调度工序 A5 时，考虑实质路径长度，由于可调度工序 A4 与计划调度工序 A5 同设备，先调度 A5，A4 的开始时间最早为 25 工时，形成如图 10-1(b)所示的实质路径(工序序列 A5、A4、A2、A1)，长度为 65；先调度 A4，A5 的开始时间最早为 10 工时，形成如图 10-1(c)所示的实质路径(工序序列 A4、A5、A3、A1)，长度为 55。

对图 10-1(b)采用动态长路径方法调度，工序的调度顺序与采用动态长路径策略相同，其调度甘特图如图 10-2 所示。调度结果与其实质长路径的长度相同，均是65 工时。对图 10-1(c)采用动态长路径方法调度，工序的调度顺序为 A4、A5、A2、A3、A1，调度甘特图如图 10-3 所示。产品完工时间为 55 工时，与实质长路径的长度相同。

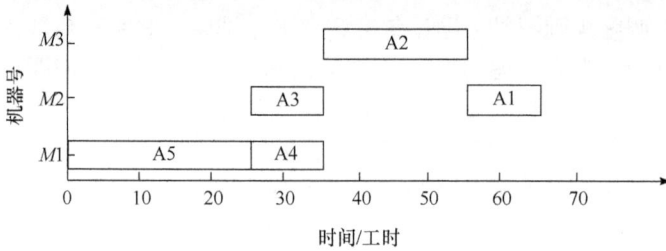

图 10-2　动态长路径调度图 10-1(a)和图 10-1(b)产品 A 的甘特图(65 工时)

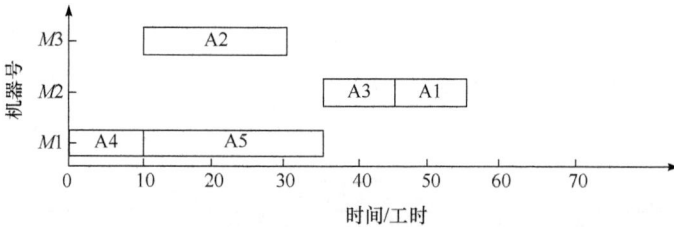

图 10-3　动态长路径调度图 10-1(c)产品 A 的甘特图(55 工时)

以上分析说明，产品实质长路径对产品完工时间有重要的影响，为了缩短产品的生产时间，在实质路径可选的情况下，应优先调度实质短路径上的可调度工序。

2. 长用时策略

若实质路径相同，存在同设备可调度工序 P_i、P_j，加工用时数分别为 t_i、t_j，如果所在路径长度分别为 L_i、L_j，那么它们交叉相加得到的实质路径长度为 L_i+t_j、L_j+t_i。因为 $L_i+t_j=L_j+t_i$，如果 $t_i>t_j$，则 $L_i>L_j$，即长用时工序 P_i 所在路径较长。根据长路径优先策略，应该先调度工序 P_i。

由上述分析，若同设备可调度工序形成的实质短路径相同时，采用长用时策略，优先调度用时较长的可调度工序。

3. 首次适应调度策略

当调度某个工序时，在满足工序间顺序约束条件下，在该工序所在的加工设备上查找第 1 个大于或等于该工序加工时间的闲置时间段，将其插入该闲置时间段。采用首次适应调度策略可以使工序尽早开始加工、设备上的空闲时间段尽量少，并使产品尽早完工。

10.5　复杂单产品综合调度优化算法设计

算法步骤如下。

步骤 1，根据实际产品工序信息，为工序 $P_i(P_i\in P$，P 为产品所有工序的集合)建立属性 $P_i/N_i/t_i/M_i/C_i/L_i$。其中，属性 N_i 表示工序 P_i 唯一的紧后工序，当该值取

0 时，表示无紧后工序；属性 t_i 表示工序 P_i 的加工时间数；属性 M_i 表示工序 P_i 的加工设备名；属性 C_i 表示工序 P_i 的紧前工序个数；属性 L_i 表示工序 P_i 到根节点工序的路径长度。

步骤 2，计算每个工序的紧前工序个数及路径长度。

步骤 2.1，遍历所有工序的紧后工序属性，确定每个工序的紧前工序个数。

初始时 $C_i=0$，$1 \leqslant i \leqslant n$；for $j=1$ to n {if $(N_j=P_i)$　$C_i=C_i+1$;}。

步骤 2.2，计算集合所有工序的路径长度。

步骤 2.2.1，计算所有叶节点工序的路径长度。

若 P_i 为叶节点工序，则循环执行 $P_j=N_i$，$L_i=L_i+t_j$，$P_i=N_i$，直至 $N_i=0$。

步骤 2.2.2，计算非叶节点工序路径长度。

设工序 P_j 为叶节点工序 P_i 的紧后工序，则 $L_j=L_i-t_i$。由于叶节点工序路径已经求解，所有非叶节点工序都可根据其紧前工序的路径长度迭代求解。

步骤 3，根据工序属性，将可调度工序动态添加到备选工序集合 S 中。在集合 S 中确定计划调度工序、实质短路径和实质调度工序。

步骤 3.1，确定计划调度工序。

步骤 3.1.1，因为备选工序集合 S 中的元素为动态无紧前工序，所以当 $C_i=0$ 时，工序 $P_i \in S$，初始时为叶节点工序。

步骤 3.1.2，在某一时刻，选取集合 S 中路径长度值最大的工序为计划调度工序，若路径长度最长值存在多个，则按短用时优先策略选取用时较短的工序为计划调度工序。

设 $L_j=\max\{L_1,L_2,\cdots,L_m\}$，其中 m 为备选工序集合 S 中的元素个数。

若存在 $L_i=L_j$ 且 $t_i<t_j$，则确定工序 P_i 为计划调度工序；否则，确定工序 P_j 为计划调度工序。

步骤 3.2，确定实质短路径。

步骤 3.2.1，判断备选工序集中是否存在工序与计划调度工序 P_j 同设备。

若存在 $M_i=M_j$，设 H_{ij}、H_{ji} 分别为工序 P_j、P_i 交叉相加形成的实质路径长度，则 $H_{ij}=L_i+t_j$，$H_{ji}=L_j+t_i$。

若不存在 $M_i=M_j$，则计划调度工序 P_j 为实质调度工序；转步骤 4。

步骤 3.2.2，若 $H_{xi}=\min\{H_{j1},H_{1j},\cdots,H_{ij},H_{ji},\cdots,H_{kj},H_{jk}\}$，则工序 P_i 所在的路径为实质短路径。

步骤 3.3，将实质短路径上的可调度工序确定为实质调度工序，若实质短路径存在多条，则用时长的可调度工序为实质调度工序。

步骤 4，将实质调度工序 P_k 安排到相应设备上加工，将 P_k 分别从 P 和 S 集合中删除，即 $P-\{P_k\}$ 和 $S-\{P_k\}$。对工序 P_k 的紧后工序 P_i，将 P_i 的紧前工序个数减 1，即 $C_i=C_i-1$，并且判断是否有新的可调度工序产生，如果 $C_i=0$，则工序 P_i 为可调度工序，将其添加到备选工序集合 S 中。

步骤 5，若 S 为空，调度结束；否则，转步骤 3。

算法流程图如图 10-4 所示。

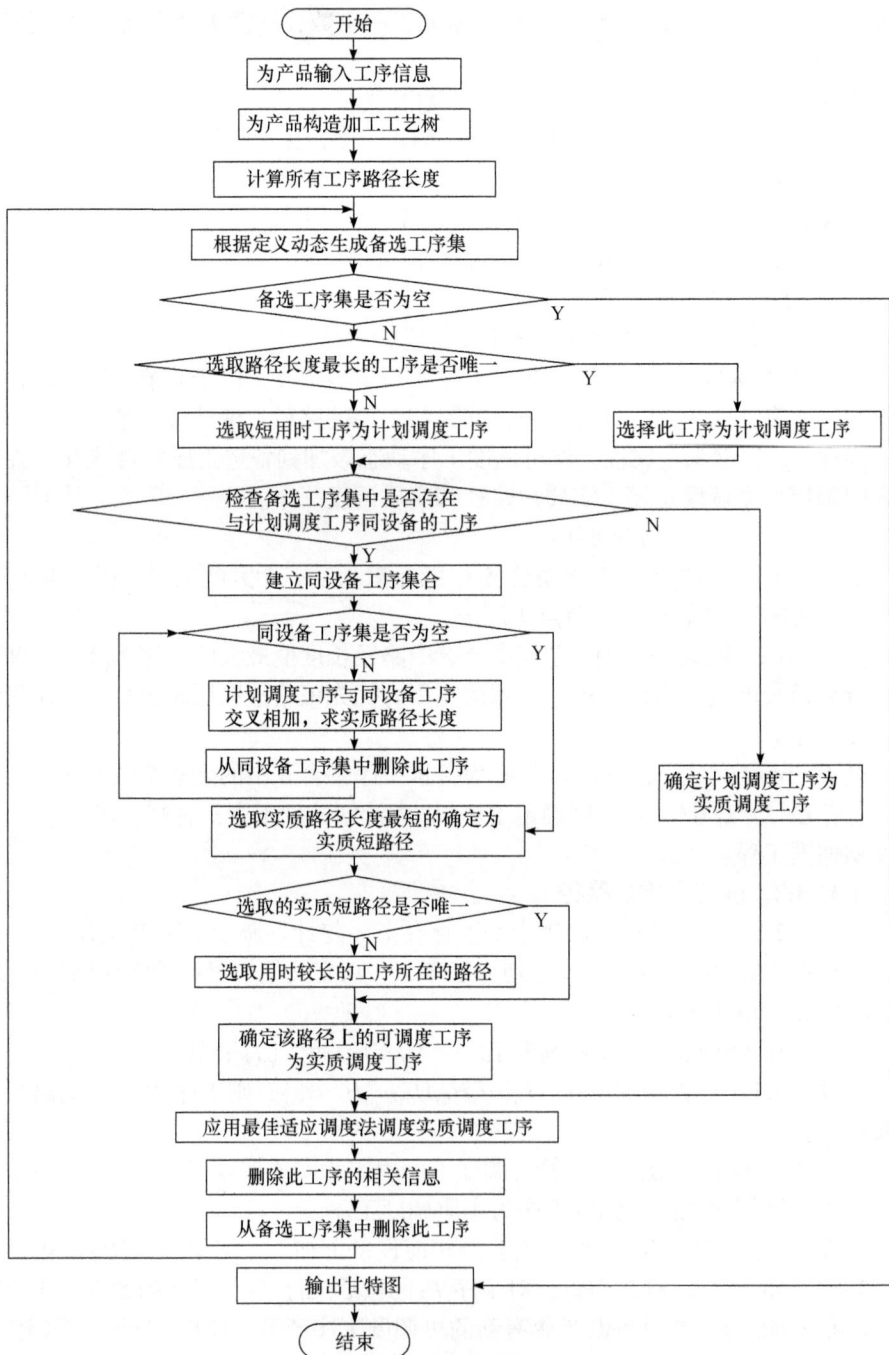

```
                        ┌─────────────┐
                        │    开始      │
                        └─────────────┘
                               │
                    ┌──────────────────────┐
                    │   为产品输入工序信息    │
                    └──────────────────────┘
                               │
                    ┌──────────────────────┐
                    │   为产品构造加工工艺树  │
                    └──────────────────────┘
                               │
                    ┌──────────────────────┐
                    │   计算所有工序路径长度  │
                    └──────────────────────┘
                               │
                    ┌──────────────────────┐
                    │  根据定义动态生成备选工序集 │
                    └──────────────────────┘
                               │
                    ◇ 备选工序集是否为空 ◇ ──Y──┐
                               │N                 │
              ◇ 选取路径长度最长的工序是否唯一 ◇──Y──┐│
                               │N                   ││
         ┌──────────────────────┐   ┌──────────────────────┐
         │  选取短用时工序为计划调度工序 │   │ 选择此工序为计划调度工序 │
         └──────────────────────┘   └──────────────────────┘
                               │
              ◇ 检查备选工序集中是否存在
                与计划调度工序同设备的工序 ◇──N──┐
                               │Y                 │
                    ┌──────────────────────┐     │
                    │   建立同设备工序集合    │     │
                    └──────────────────────┘     │
                               │                  │
                    ◇ 同设备工序集是否为空 ◇──Y──┐ │
                               │N                │ │
                    ┌──────────────────────┐    │ │
                    │ 计划调度工序与同设备工序 │    │ │
                    │  交叉相加,求实质路径长度 │    │ │
                    └──────────────────────┘    │ │
                    ┌──────────────────────┐    │ │
                    │  从同设备工序集中删除此工序 │    │ │
                    └──────────────────────┘    │ │
                               │                 │ │
                    ┌──────────────────────┐    │ ┌──────────────────────┐
                    │ 选取实质路径长度最短的确定为 │◄──┘ │  确定计划调度工序为   │
                    │      实质短路径        │     │   实质调度工序      │
                    └──────────────────────┘     └──────────────────────┘
                               │
                    ◇ 选取的实质短路径是否唯一 ◇──Y──┐
                               │N                    │
                    ┌──────────────────────┐        │
                    │ 选取用时较长的工序所在的路径 │        │
                    └──────────────────────┘        │
                               │                     │
                    ┌──────────────────────┐        │
                    │  确定该路径上的可调度工序 │        │
                    │      为实质调度工序     │        │
                    └──────────────────────┘        │
                               │◄───────────────────┘
                    ┌──────────────────────┐
                    │ 应用最佳适应调度法调度实质调度工序 │
                    └──────────────────────┘
                               │
                    ┌──────────────────────┐
                    │   删除此工序的相关信息  │
                    └──────────────────────┘
                               │
                    ┌──────────────────────┐
                    │  从备选工序集中删除此工序 │
                    └──────────────────────┘
                               │
                    ┌──────────────────────┐
                    │      输出甘特图       │◄────┐
                    └──────────────────────┘     │
                               │
                        ┌─────────────┐
                        │    结束      │
                        └─────────────┘
```

图 10-4　算法流程图

10.6　算法复杂度分析

设产品的工序总数为 n，算法主要操作如下。

1. 计算所有工序路径长度

① 首先，对叶节点工序 P_i 的路径长度属性 L_i 赋初值，即 $L_i=t_i$，需要 1 次操作。然后，根据 P_i 的紧后工序属性，将其紧后工序 P_j 的加工时间数累加到 L_i 上，即 $L_i=L_i+t_j$，重复上述操作，直至根节点工序结束。设产品工艺树有 C 层，确定 1 个叶节点工序的路径长度需要 C 次操作。由于叶节点工序最多为 n-1 个，因此确定所有叶节点工序的路径长度最多需要 $(n-1)C$ 次操作。

② 设工序 P_j 为叶节点工序 P_i 的紧后工序，由于叶节点工序 P_i 已经计算出路径长度，因此 $L_j=L_i-t_i$。同理，所有非叶节点工序路径长度都可以根据其紧前工序的路径长度减其紧前工序加工用时数得到。非叶节点工序个数最多有 n-1 个，每个工序路径长度计算需要一次减法操作，所有非叶节点工序路径长度计算最多需要 n-1 次减法操作。

综上，确定所有工序路径长度所需操作的次数不超过上述步骤的操作次数之和 $(n-1)(C+1)$，其中 C 最大值为 n，所以确定所有工序路径长度的时间复杂度为 $O(n^2)$。

2. 确定并调度实质调度工序

① 确定叶节点工序，判断每一个工序 P_i，其中 $1 \leqslant i \leqslant n$，若 P_i 的紧前工序个数属性 $C_i=0$，则证明工序 P_i 无紧前工序，即 P_i 为叶节点工序，将叶节点工序放入备选工序集。判断叶节点工序需要 n 次，将叶节点工序放入备选工序集最多需要 n-1 次，所以确定叶节点工序并建立备选工序集最多需要处理 $2n$-1 次。

② 在备选工序集中，选择路径最长的工序，由于备选集中叶节点工序最多有 n-1 个，通过 n-2 次路径长度操作可确定计划调度工序。

③ 确定实质调度工序，在备选工序集中查找计划调度工序的同设备加工工序。由于备选工序集中的工序数最多有 n-1 个，因此需对比工序的加工设备属性 M_i 操作最多 n-2 次。若 $M_k=M_j$，工序 P_k 与计划调度工序 P_j 为同设备工序，则 $H_{kj}=L_k+t_j$，$H_{jk}=L_j+t_k$，其中 H_{kj} 表示工序 P_j 加工时间加入工序 P_k 所在路径形成的实质路径长度。备选工序集中与计划调度工序同设备的工序最多有 n-2 个，计划调度工序最多需要执行加法操作 $2(n-2)$ 次，产生 $2(n-2)$ 个实质路径。从中选取最小实质路径值需比较 $2(n-2)$-1 次，确定最短实质路径上的可调度工序为实质调度

工序。根据计划调度工序确定实质调度工序最多需要 $(n-2)+2(n-2)+[2(n-2)-1]=5n-11$ 次操作。

④ 动态调整工序备选集，首先在备选工序集 S 中删除已调度工序 P_k 对应操作为 $S-\{P_k\}$，对应 1 次删除操作。其次，删除 P_k 与其紧后工序 P_j 的关系信息，将 P_j 的紧前工序个数减 1 次，即减法操作 1 次；若 C_j 为 0，则将工序 P_j 加入集合 S 中，即加入集合操作 1 次。因此，调度 1 个实质调度工序引起的动态调整工序备选集至多需要 3 次操作。

综上，确定并调度 1 次实质调度工序及其引起的备选工序集动态调整，需要的操作次数为 $(2n-1)+(n-2)+(5n-11)+3=8n-11$。因为产品完成调度需要确定 $n-1$ 次实质调度工序，所以确定所有实质调度工序的操作最多为 $(n-1)(8n-11)=8n^2-19n+11$ 次，即确定实质调度工序的时间复杂度为 $O(n^2)$。

3. 应用首次适应调度法确定工序开始加工时间

n 个工序在 m 台设备上加工，假设只有一台设备，则 n 个工序最多能产生 n 个时间空隙。第一个工序无须比较，最后一个工序最多比较 $n-1$ 次，所以 n 个工序依次调度时需要比较空隙次数的和最多为 $0+1+\cdots+(n-1)=(n-1)n/2$ 次。由于有 m 台设备，每台设备平均有 n/m 个工序，每台设备进行时间空隙比较的次数平均为 $(n/m-1)(n/m)/2$ 次，所有设备应用首次适应调度法需要比较时间空隙的次数为 $m(n/m-1)(n/m)/2=(n^2/m-n)/2$。由于 $1 < m \ll n$，因此比较时间空隙次数最多为 $(n^2-n)/2$ 次，确定全部工序开始加工时间的复杂度为 $O(n^2)$。

由此可知，算法的时间复杂度为以上各部分时间复杂度之和，所以算法的时间复杂度为 $O(n^2)$。

10.7　实例分析

为了对比验证本章算法的性能，设有一复杂单产品 B，该产品共有 18 个工序，分别在 4 台设备上加工。根据所给的产品工序信息可以构造产品加工工艺树，如图 10-5 所示。

下面分别用文献[13]中的 ACPM(记为算法①)、文献[38]中的动态生成具有优先级工序集的动态调度算法(记为算法②)和本章提出的动态实质短路径综合调度算法(记为算法③)对产品 B 调度，并通过对比调度甘特图说明算法特点。

算法①首先计算各叶节点工序所在路径长度(B3:65、B10:70、B1:150、B5:110、B6:75、B2:105、B8:60)，然后确定关键路径(B1、B4、B11、B16、B18)。该路径上的工序优先调度产生调度序列 B1、B4、B5、B11、B10、B16。在剩余的工序

中，叶节点工序 B2 所在路径(B2、B7、B13、B17、B18)最长，产生调度序列 B2、
B7、B13、B6、B12、B8、B14、B17。重复上述操作，ACPM 调度各工序的顺序
是 B1、B4、B5、B11、B10、B16、B2、B7、B13、B6、B12、B8、B14、B17、
B3、B9、B15、B18。算法①调度产品 B 的甘特图如图 10-6 所示。

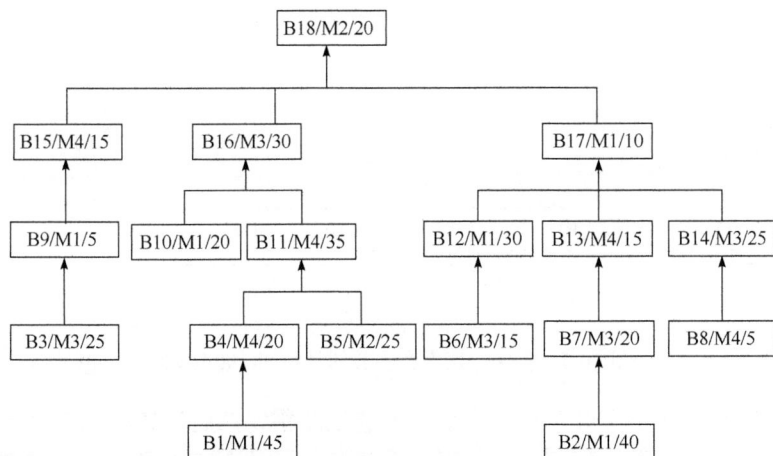

图 10-5　产品 B 构造的加工工艺树

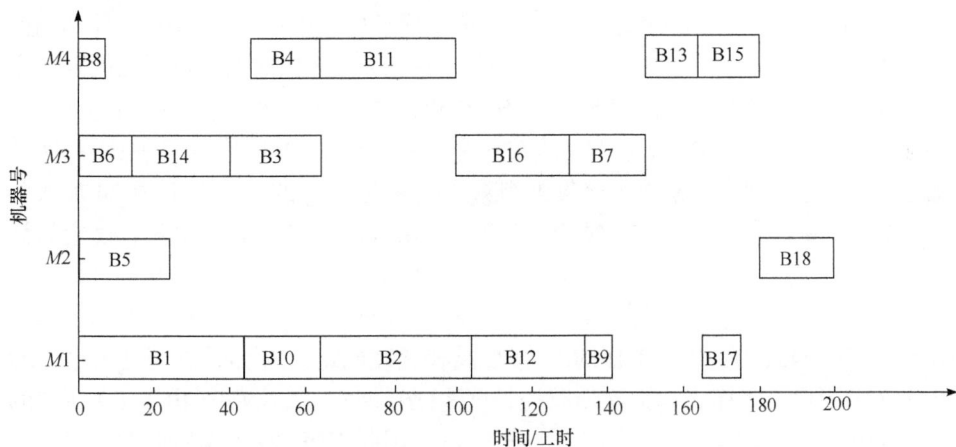

图 10-6　算法①调度产品 B 的甘特图(200 工时)

　　算法②的调度策略主要包括按层设置优先级、短用时优先和长路径优先的调
度策略，即所处层数最大的工序优先调度。例如，本例同处于 5 层的工序 B1 和
B2 层数最大，则这两个工序优先级相同。比较加工用时数(B1:45、B2:40)，按短
用时优先策略优先确定工序 B2 优先加工。因此，按算法②调度产品 B 的工序顺
序是 B2、B1、B8、B6、B4、B7、B5、B3、B9、B13、B10、B14、B12、B11、

B17、B15、B16、B18。按算法②调度产品 B 的甘特图如图 10-7 所示。

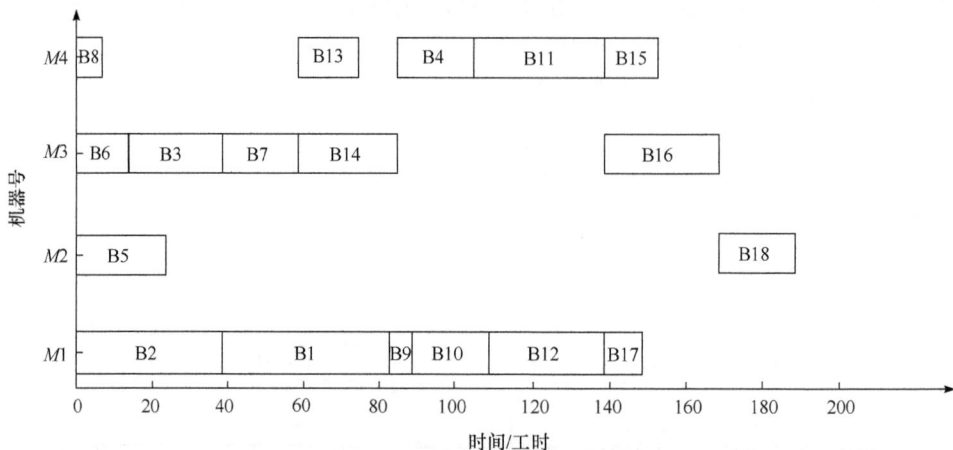

图 10-7　算法②调度产品 B 的甘特图(190 工时)

　　算法③首先将所有叶节点工序加入备选工序集，然后比较备选工序集中工序的路径长度，确定调度工序。初始时，备选工序集中的工序路径长度为(B8:60、B2:105、B6:75、B5:110、B1:150、B10:70、B3:65)。由于工序 B1 所在的路径最长，因此确定 B1 为计划调度工序。在备选工序集中，工序 B2、B10 与计划调度工序 B1 同设备加工。将这两个工序分别与工序 B1 交叉相加到各自所在的路径之前，构造实质路径并统计路径长度为($H_{2,1}$:150、$H_{1,2}$:190)、($H_{10,1}$:115、$H_{1,10}$:170)。这两组数据中的工序 B1($H_{10,1}$:115)所在的实质路径最短，所以确定工序 B1 为实质调度工序优先调度。在备选工序集中删除 B1，将新产生的叶节点工序 B4 加入备选工序集。新状态下备选工序集合中工序 B5(B5:110)的路径长度最长，确定为计划调度工序。由于备选工序集中不存在工序 B5 的同设备工序，因此可直接确定 B5 为实质调度工序。重复上述操作，直至备选工序集中工序及路径长度为(B9:40、B12:60、B13:45、B14:55、B16:50)。按照路径长度确定 B12 为计划调度工序，B9 与 B12 为同设备工序，构造实质路径长度为($H_{12,9}$:65、$H_{9,12}$:70)。由于 B9 所在的实质路径长度小于 B12 所在的实质路径长度，因此工序 B9 为实质调度工序。按本章提出的调度算法，各工序调度顺序为 B1、B5、B4、B2、B8、B11、B6、B10、B7、B3、B9、B12、B14、B16、B13、B15、B17、B18。算法③调度产品 B 的甘特图如图 10-8 所示。

　　可以看出，在不提高算法复杂性的前提下，算法①调度使用 200 工时，算法②调度使用 190 工时，算法③调度使用 170 工时。另外，从图 10-8 中 M1 上的工序是紧密安排的可以看出，算法③明显优于算法①和算法②。

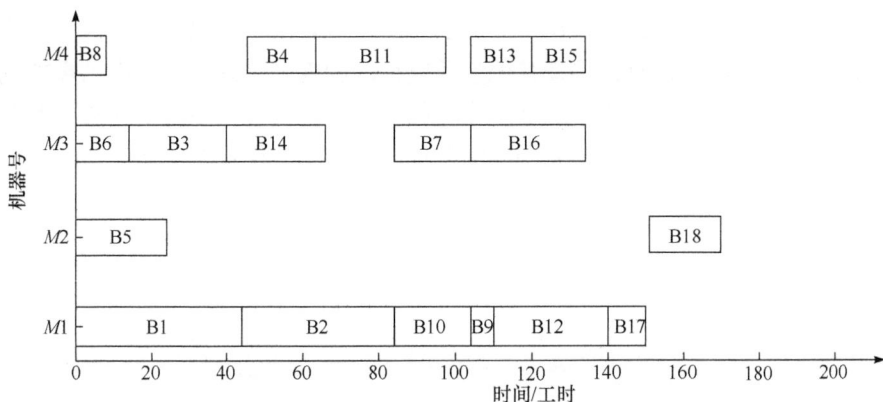

图 10-8　算法③调度产品 B 的甘特图(170 工时)

　　算法③比算法①更优，因为算法③采取了实质短路径策略，可以避免出现较长实质路径的调度情况。例如，按 ACPM 调度，当 B12 为动态长路径工序时，优先调度 B12 的结果如图 10-6 所示；B12 按计划调度工序考虑时，算法③调度实质短路径上的实质调度工序 B9 的结果如图 10-8 所示。由于 B12 和 B9 在图 10-6 和图 10-8 中的前后位置颠倒，图 10-8 中 B9 的紧后工序 B15 比图 10-6 提前，因此算法③使根节点工序提前结束。

　　算法③比算法②更优，是因为算法③在动态确定计划调度工序时，计划调度工序一般为某时刻最大层上的工序，所以算法③不但可以吸收算法②中层优先的优点，而且兼顾长路径工序对调度结果的重要影响。例如，工序 B1 和 B2 同层，按算法②调度，由图 10-7 可知，B2 在 B1 之前；按算法③调度，由图 10-8 可知，B1 在 B2 之前，由于 B1 提前，后续工序集 B4、B11、B16 比图 10-7 提前加工，因此使根节点工序 B18 提前结束。

　　另外，在同时存在多个实质路径的时候，当计划调度工序 B1 与可调度工序 B2、B10 形成 4 条实质路径($H_{2,1}$:150、$H_{1,2}$:190、$H_{10,1}$:115、$H_{1,10}$:170)时，算法③根据最短实质路径选择优先调度工序 B1，最后加工用时 170。在其他工序不做调整的情况下，先选择优先调度 B2、B10，均比算法③加工时间长。

　　综上，算法③在兼顾纵横双向调度优化的同时，通过选择动态实质短路径可以缩短实质路径长度，比算法①和算法②的综合调度结果更优。在考虑实质路径的情况下，本章提出的实质短路径算法比其他较长实质路径的调度结果都好。

10.8　本　章　小　结

　　对复杂单产品综合调度问题，本章提出并实现通过选择动态实质短路径控制实质路径长度，进而实现产品尽早完工的算法。该算法在二次复杂度内不但比算法①和算法②更优，而且比选择其他实质路径的调度结果好。当多产品虚拟成单个产品后，本章算法可推广解决复杂多产品综合调度问题，因此该算法不但有理论和实际意义，而且可以为研究调度问题提供一个新的优化对象。

第 11 章　基于动态实质路径结束时间的综合调度算法

11.1　引　　言

ACPM 优先调度长路径上的工序，能使对产品完成时间有重要影响的工序尽早调度，较好地解决一般综合调度问题。但是，该算法忽略了同设备可调度工序在相关设备上必须串行加工可能导致的实质长路径更长而延长产品完工时间的问题。文献[41]采取计算同设备工序的实质路径长度，优先调度实质短路径上的可调度工序的算法，避免出现较长实质路径而延长产品完工时间的问题。但是，该算法没有考虑同设备工序的开始加工时间，即当采用实质短路径策略确定的实质调度工序的开始时间比同设备可调度工序的开始加工时间较晚时，可能出现实质短路径的结束时间更晚而延长产品完工时间的情况。

为了解决上述问题，本章提出基于动态实质路径结束时间的调度算法。该算法先确定计划调度工序，按提出的策略计算计划调度工序及其同设备可调度工序所在的实质路径结束时间，选择早结束实质路径上的工序，可以避免出现影响产品完工时间下界的较晚结束实质路径，有效地缩短总的处理时间。

11.2　问题模型描述

定义 11-1(实质路径结束时间)　将计划调度工序及其同设备可调度工序的路径长度两两交叉加到对方结束时间后，形成优先调度该工序的实质路径结束时间。

定义 11-2(早结束实质路径)　结束时间最早的实质路径即早结束实质路径。

定义 11-3(实质调度工序)　对同设备可调度工序计算实质路径结束时间，早结束实质路径上的可调度工序即实质调度工序。

复杂单产品调度问题描述为在满足下面 3 个约束条件的情况下，使 n 个工序的产品 P 的总的处理时间最短。

① 工序间有顺序约束,每个工序必须等待其所有紧前工序加工结束后才可以处理。

② 设备集中不存在具有相同功能的设备。

③ 每台设备在任意时刻只能加工一个工序，且在设备上的加工过程不能被中断。

本书讨论的复杂单产品调度问题是在满足上述约束条件的情况下，通过动态早结束实质路径策略控制工序实质路径的结束时间,尽量使根节点工序提前结束，产品尽早完工，因此该问题的目标函数可描述为

$$T = \min\{\max\{f_i\}\} \tag{11-1}$$

$$\text{s.t.}\quad \min\{s_x \mid F_{xy} = f_x + L_y = \min\{f_k + L_j, f_j + L_k\}, L_k = \max\{L_i\}\} \tag{11-2}$$

$$s_r \geqslant \max\{s_a + t_{mi}\} \tag{11-3}$$

$$s_r \geqslant s_b + t_b \tag{11-4}$$

式(11-1)表示使产品完工工序(根节点工序)的结束时间尽可能早，f_i 表示工序 i ($i=1,2,\cdots,n$)的结束时间。式(11-2)表示使早结束实质路径上的可调度工序 x 尽早开始加工，$L_k = \max\{L_i\}$ 表示工序 k 的路径长度最长(即工序 k 为计划调度工序)，工序 j 为计划调度工序 k 的同设备可调度工序，f_k 为工序 k 的结束时间，则 $f_k + L_j$ 表示工序 k 所在实质路径的结束时间，F_{xy} 表示早结束实质路径的结束时间。式(11-3)和式(11-4)表示每个工序的开始处理时间都要大于或等于所有工艺紧前和同设备紧前工序的结束时间，t 是工序的连续加工时间，工序 a 和 b 分别是工序 r 的工艺紧前工序和同设备紧前工序。

11.3　调度策略分析及设计

由于加工工艺树中长路径上的工序对产品完工时间有重要影响，本章考虑按动态长路径策略在备选工序集中确定计划调度工序。当具有最长路径的可调度工序不唯一时，选择短用时工序为计划调度工序，可以使后续工序更早开始加工。同一设备上的工序必须串行加工，当优先调度某一个工序时，其他同设备工序的开始加工时间必须向后推迟，导致该同设备工序所在路径的结束时间后移，生成影响调度结果的实质路径。因此，当备选工序集中有计划调度工序的同设备工序时，按本章提出的动态早结束实质路径策略和早结束实质路径不唯一时工序优先策略，优先选择实质路径结束时间早的可调度工序，缩短产品总加工时间。

11.3.1　动态早结束实质路径策略

文献[41]提出的动态实质短路径策略没有考虑工序的开始时间，当计划调度工序与其同设备工序的开始时间不相同时，采用文献[41]的算法可能延长产品总的处理时间。下面对图 11-1 所示的产品 P 做如下分析。

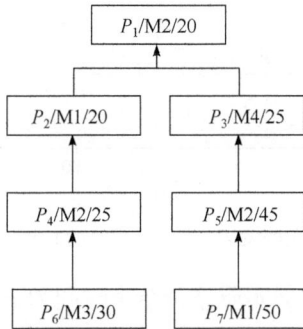

图 11-1　产品 P 的加工工艺树

按文献[41]的实质短路径调度算法进行调度时，各工序的路径长度分别为 P_7:140、P_6:95、P_5:90、P_4:65、P_3:45、P_2:40、P_1:20。当工序 P_6 和工序 P_7 调度结束时，新产生的可调度工序 P_5 的路径最长被确定为计划调度工序。由于存在 P_5 的同设备可调度工序 P_4，按实质短路径策略构造实质路径，工序 P_5 所在的实质路径(P_5、P_4、P_2、P_1)的长度为 110；工序 P_4 所在的实质路径(P_4、P_5、P_3、P_1)的长度为 115。工序 P_5 所在的实质路径较短，所以确定 P_5 为实质调度工序优先调度。相应的甘特图如图 11-2 所示。如果优先调度同设备可调度工序 P_4，产品加工总用时为 145 工时。相应的甘特图如图 11-3 所示。

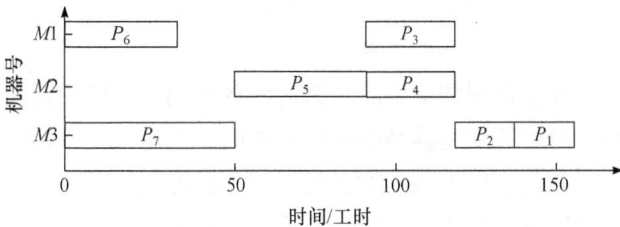

图 11-2　文献[41]调度产品 P 的甘特图(165 工时)

可以看出，采用文献[41]提出的实质短路径策略，优先调度实质短路径(P_5、P_4、P_2、P_1)上工序 P_5 时，产品总加工时间反而比优先调度实质长路径(P_4、P_5、P_3、P_1)上工序 P_4 的总加工时间要长。虽然工序 P_5 所在的实质路径较短，但是工序 P_5 的开始时间为 50 工时，而同设备工序 P_4 的开始时间为 30 工时，导致实质短路径的结束时间比实质长路径的结束时间要晚，产生影响产品完工时间的实际较晚结束路径。因此，我们提出动态早结束实质路径策略，即当计划调度工序存在其他同设备可调度工序时，计算实质路径结束时间，选择早结束实质路径上的工序进行调度。

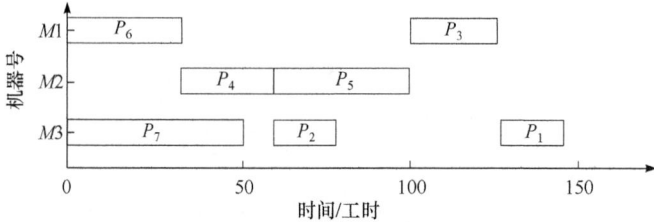

图 11-3　优先调度 P_4 时的产品 P 的甘特图(145 工时)

例如，计划调度工序 P_5 的实质路径结束时间为 $F_{5,4}=f_5+L_4=95+65=160$ 工时；工序 P_4 所在实质路径的结束时间为 $F_{4,5}=f_4+L_5=55+90=145$ 工时。由于 P_4 所在的实质路径的结束时间较早，因此应该选择工序 P_4 进行调度。

11.3.2　早结束实质路径不唯一时工序优先策略

采用动态早结束实质路径策略计算工序所在实质路径的结束时间时，可能出现早结束实质路径不唯一的情况。假设同设备可调度工序 P_i、P_j 的开始时间和结束时间分别为 s_i、f_i 和 s_j、f_j，连续加工时间分别为 t_i、t_j，路径长度分别为 L_i、L_j，相应的实质路径结束时间分别为 f_i+L_j、f_j+L_i。因为 $f_i+L_j=f_j+L_i$，即 $s_i+t_i+L_j=s_j+t_j+L_i$，如果 $s_i \neq s_j$，选择开始时间早的工序进行调度，可以使其后续工序更早开始，实现产品尽早完工。如果 $s_i=s_j$，那么 $t_i+L_j=t_j+L_i$；如果 $t_i>t_j$，那么 $L_i>L_j$，即加工时间长的工序 P_i 的路径长度较长，所以根据长路径优先策略优先调度工序 P_i，即优先调度加工时间较长的工序。

由上述分析，如果计划调度工序与其同设备可调度工序的路径长度交叉加到对方的结束时间后得到的实质路径结束时间相同，优先调度开始时间早的工序；如果开始时间依然相等，优先调度加工时间较长的可调度工序。

动态早结束实质路径策略和早结束实质路径不唯一时工序优先策略流程图如图 11-4 所示。在本章算法流程图中，A、B 分别是该策略的进口和出口。

```
          ┌─────────┐
          │    A    │
          └─────────┘
               │
   ┌──────────────────────────┐
   │ 设置集合G，并初始化为空      │
   └──────────────────────────┘
               │
   ┌──────────────────────────┐
   │ 将计划调度工序的同设备可调度工序加入集合G中 │
   └──────────────────────────┘
               │
         ◇ G是否为空 ◇ ──Y──┐
               │N           │
   ┌──────────────────────────┐  │
   │ 从G中取出一个工序，与计划调度工序的路径长度分别 │ │
   │ 交叉到对方结束时间后，计算实质路径结束时间 │ │
   └──────────────────────────┘  │
               │                  │
   ┌──────────────────────────┐  │
   │ 从G中删除此工序            │  │
   └──────────────────────────┘  │
               │                  │
   ┌──────────────────────────┐  │
   │ 选取路径结束时间值最        │←─┘
   │ 小的为早结束实质路径        │
   └──────────────────────────┘
               │
       ◇ 早结束实质路径是否唯一 ◇ ──Y──┐
               │N                        │
    ◇ 早结束实质路径上同设备工序的开始时间是否相同 ◇ │
        │N          │Y                   │
   ┌────────┐ ┌────────┐ ┌────────┐
   │选择开始时间│ │选择加工时间│ │确定该路径上的│
   │较早工序为 │ │较长的工序为│ │可调度工序为 │
   │实质调度工序│ │实质调度工序│ │实质调度工序 │
   └────────┘ └────────┘ └────────┘
        └──────────┼──────────┘
               ┌─────────┐
               │    B    │
               └─────────┘
```

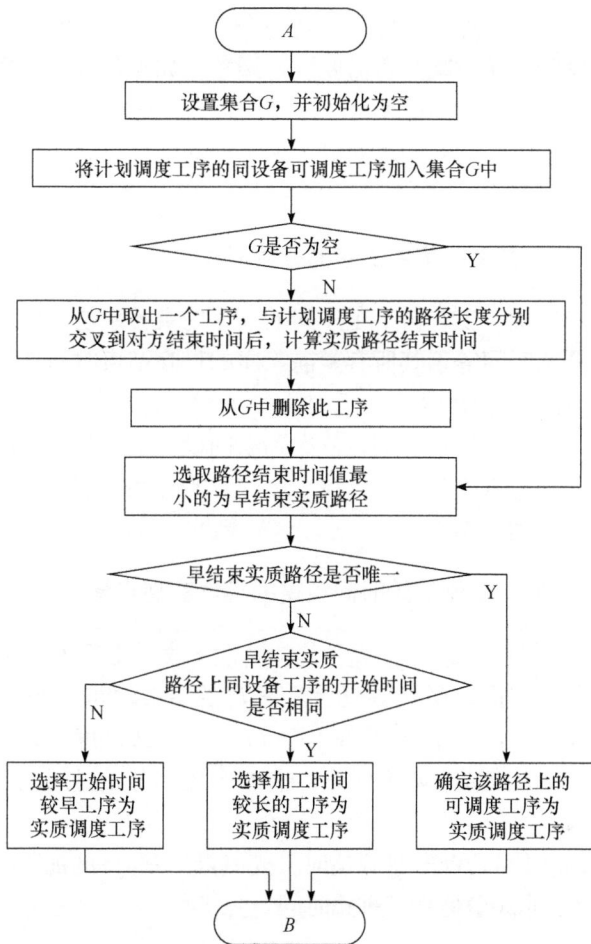

图 11-4　动态早结束实质路径策略和早结束实质路径不唯一时工序优先策略流程图

11.4　动态确定可调度工序的开始时间

为了计算工序的实质路径结束时间，本章提出动态确定可调度工序开始时间策略。由于工序的开始时间需要满足纵横两个方向的约束(纵向上是工序必须在其所有工艺紧前工序都加工结束后才能进行加工，横向上是必须在同设备紧前工序加工结束后才能进行加工)，因此随着可调度工序的加工，备选工序集中同设备工序的开始时间需要动态调整，并且需要确定新加入备选工序集中工序的开始时间。

11.4.1　调整备选工序集中同设备工序的开始时间

由于同一设备上的工序必须串行处理，随着工序的调度，同设备工序的开始加工时间可能需要向后推迟，因此每调度一个工序都需要判断当前已调度工序中同设备可调度工序的开始时间是否需要进行调整。如果备选工序集中存在该工序的同设备工序，那么判断当前已调度工序与同设备工序的加工时间是否有重叠时间。若有，令同设备工序的开始时间等于该工序的结束时间；否则，不需要改变同设备工序的开始时间。

11.4.2　确定新加入备选工序集中工序的开始时间

首先，根据产品加工工艺树上工序间的顺序约束关系初步确定工序的开始时间，即令工序的开始时间等于其所有紧前工序的最晚结束时间。然后，根据横向约束调整其开始时间，判断已调度工序中是否有该工序的同设备工序，如果没有，工序的开始时间不需要调整；否则，依次判断同设备工序与该工序的加工时间是否有重叠时间。如果有重叠时间，令该工序的开始时间等于同设备工序的结束时间；否则，不需要改动。

11.4.3　动态确定可调度工序开始时间策略的具体实现步骤

为工序 P_i 建立属性 $P_i/s_i/t_i/f_i/L_i$，其中属性 s_i 表示工序 P_i 的开始时间；属性 t_i 表示工序 P_i 的加工时间；属性 f_i 表示工序 P_i 的结束时间；属性 L_i 表示工序 P_i 的路径长度。假设有工序 P_i 的同设备工序 P_k，工序 P_i 调度结束后产生新可调度工序 P_j。此时，需要完成以下两个任务，即判断 P_k 的开始时间是否需要调整和确定 P_j 的开始时间。

判断 P_k 的开始时间是否需要调整时，先判断工序 P_i 的加工时间 (s_i, f_i) 与同设备工序 P_k 的加工时间 (s_k, f_k) 是否有重叠时间。

$$\begin{cases} s_k < s_i, f_k \leqslant f_i & ① \\ s_k < s_i, f_k > f_i & ② \\ s_k \geqslant s_i, f_k \leqslant f_i & ③ \\ s_k < s_i, f_k > f_i & ④ \\ s_k \geqslant s_i, f_k > f_i & ⑤ \end{cases}$$

当情况①和情况⑤时，$(s_i, f_i) \cap (s_k, f_k) = \phi$，不需要调整同设备工序 P_k 的开始加工时间。当情况②~④时，$(s_i, f_i) \cap (s_k, f_k) \neq \phi$，此时令 $s_k = f_i$。确定新加入备选工序集中工序 P_j 的开始时间时，首先根据工序间的顺序约束，初步确定工序 P_j 的开始时间 $s_j = f_i$，然后判断已调度工序中是否有工序 P_j 的同设备工序。如果没有，则 P_j 的开始时间不需要调整；如果有且同设备工序开始时间由小到大为 $P_{f1}, P_{f2}, \cdots,$ $P_{fi}, \cdots, P_{fn}$，则对 $P_{f1}, P_{f2}, \cdots, P_{fi}, \cdots, P_{fn}$ 依次做以下操作，即判断工序 P_j 的加工时间 (s_j, f_j)

与同设备工序 P_{fi} 的加工时间 (s_{fi}, f_{fi}) 是否有重叠时间，分为 5 种情况。

$$\begin{cases} s_j < s_{fi}, f_j \leqslant f_{fi} & ① \\ s_j < s_{fi}, f_j > f_{fi} & ② \\ s_j \geqslant s_{fi}, f_j \leqslant f_{fi} & ③ \\ s_j < s_{fi}, f_j > f_{fi} & ④ \\ s_j \geqslant s_{fi}, f_j > f_{fi} & ⑤ \end{cases}$$

当情况①和情况⑤时，$(s_j, f_j) \cap (s_{fi}, f_{fi}) = \phi$，则不需要改变工序 P_j 的开始时间。当情况②~④时，$(s_j, f_j) \cap (s_{fi}, f_{fi}) \neq \phi$，此时令 $s_j = f_{fi}$。根据以上动态确定可调度工序开始时间策略的流程图如图 11-5 所示。C、D 框是调整同设备可调度工序开始时间的流程在本章算法的进出口。E、F 表示确定新加入备选工序集中工序的开始时间的流程在本章算法流程图的进出口。

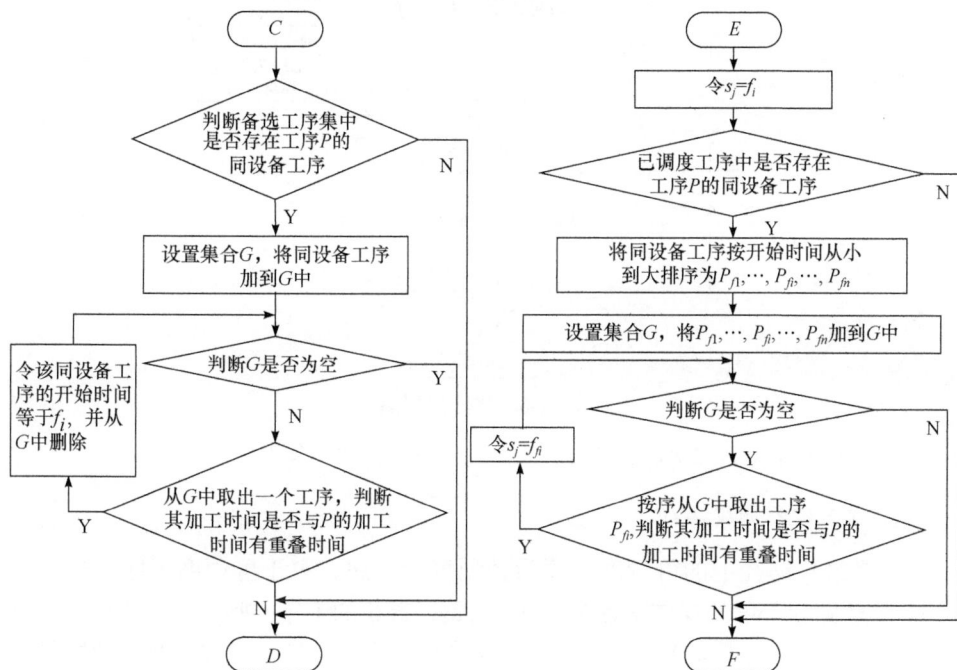

图 11-5 动态确定可调度工序开始时间策略的流程图

11.5 算法流程图和复杂度分析

算法流程图如图 11-6 所示。

```
                        ┌─────────────┐
                        │    开始     │
                        └─────────────┘
                               │
                  ┌────────────────────────┐
                  │   输入待加工产品工序信息   │
                  └────────────────────────┘
                               │
                     ┌──────────────────┐
                     │   构造加工工艺树   │
                     └──────────────────┘
                               │
              ┌────────────────────────────────┐
              │ 将所有叶结点工序加入备选工序集中,  │
              │    根据纵向约束确定其开始时间      │
              └────────────────────────────────┘
                               │
                  ┌────────────────────────┐
                  │   计算所有工序的路径长度   │
                  └────────────────────────┘
                               │
                  ◇ 路径最长的工序是否唯一 ◇──── N ────┐
                        │ Y                          │
            ┌──────────────────────┐      ┌──────────────────────┐
            │  选取路径最长的工序     │      │   选取短用时工序        │
            │   为计划调度工序        │      │   为计划调度工序        │
            └──────────────────────┘      └──────────────────────┘
                        │                          │
              ◇ 是否存在计划调度工序 ◇──── N ──────────┐
              ◇ 的同设备可调度工序  ◇                  │
                        │ Y                  ┌──────────────────┐
                  ┌──────────┐              │   确定计划调度      │
                  │   A~B    │              │  工序为实质         │
                  └──────────┘              │   调度工序          │
   ┌──────────┐        │                    └──────────────────┘
   │   E~F    │  ┌──────────────────┐
   └──────────┘  │   调度实质调度工序  │
        │        └──────────────────┘
   ┌──────────┐        │
   │   C~D    │  ┌────────────────────────┐
   └──────────┘  │   从备选工序中删除此工序   │
        │        └────────────────────────┘
        │                  │
        └─ N ──◇ 备选工序集是否为空 ◇
                        │ Y
                 ┌─────────────┐
                 │    结束     │
                 └─────────────┘
```

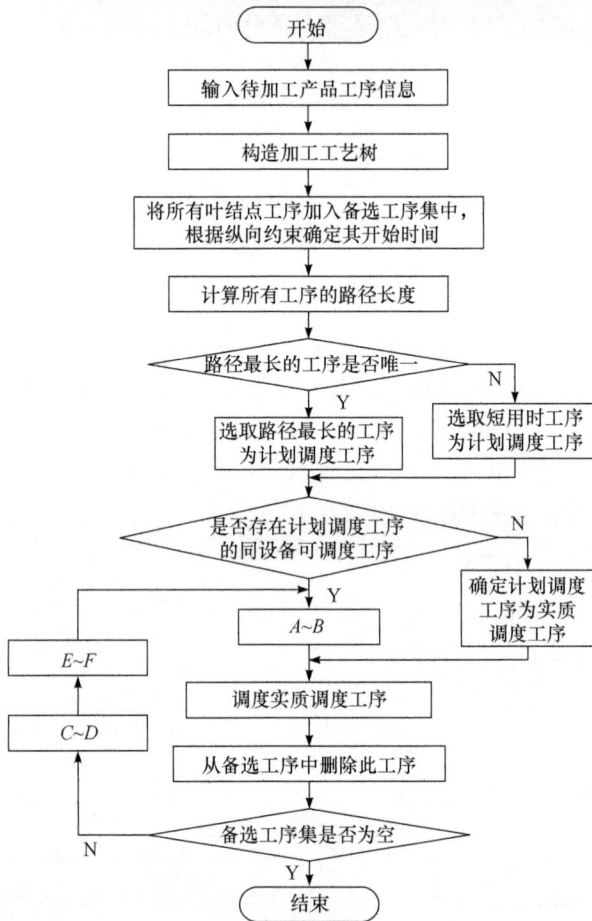

图 11-6　算法流程图

设产品工序总数是 n, 设备总数是 m, 具体分析结果如下。

1. 确定计划调度工序

选择最长路径上的可调度工序为计划调度工序, 由于可调度工序数最多为 $n-1$, 比较路径长度的操作次数为 $n-2$; 当路径最长的工序不唯一时, 选择短用时工序, 最坏的情况下 $n-1$ 个工序的路径长度均相同, 比较工序加工时间的操作次数最多为 $n-2$, 因此确定一次计划调度工序最多需要 $2(n-2)$ 次操作。由于产品完成调度需要确定 $n-1$ 个计划调度工序, 因此总操作次数最多为 $2(n-2)(n-1)$, 即确定计划调度工序的算法复杂度为 $O(n^2)$。

2. 确定实质调度工序

由于有 n 个工序的产品最多有 $n-1$ 个可调度工序, 因此查找计划调度工序的同设备可调度工序最多比较 $n-2$ 次。若备选工序集中有同设备工序，则将计划调度工序与其同设备工序的路径长度分别交叉加到对方的结束时间后，比较实质路径的结束时间。由于计划调度工序的同设备可调度工序数最多为 $n-2$，因此最多要进行 $2(n-2)$ 次加法操作，形成的实质路径结束时间数为 $2(n-2)$，比较实质路径结束时间的操作次数为 $2(n-2)-1$。因此，确定 1 次实质调度工序最多需要进行 $(n-2)+2(n-2)+[2(n-2)-1]=5n-11$ 次操作，确定 $n-1$ 次实质调度工序需要操作的次数最多为 $(n-1)(5n-11)$，算法复杂度为 $O(n^2)$。

3. 调整备选工序集中同设备工序的开始时间

如果有当前已调度工序的同设备可调度工序，判断是否需要调整同设备工序的开始时间。由于可调度工序数最多为 $n-2$，查找当前已调度工序的同设备可调度工序需要操作的次数最多为 $n-2$。若存在同设备工序，判断当前已调度工序及其同设备工序的加工时间是否有重叠，由于同设备工序平均有 $n/m-1$ 个，且每个比较需要判断当前已调度工序的开始时间和结束时间是否在同设备工序的加工时间段内，最多需要操作 4 次，因此最多要比较 $4(n/m-1)$ 次。每调度一个工序调整备选工序集中同设备工序的开始时间，最多需要进行 $(n-2)+4(n/m-1)=n+4n/m-6$ 次操作，即调整备选工序集中同设备工序开始时间的算法复杂度为 $O(n^2)$。

4. 确定新加入备选工序集中工序的开始时间

首先，根据纵向约束确定工序的开始时间。由于工序最多有 $n-1$ 个工艺紧前工序，因此比较 $n-1$ 个结束时间的操作次数为 $n-2$。然后，根据横向约束调整工序的开始时间，在已调度工序中查找该工序的同设备工序最多需要操作 $n-1$ 次。如果存在该工序的同设备工序，判断该工序与同设备工序的加工时间是否有重叠时间。由于已调度工序中的同设备工序最多有 $n/m-1$ 个，且每次比较需要判断该工序的开始时间和结束时间是否在同设备工序的加工时间段内，最多需要操作 4 次，因此最多比较 $4(n/m-1)$ 次。确定一个新加入备选工序集中工序的开始时间需要进行 $(n-2)+(n-1)+4(n/m-1)$ 次比较操作。由于产品完成调度最多产生 $n-1$ 个新可调度工序，确定所有工序的开始时间操作最多为 $(n-1)[(n-2)+(n-1)+4(n/m-1)]=(2+4/m)\,n^2-(4n/m+9)n+7$ 次，即确定工序开始时间的时间复杂度为 $O(n^2)$。

综上，基于动态实质路径结束时间综合调度算法的时间复杂度为 $O(n^2)$。

11.6　实例分析

以上算法设计不以具体实例为依据，充分说明本书算法具有普遍意义。设复杂单产品 A 由 14 个工序组成，其加工工艺树如图 11-7 所示。下面用文献[41]中基于动态实质短路径的调度算法和本章提出的算法对产品 A 进行调度。

按文献[41]中算法调度产品 A，由于 A14 是备选工序集中路径最长的工序，确定 A14 为计划调度工序。由于 A13 和 A7 是 A14 的同设备可调度工序，按实质短路径策略构造的实质路径长度分别为($H_{14,13}$=110、$H_{13,14}$=150)、($H_{14,7}$=80、$H_{7,14}$=165)，其中($H_{x,y}$ = g)表示将工序 x 加到工序 y 的路径前形成长度为 g 的实质路径。由于工序 A14($H_{14,7}$=80)所在的实质路径最短，因此优先调度实质调度工序 A14。重复上述操作，各工序调度顺序为 A14、A12、A10、A11、A13、A8、A9、A5、A6、A7、A4、A2、A3、A1。按文献[41]算法调度产品 A 的甘特图如图 11-8 所示。产品总加工时间为 175 工时。

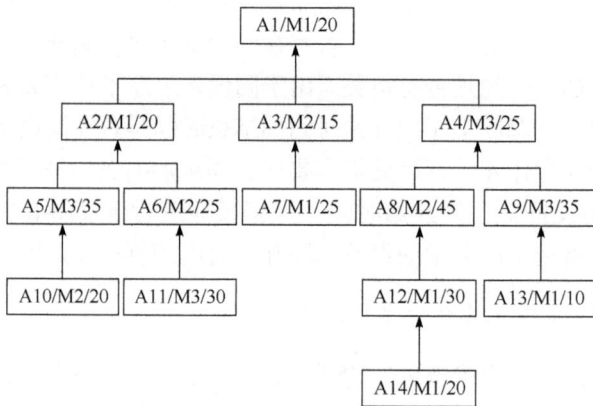

图 11-7　产品 A 加工工艺树

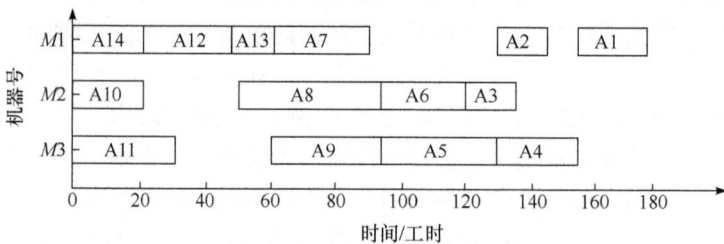

图 11-8　文献[41]算法调度产品 A 的甘特图(175 工时)

使用本书算法对产品 A 进行调度，首先根据工艺约束确定所有可调度工序的开始时间和结束时间，即 A14(0,20)、A10(0,20)、A11(0,30)、A13(0,10)、A7(0,25)，计算所有工序的路径长度。由于可调度工序 A14 的路径最长，被确定为计划调度工序。由于 A13 和 A7 是 A14 的同设备可调度工序，将 A13 和 A7 分别与 A14 的路径长度交叉相加到各自的结束时间之后，计算的实质路径结束时间为

($F_{14,13}=110$、$F_{13,14}=150$)、($F_{14,7}=80$、$F_{7,14}=165$)。由于工序 A14($F_{14,7}=80$)的实质路径结束时间最早，因此优先调度 A14。由于同设备可调度工序 A13 与 A14 的加工时间段有交集 $(0,10) \cap (0,20) \neq 0$，因此令 $s_{13}=f_{14}=20$，即工序 A13 的加工时间段调整为(20,30)。同样，A7 的加工时间段被调整为(20,45)。计算新产生的可调度工序 A12 的开始时间，首先根据顺序约束，令 $s_{12}=f_{14}=20$。由于同设备已调度工序 A14 与 A12 的加工时间段没有交集，即 $(20,50) \cap (0,20)=0$，工序 A12 的开始时间此时不需要调整，即工序 A12 的加工时间段为(20,50)。

当调度完工序 A14、A12、A10、A11、A13 时，路径最长的工序 A8 被确定为计划调度工序。由于 A6 是计划调度工序 A8 的同设备可调度工序，将 A8 和 A6 的路径长度交叉相加到各自的结束时间之后，计算的实质路径结束时间为($F_{6,8}=145$、$F_{8,6}=160$)。由于工序 A6 ($F_{6,8}=145$)所在的实质路径结束时间较早，因此优先调度 A6，并从备选工序集中删除。由于备选工序集中的同设备工序 A8 与工序 A6 的加工时间 $(50,95) \cap (30,55) \neq 0$，因此令 $s_8=f_6=55$，即 A8 的加工时间段调整为(55,100)。重复上述操作，各工序调度顺序为 A14、A12、A10、A11、A13、A6、A8、A5、A9、A7、A4、A2、A3、A1。按动态确定工序开始时间策略确定工序开始时间的过程如表 11-1 所示。使用本书算法调度产品 A 的甘特图如图 11-9 所示。

由图 11-9 可知，文献[41]算法调度产品 A 时总的加工时间是 175 工时，本章算法调度产品 A 的总的处理时间是 145 工时。显然，本书提出的算法是更好的。主要原因是，文献[41]的算法没有考虑同设备工序的开始时间，即当实质短路径上可调度工序的开始时间大于同设备可调度工序的开始时间时，实质短路径的结束时间可能比同设备可调度工序的实质路径结束时间晚，造成产品总的处理时间延长。

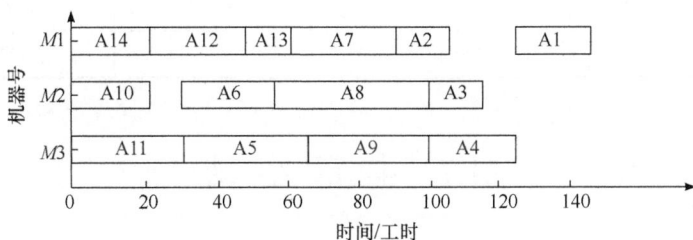

图 11-9　本章算法调度的甘特图(145 工时)

本章提出动态早结束实质路径策略，计算同设备可调度工序的实质路径结束时间，优先调度早结束实质路径上的可调度工序，避免出现结束时间晚的实质路径，进而减少产品总的处理时间。例如，工序被确定为计划调度工序时，有 A9 的同设备可调度工序 A5。采用文献[41]中动态实质短路径策略时，工序

A9 ($H_{9,5}$=110)所在的实质路径短,因此确定 A9 为实质调度工序优先调度。调度 A9 和 A5 总的处理时间为 130 工时。采用本章动态早结束实质路径策略,由于计算实质路径的结束时间($F_{5,9}$=145、$F_{9,5}$=170),工序 A5 ($F_{5,9}$=145)所在的实质路径结束时间早,因此确定 A5 为实质调度工序优先调度。从图 11-9 可知,调度完工序 A9 和 A5 时的总用时为 100 工时。由于 A9 和 A5 的结束时间影响 A4 的完工时间,进而影响根节点工序 A1 的完工时间,因此本章算法从理论上优化了文献[41]的算法。

表 11-1　产品 A 中工序确定开始时间表

工序名	根据工艺约束确定开始时间/工时	工序调整后的开始时间/工时	备注
A14	0	—	—
A12	20	—	—
A10	0	—	—
A11	0	—	—
A13	0	50	调整 2 次
A6	30	—	—
A8	50	55	调整 1 次
A5	20	30	调整 1 次
A9	10	65	调整 2 次
A7	0	60	调整 3 次
A4	95	100	调整 1 次
A2	55	85	调整 2 次
A3	25	100	调整 2 次
A1	120	125	调整 1 次

11.7　本章小结

本章针对基于实质短路径的单件复杂产品加工和装配综合调度算法导致实质路径结束时间较晚,影响产品完工时间的问题,提出动态早结束实质路径策略和相应算法。

① 通过优先调度最早结束实质路径上同设备可调度工序,可以使相关工序尽早结束,进而实现根节点工序尽早结束,达到优化基于实质短路径综合调度算法的目的。

② 对于属于 NP 的调度问题，在算法优化的同时不会增加算法的复杂性，即该算法复杂度不超过 2 次多项式。

调度算法不但通用、易于实现，而且可以更好地解决复杂单产品综合调度问题。因此，本章算法可以为综合调度算法的进一步研究提供一个参考，有一定的理论和实践意义。

第12章　基于设备空闲事件驱动的综合调度算法

12.1　引　　言

在基于事件驱动的综合调度过程中，设备驱动时刻引起工序集中工序状态和设备集中设备状态的更新。由于每种加工设备只有一台，因此在设备驱动时刻可能出现两种特殊情况。一种情况是，在设备驱动时刻 x 个可调度工序争夺同一台空闲设备，因此加工设备对可调度工序有 x 种选择，可使总加工时间有 x 种结果，因此基于事件驱动的综合调度系统需要解决多个可调度工序的选择问题。另一种情况是，空闲设备无可调度工序，因此该空闲设备需要等到下一设备驱动时刻寻找可调度工序，在下一设备驱动时刻到来前该空闲设备仍处于空闲状态。

12.2　问题描述

基于事件驱动思想求解综合调度问题，就是把产品加工和装配统一成工序，并把工序调度过程的各个阶段用不同的状态表示，利用事件驱动状态的改变在面向加工过程的基础上完成产品调度。研究事件驱动调度问题是利用事件驱动思想，尽可能地缩短产品的加工总时间。事件驱动思想的一般要求如下。

① 加工完毕事件同时触发设备空闲事件。

② 加工开始事件依赖设备空闲事件。

③ 加工开始事件发生一段时间后引发加工完毕事件。

④ 当加工完毕事件发生时，若所有工序处于加工完毕状态，则该时刻产品加工完毕。

设产品由 n 道工序组成，在 m 台设备上加工，加工开始事件为 E_b，加工完毕事件为 E_f，设备空闲事件为 E_d，产品加工总时间 $T = \max\{T_n\}$，T_n 为设备驱动时刻 $(0 \leqslant n < N)$，则有

$$T = \min\{\max\{T_n\}\} \tag{12-1}$$

$$\text{s.t.} \quad \min\{T_n\} \tag{12-2}$$

$$s_n \geqslant s_{n-1} + t_{n-1} \tag{12-3}$$

$$s_N \geqslant s_n + t_n \tag{12-4}$$

式(12-1)表示最后一次加工完毕事件发生的设备驱动时刻，即产品加工结束的时刻。式(12-2)表示事件驱动调度问题的目标是使加工完毕事件发生的时刻(即设备驱动时刻)尽可能的早。式(12-3)表示每道工序从开始加工到结束加工经历若干个设备驱动时刻，即工序总是在某一设备驱动时刻开始加工，并在随后的某一设备驱动时刻完成加工。式(12-4)表示当设备出现空闲时，必须存在可在该设备上加工的可调度工序，才可以触发加工开始事件。

12.3　事件驱动调度策略

由以上分析可知，设备驱动时刻系统的操作可以分为两个步骤。第一步是在设备空闲事件发生时，对可调度工序的选择。第二步是根据当前的加工状况，利用式(12-3)对下一次设备空闲事件发生的确定。对于设备空闲事件发生时工序的选择问题，本章提出最大并行性选择策略。对于下一次设备空闲事件发生时刻的计算，本章提出设备驱动时刻计算法。

12.4　最大并行性选择策略与实现

当设备驱动时刻到来时，加工完毕事件和设备空闲事件相继发生，若空闲设备有且仅有一个可调度工序，则选择该可调度工序，并触发加工开始事件；若空闲设备无可调度工序，则该空闲设备仍处于空闲状态不触发加工开始事件。若所有处于空闲状态的设备均无可调度工序，则工序集不产生加工开始事件。此时事件队列中只有加工完毕事件和设备空闲事件。空闲设备无可调度工序时的系统概况如图 12-1 所示。

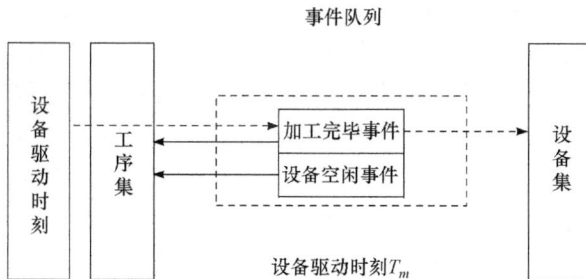

图 12-1　空闲设备无可调度工序时的系统概况

若设备驱动时刻 T_n 存在争夺同一台空闲设备 i 的可调度工序不唯一，该空闲设备的可调度工序为 $P_{i,1}, P_{i,2}, \cdots, P_{i,j}$，对应各可调度工序的父节点路径长度分别为

$L_{i,1},L_{i,2},\cdots,L_{i,j}$，各可调度工序的加工时间分别为$t_{i,1},t_{i,2},\cdots,t_{i,j}$。此时，为了增加后续工序并行加工时间，提高设备资源利用率，考虑优先调度父节点路径长的工序。

其主要原因是，T_n时刻同一设备的可调工序必须串行加工，未被选择的可调度工序必须在当前被选择工序加工完毕后加工，可看作当前被选择工序的后续并行工序。

选择可调度工序时，先考虑对只有两个可调度工序$P_{i,1}$、$P_{i,2}$的情况进行分析，此时有两种可能，即$P_{i,1}$或$P_{i,2}$先加工。

①若先选$P_{i,1}$，则两个可调度工序及其后续工序的最早完成时间$F_{P1}=t_{i,1}+\text{Max}\{L_{i,1},(t_{i,2}+L_{i,2})\}$，式中$\text{Max}\{\ \}$表示并行处理。

②若先选$P_{i,2}$，则两个可调度工序及其后续工序的最早完成时间$F_{P2}=t_{i,2}+\text{Max}\{L_{i,2},(t_{i,1}+L_{i,1})\}$。

此时，为了产品加工尽早结束，设计同一设备选择调度工序的目标函数$S=\text{Max}\{F_{P1},F_{P2}\}$。

为了比较F_{P1}和F_{P2}，判断

$$F_{P1}-F_{P2}=(t_{i,1}-t_{i,2})+(\text{Max}\{L_{i,1},(t_{i,2}+L_{i,2})\})-\text{Max}\{L_{i,2},(t_{i,1}+L_{i,1})\} \tag{12-5}$$

根据式(12-5)的各种取大可能，进行以下分析。

① 当$L_{i,1}>(t_{i,2}+L_{i,2})$且$L_{i,2}>(t_{i,1}+L_{i,1})$时，有$(L_{i,1}-t_{i,2})>(L_{i,1}+t_{i,1})$，所以矛盾。

② 当$L_{i,1}>(t_{i,2}+L_{i,2})$且$L_{i,2}<(t_{i,1}+L_{i,1})$时，原式$=-t_{i,2}$，因此原式恒小于0，此时选择加工$P_{i,1}$，总加工时间短。由所给条件，有$L_{i,2}<(L_{i,1}-t_{i,2})$且$L_{i,2}<(t_{i,1}+L_{i,1})$，所以在条件②时，$L_{i,2}<L_{i,1}-t_{i,2}$，即$0<t_{i,2}<L_{i,1}-L_{i,2}$，说明此时$L_{i,2}<L_{i,1}$。

③ 当$L_{i,1}<(t_{i,2}+L_{i,2})$且$L_{i,2}>(t_{i,1}+L_{i,1})$时，原式等于$t_{i,1}$，因此原式恒大于0，此时选择加工$P_{i,2}$，总加工时间短。由所给条件，有$L_{i,1}<(L_{i,2}-t_{i,1})$且$L_{i,1}<(t_{i,2}+L_{i,2})$，所以在条件③时，$L_{i,1}<L_{i,2}-t_{i,1}$，即$0<t_{i,1}<L_{i,2}-L_{i,1}$，说明此时$L_{i,1}<L_{i,2}$。

④ 当$L_{i,1}<(t_{i,2}+L_{i,2})$且$L_{i,2}<(t_{i,1}+L_{i,1})$时，原式等于$L_{i,2}-L_{i,1}$，若原式$<0$，选择加工$P_{i,1}$，此时$L_{i,2}<L_{i,1}$；若原式大于0，选择加工$P_{i,2}$，此时$L_{i,1}<L_{i,2}$。

综上，除第1种情况不可能出现，其余情况均表明，优先调度父节点路径长的工序可使两个可调度工序及其后续工序的总加工时间较少。

当$L_{i,1}=L_{i,2}$，即两个工序的父节点路径长度相等时，优先调度加工时间短的工序可以使其后续工序较早地转化为可调度状态进行选择判断，避免因状态转化时间晚于设备产生空闲的时间，从而造成设备资源的浪费。

以上只有两种可调度工序情况的分析，可模拟推广应用于多个可调度工序。优先调度父节点路径长的工序，即该工序父节点路径的长度$L_{i,k}=\max\{L_{i,1},L_{i,2},\cdots,L_{i,j}\}$，以增加后续工序并行加工时间，提高设备资源利用率；当父节点路径长度

相等时,优先调度加工时间短的工序。因此,可以采取冒泡算法,寻找调度工序。

最大并行性选择策略具体实现如算法 1 和算法 2 所示。算法 1 是确定一个空闲设备上的可调度工序。算法 2 是确定某一时刻的所有空闲设备。

算法 1　GET_SCHEDULABLE_OPERATIONS(d)

输入:对空闲设备 d 进行一次可调度工序的寻找。

输出:将为空闲设备 d 分配一个可调度工序,计算该工序的加工结束时刻,并将该空闲设备标记为非空闲。

//D 表示设备最大编号,设备集中各设备编号为 1,2,…,D

//T 表示当前设备驱动时刻(初始时刻　T = 0)

//Device[]表示设备集数组

//Schedulable_Operations[i]表示可在设备 i 上加工的可调度工序组集合

```
Begin
01 Selected_Operation = 0
02 If  sizeof(Schedulable_Operations[i]) != 0 Then
//不存在可在设备 i 上加工的可调工序
03    For  p= 0, p<sizeof(Schedulable_Operations[i]) do
04      If  Device[d].idle == true Then
//Device[d]为空闲设备
05        GET_SCHEDULABLE_OPERATIONS(d)
06        Device[d].Selected_Operation = Selected_Operation
//为空闲设备 d 分配一个可调度工序
07        Device[d].Selected_Operation.endtime = T + Selected_Operation.worktime
//计算该工序的加工结束时刻
08 Device[d].idle = false
//将该空闲设备标记为非空闲
End
```

算法 2　SELECT_OPERATIONS( )

//设备空闲事件发生时调用,对所有空闲设备进行一次可调度工序的寻找

```
Begin
01 For  每个设备  d , 0<d≤D do
02    If Device[d].idle == true Then    // Device[d]为空闲设备
03      GET_SCHEDULABLE_OPERATIONS(d)
End
```

12.5　设备驱动时刻算法与实现

初始加工时刻作为第一次设备驱动时刻，此时所有空闲设备进行可调度工序的寻找。对时刻 T_m 所有处于加工状态的工序建立集合 W，取该集合元素中的加工完毕时刻的最小值作为下一次设备驱动时刻 T_{m+1}。

例如，当设备驱动时刻 T_m 到来时，根据当前工序状态更新集合 W，即将加工完毕的工序移出集合 W，空闲设备进行可调度工序的寻找。

若找到可调度工序 P_k，其加工时间为 t_k，则该工序 P_k 的结束时间为 $f_k = T_m + t_k$。此时，该工序转化为可调度状态，并加入集合 W。

调度系统的下一驱动时刻是新的 W 中最早结束时间 T_{m+1}，$T_{m+1} = \min\{f_k \mid P_k \in W\}$。

若所有工序处于加工完毕状态，产品加工结束。产品加工总时间即最后一次设备驱动时刻。

下一设备驱动时刻算法的实现如算法 3 所示。

算法 3　GET_NEXTTIME( )
//设备驱动时刻结束后由系统调用，返回下一次设备驱动时刻

```
#define MAXTIME 32768
Begin
01 NextTime = MAXTIME
02   For 每个设备 d, 0<d≤D do
03     If Device[d].idle == false Then
//       Device[d]为处于忙碌状态的设备
04         If Device[d].Selected_Operation.endtime ≤ NextTime
05         NextTime = Device[d].Selected_Operation.endtime
06   Return NextTime
End
```

设产品开始加工时间为 0，此时所有设备进入初始驱动时刻 T_0，某一可调度工序 P_k 在设备驱动时刻 T_i 开始加工。如果该工序的加工时间是 t_k，则该工序在后续的设备驱动时刻 $T_i + t_k$ 完成加工。该产品加工总时间即最后一次设备驱动时刻发生的时间。

由前所述，研究的调度系统由工序集、设备集、事队列构成。调度系统工作过程描述图如图 12-2 所示。图 12-2 中虚框代表各个不同的设备驱动时刻，T_0 代表产品加工开始时刻，T_n 代表产品加工结束的时刻。为简化后续调度工序，满足最大

并行性选择策略，初始时将工序集中的所有工序按父节点路径长度由长到短排序。

算法设计思想如下。

① 初始时刻系统将设备空闲事件加入事件队列，如图 12-2 中设备驱动时刻 T_0 所示。

② 系统检查事件队列并处理工序集。若为加工完毕事件，则判断该加工完毕工序的父节点工序是否变为可调度工序，如果是，则该父节点工序的状态变为可调度状态。若为设备空闲事件，则空闲设备按最大并行性选择策略在可调度工序集中选择调度工序，并将其转化为加工状态；工序集触发加工开始事件并将该事件加入事件队列；设备空闲事件移出事件队列。

③ 系统检查事件队列并处理设备集。若为加工完毕事件，则将完成加工任务的设备由忙碌状态转化为空闲状态，加工完毕事件移出事件队列。设备集触发设备空闲事件，并将该事件加入事件队列，转②。若为加工开始事件，则将设备集中选择了加工工序的空闲设备转化为忙碌状态，将加工开始事件移出事件队列。

④ 根据设备驱动时刻计算法，计算下一次设备驱动时刻，系统在该时刻将加工完毕事件加入事件队列，若工序集中所有工序均处于加工完毕状态，则转⑤；否则，转②。

⑤ 记录此时的设备驱动时刻，即产品加工总用时，结束。

调度系统工作过程如图 12-2 所示。算法流程图如图 12-3 所示。

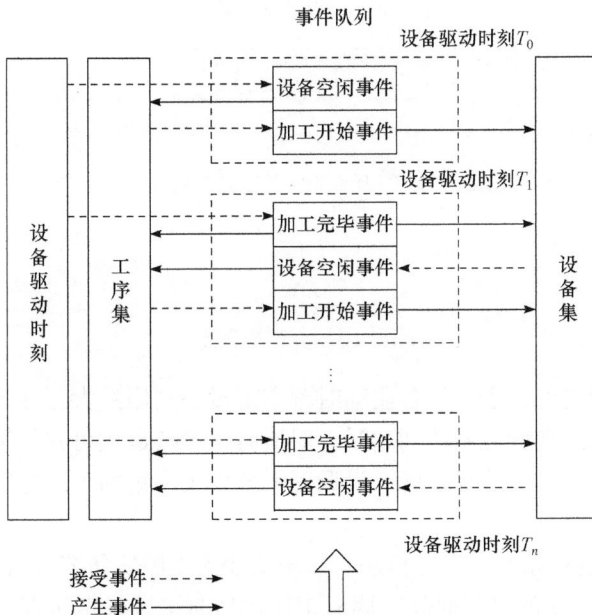

图 12-2　调度系统工作过程

```
开始
  │
建立所有工序的约束关系表
  │
确定关系表中各工序的状态
  │
空闲设备对可调度工序
寻找
  │
是否存在可调度工序 ──N──→ 设备继续处于空闲
  │Y
可调度工序是否唯一 ──N──→ 利用最大并行性选择策略
  │Y                        选择加工工序
在该设备上加工此工序
  │
利用设备驱动时刻计算法,
计算下一次设备驱动时刻
  │
更新的工序集和设备集中
工序和设备状态
  │
工序集中的工序全部 ──N──→
为加工完毕状态
  │Y
结束
```

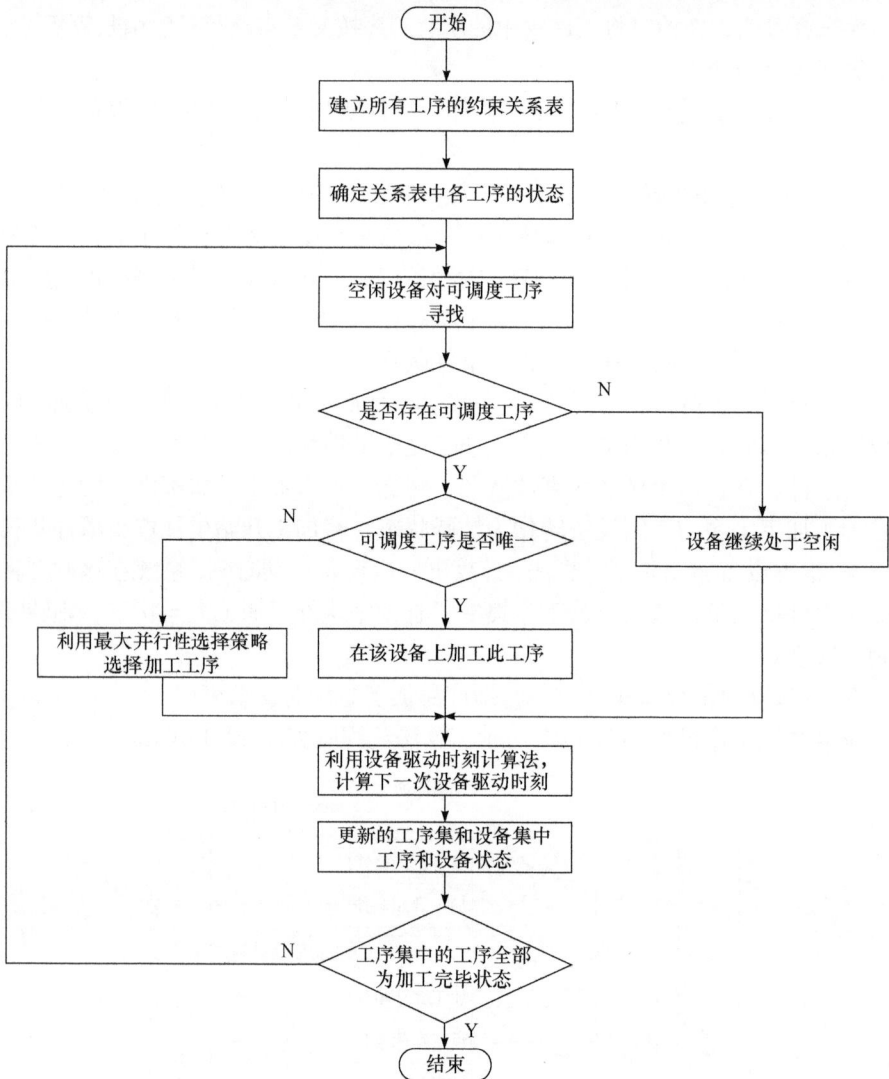

图 12-3　算法流程图

　　算法的复杂之处在于,设备驱动时刻空闲设备利用最大可并行策略对可调度工序的选择。算法在调度系统初始时,对所有工序按最大可并行策略进行排序,可以保证该算法有较低的复杂度。设调度系统中工序集的工序总数为 n,设备集中设备总数为 m。

　　① 调度系统初始时,工序排序。系统新加入工序的父节点路径长度=父节点路径长度+紧后工序的加工时间,因此工序构造时可以确定所有工序的父节点路径长度。将所有工序父节点路径长度按快速排序法排序,复杂度为 $O(n\lg n)$。

② 设备驱动时刻，空闲设备对可调度工序的寻找。由于已将工序按父节点长度排序，可以方便按最大可并行策略调度。此时需要确认可调度工序是否属于该空闲设备，再确认其中父节点路径最长的工序为调度工序。因此，调度系统寻找调度工序的总次数最多为 $2n$。空闲设备对可调度工序寻找的复杂度为 $O(n)$。

③ 设备空闲事件结束后，设备驱动时刻的计算。根据设备驱动时刻计算法，选择所有忙碌设备上加工工序的最早结束时间，作为下一次设备驱动时刻。最坏情况下，所有设备均处于忙碌状态，每次需比较 $m-1$ 次，则设备驱动时刻总次数为 n，比较总次数最多为 $n(m-1)$。设备驱动时刻计算的复杂度为 $O(n)$。

综上所述，本章算法复杂度为 $O(n\lg n)$。

12.6 实 例 分 析

设产品 F 由 18 个工序组成，在 3 个设备上加工，其加工工艺树如图 12-4 所示。如按 ACPM 加工该产品，其工序将按图 12-4 相同纹式工序成组调度。成组调度顺序是{F18，F15，F13，F9}、{F12，F8，F4，F2}、{F17，F14，F11}、{F10，F6}、{F16，F7}、{F5，F3，F1}。ACPM 产品加工甘特图如图 12-5 所示。

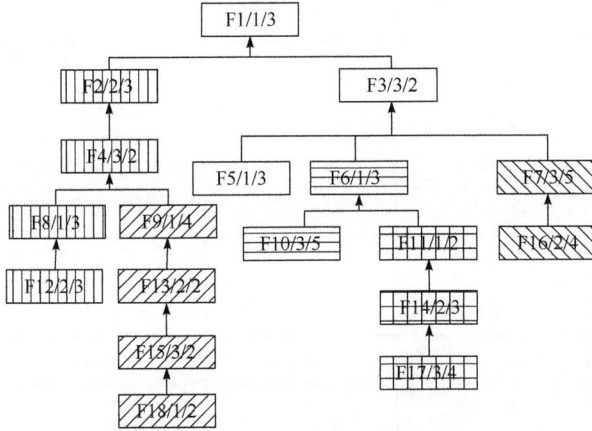

图 12-4　产品 F 加工工艺树

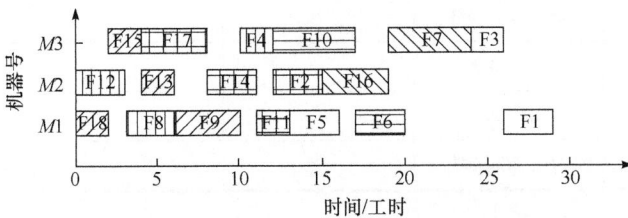

图 12-5　ACPM 产品加工甘特图(29 工时)

如果采用本章提出的算法调度产品 F，T_0 时刻(T_0=0)可调度工序(叶节点)为 {F12，F18，F5，F10，F17，F16}，此时可在 $M1$ 加工的可调度工序有 F18、F5；$M2$ 加工的可调度工序有 F12、F16；$M3$ 加工的可调度工序有 F10、F17。当对空闲设备利用最大并行性调度策略选择可调度工序时，空闲设备 $M1$、$M2$、$M3$ 选择加工的工序分别为 F18、F12、F17。

同时，在 T_0 时刻可判断出下一次设备空闲事件发生时间为 $T_1 = T_0 + \min\{f_{F18}, f_{F12}, f_{F17}\}$，即 $T_1 = 0 + \min\{2，3，4\} = 2$。如此循环调度，直到结束。产品加工设备驱动时刻表如表 12-1 所示。相应的产品加工甘特图如图 12-6 所示。调度结果对比表如表 12-2 所示。

表 12-1　产品加工设备驱动时刻表

设备驱动时刻	空闲设备	$M1$ 选择工序	$M2$ 选择工序	$M3$ 选择工序
$T_0 = 0$	$M1$、$M2$、$M3$	F18	F12	F17
$T_1 = 2$	$M1$	F5	—	—
$T_2 = 3$	$M2$	—	F16	—
$T_3 = 4$	$M3$	—	—	F15
$T_4 = 5$	$M1$	F8	—	—
$T_5 = 6$	$M3$	—	—	F10
$T_6 = 7$	$M2$	—	F13	—
$T_7 = 8$	$M1$	—	—	—
$T_8 = 9$	$M1$、$M2$	F9	F14	—
$T_9 = 11$	$M3$	—	—	F7
$T_{10} = 12$	$M2$	—	—	—
$T_{11} = 13$	$M1$、$M2$	F11	—	—
$T_{12} = 15$	$M1$、$M2$	F6	—	—
$T_{13} = 16$	$M2$、$M3$	—	—	F4
$T_{14} = 18$	$M1$、$M2$、$M3$	—	F2	F3
$T_{15} = 20$	$M1$、$M3$	—	—	—
$T_{16} = 21$	$M1$、$M2$	F1	—	—
$T_{17} = 24$	$M1$、$M2$、$M3$	—	—	—

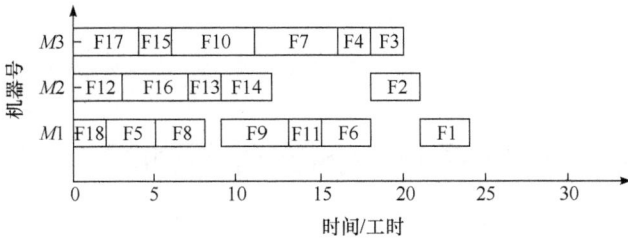

图 12-6　本章算法产品加工甘特图(24 工时)

表 12-2　调度结果对比表

算法	设备空闲时间和/工时	最晚结束设备 $M1$ 上的空闲时间/工时	完工时间/工时
本章算法	10	4	24
ACPM	19	9	29

由表 12-1 可知，本章算法在设备空闲时间和、最晚结束设备上的空闲时间和完工时间等方面都比 ACPM 调度效果好，反映出本章算法设备利用率高、并行处理效果好和产品生产效率高。因为 ACPM 是以工序组为一次调度单位且预先确定工序组的调度顺序，所以调度过程按组并行处理，会产生较多空闲时间。例如，在调度实例中，采用 ACPM 进行工序组并行调度，工序组{F17、F14、F11}需在工序组{F18、F15、F13、F9}和工序组{F12、F8、F4、F2}调度完后再调度。此时，由于 F15 前的空隙无法安排 F17，产生 F15 前的空闲时间；本章算法中 F17 与 F12、F18 并行，即将组并行转化为工序并行，可以消除 ACPM 中产生的空闲，提高设备利用率。以上实例分析说明，采用 ACPM 解决一般综合调度问题不如本章提出的调度算法效果好。

12.7　本章小结

本章提出基于事件驱动求解综合调度问题的一般算法，传统 ACPM 求解综合调度问题以整体树状模型结构为主体进行集中式求解，而本章算法面向加工过程，并利用事件驱动思想对产品加工的不同阶段对工序进行优化调度。通过算法分析和结果分析，基于事件驱动的综合调度算法复杂度不超过二次，且调度效率同样优于传统 ACPM。该算法可以在不同加工工艺约束条件下优化改进，处理各类特殊综合调度问题。

第13章 可回退抢占的事件驱动综合调度算法

13.1 引　　言

利用事件驱动思想对综合调度求解，虽然在效率上优于传统的 ACPM，但其本身是对加工过程的事件模拟。算法的执行过程就是产品的加工过程。由于产品加工过程随时间推移，每次设备驱动时刻调度系统记录的只是产品加工的瞬时状态，而基于设备空闲事件的综合调度算法只在设备驱动时刻对调度工序进行分析，因此算法在选择调度工序时，缺少对产品生产全局的分析。

基于此，本章提出可回退抢占的事件驱动综合调度算法。该算法以每次工序加工结束作为一次可调度工序的寻找事件。通过回退分析，若此时新出现的可调度工序具备抢占能力，则采用回退策略重调度；否则，采用最大并行性选择策略选择可调度工序。

由于采取以每次设备结束作为一次可调度工序的寻找事件，并且只考虑一个工序的预调度，在调度工序时形成工序间的并行处理。该算法缩小基于 ACPM 的综合调度算法形成的并行处理单位。由于每次设备结束可能产生在非空闲设备上加工的新可调度工序，因此可能比正加工的预调度工序对调度的结果影响大。该算法抢占式优先调度影响大的工序，实现优先调度对调度结果有重要影响的长路径工序。

13.2　问 题 描 述

由于设备驱动问题只在设备空闲时刻进行调度，设备抢占依赖加工工序对根节点工序影响的回退判断，并改变工序的调度顺序。为了说明此时工序的约束关系，作以下假设。

① T_k 为设备产生空闲的时刻，其中 $k \geqslant 1$，T_0 为开始时刻。

② X_k 为 T_k 时刻已加工完毕工序构成的集合。

③ O_k 为 T_k 时刻无紧前约束的工序集合。

④ c_{mk} 为 T_k 时刻空闲设备 m 选择加工的某一工序。

⑤ C_k 为该时刻开始加工的工序集合，$C_k = \{c_{mk}\}$。

⑥ $s(n)$ 为工序 n 的开始加工时间。

⑦ W_k 为 T_k 时刻空闲设备选择的工序和处于加工状态的工序集合。

⑧ $\text{TE}_k = \{\text{End}(i)\}$，其中 $1 \leqslant i \leqslant n$ 为当前所有加工完毕工序的编号，TE_k 记录所有空闲时刻。

⑨ R_{mn} 为设备 m 上被抢占的工序 n。

⑩ T_r 为回退后的时刻。

根据基于设备驱动和回退策略的综合问题要求，目标函数可表示为

$$T = \min\{\max\{T_k\}\}$$

s.t.

$$X_k = X_{k-1} \cup \{j\}, \quad 1 \leqslant j \leqslant N, \ \text{End}(j) = T_k \tag{13-1}$$

$$s(C_k) \geqslant \max\{\text{End}(j)\}, \quad j \in X_k, C_k = \{c_{mk}\}, C_k \subseteq O_k \tag{13-2}$$

$$W_k = (W_{k-1} \cap (\overline{W_{k-1} \cap X_k})) \cup C_k \tag{13-3}$$

$$\text{TE}_k = \text{TE}_{k-1} \cup \{T_k\} \tag{13-4}$$

$$T_{k+1} = T_k + \min\{\text{End}(i)\}, \quad i \in W_k \tag{13-5}$$

$$(\forall R_{mn})(R_{mn} \in (O_r \cap W_k)) \to (\exists T_r)((T_r = s(R_{mn})) \wedge (T_r \in \text{TE}_k)) \Rightarrow (T_r < T_k) \tag{13-6}$$

$$O_r = O_r - \{R_{mn}\} \tag{13-7}$$

式(13-1)～式(13-5)为设备驱动的约束条件。式(13-6)和式(13-7)为回退策略的约束条件。

在调度过程中，当有工序加工完毕时，即一次设备驱动时刻 T_k，工序集触发加工完毕事件，开始一次调度。对于当前刚加工完毕的工序集 $\{j\}$，即 $\text{End}(j) = T_k$，T_k 时刻加工完毕的工序集 $X_k = X_{k-1} \cup \{j\}$，$1 \leqslant j \leqslant N$，$\text{End}(j) = T_k$，即满足约束条件(13-1)。

① T_k 时刻空闲设备 m 在可调度工序集 O_k 中选择适合的工序 c_{mk} 作为该设备的加工工序。由于空闲设备可能不唯一，因此 T_k 时刻开始的加工工序集 C_k 为当前可调度工序集 O_k 的子集，且 C_k 在其紧前工序结束后才可以开始加工，因此 $s(C_k) \geqslant \max\{\text{End}(j)\}$，$j \in X_k, C_k = \{c_{mk}\}, C_k \subseteq O_k$，即满足约束条件(13-2)。

② T_k 时刻空闲设备选择工序后，加工状态工序集 W_{k-1} 发生改变：T_k 时刻所有刚刚加工完毕的工序，即 T_{k-1} 时刻处于加工状态，T_k 时刻处于完毕状态的工序 (利用变量表示为 $\overline{W_{k-1} \cap X_k}$)移出加工状态集合 W_{k-1}，$W_{k-1} = W_{k-1} \cap (\overline{W_{k-1} \cap X_k})$；$T_k$ 时刻空闲设备选择的工序 C_k 加入加工状态集合 W_{k-1}，$W_{k-1} = W_{k-1} \cup C_k$。两次更新后的 W_{k-1} 变为 T_k 时刻调度结束后加工状态工集 $W_k = (W_{k-1} \cap (\overline{W_{k-1} \cap X_k})) \cup C_k$，即满足约束条件(13-3)。

① 将该时刻 T_k 加入 TE_{k-1}，产生新的工序完成时间集，即 $\text{TE}_k = \{\text{TE}_{k-1} \cup T_k\}$，满足约束条件(13-4)。

② 由于下一次设备驱动时刻 T_{k+1} 为当前加工状态工序集 W_k 中最早完工工序的结束时刻，因此 $T_{k+1}=T_k+\min\{\text{End}(i)\},i\in W_k$，即满足约束条件(13-5)，并在 T_{k+1} 时刻产生新的加工完毕事件。

相应的 T_k 时刻系统状态转化图如图 13-1 所示。图中阴影部分为设备集状态。

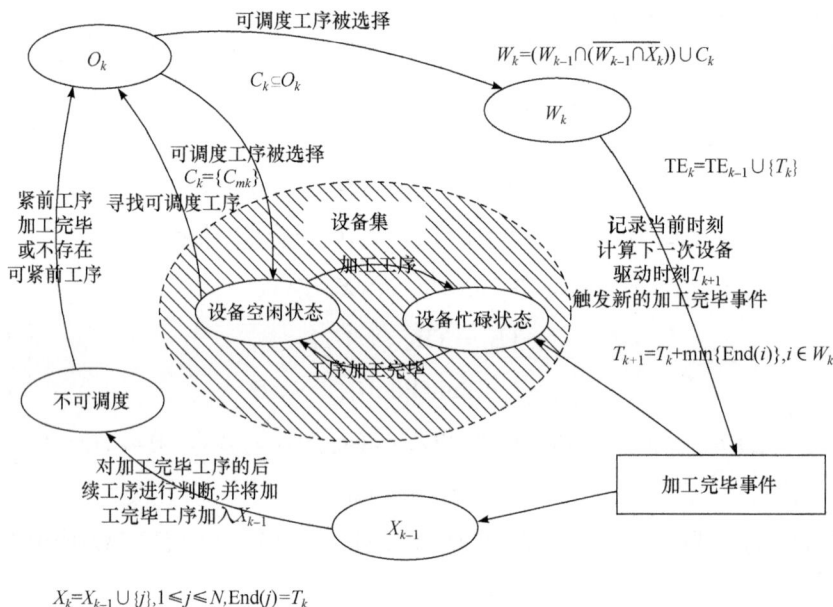

图 13-1　调度系统中设备集和工序集状态转化图

13.3　回退事件分析与处理

13.3.1　工序抢占分析

当工序 F 加工完毕时，产生设备驱动时刻 T_k。若此时设备 m 有正加工工序 A 和新的可调度工序 D，由于工序 A 没加工完，设 A 已加工部分为 A[1]，A 未加工部分为 A[2]。工序 F 加工完毕时产品加工模型如图 13-2 所示。由于 A 和 D 具

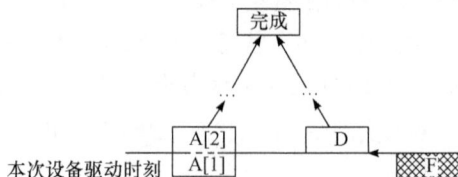

图 13-2　工序 F 加工完毕时产品加工模型

有设备相关性。此时有两种调度方案，即正常加工，D 作为 A 的后续；抢占，即推迟加工工序 A，使 A 作为 D 的后续。两种工艺模型如图 13-3 所示。两种加工结果甘特图如图 13-4 所示。下面分析两种不同调度方案的调度结果。

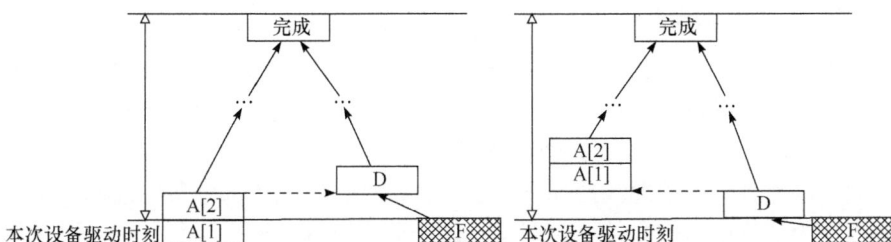

图 13-3　两种工艺模型

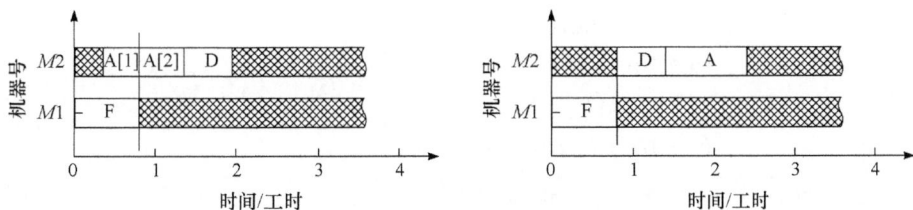

图 13-4　两种加工结果甘特图

设工序 A 的加工时间为 t_A，因此 $t_A = t_{A[1]} + t_{A[2]}$。工序 A 和工序 D 到根节点的路径长度分别为 L_A 和 L_D。

方案 1，D 在 A 加工完毕后开始加工，由于 D 可与工序 A 的后续工序并行，产品完成时间为 $T_1 = \text{Max}\{(T_k + t_{A[2]} + L_A), (T_k + t_{A[2]} + t_D + L_D)\}$。

方案 2，若 D 抢占 A，则 A 在 D 加工完毕后开始加工，且可与 D 的后续工序并行。此时，产品完成时间为 $T_2 = \text{Max}\{(T_k + t_D + L_D), (T_k + t_D + t_A + L_A)\}$。因此，两种方案中的最优结果为 $\min\{\text{Max}\{(T_k + t_{A[2]} + L_A), (T_k + t_{A[2]} + t_D + L_D)\}$ 和 $\text{Max}\{(T_k + t_D + L_D), (T_k + t_D + t_A + L_A)\}$，即 T_k 时刻产品完成预测时间 $T_k = \min\{T_1, T_2\}$。

为了比较 T_1 和 T_2，需判断 $T_1 - T_2$，即

$T_1 - T_2 = (t_{A[2]} - t_D) + (\text{Max}\{L_A, (t_D + L_D)\} - \text{Max}\{L_D, (t_A + L_A)\})$

根据上式中的各种取大可能，共有以下 4 种情况。

① $L_A > (t_D + L_D), L_D > (t_A + L_A)$。

② $L_A > (t_D + L_D), L_D < (t_A + L_A)$。

③ $L_A < (t_D + L_D), L_D > (t_A + L_A)$。

④ $L_A < (t_D + L_D), L_D < (t_A + L_A)$。

根据情况①，有 $L_A > L_D > L_A$，即情况①矛盾，T_1 和 T_2 在另外 3 种情况的结果为

$$T_1 = T_x + t_{A[2]} + L_A, \quad T_2 = T_x + t_D + (t_A + L_A)$$
$$T_2 = T_x + t_{A[2]} + (t_D + L_D), \quad T_2 = T_x + t_D + L_D$$
$$T_1 = T_x + t_{A[2]} + (t_D + L_D), \quad T_2 = T_x + t_D + (t_A + L_A)$$

计算 T_1-T_2，结果分别为 $-(t_{A[2]} + t_D)$、$t_{A[2]}$、$L_D - (L_A + t_{A[1]})$。

对于情况②，$T_1 < T_2$，所以满足情况②时，选择方案 1；对于情况③，$T_1 > T_2$，此时选择方案②进行抢占；对于情况④，若 $(L_A + t_{A[1]}) < L_D$，$T_1 > T_2$，此时选择方案 2 进行抢占，若 $(L_A + t_{A[1]}) > L_D$，$T_1 < T_2$，此时选择方案 1。

通过以上分析，情况③选择方案 2 进行抢占，情况④部分条件选择方案 2 进行抢占。为了将抢占的条件统一起来，便于调度时进行抢占判断，分析情况③和④能进行抢占的条件为

$$③\begin{cases} t_{A[2]} > 0 \\ L_A < (t_D + L_D), L_D > (t_A + L_A) \end{cases} \Rightarrow (t_{A[1]} + L_A) < L_D$$
$$④\begin{cases} L_D - (L_A + t_{A[1]}) > 0 \\ L_A < (t_D + L_D), L_D < (t_A + L_A) \end{cases}$$

通过分析，采取方案 2 进行抢占的条件是 $(t_{A[1]} + L_A) < L_D$，即正在加工工序的已加工时间与该工序到根节点的路径长度之和小于新的可调度工序到根节点的路径长度。

如图 13-5 所示，如果采取设备驱动方法进行调度，当可调度工序不唯一时，采取最大并行性选择策略调度，即优先调度父节点路径长的工序，如果父节点最长路径相同，选择用时长的工序。因此，如图 13-6 所示，加工总时间为 22 工时。对于以上方法，当 $T_1 = 4$ 时，工序 F6 成为可调度工序，由于 F5 已加工时间为 4 工时，父节点路径长度为 7，工序 F6 父节点路径长度为 13，$(L_{F5} + t_{F5[1]}) = 11$，$L_{F6} = 13$ 满足抢占条件，因此当 F6 抢占 F5 时，形成的新的产品加工甘特图如图 13-7 所示，加工总时间为 20 工时。这说明，抢占回退可以优化产品调度结果。

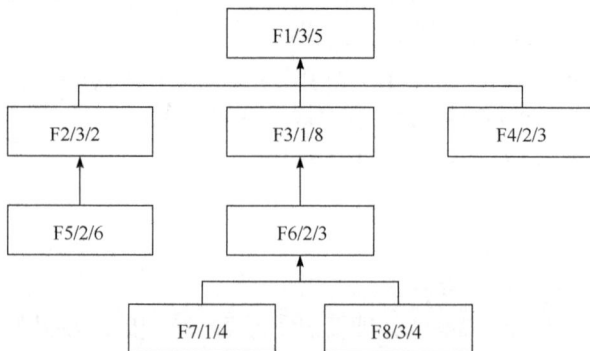

图 13-5　产品 F 加工工艺树

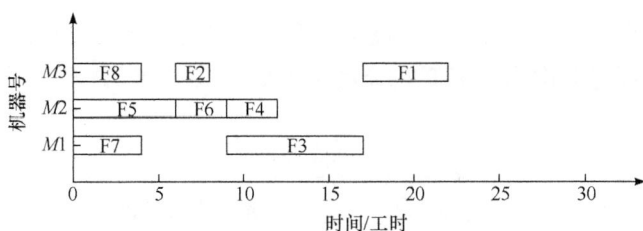

图 13-6　产品 F 加工甘特图(22 工时)

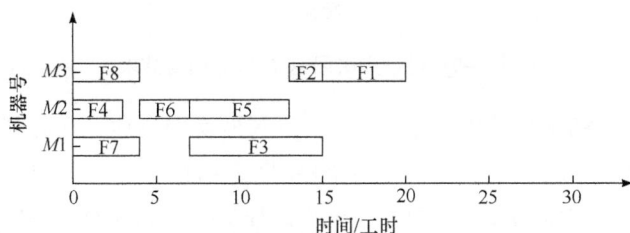

图 13-7　推迟调度工序 F5 产品 F 加工甘特图(20 工时)

13.3.2　回退策略可靠性分析

时间状态栈和抢占条件可以避免回退事件形成 3 种情况，即回退的死循环、调度结果更差、连续回退，说明提出的回退策略可靠性好。

对于回退事件可能会使后续调度过程多次回退到同一时刻，形成回退死循环。例如，图 13-8 所示的 P_1 和 P_2 均为 T_1 时刻可在设备 $M1$ 上加工的可调度工序，当工序 F 在 T_2 时刻成为新可调度工序时，可抢占工序 P_1 或 P_2，使调度从时刻 T_2 回退到时刻 T_1，设备 $M1$ 在 T_1 重新调度工序 P_1 或 P_2，在 T_2 时刻再被 F 抢占，回退到 T_1，形成 T_2 回退到 T_1 的死循环。

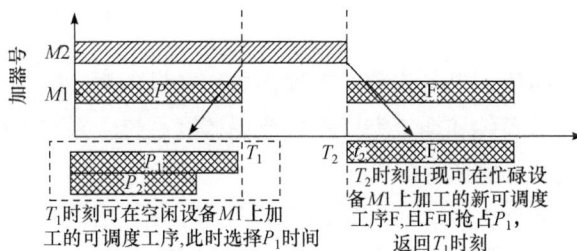

图 13-8　T_2 到来时的调度结果

① 由于本章采用基于时间的状态栈回退策略，每次回退事件发生时，被抢占工序在原有开始时间为睡眠状态，被抢占的工序无法参与原有开始时间的调度。若后续回退事件 K 次回退到同一时刻，则该时刻的睡眠工序数量为 K，即每次回

退排除一个可调度工序。由于可调度工序有限，经过若干次回退后可筛选出最优的调度方案。经过多次回退 T_1 后的调度结果如图 13-9 所示。

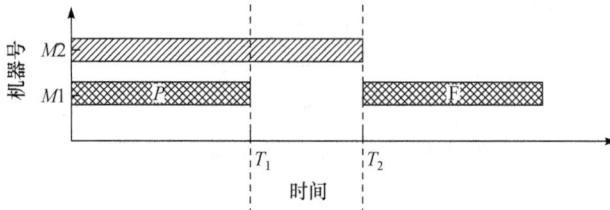

图 13-9　经过多次回退 T_1 后的调度结果

② 对于调度结果更差的问题。例如，经过两次回退后，T_2 时刻 P_1 和 P_2 均被唤醒成为可调度工序，空闲设备 $M1$ 上的可调度工序为 P_1、P_2、F。此时，若 $M1$ 选择 P_1 或 P_2，会导致调度结果更差。由于工序 F 可抢占工序 P_1 和 P_2，根据回退策略的判断条件，可知满足 $(L_{P_1} + t_{P_1[1]}) < L_F$ 和 $(L_{P_2} + t_{P_2[1]}) < L_F$，因此有 $L_{P_1} < L_F$ 和 $L_{P_2} < L_F$，即 F 的父节点路径长度最大。根据最大并行性选择策略，T_2 时刻 $M1$ 优先选择 F，所以算法不会出现调度结果更差的情况。

③若 T_r 为 T_k 回退的时刻，则在 T_r 时刻不再发生连续回退事件。事实上，由时刻 T_r 到时刻 T_k，时刻 T_r 已完成回退判断，即不再回退。在回退时刻 T_r，将被抢占工序标记为睡眠状态，可以缩小 T_r 时刻空闲设备可调度的工序集，因此不会改变 T_r 时刻回退判断结果。

13.4　算法设计及复杂度分析

13.4.1　算法设计

调度系统由工序集、设备集和状态栈构成。在设备驱动时刻，设备集和工序集分别通过触发回退事件和加工完毕事件反馈调度系统。系统根据不同事件对可调度工序加工直到产品完成。

算法设计思想如下，初始时刻 T_0 所有设备均空闲。系统驱动空闲设备利用最大并行性选择策略对可调度工序进行选择，并计算下一设备驱动时刻 T_1，并在 T_1 时刻由工序集触发加工完毕事件。

若所有工序处于加工完毕状态，转(6)。

根据约束条件(1)～(5)更新设备集和工序集中各元素状态，并将设备集和工序集的状态压入状态栈中，对新可调度工序利用上文中提出的回退策略进行回退判断，若满足回退条件，利用回退策略计算下一设备驱动时刻转(4)；否则，转(5)。

状态栈根据约束条件(6)、(7)恢复设备集和工序集中各元素状态。

利用最大并行性选择策略进行调度并计算下一设备驱动时刻，并在下一设备驱动时刻由工序集触发加工完毕事件，转(2)。

产品加工结束，将系统当前状态压入栈中，并记录当前的时间即产品加工总时间 T。

算法流程图如图 13-10 所示。

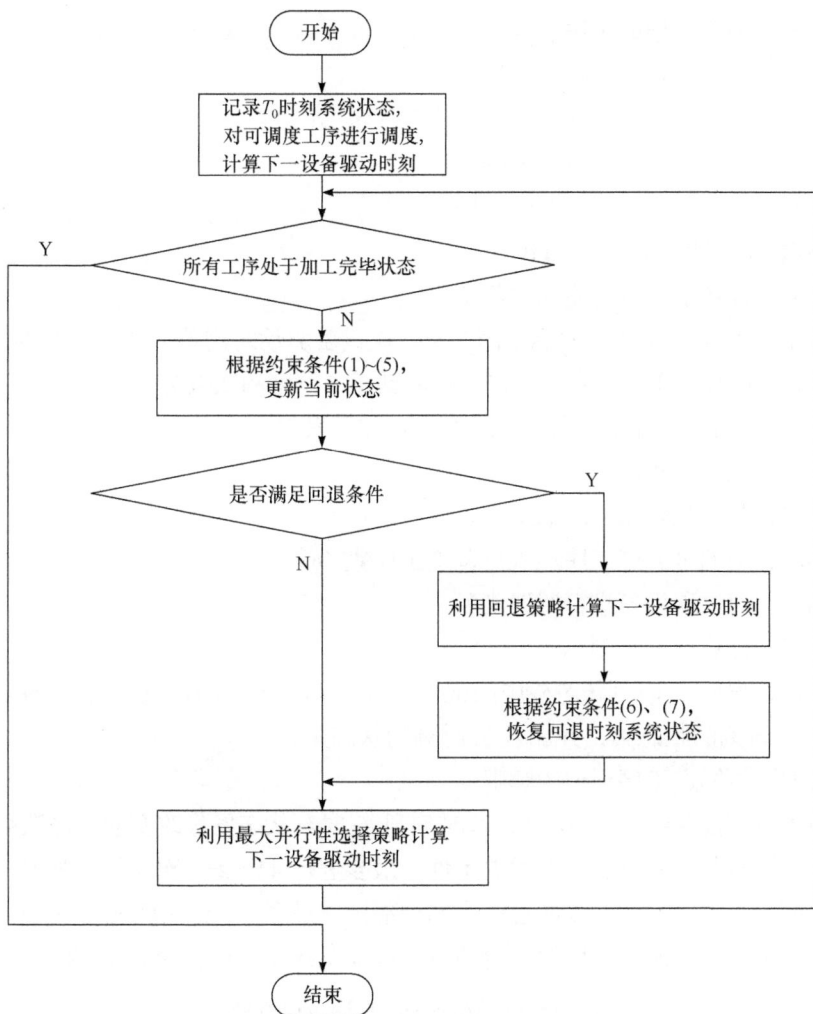

图 13-10　算法流程图

13.4.2　复杂度分析

算法复杂之处在于，设备驱动时刻空闲设备利用最大可并行策略对可调度工序的选择和回退策略对被抢占工序的判定。

设调度系统中工序集中的工序数为 n，设备集中设备的总数为 M。

① 调度系统初始时，将所有工序父节点路径长度按快速排序法排序。工序排序复杂度为 $O(n\lg n)$。

② 设备驱动时刻，若不产生回退事件，系统按如下顺序进行操作。

第一，加工完毕的工序加入 X_k。

第二，判断是否唤醒睡眠工序。

第三，新的可调度工序加入可调度工序集 O_k。

第四，对忙碌设备进行回退判断。

第五，空闲设备选择可调度工序。

第六，将该时刻记录在 TE_k。

第七，计算下一设备驱动时刻 T_{k+1}。

由于空闲设备最多有 M 台，因此每一次设备驱动时刻若不产生回退事件，则最多进行 $6M$ 次操作，所有工序按设备驱动正向调度的次数为 $6Mn$。

③ 产生回退事件系统需要按顺序进行如下操作。

第一，加工完毕的工序加入 X_k。

第二，判断是否唤醒睡眠工序。

第三，新的可调度工序加入可调度工序集 O_k。

第四，对忙碌设备进行回退判断。

第五，计算回退时刻 T_r。

第六，根据 T_r 时刻状态栈中的记录，将 T_r 时刻到 T_k 时刻状态发生改变的工序移出 T_k 时刻的状态集，并加入 T_r 时刻的状态集。

第七，将回退工序标记为睡眠。

由于空闲设备最多有 M 台，T_r 时刻到 T_k 时刻状态发生改变的工序数$\leqslant n$，因此每一次设备驱动时刻若产生回退事件，最多进行 $4M+2+n$ 次操作。如果该回退重新调度所有工序，那么该回退产生的全部操作最多为 $6Mn+4M+2+n$ 次。

设 n 个工序都调度完后发生全回退，调度全部操作最多为 $f(n)$，即

$$f(n) = n(6Mn + 4M + 2 + n) + 6Mn$$

对于前续设备驱动时刻，最多调度 $n-1$ 个工序，则该时刻调度的全部操作最多为 $f(n-1)$，因此可抢占回退的设备驱动综合调度总操作次数为

$$f(n) + f(n-1) + \cdots + f(1) = n(6Mn + 4M + 2 + n) + 6Mn + (n-1)(6M(n-1) + 4M + 2$$
$$+ (n-1) + 6M(n-1) + \cdots + 1)(6M + 4M + 2 + 1) + 6M$$
$$= 6M(1^2 + 2^2 + \cdots + n^2) + (10M + 2)(1 + 2 + \cdots + n)$$
$$= 2M(n^3) + (8M + 1)(n^2) + (5M + 1)n$$

可回退抢占的设备驱动综合调度算法的复杂度为 $\max\{O(n^3), O(n\lg n)\} = O(n^3)$。

13.5　实 例 分 析

设产品 F 的加工工艺树如图 13-11 所示。该树状模型中各节点代表各加工工序，例如 F3/2/3 中 F3 代表加工工序号，加工设备为 2，加工时间为 3 工时。其紧前工序为 F7，紧后工序为 F1。

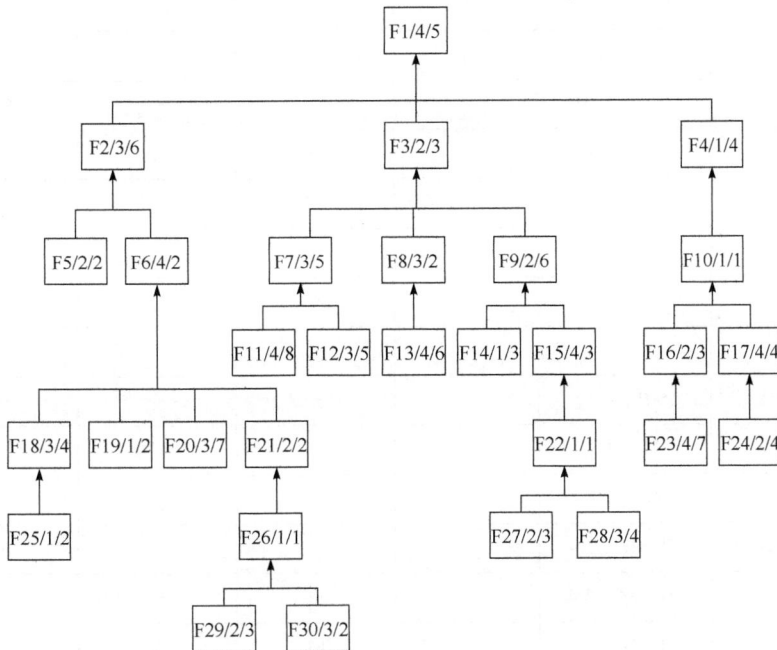

图 13-11　产品 F 的加工工艺树

初始时刻所有加工设备均处于空闲状态，各叶子节点即 T_0 时刻的可调度工序。利用本章算法，对调度过程建立如表 13-1 所示的产品加工设备驱动时刻表。其加工甘特图如图 13-12 所示。采用传统 ACPM 得到的甘特图如图 13-13 所示，产品 F 加工总时间为 49 工时。采用事件驱动算法得到的甘特图如图 13-14 所示，产品 F 加工总时间为 43 工时。

表 13-1　产品加工设备驱动时刻表

设备驱动时刻	空闲设备	M1 选择工序	M2 选择工序	M3 选择工序	M4 选择工序
$T_0=0$	$M1$、$M2$、$M3$、$M4$	F25	F27	F28	23
$T_1=2$	$M1$	F14	—	—	—
$T_2=3$	$M2$	—	F29	—	—
$T_1=2$	$M1$	F19(重新选择)	—	—	—
$T_2=3$	$M2$	—	F29	—	—
$T_3=4$	$M1$、$M3$	F22		F30	
$T_4=5$	$M1$	F14	—	—	—
$T_4=5$	$M1$	不选择工序	—	—	—
$T_5=6$	$M1$、$M2$、$M3$	F26	F24	F12	—
$T_6=7$	$M1$、$M4$	F14	—	—	F15
$T_7=10$	$M1$、$M2$、$M4$	—	F21	—	F11
$T_8=11$	$M1$、$M3$	—	—	F18	—
$T_9=12$	$M1$、$M2$	—	F5	—	—
$T_{10}=14$	$M1$、$M2$	—	F16	—	—
$T_{11}=15$	$M1$、$M3$	—	—	F20	—
$T_{12}=17$	$M1$、$M2$	—	F9	—	—
$T_{13}=18$	$M1$、$M4$	—	—	—	F13
$T_{14}=22$	$M1$、$M3$	—	—	F7	—
$T_{15}=23$	$M1$、$M2$	—	—	—	—
$T_{16}=24$	$M1$、$M2$、$M4$	—	—	—	F6
$T_{17}=26$	$M1$、$M2$、$M4$	—	—	—	F17
$T_{18}=27$	$M1$、$M2$、$M3$	—	F3	F8	—
$T_{19}=29$	$M1$、$M3$	—	—	F2	—
$T_{20}=30$	$M1$、$M2$、$M4$	F10	—	—	—
$T_{21}=31$	$M1$、$M2$、$M4$	F4	—	—	—
$T_{22}=35$	$M1$、$M2$、$M3$、$M4$	—	—	—	F1
$T_{23}=40$	$M1$、$M2$、$M3$、$M4$	所有工序处于加工完毕状态产品加工结束			

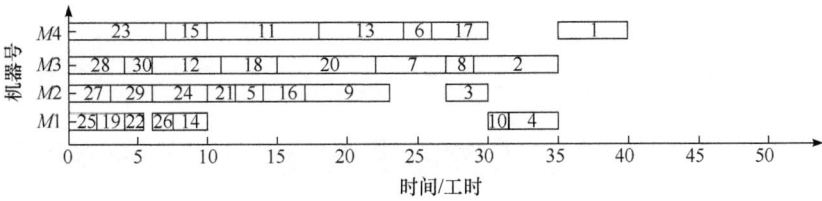

图 13-12　产品 F 加工甘特图(40 工时)

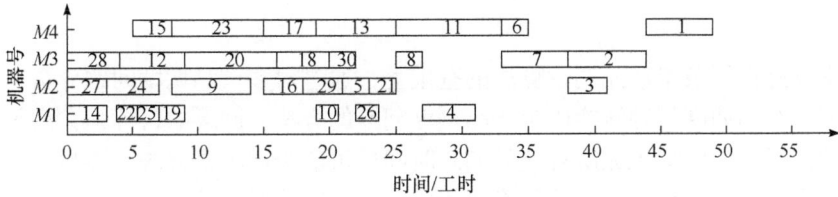

图 13-13　产品 F 加工甘特图(ACPM)(49 工时)

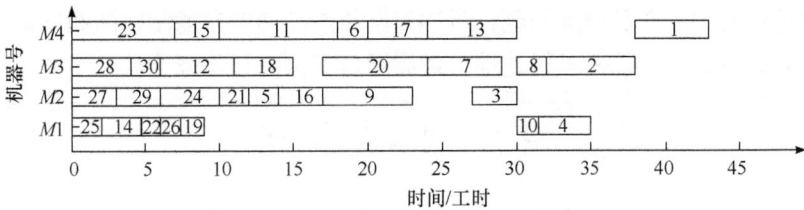

图 13-14　产品 F 加工甘特图(事件驱动算法)(43 工时)

13.6　本章小结

本章在一般事件驱动算法处理综合调度问题的基础上进行回退优化。由于以每次设备结束作为一次可调度工序的寻找事件，且只考虑一个工序的预调度，在调度工序时形成工序间的并行处理。该算法基于拟关键路径的综合调度算法形成的并行处理单位。又由于每次设备结束可能产生在非空闲设备上加工的新可调度工序，该算法采取抢占式优先调度影响大的工序，实现优先调度对调度结果有重要影响的长路径工序。

本章算法采用基于状态栈的回退思想，分析说明了回退算法的可靠性，使基于事件驱动的调度结果更优。

第14章　基于动态关键路径的复杂多产品调度算法

14.1　引　言

本章是在复杂单产品调度算法的基础上，通过对多产品调度问题分析，提出一种将多产品调度问题转换成单产品调度问题的方法。问题的目标是在满足约束条件的前提下，使加工完所有产品的总时间尽可能少。本章方法的思想是，根据各个产品的特点，首先将产品转换成相应的加工工艺树，然后将要调度的多个产品对应的加工工艺树以根对齐的方式构造成一棵虚拟加工工艺树，从而将多产品调度问题转换成单产品调度问题，采用复杂单产品调度问题制定的调度策略算法对构造的虚拟加工工艺树进行处理，最后通过实例进行验证比较。

14.2　问题描述

设 k 个产品需要的设备数为 m，初始时包含 n 个工序，产品的工序顺序是预先给定的，设备 M_i 上工序 P_j 的加工时间 t_{ij}、开始时间 s_{ij} 和完工时间 f_{ij} 均为整数，其中 $i=1,2,\cdots,n, j=1,2,\cdots,m$。本章的复杂产品调度问题满足以下约束条件，即产品各道工序的顺序预先确定；一台设备在某一时刻只能加工一道工序；工序一旦进行，不能中断；一道工序只能被一台设备加工；每道工序的实际开工时间大于等于 0；一台设备一旦加工某道工序，则直到该工序加工完毕，才能加工下一道工序。由于产品工序的开始加工时间必须等其紧前工序加工完毕，因此产品加工完毕时间为各设备完工的最大时间值。因为多产品问题可以转化为单产品问题，所以其优化数学描述也与单产品的描述相同。

14.3　问题分析

设存在 k 个产品，尽管各个产品的加工流程是不同的，但是它们的加工流程都可以根据工序之间的约束关系将其转化成树状结构。在某个工序调度完毕后，剩下的待调度工序加工流程仍为树状结构[42]。若将一个产品看作更大的虚拟产品分支，则可将多产品虚拟成一个产品，将多产品问题简化成单产品问题。

定义 14-1(虚拟加工工艺树)　将所有产品构造成一个加工工艺树，称这个构造的加工工艺树为虚拟加工工艺树。

定义 14-2(虚拟根节点)　构造虚拟加工工艺树的过程中添加的根节点称为虚拟根节点。

对于产品集合 $\{P_1, P_2, \cdots, P_i, \cdots, P_k\}$，本章采用根对齐的方式构造虚拟加工工艺树，即将每个产品的加工工艺树作为虚拟根节点的子树。对于有 k 个产品的调度问题，首先根据每个产品工序之间的制约关系将各个产品转换成一棵加工工艺树，即构造出 k 棵对应于 k 个产品的加工工艺树。由于 k 棵加工工艺树各自独立，可将它们看作森林，将问题转换成由森林构造虚拟加工工艺树。由于根据森林来构造树的方法很多，需要选择一种适合本章的转换方法，首先添加一个虚拟的根节点，然后将 k 个产品对应的 k 个加工工艺树看作虚拟根节点的各个子树，构造针对 k 个产品的虚拟加工工艺树。这样就将多个产品的问题简化为单个产品的问题。显然，虚拟加工工艺树包含所有待加工的产品，满足单个产品的性质。因此，调度工序时完全可以应用以上提出的两种调度策略调度虚拟加工工艺树上的工序。例如，对于图 14-1 中的产品 A 和产品 B，其加工工艺树是互为独立的两棵加工工艺树，在为其增加虚拟根节点，构造虚拟加工工艺树之后，将成为一个虚拟产品 C 的加工工艺树。

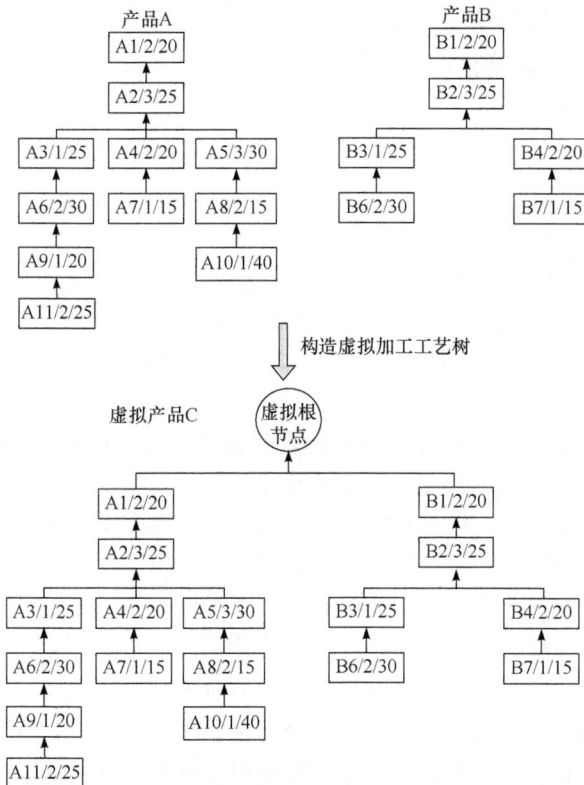

图 14-1　构造产品 A 和 B 的虚拟加工工艺树

14.4 算 法 分 析

与单产品调度问题不同,多产品调度问题不再是对单个产品进行考虑,需要对多产品问题进行转化。通过上面的分析可以看出,由于树结构自身的特点,可以将一个森林转化为一棵树。因此,多产品调度与单产品调度算法的不同之处在于对各个产品构造加工工艺树之后,需要增加虚拟加工工艺树构造生成虚拟产品这一环节。

14.5 算 法 设 计

根据以上分析,采用下面描述的算法进行调度。

① 对各个产品构造加工工艺树。

② 构造虚拟加工工艺树。

③ 根据虚拟加工工艺树将可调度工序和准可调度工序加入备选工序集。若备选工序集为空,说明所有工序加工完毕,转⑥。

④ 根据动态关键路径策略从备选工序集中选取路径最长的可调度工序。若工序唯一,则选取此工序;否则,选取用时最少的工序。

⑤ 应用 BFSM 调度选择的工序,从加工工艺树上删除此节点,从备选工序集中删除此工序,转③。

⑥ 结束。

算法流程图如图 14-2 所示。

14.6 算法复杂度分析

设 k 个产品的总工序数是 n(不包含虚拟根节点),设备数是 m,则虚拟加工工艺树上有 $n+1$ 个节点。算法的主要操作如下。

①构造加工工艺树。将 k 个产品转换成相应的加工工艺树,添加虚拟的根节点,将多个产品构造成一棵虚拟加工工艺树。其相应的时间复杂度均为常量级,因此将多产品构造成虚拟加工工艺树的时间复杂度为 $O(n)$。

②工序调度。初始时,备选工序集中至少有 k 个工序,最多有 n 个工序。在此只分析包含工序最多的情况。因为初始时备选工序集中有 n 个工序,所以最坏的情况是,调度第一个工序需要比较 $3(n-1)$ 次,调度第二个工序需要比较 $3(n-2)$ 次,当备选工序集中只剩下 2 个工序的时候只需比较 1 次。因此,算法需要的比较次数为 $3[(n-1)+(n-2)+\cdots+2+1]=3(n-1)n/2$。

由此可知，算法的时间复杂度为 $O(n^2)$。

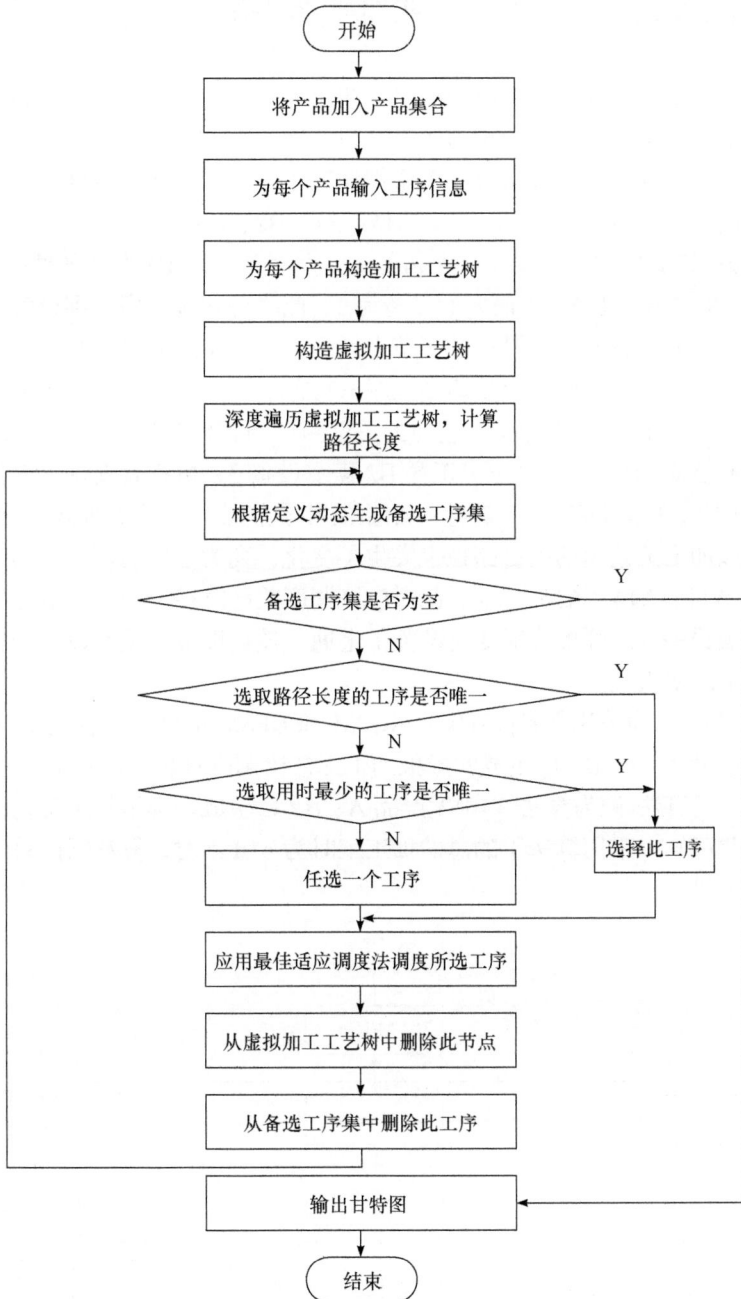

```
            开始
             │
  将产品加入产品集合
             │
 为每个产品输入工序信息
             │
 为每个产品构造加工工艺树
             │
   构造虚拟加工工艺树
             │
 深度遍历虚拟加工工艺树，计算
         路径长度
             │
 根据定义动态生成备选工序集
             │
    备选工序集是否为空 ──Y──┐
             │N            │
  选取路径长度的工序是否唯一 ─Y─┤
             │N            │
  选取用时最少的工序是否唯一 ─Y─┤
             │N        选择此工序
      任选一个工序          │
             │            │
 应用最佳适应调度法调度所选工序
             │
 从虚拟加工工艺树中删除此节点
             │
   从备选工序集中删除此工序
             │
        输出甘特图 ◄────────┘
             │
            结束
```

图 14-2　算法流程图

14.7　实　例　分　析

设有产品 A、B 和 C，对应的加工工艺树如图 14-3 所示。利用 4.3.1 节的方法，将 3 个产品构造成一个虚拟加工工艺树，如图 14-4 所示。

在 3 个产品的工艺树虚拟成一个虚拟加工工艺树后，将可调度工序和准可调度工序 A1、A3、A4、A5、A6、A7、B3、B1、B2、B5、C1、C5、C2、C3 加入备选工序集，计算确定虚拟加工工艺树的关键路径为工序 B1 所在的路径 B1、B4、B6、B7、B8、VR。工序 B1 需要的设备为 1，此时可安排工序 1 到设备 1 进行加工。工序 B1 调度完毕后，没有叶子节点增加，备选工序集没有发生变化。由动态关键路径策略可知，此时应该调度工序 B2 或 A1，又根据短用时策略，应该选择工序 B2，三个产品虚拟加工工艺树的关键路径动态也调整为工序 B2 所在的路径 B2、B4、B6、B7、B8、VR。工序 B2 需要设备 3，可将其安排到设备 3 上进行加工。工序 B2 调度完毕后，产生一个新的叶子节点 B4，将其加入备选工序集。同时，虚拟加工工艺树的关键路径也发生了变化，变为工序 A1 所在的路径 A1、A2、A8、A11、A14、A15、VR。此时应该调度关键路径上的叶子节点工序 A1。工序 5 需要设备 1，可将其调度到设备 1 上面。按调度算法重复以上分析过程，直到备选工序集为空。

图 14-5 所示为采用文献[13]基于 ACPM 和 BFSM 的动态综合调度算法(记为算法①)调度产品 A、B、C 生成的虚拟加工工艺树调度甘特图。图 14-6 所示为采用本章提出的算法(记为算法②)调度产品 A、B、C 生成的虚拟加工工艺树调度甘特图。由此可知，采用算法①的总的加工工时为 410 工时，算法②的总的加工工时为 360 工时。

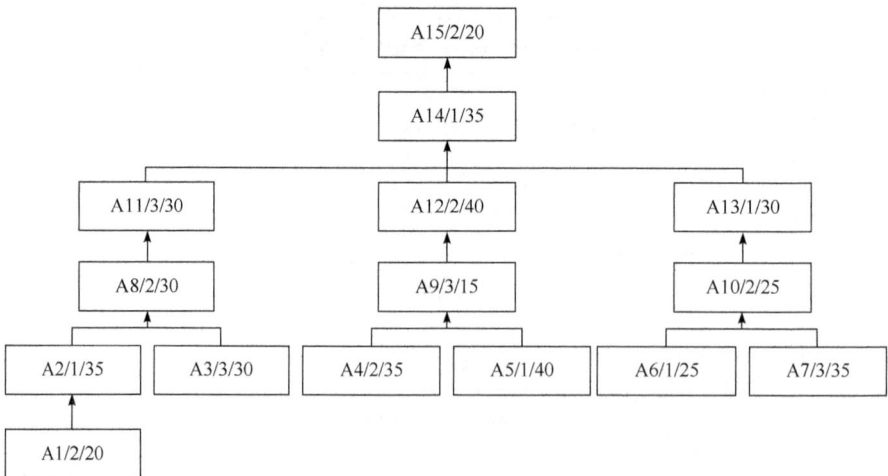

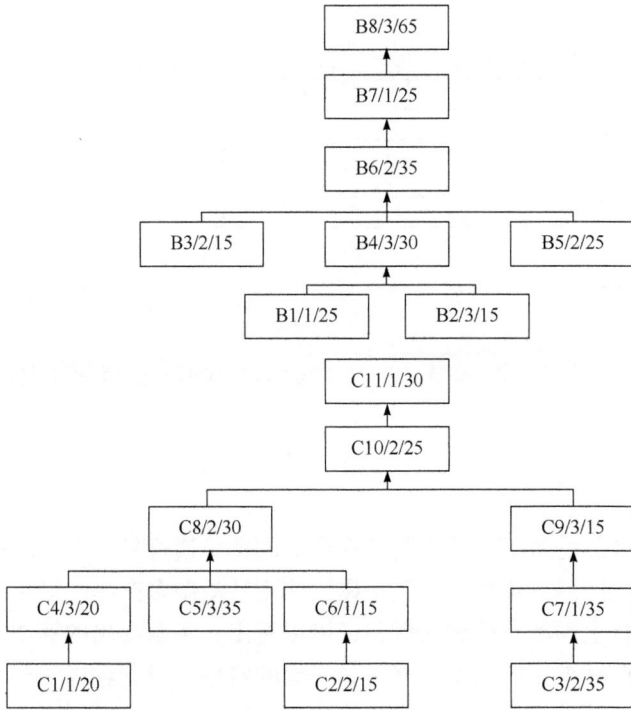

图 14-3 产品 A、B、C 的加工工艺树

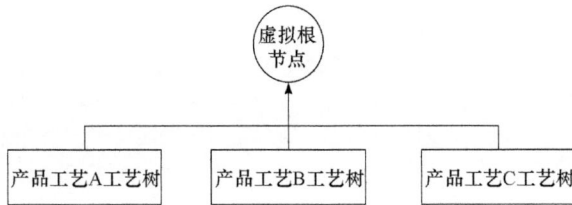

图 14-4 产品 A、B、C 的虚拟加工工艺树

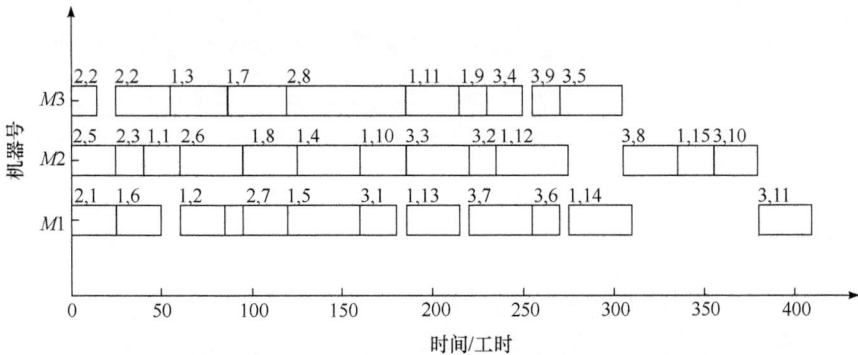

图 14-5 使用算法①调度产品 A、B、C 生成的虚拟加工工艺树调度甘特图(410 工时)

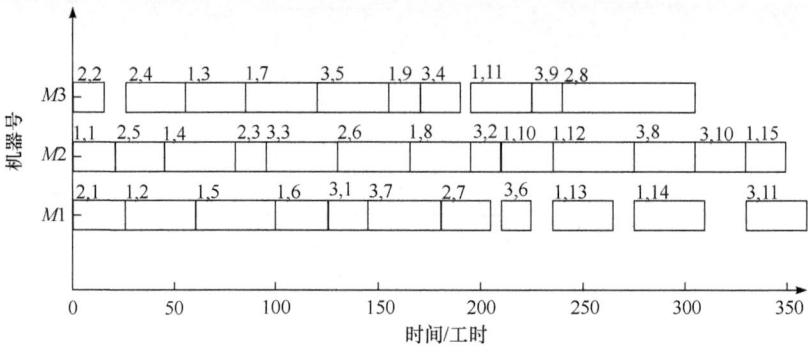

图 14-6　使用算法②调度产品 A、B、C 生成的虚拟加工工艺树调度甘特图(360 工时)

14.8　本 章 小 结

本章在单产品的基础上研究复杂多产品问题。通过将多个产品的加工工艺树虚拟成一个虚拟产品的虚拟加工工艺树，实现从复杂多产品问题到复杂单产品问题的转化。通过上面的分析和实例验证可以看出，本章提出的算法对于具有相同设备的复杂多产品加工的问题能够提高一定的效率，得到较优的解，同时具有单产品算法的高效性。由于本章提出的算法内在的动态性，对研究动态多产品加工问题可以提供良好的基础，因此具有一定的理论和实用价值。

第15章　开始时间和交货期都不同的综合调度算法

15.1　引　言

随着社会对产品多样化和个性化需求的增加，有交货期限制条件的多品种小批量产品生产的调度计划问题已经引起人们的关注。已有的、有交货期的调度算法主要解决有交货期的 Flow-Shop 调度问题与有交货期的 JSSP。例如，柳毅等提出的存在模糊交货期 Flow-Shop 调度问题的改进微粒群算法[43]、何杨林等提出的存在模糊交货期 Flow-Shop 调度文化进化算法[44]、刘兴初等提出的用遗传算法(genetic algorithm，GA)解决不同交货期的调度算法[45]、范路桥等提出的以加工效率为参数的有交货期的改进倒排序算法[46]等。这些方法从不同的角度对有交货期的生产调度做了研究，得到了较满意的调度效果。这些算法都是以产品工件为单位，分别解决工件的纯加工或纯装配问题，不能以产品为单位，解决加工和装配同时进行的综合调度问题，并且都没有考虑有开始时间和交货期要求的多产品综合调度问题。

为了解决开始时间与交货期都不相同的多品种、小批量复杂产品综合调度问题，首先根据产品的开始时间由前到后确定产品的调度顺序。然后，根据产品的开始时间和结束时间都不同的要求，考虑产品完工时间的下限主要受纵横 2 个方向时间和的限制，纵向是关键路径工序加工时间和，横向上是关键设备[16]工序加工时间和，以关键设备上工序加工时间和、关键路径上工序加工时间和的最大值与该产品的时间限制长度的比来反映该产品对加工时间要求的紧迫程度，对开始时间相同的产品，优先调度紧迫程度大的产品。若存在开始时间与紧迫程度都相同的多种产品，则优先调度交货期较早的产品。最后，根据文献[23]的长路径策略和短用时策略提高工序加工的并行程度，以及设备工序紧凑法可以充分利用设备上的空闲时间，提出根据产品的开始时间、紧迫程度和交货期确定产品调度顺序，采用长路径策略和短用时策略确定产品工序的调度顺序，采用设备工序紧凑法确定工序开始时间与交货期都不同的综合调度算法。

15.2　问 题 描 述

本章研究的问题仍是在满足一般设备约束条件的前提下，使所有产品的加工在尽量满足交货期的同时，使总加工时间尽可能短。由于本章研究的是开始时间与交货期都不同的多产品综合调度问题，因此对于产品的每道工序，其开始时间一定在产品开始时间之后，而其完工时间需在交货期之内。

设有 G 批产品(开始时间相同的产品为一批)，每批产品有 u_i 种产品，不同批产品的种数和为 $u=\sum_{i=1}^{G}u_i$，共 w 个产品，共包含 n 道工序，需在 m 台设备上加工。设 n_{zi} 表示第 z 批产品中第 i 种产品的工序数量；S_{zi} 为第 z 批产品中第 i 种产品的开始时间；F_{zi} 第 z 批产品中第 i 种产品的交货期；s_{zijk} 为第 z 批产品中第 i 种产品的第 j 道工序在设备 k 上的开始加工时间；t_{zijk} 为第 z 批产品中第 i 种产品的第 j 道工序在设备 k 上的加工时间；f_{zijk} 为第 z 批产品中第 i 种产品的第 j 道工序在设备 k 上的完工时间；E_k 为设备 k 的完工时间；第 z 批产品中第 i 种产品的第 q 道工序为第 z 批产品中第 i 种产品的第 j 道工序的紧前工序；当第 x 批产品中第 e 种产品的第 g 道工序和第 z 批产品中第 i 种产品的第 j 道工序在同一台设备上加工且工序 j 先于工序 g 时，$X_{zijxeg}=1$，否则 $X_{zijxeg}=0$；若第 z 批产品中第 i 种产品的第 j 道工序在设备 k 上加工，$Y_{zijk}=1$，否则 $Y_{zijk}=0$；T 为调度优化目标。

优化调度的数学描述为

$$T = \min\{\max E_k\} \tag{15-1}$$

s.t.

$$f_{zijk} \leqslant F_{zi}\, Y_{zijk} = 1 \tag{15-2}$$

$$s_{zijk} \geqslant S_{zi}\, Y_{zijk} = 1 \tag{15-3}$$

$$E_k = \max\{f_{zijk}\}, \quad Y_{zijk} = 1 \tag{15-4}$$

$$s_{zijk} \geqslant f_{ziqp},\ Y_{zijk}=Y_{ziqp}=1, \quad 1 \leqslant p \leqslant m \tag{15-5}$$

$$s_{xegk} \geqslant f_{zijk},\ Y_{ijk}=Y_{egk}=1, \quad X_{zijxeg}=1 \tag{15-6}$$

式中，$1 \leqslant z \leqslant G$；$i \leqslant u_z$；$1 \leqslant j \leqslant n_{zi}$；$1 \leqslant k \leqslant m$。

式(15-1)表示各设备结束时间最晚的尽早完工。式(15-2)表示第 z 批产品中第 i 种产品的第 j 道工序在产品 i 的交货期内完工。式(15-3)表示第 z 批产品中第 i 种产品每道工序的开始时间需在产品第 z 批产品中第 i 种产品的开始时间以后。式(15-4)表示设备 k 上工序结束时间的最大值。式(15-5)表示产品工序需在其紧前工序加工完毕后才能被加工。式(15-6)表示任一时刻设备 k 不能同时加工任意两个不同的工序。

15.3　有时间限制的多品种小批量产品调度设计与分析

15.3.1　调度策略

同批产品的开始时间相同且不同种产品交货期可以不同，所以它们对时间的要求各不相同。为了使每种产品都能尽量在交货期内完工，并且总加工时间尽可能短，涉及的调度策略如下。

设某一批产品中第 i 种产品的数量为 K_i，为了将多产品问题简化为单产品问题[47]，将该 K_i 个产品的加工工艺树 r_i^1, r_i^2, $\cdots$, r_i^{Ki} 以根对齐的方式构造成一棵虚拟加工工艺树[47] r_i，根据优先级策略计算第 i 种产品的优先级。若同批产品中存在优先级与交货期都相同的多种产品，则把这些同优先级同交货期的不同产品构造成一棵更大的虚拟加工工艺树 R_i。加工工艺树 R_i 的优先级与交货期为这些不同产品的共同优先级与交货期。最后，根据开始时间由前到后确定加工工艺树的调度顺序。如果多棵加工工艺树的开始时间相同，则根据这些加工工艺树的优先级由大到小排序调度。如果存在多棵加工工艺树的开始时间与优先级相同，则根据这些加工工艺树的交货期由早到晚排序调度。对于每棵需调度加工工艺树，根据长路径策略和短用时策略[47]确定工序的调度顺序。

15.3.2　优先级策略

定义 15-1(紧迫程度)　设某批产品中第 i 种产品的数量为 K_i，开始时间为 S_i，交货期为 F_i，时间限制长度为 $D_i=F_i-S_i$，关键设备上工序加工时间和为 H_{Mi}，关键路径长度为 L_i，用 $\max\{H_{Mi}K_i, L_i\}/D_i$ 表示该种产品的紧迫程度(紧迫度)。该值越大，说明最早结束时间的下限与所给的限制时间越接近，即对时间要求的紧迫程度越大，反之越小，称 $\max\{H_{Mi}K_i, L_i\}/D_i$ 为优先级值。

对于某个产品 j，由于其加工工艺树主要有两种形式，一种是层数较多偏纵向型的，另一种是层数较少偏横向型的，不便说明哪种产品用时更多。为了统一说明产品加工时间的下限，根据产品完工时间的下限主要受纵横两个方向时间和的限制，纵向是关键路径上工序加工时间和 L_j，横向是关键设备上工序加工时间和 H_{Mj}。因此，设计以这两个时间和的最大值为该产品加工时间下限的判定方法，即单个产品加工时间下限的判定。该产品的优先级为该产品关键设备上工序加工时间的和 H_{Mj}、关键路径上工序加工时间的和 L_j 的最大值与该产品的时间限制长度 D_j 的比，即优先级 $Y_j=\max\{H_{Mj}, L_j\}/D_j$。

对于某批产品中第 i 种产品的数量 K_i 大于 1 的情况，可以将该种产品构造成一棵虚拟加工工艺树，简化为单产品。虽然该虚拟产品的关键路径长度 L_i 没变，但关键设备上工序的加工时间和为关键设备上工序加工时间和 H_{Mi} 的 K_i 倍。此时，该种产品加工时间的下限为 $\max\{H_{Mi}K_i, L_i\}$。因此，对某一时刻加工的产品，按产品品种确定产品调度顺序的优先级为 $Y_i=\max\{H_{Mi}K_i, L_i\}/D_i$，其中 D_i 为第 i 种产品的时间限制长度。

对于同批产品，由于不同种产品交货期不同，因此不同种产品的加工时间紧迫程度不同。由于紧迫度大的产品完工时间容易超过交货期，为了保证产品的交货期，采取优先调度紧迫度大的产品，即优先级策略。

设有产品 E、D，其中产品 E 的数量为 1，对应的加工工艺树如图 15-1 所示；产品 D 的数量为 2，对应的加工工艺树如图 15-2 所示。设它们的开始时间都是 0，交货期都是 200 工时。产品 E、D 的信息表如表 15-1 所示。

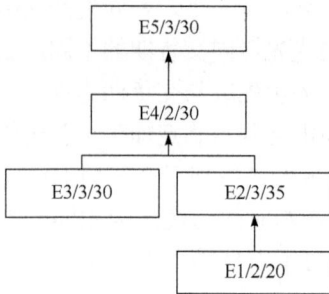

图 15-1　产品 E 的加工工艺树　　　　图 15-2　产品 D 的加工工艺树

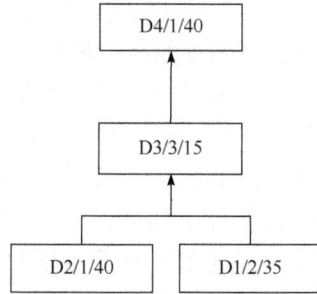

表 15-1　产品 E、D 的信息表

产品	关键设备	关键设备上工序加工时间和/工时	关键路径长度	时间限制长度/工时
产品 E	设备 3	95	115	200
产品 D	设备 1	80	90	200

方案 1　将产品 E 和产品 D 的两个产品分别作为单产品，计算它们的优先级，即用关键设备上工序加工时间和、关键路径上工序加工时间和的最大值与该产品的时间限制长度的比。根据表 15-1，产品 E 的优先级为 $\max\{95,115\}/200=0.575$。产品 D 的第一个产品的优先级与第二个产品的优先级均为 $\max\{80,90\}/200=0.45$。因为产品 D 的两个产品的开始时间、优先级和交货期都相同，所以产品 D 的两个产品构成一棵更大的加工工艺树。如图 15-3 所示，产品 D 的两个产品共同优先级 0.45 小于产品 E 的优先级，因此应优先调度产品 E 的工序，再调度产品 D 的工序。产品 E、D 的调度甘特图如图 15-4 所示。

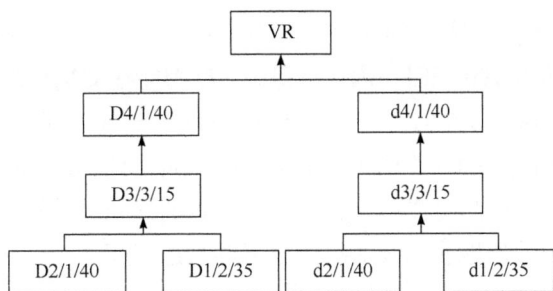

图 15-3　产品 D 的虚拟加工工艺树

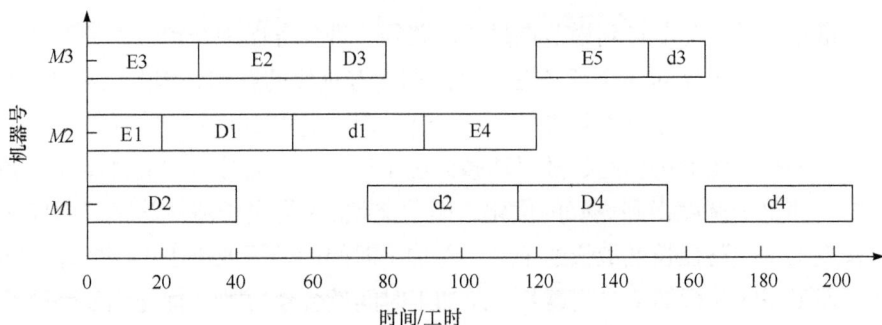

图 15-4　产品 E、D 的调度甘特图(205 工时)

由图 15-4 可知，产品 E 的完工时间为 150 工时，产品 D 的完工时间为 205 工时，总加工时间为 205 工时。因此，产品 D 不能在交货期内完工。

方案 2　先将产品 D 的两个产品构造成一棵虚拟加工工艺树，再对产品 E、D 分别计算优先级，即用本章的优先级计算方法。根据表 15-1，产品 E 的优先级为 max{95,115}/200=0.575，产品 D 的优先级为 max{80×2,90}/200=0.8。由于产品 D 的优先级大于产品 E 的优先级，因此优先调度产品 D 的工序，再调度产品 E 的工序。调度甘特图如图 15-5 所示。

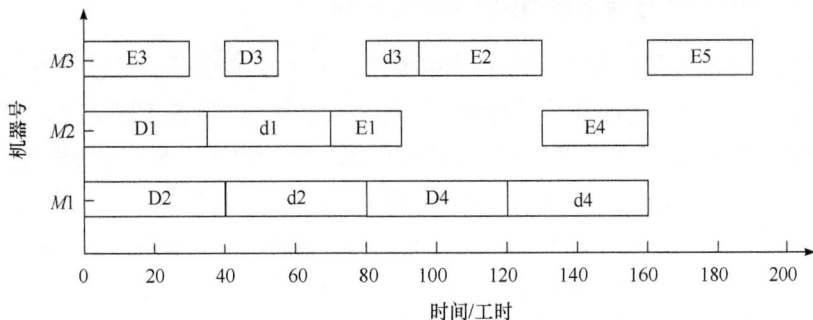

图 15-5　调度甘特图(190 工时)

由图 15-5 可知，产品 E 的完工时间为 190 工时，产品 D 的完工时间为 160 工时，总加工时间为 190 工时，因此产品 E、D 都能在交货期内完工。

比较图 15-4 与图 15-5 可知，图 15-5 中产品 E、D 不但都能在交货期内完工，而且总加工时间比图 15-4 中的总加工时间短。因此，计算某批产品中某种产品的优先级值时，将该种产品看成一个整体，用本章的优先级计算方法计算该种产品的优先级值，更能贴切地表示其对时间要求的紧迫程度。

15.3.3 长路径策略

关键路径是从叶节点到根节点最长的路径，即任务图中开销最大的路径。由于关键路径上的工序对整个任务图工序的调度有重要的影响，因此文献[13]提出 ACPM，优先调度关键路径上的工序。又由于调度过程中的关键路径是会发生变化的[23]，根据变化的关键路径随时调整调度工序，可以充分考虑关键路径对调度的影响，使整个调度得到更好的优化，因此文献[23]提出长路径策略，即优先调度可调度工序中路径长度最长的工序。总加工时间的长短取决于工序的并行加工时间，即工序的并行加工时间越长，总加工时间就会越短[46]。优先调度路径长度最长的工序比优先调度其他工序剩余未调度工序的并行加工时间长，因此总加工时间较短。

定义 15-2 (工序路径长度)　设工序 P_{ij} 为某批产品第 i 种产品的第 j 道工序，工序 P_{ij} 的路径长度为 P_{ij} 到其根节点工序的路径长度。

15.3.4 短用时策略

当存在多道工序的工序路径长度相同且最长时，则根据它们的加工时间，优先调度加工时间短的工序。

15.3.5 采用设备工序紧凑法确定工序开始时间

根据产品的开始时间和工序的约束关系，为了使工序尽早开始，若工序 P_{ij} 为叶节点工序(工序 P_{ij} 的开始时间为 s_{ij}，完工时间为 f_{ij})，则在工序 P_{ij} 的可调度设备上找到满足 $s_{ij} \geqslant S_i$ 的第一个空隙，通过比较该空隙的大小，确定是否需要拉伸空隙。设该空隙的紧前工序为 P_{rh}，紧后工序为 P_{eg}，若 $f_{rh} < S_i < s_{eg}$，可利用空隙的大小为 $b = s_{eg} - S_i$，若 $S_i \leqslant f_{rh}$，则 $b = s_{eg} - f_{rh}$。如果 $b \geqslant t_{ij}$，则将 P_{ij} 直接插入该空隙；否则，拉伸该空隙，拉伸大小为 $(t_{ij} - b)$，即将 P_{eg} 的开始时间推迟为 $s_{eg} = s_{eg} + (t_{ij} - b)$。若工序 P_{ij} 不为产品 i 的叶节点工序，设工序 P_{ij} 的紧前工序为 P_{iq}，工序 P_{ij} 的开始时间应在工序 P_{iq} 完工时间之后，即 $s_{ij} \geqslant f_{iq}$。在工序 P_{ij} 的可调度设备上找到满足 $s_{ij} \geqslant f_{iq}$

的第一个空隙，通过比较该空隙的大小，确定是否需要拉伸空隙。同样，设该空隙的紧前工序为 P_{rh}，紧后工序为 P_{eg}，若 $f_{rh} < f_{iq} < s_{eg}$，可利用空隙的大小 $b = s_{eg} - f_{iq}$；若 $f_{iq} \leqslant f_{rh}$，则 $b = s_{eg} - f_{rh}$。如果 $b \geqslant t_{ij}$，则将 P_{ij} 直接插入该空隙内；否则，拉伸该空隙，拉伸大小为 $(t_{ij} - b)$，即将 P_{eg} 的开始时间推迟为 $s_{eg} = s_{eg} + (t_{ij} - b)$。若由工序 P_{ij} 的插入导致其他已调度产品超越交货期，则不将该工序插入该空隙内，继续寻找下一个空隙。

后移工序 P_{eg} 可能使其他工序后移，由于直接受影响的工序只有 P_{eg} 同设备上的紧后工序和工艺上的紧后工序，因此每个需要后移的工序只需判断是否影响两道工序的后移。设 P_{eg} 工艺上的紧后工序为 P_{el}，若 $f_{eg} > s_{el}$，则将 s_{el} 后推 $f_{eg} - s_{el}$；设 P_{eg} 同设备上的紧后工序为 P_{xy}，若 $f_{eg} > s_{xy}$，则将 s_{xy} 后推 $f_{eg} - s_{xy}$。由于移动工序影响其他工序后移的情况与上述相同，因此可以重复以上处理过程。

由于全部工序数为 n，待调度工序插入其相应的空隙内，最多有 $n-1$ 个工序调整，递归判断调整 $2(n-1)$ 次。另外，最多 $n-1$ 个工序涉及插入，所以全部插入工序涉及的递归调整工序位置的操作数是 $2(n-1)^2$，即移动工序的复杂度为 $O(n^2)$。

15.4　算　法　设　计

根据以上分析，对于多品种小批量产品采用下述算法进行调度。

步骤 1，设置工序属性，计算工序路径长度，计算各种产品的优先级，将开始时间、优先级和交货期都相同的产品工序合并在一起。

① 将同批产品中同种产品的多个产品的节点工序存储在一个数组中，设某批产品的第 i 种产品有 n_i 道工序，对这 n_i 道工序取名为 $P_{i1} \sim P_{ini}$。由产品加工的工艺要求可知，该种产品的开始时间、交货期，以及每道工序的加工设备、加工时间、紧后工序。为了简化问题描述，为每道工序建立 6 个属性。这些属性分别是，工序名(用数组的下标对应表示)、工序 P_{ij} 的加工设备名(用 M_{ij} 表示)、工序 P_{ij} 的加工时间(用 t_{ij} 表示)、工序 P_{ij} 的紧后工序(用 q_{ij} 表示)、工序 P_{ij} 到根节点的路径长度 $L_{ij} = t_{ij} + L_{qij}$(用 L_{ij} 记录)、产品 i 的交货期(用 F_i 表示)。此时，工序 P_{ij} 可以表示为 $P_{ij}/M_{ij}/t_{ij}/q_{ij}/L_{ij}/F_i$。数组的第一元素即数组下标为 0 的元素，存放的产品个数为 K_i，优先级大小为 Y_i，开始时间为 S_i。

② 计算工序的路径长度。若工序 P_{ij} 为根节点工序，工序 P_{ij} 的路径长度为其加工时间，即 $L_{ij} = t_{ij}$，若工序 P_{ij} 为非根节点工序，则工序 P_{ij} 的路径长度为其紧后工序的路径长度加上工序 P_{ij} 的加工时间，即 $L_{ij} = t_{ij} + L_{qij}$。

③ 计算各种产品的优先级大小。如某批产品中第 i 种产品的优先级为 $Y_i=\max\{H_{Mi}K_i,\ L_i\}/D_i$，其中 H_{Mi} 表示单个该种产品关键设备上工序加工时间和；K_i 表示该种产品的产品个数；L_i 表示该种产品的关键路径长度；D_i 表示该种产品时间限制长度为 $D_i=F_i-S_i$。

④ 将同批产品中优先级与交货期都相同的多个数组合并成一个更大的数组。数组的第一个元素存储各种不同产品共同的优先级大小 Y、开始时间 S、交货期 F。

步骤 2，分别对每个数组中的所有工序按工序路径长度进行降序排序。在排序过程中，若多个工序的路径长度相等，则按其加工时间升序排序，将排完序的数组加入未调度数组集中。

步骤 3，如果未调度数组集为空，则转到步骤 5；否则，优先调度未调度数组集中开始时间最早的数组。若数组唯一，则选取此数组；否则，选取优先级最大的数组，优先调度交货期早的数组。

步骤 4，采用设备工序紧凑法按数组中的工序排序，依次确定该数组中的所有工序的开始时间，转到步骤 3。

步骤 5，结束。

15.5　算法复杂度分析

设备批产品的产品种数和为 u，总产品个数为 w，设备数为 m，总工序数为 n，算法的主要操作如下。

1. 计算工序的路径长度

因为各批产品的产品种数和为 u，所以最多有 u 个数组，最少有 1 个数组。首先，比较 n 个工序的紧后工序属性，若工序 P_{ij} 的紧后属性为 0，即 $q_{ij}=0$，则工序 p_{ij} 为根节点工序，其路径长度为 $L_{ij}=t_{ij}$。因为共有 w 个产品，所以有 w 道根节点工序，确定所有根节点工序的路径长度需要 $n+w$ 次处理。其次，比较剩余 $n-w$ 道工序的紧后工序属性，若工序 P_{ij} 的紧后工序为根节点工序，则计算工序 P_{ij} 的路径长度为 $L_{ij}=t_{ij}+L_{qij}$，确定根节点工序的一道紧前工序的路径长度需要处理 $n+1$ 次。如果所有根节点工序有 k 道紧前工序，确定这些紧前工序的路径长度需要处理 $n+k$ 次。最坏情况是，所有根节点工序存在 $n-w$ 道紧前工序，确定这些紧前工序的路径长度最多需要处理 $2n-w$ 次，即处理一层工序的路径长度。设这些加工工艺树的最大层数为 h，除根节点工序外，计算其余 $h-1$ 层的工序最多需要处理

$(h-1)(2n-w)$ 次，因此总的处理次数为 $n+w+(h-1)(2n-w)=2hn-hw-2n+2w+n$。最坏的情况下 $h=n$，$2hn-hw-2n+2w+n=2n^2-(1+w)n+2w$。因为 $w<n$，所以确定所有工序路径长度的复杂度为 $O(n^2)$。

2. 计算优先级值

因为有 m 个设备，所以设有 $m+1$ 个变量，其中 m 个变量分别用来计算各个设备上的工序加工时间和，同时设第 $m+1$ 个变量存储关键路径长度。分别对每个数组计算其关键设备上工序加工时间和与关键路径长度，因此对每个节点工序进行比较，若该工序在设备 j 上加工，则将其加工时间加在变量 j 上；若该节点工序的路径长度大于第 $m+1$ 个变量的值，则将该值赋给第 $m+1$ 个变量。因此，对每个节点工序最多需进行 3 次处理，又由于有 n 道节点工序，对所有工序共需进行 $3n$ 次处理。因为各批产品的种数和为 u，对每个数组计算优先级值还需一次比较，所以计算所有数组的优先级值还需处理 $2u$ 次，计算优先级值共需 $3n+2u$ 次处理。又因为 $u \le n$，所以复杂度为 $O(n)$。

3. 合并数组

将开始时间、优先级和交货期都相同的多个数组中的工序存储在一个更大的数组中，因为各批产品的产品种数和为 u，所以最多有 u 个数组。首先，将开始时间、优先级和交货期与第一个数组的开始时间、优先级和交货期都相同的数组合并成一个数组，最多需比较 $u-1$ 次，再从剩余的数组中找到与剩余数组中第一个数组开始时间、优先级和交货期都相同的数组合并成一个数组，最多需比较 $u-2$ 次。依此类推，最多需比较 $u(u-1)/2$。又因为共有 n 道工序，在合并数组时最多进行 n 次操作，所以最多需 $u(u-1)/2+n$ 次操作，复杂度为 $O(n^2)$。

4. 对每个数组中的工序按工序路径长度降序排序

因为各批产品的产品种数和为 u，所以最多有 u 个数组，最少有 1 个数组。设有 v 个数组，$1 \le v \le u$，最坏情况下，平均一个数组中有 n/v 道工序。采取比较取长法，通过 $n/v-1$ 次比较确定 n/v 道工序中路径长度最长的工序；对剩余 $n/v-1$ 道工序进行 $n/v-2$ 次比较选出路径长度次长的工序。依此类推，整个排序过程需要比较 $(n/v-1)+(n/v-2)+\cdots+1=n^2/2v^2-n/2v$ 次，对所有数组排序需比较 $v(n^2/2v^2-n/2v)=n^2/2v-n/2v$ 次，最坏情况下 $v=1$，$n^2/2v-n/2=n(n-1)/2$，所以按路径长度对工序进行排序的复杂度为 $O(n^2)$。

5. 调度工序

n 个工序在 m 台设备上加工，平均每台设备上加工 n/m 个工序。每个工序在相应的设备上确定位置最多比较 n/m 次，全部工序最多比较 $n(n/m)$ 次，确定全部工序开始加工时间的复杂度为 $O(n^2)$。由设备工序紧凑法确定工序开始时间策略可知，调整工序的复杂度为 $O(n^2)$。

由上述分析可知，算法的时间复杂度为以上各部分复杂度的和，所以算法的时间复杂度为 $O(n^2)$，即算法的复杂度不超过二次多项式。

15.6　实　例　分　析

设有多品种小批量产品 A、B、C，其中产品 A、C 的数量为 1，产品 B 的数量为 2。产品 A~C 的加工工艺树如图 15-6~图 15-8 所示。产品 B 的虚拟加工工艺树如图 15-9 所示。方框表示工序，里面的信息为工序名/设备名/加工时间。

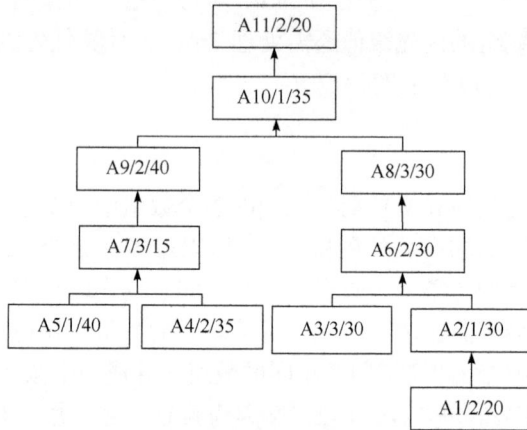

图 15-6　产品 A 的加工工艺树

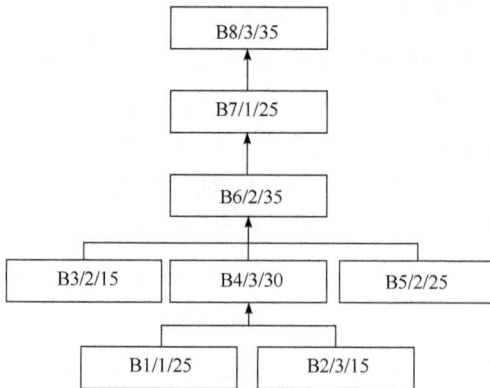

图 15-7　产品 B 的加工工艺树

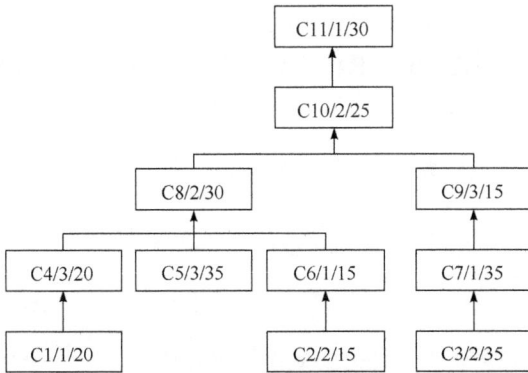

图 15-8　产品 C 的加工工艺树

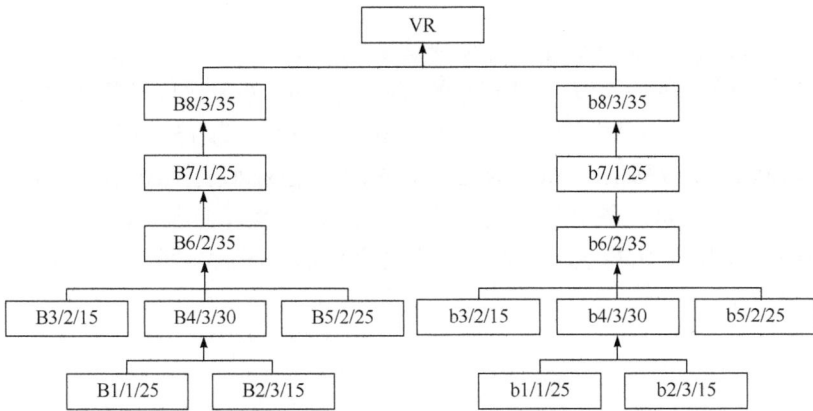

图 15-9　产品 B 的虚拟加工工艺树

情况 1　设产品 A、B、C 的开始时间都是 0，交货期分别是 250、550、500。产品 A、B、C 的信息如表 15-2 所示。由于产品 A、B、C 的开始时间相同，因此可以根据 3 个产品的优先级值，确定它们的调度顺序为 A、B、C。

根据长路径和短用时策略分别确定产品 A、B、C 的工序调度顺序。首先，确定产品 A 的工序调度顺序，比较产品 A 的各节点工序到根节点工序的路径长度，按工序路径长度从长到短依次调度产品 A 的所有工序。例如，工序 A1 的路径长度最长(165)，优先调度工序 A1。如果存在路径长度相同的工序，则优先调度用时少的工序。例如，工序 A4 和 A3 的路径长度都是 145，采用短用时策略，应优先调度工序 A3。因此，产品 A 的工序调度顺序是 A1、A5、A2、A3、A4、A6、A7、A9、A8、A10、A11。其次，确定产品 B 的工序调度顺序。同理，产品 B 的工序调度顺序为 B1、b1、B2、b2、B4、b4、B5、b5、B3、b3、B6、b6、B7、b7、B8、b8。最后，确定产品 C 的工序调度顺序为 C3、C1、C5、C2、C4、C7、C6、

C8、C9、C10、C11。总调度顺序为 A1、A5、A2、A3、A4、A6、A7、A9、A8、A10、A11；B1、b1、B2、b2、B4、b4、B5、b5、B3、b3、B6、b6、B7、b7、B8、b8；C3、C1、C5、C2、C4、C7、C6、C8、C9、C10、C11。

表 15-2　产品 A、B、C 的信息表

产品	产品数	关键设备	关键设备上工序加工时间和/工时	关键路径长度	优先级值
产品 A	1	设备 2	145	165	max{145,165}/250=0.66
产品 B	2	设备 3	80×2=160	180	max{80×2,180}/550=0.33
产品 C	1	设备 2	105	140	max{105,140}/500=0.28

在调度过程中，采用设备工序紧凑法确定工序的开始时间，如工序 B5 为叶节点工序，开始时间一定大于其产品的开始时间 0。在其对应设备上找到第一个大于 0 的空隙为工序 A4 后的空隙，因为该空隙的大小为 15 工时，小于工序 B5 的加工时间 25，后移工序 A6，使工序 A6 的开始时间后推 10 单位时间，递归调整工序 A6 的同设备上的紧后工序与工艺上的紧后工序。调度甘特图如图 15-10 所示。图中，方框表示工序，框上文字表示工序名，框的长度按工序时间比例确定(下同)。

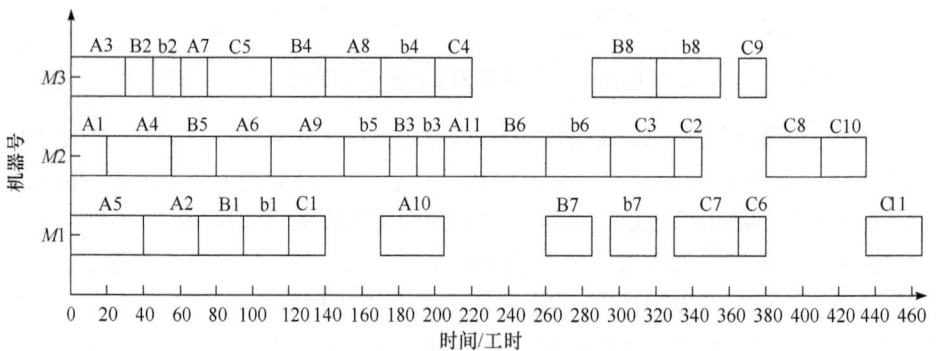

图 15-10　产品 A、B、C 的调度甘特图(465 工时)

首先，采用文献[38]的算法将产品 A、B、C 虚拟成一个产品。其加工工艺树如图 15-11 所示。然后，根据层优先、短用时和长路径策略确定工序调度顺序，即优先调度层数最大的工序。例如，工序 A1 所在的层数最大为 6，所以优先调度工序 A1。如果同层工序不唯一，则优先调度用时少的工序，如工序 B6、b6、A8、A9、C8、C9 的层数都为 3。因为工序 C9 的加工时间最少，所以优先调度工序

C9。如果同层工序中存在用时相同的工序，优先调度路径长度长的工序，如工序 B2、b2、C2 的层数都为 5，加工时间都为 15 工时，由于工序 B2、b2 的路径长度最大(140)，因此优先调度工序 B2、b2。因此，按文献[48]中的调度策略确定各工序的调度顺序，即 A1、B2、b2、C2、C1、B1、b1、A2、A3、A4、C3、A5、B3、b3、A7、C6、C4、B5、b5、B4、b4、A6、C5、C7、C9、C8、A8、B6、b6、A9、B7、b7、C10、A10、A11、C11、B8、b8。产品 A、B、C 的甘特图如图 15-12 所示。

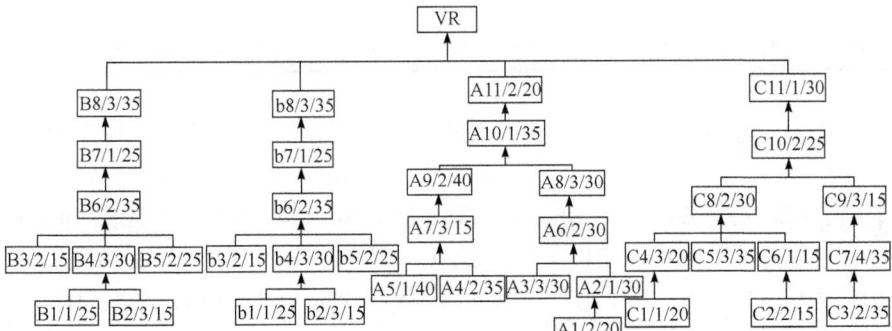

图 15-11　产品 A、B、C 的加工工艺树

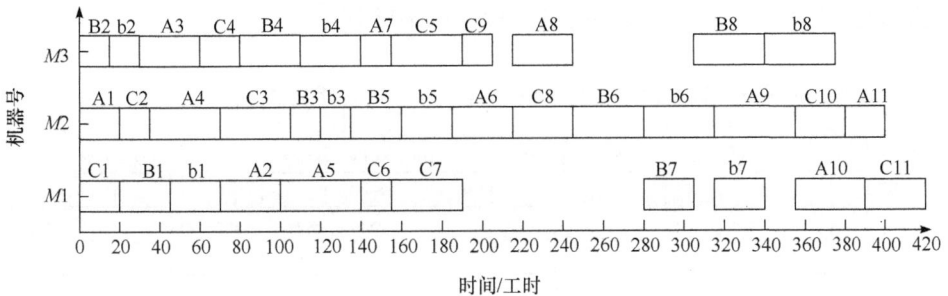

图 15-12　产品 A、B、C 的甘特图(420 工时)

由图 15-10 可知，本章算法调度产品 A、B、C 的完工时间分别为 225、350、465 工时，总加工时间为 465 工时，产品 A、B、C 都能在交货期内完工。由图 15-12 可知，按文献[38]的算法调度产品 A、B、C 的完工时间分别为 400、375、420 工时，总加工时间为 420 工时。虽然按文献[38]的算法调度产品 A、B、C 的总加工时间较短，但产品 A 的完工时间为 400 工时大于产品 A 的交货期 250 工时，所以产品 A 不能在交货期内完工，因此不能满足交货期要求。

情况 2　设产品 A 的开始时间为 0，产品 B、C 的开始时间为 130 工时，产品 A、B、C 的交货期分别为 250、550、500 工时。产品 A、B、C 的信息如表 15-3 所示。因为产品 A 的开始时间最早，所以优先调度产品 A，B、C 的开始时间次早。根据表 15-3 中产品 B、C 的优先级值，再调度产品 B，最后调度产品 C。产品的调度顺序为 A、B、C。

表 15-3　产品 A、B、C 的信息表

产品	产品数	关键设备	关键设备上工序加工时间和/工时	关键路径长度	优先级值
产品 A	1	设备 2	145	165	max{145,165}/250=0.66
产品 B	2	设备 3	80×2=160	180	max{80×2,180}/(550−130)=0.43
产品 C	1	设备 2	105	140	max{105,140}/(500−130)= 0.38

由情况 1 可知，根据长路径和短用时策略，产品 A 的工序调度顺序为 A1、A5、A2、A3、A4、A6、A7、A9、A8、A10、A11；产品 B 的工序调度顺序为 B1、b1、B2、b2、B4、b4、B5、b5、B3、b3、B6、b6、B7、b7、B8、b8；产品 C 的工序调度顺序为 C3、C1、C5、C2、C4、C7、C6、C8、C9、C10、C11。总调度顺序为 A1、A5、A2、A3、A4、A6、A7、A9、A8、A10、A11；B1、b1、B2、b2、B4、b4、B5、b5、B3、b3、B6、b6、B7、b7、B8、b8；C3、C1、C5、C2、C4、C7、C6、C8、C9、C10、C11。采用设备工序紧凑法确定所有工序的开始时间，产品 A、B、C 的调度甘特图如图 15-13 所示。

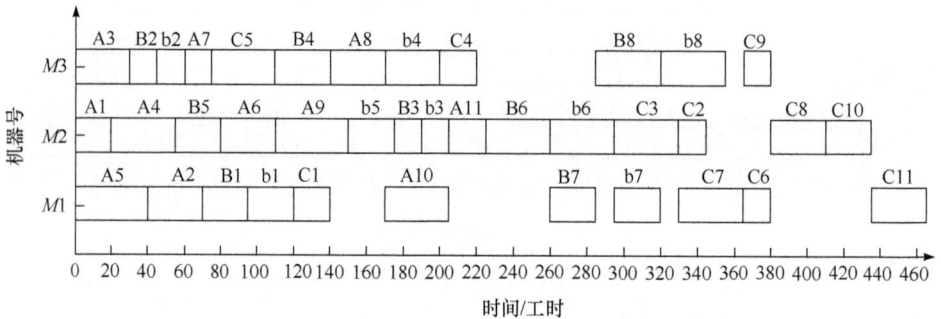

图 15-13　产品 A、B、C 的调度甘特图(465 工时)

采用文献[38]的算法，因为初始时只有产品 A，优先调度产品 A，当调度到 130 时，若产品 A 还没有调度完毕，则把产品 A 剩余的工序与产品 B、C 虚拟成一个产品统一调度，若产品 A 已调度完毕，则把产品 B、C 虚拟成一个产品统一调度。采用层优先、短用时和长路径策略确定产品 A 的工序调度顺序为 A1、A2、A3、A4、A5、A7、A6、A8、A9、A10、A11。产品 A、B、C 的调度甘特图如图 15-14 所示。

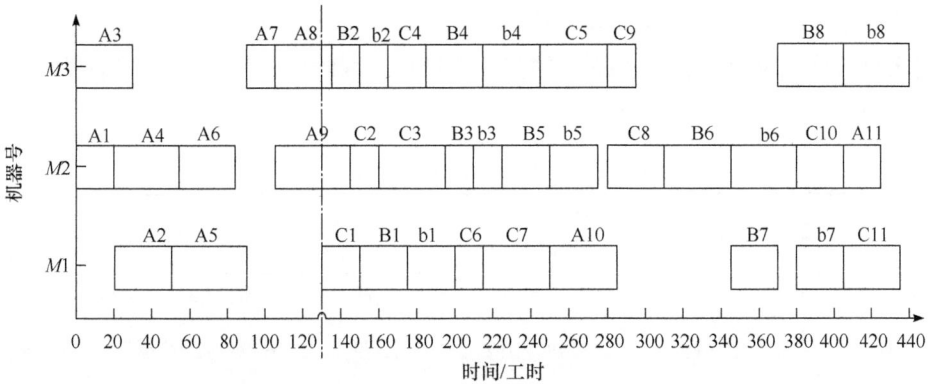

图 15-14　产品 A、B、C 的调度甘特图(440 工时)

当调度到 130 时，由图 15-15 可知，还有工序 A10、A11 没有调度，将产品 A 剩余的工序 A10、A11 与产品 B、C 虚拟成一个产品(图 15-15)。此时，工序的调度顺序为 B2、b2、C2、C1、B1、b1、C3、B3、b3、C6、C4、B5、b5、B4、b4、C5、C7、C9、C8、B6、b6、B7、b7、C10、A10、A11、C11、B8、b8。

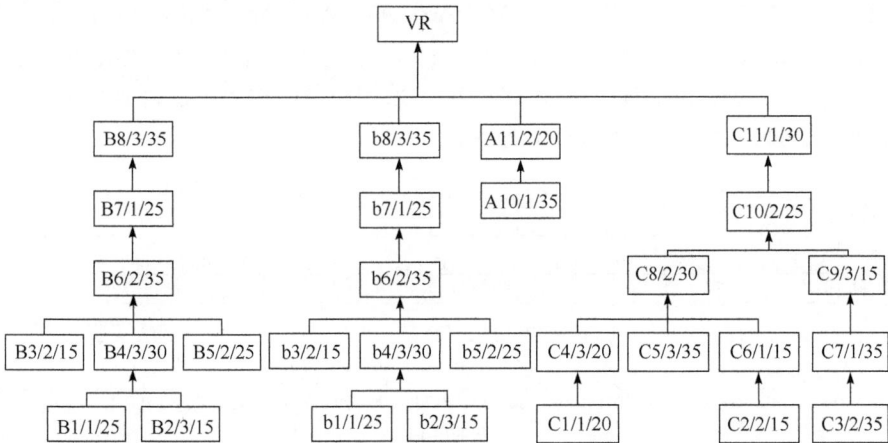

图 15-15　产品 A、B、C 的加工工艺树

由图 15-13 可知，按本章算法调度产品 A、B、C 的完工时间分别为 210、370、480 工时，总加工时间为 480 工时，产品 A、B、C 都能在交货期内完工。由图 15-14 可知，按文献[38]中算法调度产品 A、B、C 的完工时间分别为 425、440、435 工时，总加工时间为 440 工时。虽然总加工时间缩短了，但产品 A 的交货期为 250 工时，产品 A 不能在交货期内完工，因此不能满足交货期要求。

情况 3　设产品 A 的开始时间为 0，产品 B、C 的开始时间为 130 工时，产品 A、B、C 的交货期分别为 250、476、400 工时。产品 A、B、C 的信息如表 15-4

所示。由于产品 A 的开始时间最早，因此优先调度产品 A。产品 B、C 的开始时间次早且优先级相同，而产品 C 的交货期较早，因此调度产品 C，最后调度产品 B。产品的调度顺序为 A、C、B。

表 15-4　产品 A、B、C 的信息表

产品	产品数	关键设备	关键设备上工序加工 时间和/工时	关键路径 长度	优先级值
产品 A	1	设备 2	145	165	max{145,165}/250=0.66
产品 B	2	设备 3	80×2=160	180	max{80×2，180}/(476−130)=0.52
产品 C	1	设备 2	105	140	max{105,140}/(400−130)= 0.52

由情况 1 可知，根据长路径和短用时策略，产品 A 的工序调度顺序为 A1、A5、A2、A3、A4、A6、A7、A9、A8、A10、A11；产品 C 的工序调度顺序为 C3、C1、C5、C2、C4、C7、C6、C8、C9、C10、C11；产品 B 的工序调度顺序为 B1、b1、B2、b2、B4、b4、B5、b5、B3、b3、B6、b6、B7、b7、B8、b8。总调度顺序为 A1、A5、A2、A3、A4、A6、A7、A9、A8、A10、A11；C3、C1、C5、C2、C4、C7、C6、C8、C9、C10、C11；B1、b1、B2、b2、B4、b4、B5、b5、B3、b3、B6、b6、B7、b7、B8、b8。采用设备工序紧凑法确定所有工序的开始时间，调度甘特图如图 15-16 所示。

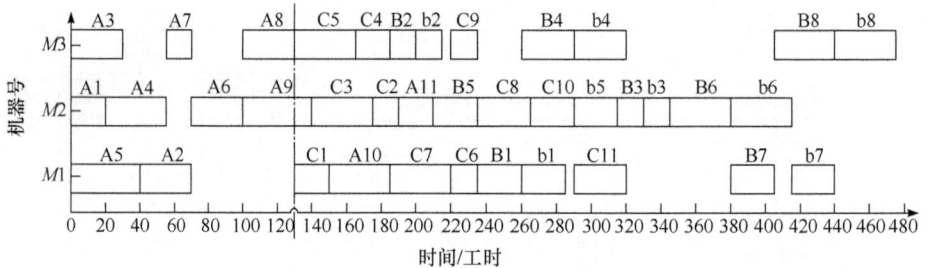

图 15-16　产品 A、B、C 的调度甘特图(475 工时)

由于按文献[38]的算法调度产品 A、B、C 和在情况 2 中用该算法调度产品 A、B、C 相同，由图 15-16 可知，按本章算法调度产品 A、B、C 的完工时间为 220、475、320 工时，总加工时间为 475 工时，产品 A、B、C 都能在交货期内完工。由图 15-14 可知，按文献[38]的算法调度产品 A、B、C 的完工时间为 425、440、435 工时，总加工时间为 440 工时，虽然总加工时间缩短了，但产品 A、C 的交货期分别为 250、400，都不能在交货期内完工，因此不能满足交货期要求。

采用方案 3 优先调度开始时间最早的产品，若同批产品中存在多产品，则优

先调度优先级最大的产品;若同批产品中存在优先级相同的多产品,将这些产品虚拟成一个产品统一调度。由于产品 A 的开始时间最早,因此优先调度产品 A。由表 15-4 可知,产品 B、C 的开始时间次早且优先级相同,可以将产品 B、C 构造成一棵更大的虚拟加工工艺树(图 15-17)。采用长路径策略和短用时策略确定产品 A 的工序调度顺序为 A1、A2、A5、A3、A4、A6、A7、A9、A8、A10、A11;产品 B、C 的工序调度顺序为 B1、b1、B2、b2、C3、B4、b4、C1、B5、b5、C5、C2、B3、b3、C4、C7、C6、B6、b6、C8、C9、B7、b7、C10、C11、B8、b8。

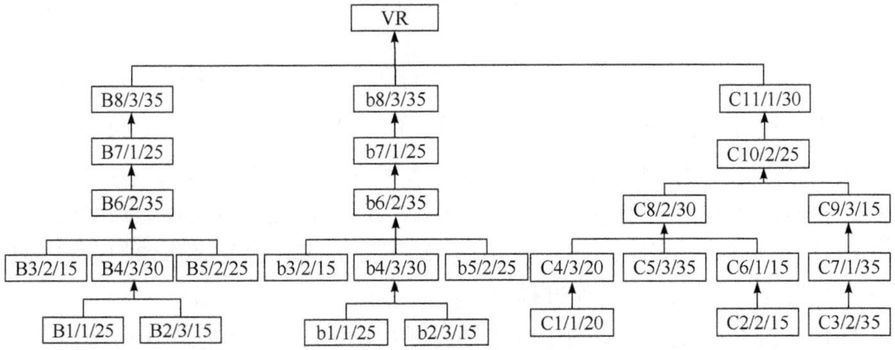

图 15-17　产品 B、C 的虚拟加工工艺树(475 工时)

在调度过程中,采用设备工序紧凑法确定所有工序的开始时间,若存在工序的结束时间超过其产品的交货期,则采用前溯策略调度该工序。例如,当确定完工序 C10 的开始时间为 390 工时后,工序 C10 的结束时间为 415 工时,超过其产品的交货期,采用前溯策略调度该工序后,C10 的开始时间为 355 工时,满足条件,再确定 C11 的开始时间(380 工时)。工序 C11 的结束时间为 410 工时,超过交货期,采用前溯策略调度该工序后,工序 C11 的开始时间为 345 工时,满足条件。最后,采用设备工序紧凑法确定工序 B8、b8 的开始时间。产品 A、B、C 的调度甘特图如图 15-18 所示。

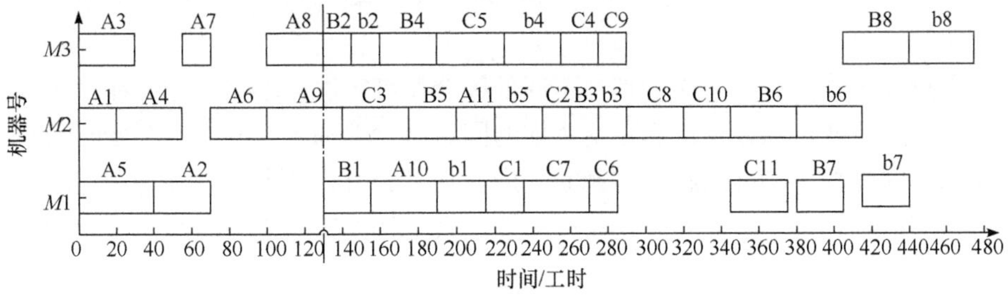

图 15-18　产品 A、B、C 的调度甘特图(480 工时)

对于前溯策略,设工序 P_{ij} 的前续节点工序为 $P_{ij} \rightarrow (P_{ij+1} \cdots) \rightarrow (P_{ij+2} \cdots) \rightarrow$

$(P_{ij+3}\cdots)\cdots$，其中$(P_{ij+1}\cdots)$表示P_{ij}的儿子节点工序集，$(P_{ij+2}\cdots)$表示P_{ij}的孙子节点工序集，依此类推。当工序P_{ij}的结束时间超过其产品的交货期时，依次检查节点工序集$P_{ij}\rightarrow(P_{ij+1}\cdots)\rightarrow(P_{ij+2}\cdots)\rightarrow(P_{ij+3}\cdots)\cdots$。若其前续节点工序$P_{ij+k}$因其他某种产品$e$的工序$P_{eg}$而后延，即工序$P_{ij+k}$的开始时间大于其紧前工序的完工时间，则可以在不使产品e的加工时间超越其交货期的前提下后延工序P_{eg}，即交换工序P_{ij+k}与工序P_{eg}的相对位置。设工序P_{ij+k}的紧前工序为P_{ij+k+1}，若工序P_{eg}的开始时间s_{eg}小于等于工序P_{ij+k+1}的完工时间，即$s_{eg}\leqslant f_{ij+k+1}$，则工序$P_{ij+k}$的开始时间提前为$s_{ij+k}=f_{ij+k+1}$，工序$P_{eg}$的开始时间推迟为$s_{eg}=f_{ij+k}$；若$s_{eg}>f_{ij+k+1}$，则$s_{ij+k}=s_{eg}$，$s_{eg}=f_{ij+k}$。

前移工序P_{ij+k}可能使其他工序发生移动，由于直接受影响的工序只有工序P_{ij+k}同设备上的紧前工序和工艺上的紧后工序，因此每个需要移动的工序只需判断是否影响2道工序的移动。设工序P_{ij+k}的紧后工序为P_{ij+k-1}，若$s_{ij+k-1}>f_{ij+k}$，则将工序P_{ij+k-1}的开始时间提前为$s_{ij+k-1}=f_{ij+k}$，设工序P_{ij+k}同设备上的紧前工序为工序P_{eg}，若$f_{eg}>s_{ij+k}$，则$s_{eg}=f_{ij+k}$。由于移动工序影响其他工序移动的情况与上述相同，因此可以重复以上处理过程。

若工序P_{ij}仍不能满足条件，则重复上述过程，直到没有任何子孙节点工序因其他某种产品的工序而后延。由于调度过程中存在其他已调度产品提前完工的情况，因此可以通过延迟这些产品的工序，使其他产品的工序加工时间提前，从而充分利用加工设备，使各种产品都能在交货期内完工。

由图15-16可知，按本章算法调度产品A、B、C的完工时间为220、475、320工时，总加工时间为475工时，产品A、B、C都能在交货期内完工。按方案3的方法调度产品A、B、C的完工时间分别为220、475、375工时，总加工时间为475工时，产品A、B、C都能在交货期内完工。虽然这两种方法都能在交货期内完工，但是方案3采用的前溯策略很容易导致死循环，而且不容易实现。

15.7　本　章　小　结

本章提出开始时间与交货期都不同的综合调度算法，不但可控制在二次复杂度内，而且可使产品在尽量满足交货期的同时减少总加工时间，为开始时间与交货期都不同的综合调度问题提供判断生产计划是否可行的方法，并为可行的计划提供合理的调度方案。此外，还可以为解决其他调度领域中有时间限制的问题提供方法借鉴。

第16章 开始时间和交货期都不同的改进综合调度算法

16.1 引 言

开始时间和交货期都不同的综合调度算法虽然考虑不同产品的开始时间及其对时间要求的紧迫程度，但是没有充分考虑不同产品在可并行加工的时间段内争夺设备资源的问题。为了避免不同产品在并行加工的时间段内争夺设备资源影响产品按期完成，考虑交货期的时间限制，本章提出基于交货期的综合调度算法。由于不同产品在可并行加工的时间段内争夺设备资源，加工时间相互影响，为了使各种产品都尽量在交货期内完工，首先根据各产品的交货期由前到后确定产品的调度顺序。当存在多产品的交货期相同时，由于开始时间晚的产品的可加工时间段较短，容易超过交货期，因此优先调度开始时间晚的产品。然后，根据文献[23]中层优先、层优先长路径和层优先短用时策略确定需调度产品的工序调度顺序，提高工序加工的并行程度。又由于设备工序紧凑法可以充分利用设备上的空闲时间，因此采用设备工序紧凑法确定工序的开始时间。最后，对该方法进行验证。

16.2 调度设计与分析

16.2.1 调度策略

由于不同产品的开始时间与交货期可以不同，为了使每种产品都能尽量在交货期内完工，并且所有产品的总加工时间尽可能短，涉及如下调度策略。

设第 i 种产品的数量为 K_i，为了将多产品问题简化单产品问题，将产品的加工工艺树 $r_i^1, r_i^2, \cdots, r_i^{K_i}$ 以根对齐的方式构造成一棵虚拟加工工艺树 r_i[23]。若存在开始时间与交货期相同的多种产品，则把这些产品构造成一棵更大的虚拟加工工艺树 R_i。最后，根据各加工工艺树的交货期由前到后确定加工工艺树的调度顺序，如果存在多棵加工工艺树的交货期相同，则根据开始时间由早到晚排序调度。对于每棵需调度的加工工艺树，根据层优先、层优先长路径和层优先短用时策略[38]确定各工序的调度顺序。

16.2.2　确定有时间限制的多品种小批量产品的调度顺序的策略分析

由于本章研究的调度问题中没有相同设备，因此不同产品之间的工序加工时间是相互影响的。为了使各种产品都能在交货期内完工，下面通过分析它们之间的制约关系，确定产品的调度顺序。在图 16-1 中，S 表示产品的开始时间，F 表示产品的交货期，如 S_D 表示产品 D 的开始时间，F_D 表示产品 D 的交货期。

1. 分析产品交货期

产品 A、B、D 的开始时间与交货期如图 16-1 所示。

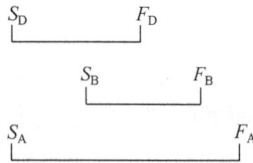

图 16-1　产品 A、B、D 的开始时间与交货期

① 产品 D 的开始时间和交货期比产品 B 的早。在产品 B 的开始时间与产品 D 的交货期内，产品 D、B 争夺设备资源，如果先调度产品 B，在产品 B 的开始时间与产品 D 的交货期时间内，若产品 B 占用设备资源的时间较长，很容易导致产品 D 超过交货期；如果先调度产品 D，既能使产品 D 尽早开始，尽早结束，又能使产品 B 充分利用产品 D 工序间的空隙，减少产品 D 对产品 B 的影响。

② 产品 B 的开始时间比产品 A 的开始时间晚，产品 B 的交货期比产品 A 的交货期早。在产品 B 的开始时间与交货期时间内，产品 A、B 争夺设备资源，如果先调度产品 A，在产品 B 的开始时间与交货期时间内，若产品 A 占用较长时间的设备资源，很容易导致产品 B 超过交货期；如果先调度产品 B，既能满足产品 B 在交货期内完工，又能使产品 A 充分利用产品 B 工序间的空隙，还能使产品 A 尽可能在交货期内完工。

③ 产品 A、D 的开始时间相同，产品 D 的交货期比产品 A 的交货期早。因为在产品 D 的开始时间与交货期内，产品 A、D 争夺设备资源，如果先调度产品 A，在产品 D 的开始时间与交货期内，若产品 A 占用较长时间的设备资源，很容易导致产品 D 超越交货期；如果先调度产品 D，既能满足产品 D 在交货期内完工，又能使产品 A 在充分利用产品 D 的工序间的空隙的同时，使产品 A 也能尽量在交货期内完工。

因此，在交货期不同的情况下，根据产品的交货期，应优先调度交货期早的产品。

2. 分析产品交货期相同的情况

如图 16-2 所示，交货期相同时，先调度开始时间晚的，如产品 E、G，产品 E 的开始时间比产品 G 的开始时间早，在产品 G 的开始时间与交货期时间内，产品 E、G 争夺设备资源。由于产品 G 的可加工时间段较小，比较容易超越交货期，因此优先调度开始时间晚的产品，即优先调度产品 G。若开始时间也相同，则将它们虚拟成一个产品统一调度，可以将多个产品的调度问题简化为单个产品的调度问题。同时，可以提高这些产品工序的并行程度，缩短它们的总调度长度，从而缩短总加工时间。如果产品 E、Q 的开始时间和交货期都相同，将产品 E、Q 虚拟成一个产品统一调度。

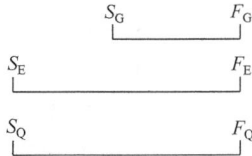

图 16-2　产品 E、G、Q 的开始时间与交货期

16.2.3　层优先策略

用 C_{ij} 表示工序 P_{ij} 在加工工艺树所在的层数，其中根节点工序在加工工艺树中的层数为 1，其儿子节点工序在加工工艺树中的层数为 2，依此类推。设工序 P_{ij}、P_{ik} 为可调度工序[38](当前调度的加工工艺树上的叶节点工序)，在加工工艺树中的层数分别 C_{ij}、C_{ik}，且 $C_{ij}<C_{ik}$，若优先调度工序 P_{ij} 可能使工序 P_{ij} 所在路径与 P_{ik} 所在路径可并行加工的工序数减少，从而使总并行加工时间减少，总的加工时间增加。因此，优先调度可调度工序中层数最大的工序。

16.2.4　层优先长路径策略

设工序 P_{ij}、P_{ik} 为可调度工序中层数最大的工序，即 $C_{ij}=C_{ik}$，它们的工序路径长度分别为 L_{ij} 和 L_{ik}，且 $L_{ij}<L_{ik}$。如果优先调度工序 P_{ij}，很可能导致工序剩余路径比优先调度其他工序剩余路径短，即剩余的可并行处理时间短，从而使总加工时间较长。因此，当可调度工序中层数最大的工序不唯一时，优先调度路径较长的工序。

定义 16-1 (工序路径长度)　设工序 P_{ij} 为第 i 种产品的第 j 道工序，工序 P_{ij} 的路径长度为 P_{ij} 到其根节点工序的路径长度。

16.2.5　层优先短用时策略

设可调度工序 P_i 和 P_{ik} 的加工时间分别为 t_{ij} 和 t_{ik}，当 $C_{ij}=C_{ik}$ 且 $L_{ij}=L_{ik}$ 时，若 $t_{ij}<t_{ik}$，则优先调度用时最短的工序 P_{ij}，即在可调度工序中，当层数最大的工序中路径长度最长的工序不唯一时，应优先调度用时短的工序。

16.3　算　法　分　析

根据以上分析，多品种小批量产品可以采用如下算法进行调度。

步骤 1，设置工序属性，将同种产品的多个产品的节点工序存储在一个数组中。设第 i 种产品有 n_i 道工序，取名为 $P_{i1}\sim P_{ini}$。由产品加工的工艺要求可知该种产品的开始时间、交货期，以及该种产品每个工序的加工设备、加工时间和其紧后工序，为了简化问题描述，为每道工序建立 7 个属性，即工序名(用数组的下标对应表示)、工序 P_{ij} 的加工设备名(用 M_{ij} 表示)、工序 P_{ij} 的加工时间(用 t_{ij} 表示)、工序 P_{ij} 的紧后工序(用 q_{ij} 表示)、工序 P_{ij} 到根节点的路径长度 $L_{ij}=t_{ij}+L_{qij}$(用 L_{ij} 表示)、产品 i 的交货期(用 F_i 表示)、工序 P_{ij} 在对应加工工艺树中的层数(用 C_{ij} 表示)。此时，工序 P_{ij} 可表示为 $P_{ij}/M_{ij}/t_{ij}/q_{ij}/L_{ij}/F_i/C_{ij}$。数组的第一元素即数组下标为 0 的元素，存放该种产品的个数 N_i、开始时间 S_i、交货期 F_i。

步骤 2，计算工序的路径长度及其在加工工艺树中的层数。若工序 P_{ij} 为根节点工序，则工序 P_{ij} 的路径长度为其加工时间，即 $L_{ij}=t_{ij}$。其在对应加工工艺树中的层数为 $C_{ij}=1$，若工序 P_{ij} 为非根节点工序，则工序 P_{ij} 的路径长度为其紧后工序的路径长度加上工序 P_{ij} 的加工时间，即 $L_{ij}=t_{ij}+L_{qij}$，其在对应加工工艺树中的层数为 $C_{ij}=C_{qij}+1$。

步骤 3，将开始时间与交货期都相同的多个数组合并成一个更大的数组。数组的第一个元素存储该数组中各种不同产品共同的开始时间 S，交货期 F。

步骤 4，分别对每个数组中的所有工序按工序在对应加工工艺树中的层数排序。若存在多道工序的层数相同，则按工序路径长度降序排序；若存在多道工序的层数与工序路径长度都相同，则按工序用时升序排序，将排完序的数组加入未调度数组集中。该步骤符合层优先，即层优先长路径策略和层优先短用时策略。

步骤 5，如果未调度数组集为空，则转步骤 7。如果未调度数组集不为空，则优先调度未调度数组集中交货期最早的数组。若数组唯一，则选取此数组；若数组不唯一，则优先调度开始时间最晚的数组。

步骤 6，采用设备工序紧凑法按数组中的工序排序依次确定该数组中的所有工序的开始时间，转到步骤 5。

步骤 7，结束。

16.4　算法复杂度分析

设有 u 种产品，总产品个数为 w，设备数为 m，总工序数是 n。因为共有 u 种产品，因此最多有 u 个数组，至少有 1 个数组。首先，比较 n 个工序的紧后工序属性，若工序 P_{ij} 的紧后属性为 0，即 $q_{ij}=0$，则工序 P_{ij} 为根节点工序。其路径长度为 $L_{ij}=t_{ij}$，对应加工工艺树中的层数为 $C_{ij}=1$。因为共有 w 个产品，所以共有 w 道根节点工序，确定所有根节点工序的路径长度需要 $n+2w$ 次处理。然后，比较 $n-w$ 个工序中工序 P_{ij} 的紧后工序属性，若工序 P_{ij} 的紧后工序为根节点工序，则计算工序 P_{ij} 的路径长度为 $L_{ij}=t_{ij}+L_{q_{ij}}$。其在对应加工工艺树中的层数为 $C_{ij}=C_{q_{ij}}+1$，因此确定根节点工序的一道紧前工序的路径长度需要处理 $n+2$ 次。如果所有根节点工序共有 k 道紧前工序，确定这些紧前工序的路径长度需要处理 $n+2k$ 次。最坏的情况是所有根节点工序存在 $n-w$ 道紧前工序，确定这些紧前工序的路径长度最多需要处理 $3n-2w$ 次，即处理一层工序的路径长度及其在对应加工工艺树上的层数。设这些加工工艺树的最大层数为 h，除根节点工序外，计算其余 $h-1$ 层上的工序需要处理 $(h-1)(3n-2w)$ 次，因此总的处理次数为 $n+w+(h-1)(3n-2w)=3hn-2hw-3n+3w+n$。最坏的情况，$h=n$、$3hn-2hw-2n+3w=3n^2-2n(1+w)+3w$，因为 $w<n$，所以确定所有工序的路径长度及其在对应加工工艺树层数的复杂度为 $O(n^2)$。

由上述分析可知，算法的时间复杂度为 $O(n^2)$，即算法的复杂度不超过二次多项式。

16.5　实　例　分　析

设有多品种小批量产品 A、B、C，其中产品 A、C 的数量为 1，产品 B 的数量为 2，产品 A、B、C 的加工工艺树如图 16-3~图 16-5 所示。将产品 B 的 2 个产品虚拟成一个产品如图 16-6 所示。在加工工艺树图中方框表示工序，里面的信息为工序名/设备名/加工时间，例如，A11 为根节点工序，在设备 2 上加工，加工时间为 20 工时。

情况 1　设产品 A 的开始时间为 0，交货期为 250 工时；产品 B 的开始时间为 0，交货期为 500 工时；产品 C 的开始时间为 150 工时，交货期为 400 工时。

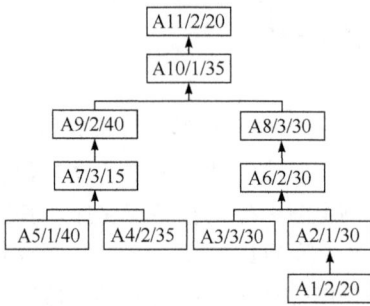

图 16-3　产品 A 的加工工艺树

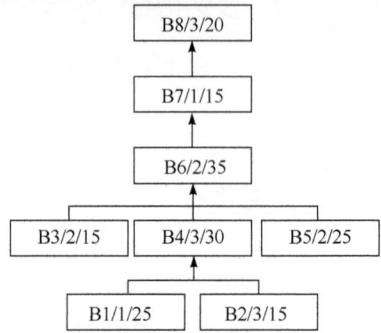

图 16-4　产品 B 的加工工艺树

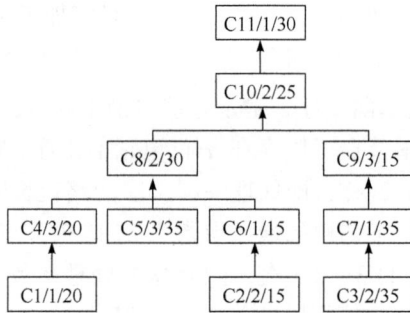

图 16-5　产品 C 的加工工艺树

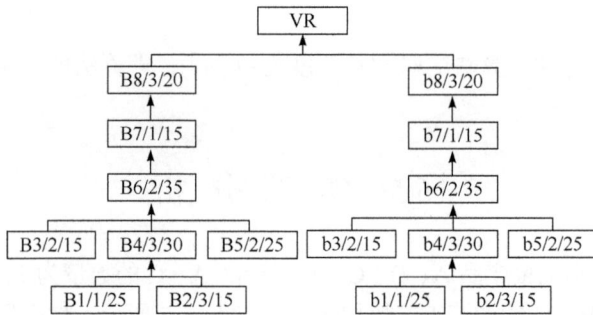

图 16-6　产品 B 的虚拟加工工艺树

采用本章方法，根据它们的交货期，产品的调度顺序为 A、C、B。根据层优先、层优先长路径和层优先短用时策略分别确定产品 A、C、B 的工序调度顺序。首先确定产品 A 的工序调度顺序，即优先调度层数最大的工序。例如，产品 A 中工序 A1 的所在层数为 6 最大，因此优先调度工序 A1。如果同层工序的个数不唯一，优先调度路径长度长的工序。例如，工序 A2、A3、A4、A5 所在的层数都是 5，因为工序 A5 的路径最长，根据层优先长路径策略，应优先调度工序 A5。如果同层工序中存在路径长度相同的情况，则优先调度用时少的工序。例如，工序

A2、A3、A4 的路径长度都为 145，因为工序 A2、A3 的加工时间最短，所以优先调度工序 A2、A3。产品 A 中各工序的调度顺序为 A1、A5、A2、A3、A4、A6、A7、A9、A8、A10、A11。然后，确定产品 C 的工序调度顺序，同理根据层优先、层优先长路径和层优先短用时策略，产品 C 的工序调度顺序为 C3、C1、C2、C5、C4、C7、C6、C8、C9、C10、C11。最后，确定产品 B 的工序调度顺序为 B1、b1、B2、b2、B4、b4、B5、b5、B3、b3、B6、b6、B7、b7、B8、b8。工序总调度顺序为 A1、A5、A2、A3、A4、A6、A7、A9、A8、A10、A11；C3、C1、C2、C5、C4、C7、C6、C8、C9、C10、C11；B1、b1、B2、b2、B4、b4、B5、b5、B3、b3、B6、b6、B7、b7、B8、b8。采用设备工序紧凑法确定所有工序的开始时间，调度甘特图如图 16-7 所示。

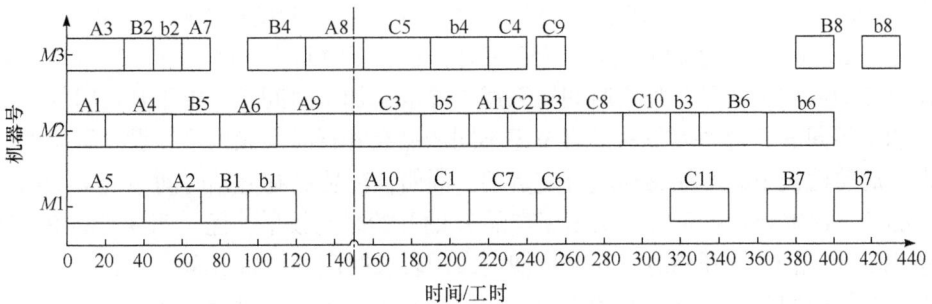

图 16-7 产品 A、B、C 的调度甘特图(435 工时)

采用开始时间与交货期都不同的综合调度算法，根据开始时间优先调度产品 A、B。由于产品 A 的紧迫度为 max{145,165}/250=0.66，产品 B 的紧迫度为 max{80×2,155}/500=0.31，因此优先调度紧迫度大的产品 A，再调度产品 B，最后调度产品 C。根据长路径和短用时策略，首先确定产品 A 的工序调度顺序。因为工序 A1 的路径长度最长，由长路径策略可知，优先调度工序 A1，当存在路径长度相同的工序时，如工序 A2、A3、A4，优先调度加工时间短的工序 A2、A3，因此产品 A 的工序调度顺序为 A1、A5、A2、A3、A4、A6、A7、A9、A8、A10、A11。产品 B 的工序调度顺序为 B1、b1、B2、b2、B4、b4、B5、b5、B3、b3、B6、b6、B7、b7、B8、b8。产品 C 的工序调度顺序为 C3、C1、C5、C2、C4、C7、C6、C8、C9、C10、C11。工序的总调度顺序为 A1、A5、A2、A3、A4、A6、A7、A9、A8、A10、A11；B1、b1、B2、b2、B4、b4、B5、b5、B3、b3、B6、b6、B7、b7、B8、b8；C3、C1、C5、C2、C4、C7、C6、C8、C9、C10、C11。采用设备工序紧凑法确定所有工序的开始时间，调度甘特图如图 16-8 所示。

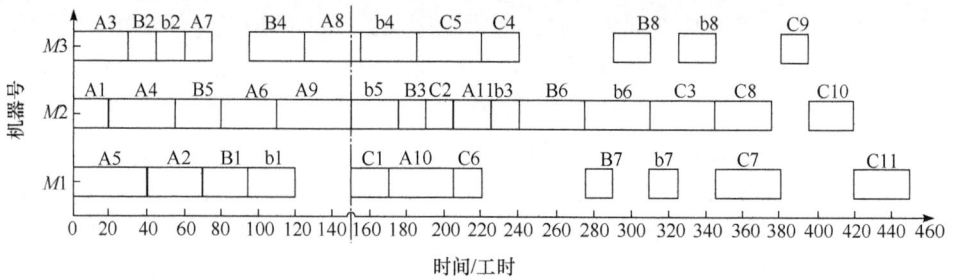

图 16-8　产品 A、B、C 的调度甘特图(450 工时)

由图 16-7 可知，采用本章算法调度产品 A、B、C 的完工时间分别为 230、435、345 工时，总加工时间为 435 工时，产品 A、B、C 都能在交货期内完工。由图 16-8 可知，采用开始时间与交货期都不同的综合调度算法调度产品 A、B、C 的完工时间分别为 225、345、450 工时，总加工时间为 450 工时，产品 C 不能在交货期内完工，且总加工时间比采用本算法总加工时间长。由于开始时间与交货期都不同的综合调度算法没有考虑不同产品在并行时间段内争夺设备资源的因素，活动性较小的产品容易超过交货期。例如，产品 C 在开始时间与交货期内与产品 A、B 争夺设备资源，又由于产品 B 的开始时间较早，优先调度产品 B，产品 B 在产品 C 的开始时间与交货期内占用较长时间的设备资源，从而使产品 C 在其开始时间与交货期时间段内可利用资源减少，容易超过交货期。

情况 2　设产品 A、C 的开始时间为 150 工时，产品 B 的开始时间为 0，产品 A、B、C 的交货期都为 415 工时。

采用本章方法，将产品 A、C 虚拟成一个产品，如图 16-9 所示。由于产品 A、B、C 的交货期都为 415 工时，产品 A、C 的开始时间较晚，因此优先调度产品 A、C，然后调度产品 B。根据层优先、层优先长路径和层优先短用时策略，确定产品 A、C 的工序调度顺序为 A1、A5、A2、A3、A4、C3、C1、C2、C5、A6、A7、C4、C7、C6、A9、A8、C8、C9、C10、A10、C11、A11；产品 B 的工序调度顺序为 B1、b1、B2、b2、B4、b4、B5、b5、B3、b3、B6、b6、B7、b7、B8、b8。最后，采用设备工序紧凑法确定所有工序的开始时间，调度甘特图如图 16-10 所示。

采用开始时间与交货期都不同的综合调度算法，产品 B 的开始时间最早，优先调度产品 B；产品 A、C 的开始时间较晚且相同，由于产品 A 的紧迫度为 $\max\{145,165\}/265=0.62$，产品 C 的紧迫度为 $\max\{105,140\}/265=0.53$，因此优先调度紧迫度大的产品 A，然后调度产品 C。根据长路径和短用时策略，产品 B 的工序调度顺序为 B1、b1、B2、b2、B4、b4、B5、b5、B3、b3、B6、b6、B7、b7、B8、b8；产品 A 的工序调度顺序为 A1、A5、A2、A3、A4、A6、A7、A9、A8、A10、A11；产品 C 的工序调度顺序为 C3、C1、C5、C2、C4、C7、C6、C8、C9、

C10、C11。工序总调度顺序为 B1、b1、B2、b2、B4、b4、B5、b5、B3、b3、
B6、b6、B7、b7、B8、b8；A1、A5、A2、A3、A4、A6、A7、A9、A8、A10、
A11；C3、C1、C5、C2、C4、C7、C6、C8、C9、C10、C11。采用设备工序紧
凑法确定所有工序的开始时间，调度甘特图如图 16-11 所示。

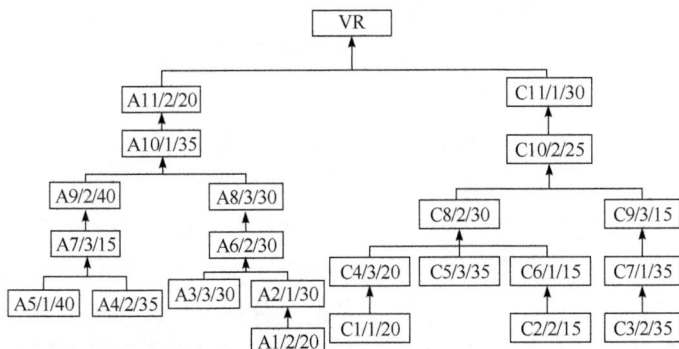

图 16-9　产品 A、C 的加工工艺树

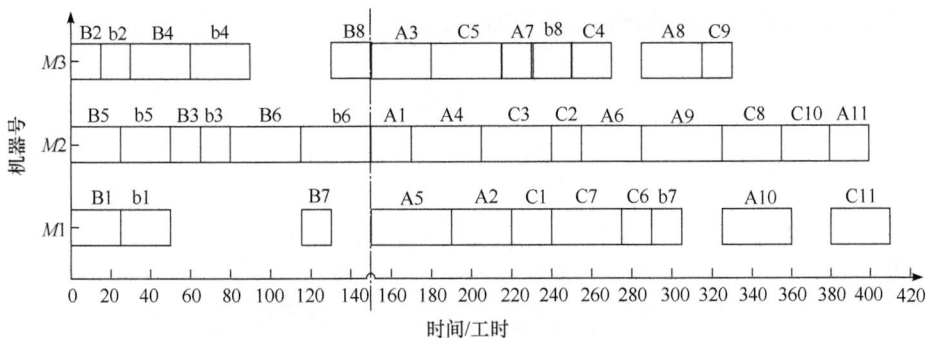

图 16-10　产品 A、B、C 的调度甘特图(410 工时)

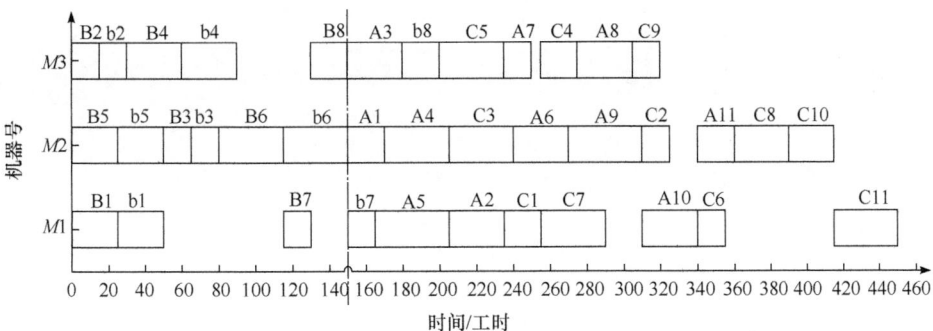

图 16-11　产品 A、B、C 的调度甘特图(450 工时)

由图 16-10 可知，采用本章算法调度产品 A、B、C 的完工时间分别为 400、

250、410 工时，总加工时间为 410 工时，都能在交货期内完工。由图 16-11 可知，采用开始时间与交货期都不同的综合调度算法调度产品 A、B、C 的完工时间分别为 360、200、450 工时，总加工时间为 450 工时，由于它们的交货期为 415 工时，因此产品 C 不能在交货期内完工，在产品 C 的开始时间和交货期内，产品 C 与产品 A、B 争夺设备资源。由于产品 A、B 先于产品 C 调度，产品 C 的开始时间与交货期内占用较长时间的设备资源使产品 C 超越交货期。

16.6　本章小结

本章提出根据交货期确定产品调度顺序的综合调度算法。该算法在尽可能使交货期早的产品尽早完工的同时，尽可能地减少设备的空闲时间，从而使各产品在尽量满足交货期完工的同时，实现设备的充分利用。该算法具有二次多项式复杂度，因此简单且易实现。该算法可以为开始时间与交货期都不同的综合调度问题，提供一个判断生产计划是否可行的方法，并为可行的计划提供一个合理的调度方案，因此具有一定的理论和实际意义。

第17章　确定复杂多产品调度顺序的算法

17.1　引　　言

目前复杂多产品调度主要是采用 ACPM[14]。由于影响整个调度质量的是所有设备的利用率，而 ACPM 忽略产品在设备上加工空闲时间段，因此本章提出一种考虑设备空闲时间段的调度方法。该方法根据各工件在机器上的加工空闲时间段，采用工艺树模型建模，基于 ACPM 调度，确定复杂多产品的调度顺序，实现设备整体调度质量的提高。

17.2　累计设备空闲段的调度算法

对于调度问题来说，提高机器利用率是调度算法的目的，因为机器利用率的提高意味着总体调度时间的缩短，以及各方面成本的降低。加工机器上空闲时间段的长度是机器利用率的一种度量标准，因此使加工机器上的空闲时间段最少，即使加工机器上工序之间尽可能紧凑成为解决问题的关键。

累计空闲时间段长度决定加工机器的利用效率。累计空闲时间长度的算法实际上是逆向考虑操作系统中 CPU 调度方法的 SJF 算法。

在单个产品采用 ACPM 调度后，考虑确定多产品加工顺序时，若继续以产品关键路径长度确定关键产品和产品加工顺序，忽略空闲时间段则不能得到较好的调度结果。因此，根据累计空闲时间段长度确定多产品加工顺序，以机器上空闲时间段累计长度小的产品优先加工为原则，对多个产品进行排序，依次调度。

17.3　关键产品的确定

根据加工工艺树对每个产品依次建立树型结构。每棵产品树根节点对应工序的完成时间即该产品的完成时间，通过优先加工关键路径上工序的拟关键路径思想，计算所有产品完成时间。

确定单个产品完成加工时间最长的为关键产品，因为它是整个调度任务完成时间的下限，在一定程度上决定整个调度任务的最后完成时间。特别是，在加工关键产品的机器上产生的空闲时间段，如果刚好满足其他产品插入的时候，此时整个调度时间最短，即关键产品的加工时间。产品 1 和产品 2 的加工工艺树如图 17-1 所示。

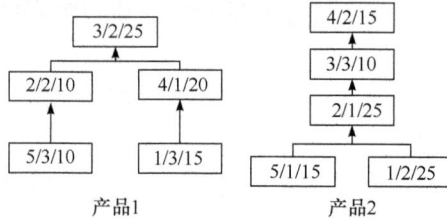

图 17-1　产品 1 和产品 2 的加工工艺树

产品 1 和产品 2 的调度甘特图如图 17-2 和图 17-3 所示。由此可知，产品 2 的完成时间大于产品 1，产品 2 为关键产品。

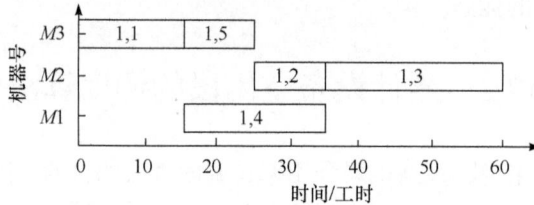

图 17-2　产品 1 的调度甘特图(60 工时)

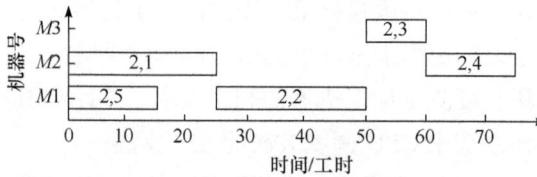

图 17-3　产品 2 的调度甘特图(75 工时)

1. 累计空闲时间长度计算

在确定关键产品之后，计算其他产品在机器上空闲时间段的数目，记为 M。设单个空闲时间段的长度为 S_i，总的空闲时间段长度为 L，则有

$$L = \sum_{i=1}^{M} S_i \tag{17-1}$$

根据 L 的大小可以确定产品加工先后顺序，这在实验结果分析中有具体说明。

2. 累计空闲时间段算法步骤

单个产品加工使用基于工艺树模型的 ACPM，确定多产品加工顺序则使用如下方法。按 ACPM 分别调度各产品，加工时间最长的为关键产品，首先调度关键产品，其他产品按累计空闲时间段长度由小到大调度。具体步骤如下。

步骤 1，用 ACPM 依次调度各个产品，记录产品完工时间。

步骤 2，找出最长完工时间的产品，确定其为关键产品，并优先调度。

步骤 3，计算并比较剩余产品产生累计空闲时间值。

步骤 4，调度产生累计空闲时间值最小的产品。

步骤 5，顺序调度剩余产品所有产品完工。

17.4　实例验证及分析

17.4.1　实例验证

选取 3 个产品，根据累计空闲时间段确定加工顺序，并与以产品关键路径确定的产品加工顺序进行比较。3 个产品的加工工艺树如图 17-4~图 17-6 所示。

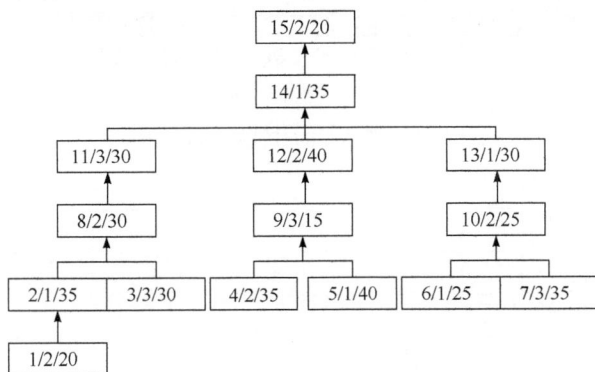

图 17-4　产品 1 的加工工艺树

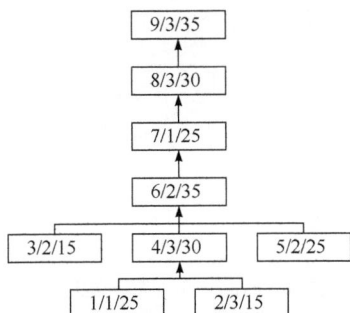

图 17-5　产品 2 的加工工艺树

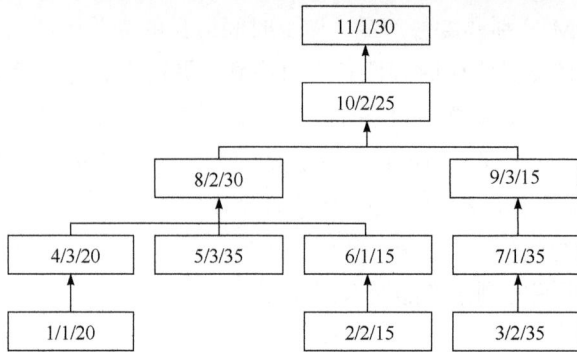

图 17-6 产品 3 的加工工艺树

分别对 3 个产品用 ACPM 调度，并统计相关数据。3 个产品的甘特图如图 17-7～图 17-9 所示。

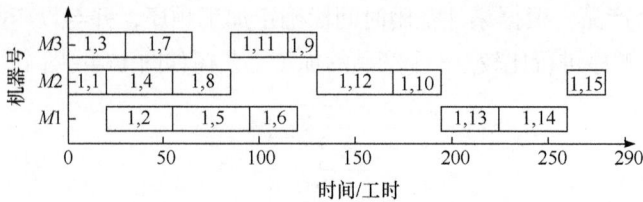

图 17-7 产品 1 的甘特图(280 工时)

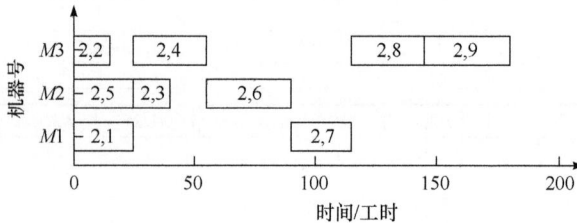

图 17-8 产品 2 的甘特图(180 工时)

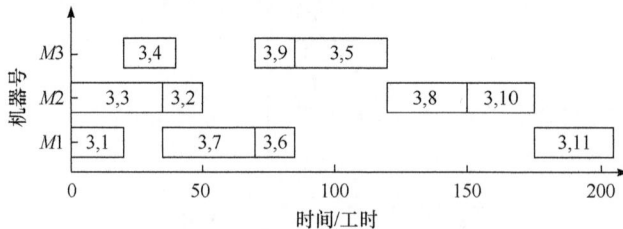

图 17-9 产品 3 的甘特图(205 工时)

3 个产品的相关信息统计如表 17-1~表 17-3 所示。

表 17-1　产品统计数据

产品名称	完成时间	是否为关键产品
1	280	是
2	180	否
3	205	否

表 17-2　产品 2 的空闲时间段统计

机器号	空闲时间段号	空闲时间段长度	总数目	总长度
1	1	65	1	65
2	1	15	1	15
3	1	10	2	70
	2	60		

表 17-3　产品 3 的空闲时间段统计

机器号	空闲时间段号	空闲时间段长度	总数目	总长度
1	1	15	2	110
	2	95		
2	1	70	1	70
3	1	20	2	50
	2	30		

由各个产品空闲时间段数据统计表中的数据确定累计空闲时间段，计算函数中的具体参数，从而计算产品 2 与产品 3 的累计空闲时间段长度。产品 2 累计空闲时间段长度 $L2=65+15+70=150$。产品 3 累计空闲时间段长度 $L3=110+70+50=230$。因此，加工顺序为产品 1、产品 2、产品 3。由于产品 1 的关键路径长度为 170，产品 2 的关键路径长度为 180，产品 3 的关键路径长度为 140，因此按产品关键路径确定产品加工顺序为产品 2、产品 1、产品 3。

3 个产品用两种方法调度后的甘特图分别如图 17-10 和图 17-11 所示。

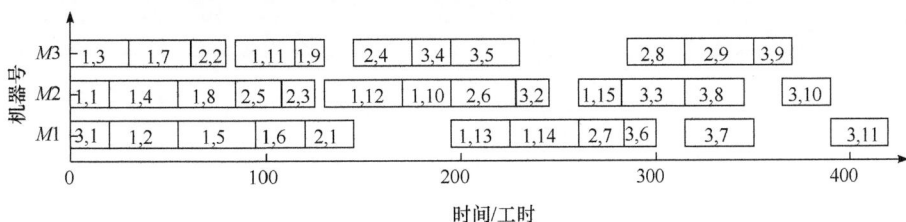

图 17-10　采用累计空闲时间段确定产品加工顺序方法调度后的甘特图(420 工时)

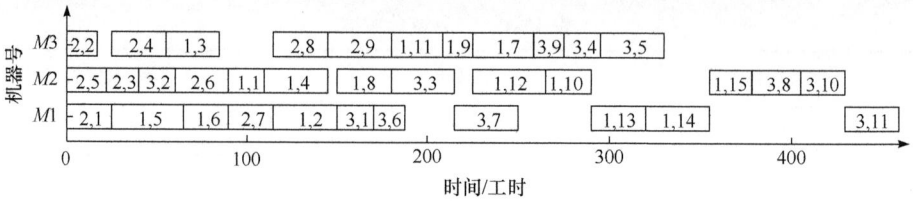

图 17-11　采用以产品关键路径确定产品加工顺序方法调度后的甘特图(460 工时)

通过以上比较，按累计空闲时间段长度安排产品加工顺序的加工总时间是 420 工时，比按关键路径确定产品加工顺序的方法加工总时间 460 工时节省 40 工时。

17.4.2　算法分析

当产品工序数为 n、机器为 m 时，ACPM 的复杂度为 $O(n^2)$。计算产品产生累计空闲时间值时，平均一台设备有工序 n/m 个，计算前后工序空隙最多 n/m 次，累计一台设备空隙最多计算 n/m 次，因此计算产品产生累计空闲时间值最多计算 $2(n/m)m=2n$ 次。算法的复杂度为 $O(n^2)$。

17.5　本 章 小 结

本章提出一种根据累计空闲时间段确定多产品加工顺序的调度方法，通过对 3 个产品的实例验证。该方法可以比基于 ACPM 确定的多产品加工顺序产生更好的调度结果，并在一定程度上节省总的加工工时，获得令人满意的效果。

第18章 动态累计设备空闲时间确定多产品调度顺序的算法

18.1 引　　言

本章对上一章算法进行改进，提出一种动态累计空闲时间段的调度方法，通过虚拟调度所有产品，动态累计设备空闲时间段确定复杂多产品的调度顺序，并通过实例分析证明该算法有效可行。

18.2 算 法 描 述

改进的动态确定复杂多产品调度顺序算法是在第17章算法的基础上，全面考虑所有产品的累计空闲时间段，进行综合虚拟调度，通过虚拟调度结果的累计空闲时间段确定复杂多产品加工顺序。

累计空闲时间段长度决定加工机器的利用效率。在复杂多产品中，用ACPM确定关键产品后，剩余所有产品都与关键产品结合进行通过虚拟调度，然后全面计算机器的累计空闲时间段。根据机器上累计空闲时间段长度动态确定多产品加工顺序，以机器上空闲时间段累计长度小的产品优先加工为原则，对多个产品进行排序，依次调度。

18.3 算法设计及步骤

1. 关键产品的确定

关键产品确定的方法根据加工工艺树对每个产品依次建立树型结构。每棵产品树根节点对应工序的完成时间即该产品的完成时间，通过优先加工关键路径上工序的拟关键路径思想，计算所有产品完成时间。

确定单个产品完成加工时间最长的为关键产品，因为它是整个调度任务完成时间的下限，在一定程度上决定整个调度任务的最后完成时间。特别是，在加工关键产品的机器上产生的空闲时间段，如果刚好满足其他产品插入的时候，整个调度时间最短，即关键产品的加工时间。

2. 动态累计空闲时间段长度计算

在确定关键产品之后，分别将其他所有剩余产品在机器上进行虚拟调度，产生的空闲时间段的数目记为 M，设单个空闲时间段的长度为 S_i，总的空闲时间段长度为 L，即

$$L = \sum_{i=1}^{M} S_i \tag{18-1}$$

根据 L 的大小确定第二个产品，然后调度剩余产品，计算并比较 L，直至所有产品调度完。

3. 改进的动态累计空闲时间段算法步骤

单个产品加工使用基于加工工艺树的 ACPM，确定多产品加工顺序使用如下方法。

按 ACPM 分别调度各产品，加工时间最长的为关键产品，首先调度关键产品，其他产品按剩余产品虚拟调度后的累计空闲时间段长度由小到大调度。

具体步骤如下。

步骤 1，用 ACPM 依次调度各个产品，记录产品完工时间。

步骤 2，找出最长完工时间的产品，确定其为关键产品，并优先调度。

步骤 3，计算并比较剩余产品虚拟调度后产生累计空闲时间值。

步骤 4，调度产生累计空闲时间值最小的产品。

步骤 5，重复步骤 3，直到所有产品完工。

18.4　实例分析

选取 3 个产品，根据改进的动态累计空闲时间段确定产品加工顺序，并与第 17 章确定的产品加工顺序进行比较。

3 个产品的加工工艺树如图 18-1～图 18-3 所示。

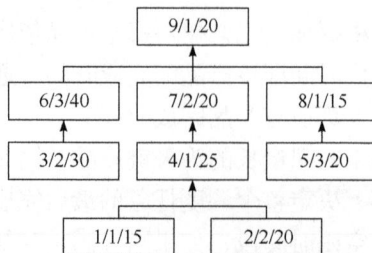

图 18-1　产品 1 的加工工艺树

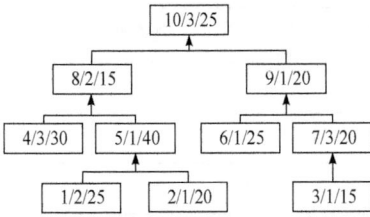

图 18-2　产品 2 的加工工艺树

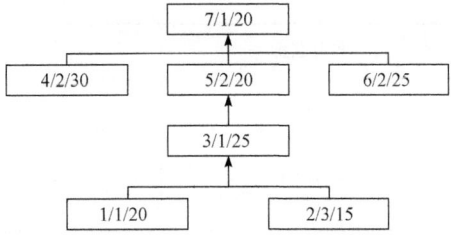

图 18-3　产品 3 的加工工艺树

分别对 3 个产品用 ACPM 进行调度，并统计相关数据。3 个产品的甘特图如图 18-4~图 18-6 所示。

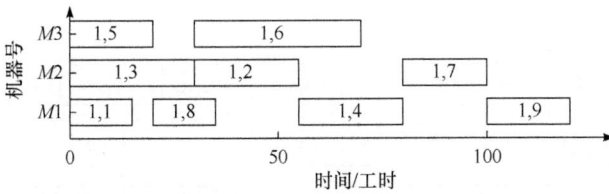

图 18-4　产品 1 的甘特图(120 工时)

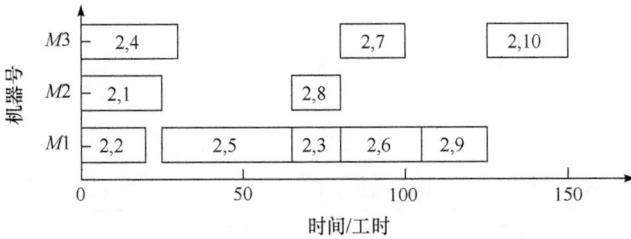

图 18-5　产品 2 的甘特图(150 工时)

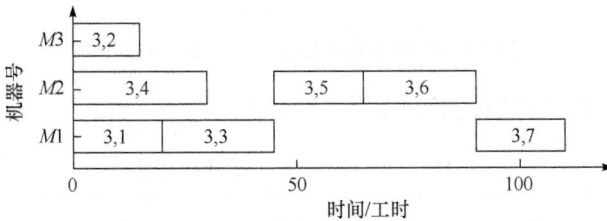

图 18-6　产品 3 的甘特图(110 工时)

3 个产品的统计数据如表 18-1 所示。

表 18-1　产品统计数据

产品名称	完成时间/工时	是否为关键产品
1	120	否
2	150	是
3	110	否

由各个产品空闲时间段数据统计表中数据确定累计空闲时间段，计算函数中的具体参数，从而计算产品 1 与 3 的累计空闲时间段长度。

调度完关键产品 2 后，调度产品 1 和产品 3 的甘特图如图 18-7 和图 18-8 所示。

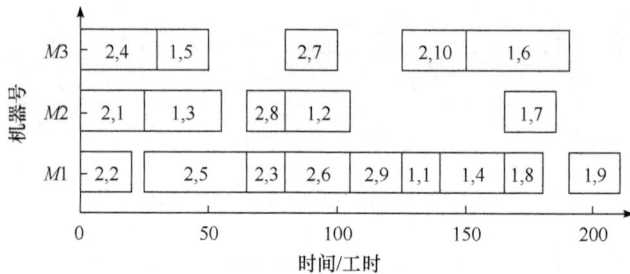

图 18-7　产品 2 和产品 1 的甘特图(210 工时)

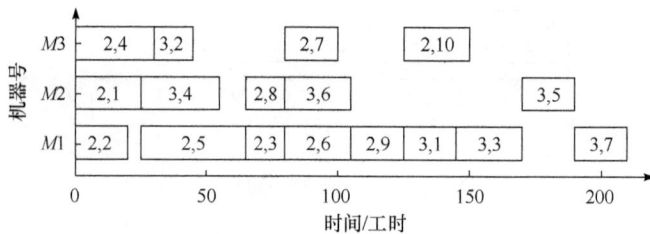

图 18-8　产品 2 和产品 3 的甘特图(150 工时)

其空闲时间段统计如表 18-2 和表 18-3 所示。

表 18-2　产品 1 的空闲时间段统计

机器号	空闲时间段号	空闲时间段长度/工时	总数目	总长度/工时
1	1	60	2	110
	2	50		

续表

机器号	空闲时间段号	空闲时间段长度/工时	总数目	总长度/工时
2	1	20	2	140
	2	120		
3	1	10	2	30
	2	20		

表 18-3　产品 3 的空闲时间段统计

机器号	空闲时间段号	空闲时间段长度/工时	总数目	总长度/工时
1	1	70	2	120
	2	50		
2	1	20	2	150
	2	130		
3	1	10	2	50
	2	40		

产品 1 累计空闲时间段长度 $L1=110+140+30=280$。产品 3 累计空闲时间段长度 $L3=120+150+50=320$。产品 1 的累计空闲时间段较产品 3 小。根据设备累计空闲时间段算法，确定其调度顺序为产品 2、产品 1、产品 3。动态虚拟调度计算的调度顺序为产品 2、产品 3、产品 1。

3 个产品用两种方法调度后的甘特图如图 18-9 和图 18-10 所示。

通过以上实例比较，改进后的按动态累计空闲时间段长度安排产品加工顺序的加工总时间是 275 工时，比累计空闲时间段算法的加工时间节省 20 工时。

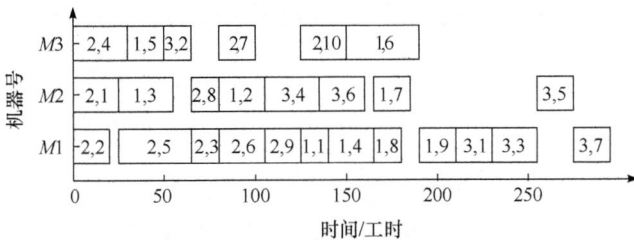

图 18-9　采用累计空闲时间段确定产品加工顺序方法调度后的甘特图(295 工时)

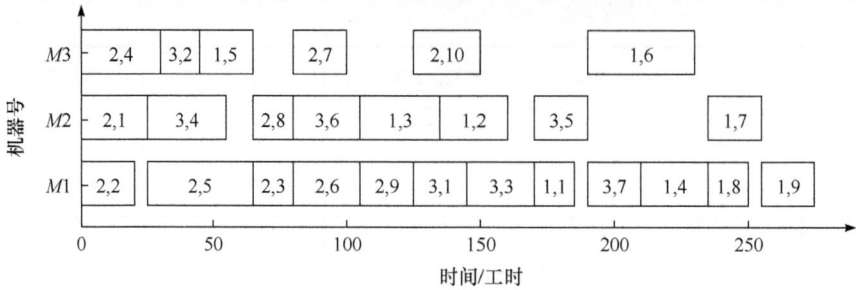

图 18-10　采用改进动态累计空闲时间段确定产品加工顺序方法调度后的甘特图(275 工时)

18.5　本 章 小 结

　　本章对累计空闲时间段确定多产品加工顺序的调度方法进行改进，提出一种根据动态累计空闲时间段确定产品加工顺序的方法，通过产品的实例验证，该调度方法在进行复杂多产品调度时，能取得更好的效果。

第19章 可动态生成具有优先级工序集的动态综合调度算法

19.1 引　　言

本章研究的问题是在满足三个约束条件的前提下使分批加工作业的总时间尽可能的少，提出一种构造虚拟加工工艺树的方法，把动态作业集合中的作业对应的加工工艺树构造成为一个虚拟加工工艺树。在调度过程中，根据虚拟加工工艺树的加工流程动态地构造一个可供调度的工序集。然后，遵循机器忙原则，应用第2章提出的四种调度策略调度备选工序集中的工序。备选工序集为空时表明所有作业加工完毕。最后，给出完整的算法。实例比较表明，算法对于动态综合调度问题可以得到满意的近优解。

19.2 动态综合问题描述

初始时，作业集合 $P^0=\{P_1^0,P_2^0,\cdots,P_k^0\}$，$t_i$ 时刻，作业集合 $P^i=\{P_{i1}^0,P_{i2}^0,\cdots,P_{ij}^0\}$，并且 $P^i\subseteq P^0$，同时又有新的作业 $P_1^i,P_2^i,\cdots,P_l^i$ 加入作业集合 P^i 中，使 $P^i=\{P_{i1}^0,P_{i2}^0,\cdots,P_{ij}^0,P_1^i,\cdots,P_l^i\}$。对于任意时刻作业集合中的某个作业 P_i，若 P_i 中有工序 $P_{i1},P_{i2},\cdots,P_{ij},\cdots,P_{il}(l=1,2,\cdots)$，并且满足 $P_{ij}\prec P_{ik}$ ($j,k=1,2,\cdots,l$)，$\prec$ 为一个加工顺序的偏序关系[49]，即问题中的第一个约束条件。当加工机器集合 $M=\{M1,M2,\cdots,Mi,\cdots,Mk\}$ 时，并且 Mi 上没有正在加工的工序，则 Mi 为空闲机器，即问题中的第二个约束条件。由于 Mi ($i=1,2,\cdots,k$)上加工的工序是已知的，设 E_i 为 Mi 上加工完最后工序的时间，则问题的解可表示为

$$T=\min\{\max\{E_1,E_2,\cdots,E_i,\cdots,E_k\}\}。 \tag{19-1}$$

19.3 动态综合问题分析

初始时，作业集合中包含 k 个作业。t_i 时刻，有的作业可能已经加工完毕，还有的作业部分加工。此时，作业集合中剩余 j 个作业，可知作业部分加工剩余工序仍为树状结构[49-51]，说明作业集合中有 j 个加工工艺树。若此时又有 l 个作

业加入作业集合，则作业集合包含 $j+1$ 个作业。尽管每个作业的加工流程各不相同，但是它们的加工流程都属于同一类型的加工结构，即树形结构。如果把每个作业都看作是一个更大的虚拟加工工艺树的根子树，则可以把问题简化为加工单个作业，然后按照调度单个作业的算法调度工序。

由于相同的机器只有一台，因此很可能出现多个工序争夺机器的情况。假设某一时刻有 m 个工序争夺机器，则将这些工序调度到机器上的排列共有 $m!$ 种，从而使总的加工时间有 $m!$ 种。对于单产品综合调度问题采用四种调度策略，可以有效地解决竞争问题，因此这里仍采用这四种调度策略。以下是对动态综合问题的具体思想。

对于作业集合 $P^0=\{P_1^0,P_2^0,\cdots,P_k^0\}$，算法采用根对齐的方式构造虚拟加工工艺树，即将每个作业的加工工艺树作为虚拟根节点的根子树。虚拟根节点的优先级设置为 0，优先级最低，每个子树根节点的优先级设为 1，依此类推。这样就将多个作业的问题简化成为单个作业的问题[36]。显然，虚拟加工工艺树包含所有待加工的作业。这个虚拟加工工艺树满足单个作业的性质，因此调度工序时完全可以应用这四种调度策略调度虚拟加工工艺树上的工序。在 t_i 时刻，当作业 $P_1^i,P_2^i,\cdots,P_l^i$ 加入作业集合以后，可以按上述构造方法重新构造虚拟加工工艺树，然后调度这个新的虚拟加工工艺树。

19.4　算法设计

① 根据作业集合构造虚拟加工工艺树。
② 根据虚拟加工工艺树的结构为工序设置优先级。
③ 根据虚拟加工工艺树生成备选工序集，若工序集为空，则转第⑥步。
④ 从备选工序集中选取优先级最高的可调度工序。若工序唯一，则选取此工序，若工序不唯一，则选取用时最少的工序；若用时最少的工序不唯一，则选取路径最长的工序。
⑤ 若选取的工序满足动态调整条件或者在所有需要在同机器上加工的工序中优先级最高，则调度此工序；否则，在优先级最高的工序中任选一个可调度工序进行调度。然后，从加工工艺树上删除此节点，从备选工序集中删除此工序。如果有新的作业加入集合，则转到第①步；否则，转第③步。
⑥ 结束。
这里的选取不是调度，④是选取的过程，⑤是决定是否调度的过程。

19.5　动态综合调度问题算法流程图

动态综合调度问题的算法流程图如图 19-1 所示。

```
                          ┌──────────┐
                          │   开始    │
                          └──────────┘
                                │
                   ┌────────────────────────┐
                   │    将作业加入作业集合      │
                   └────────────────────────┘
                                │
                   ┌────────────────────────┐
                   │   为每个作业输入工序信息    │
                   └────────────────────────┘
                                │
                   ┌────────────────────────┐
                   │    构造虚拟加工工艺树       │
                   └────────────────────────┘
                                │
              ┌──────────────────────────────────┐
              │ 广度优先遍历虚拟加工工艺树(设置优先级) │◄──────┐
              └──────────────────────────────────┘       │
                                │                          │
              ┌──────────────────────────────────┐        │
              │ 深度优先遍历虚拟加工工艺树(计算路径长度)│        │
              └──────────────────────────────────┘        │
                                │                           │
  ┌──────────────────┐  Y       ◇                           │
  │  将工序加入备选工序集 │◄────── 存在新的可调度、准可调度工序 │
  └──────────────────┘          ◇                           │
                                │ N                          │
      ┌──────┐      Y           ◇                            │
      │  结束  │◄────────── 备选工序集是否为空                  │
      └──────┘              ◇                                │
                                │ N                          │
              Y               ◇                              │
      ◄──────────── 最高优先级可调度工序是否唯一                │
                      ◇                                      │
                                │ N                          │
              Y               ◇                              │
      ◄──────────── 用时最短的工序是否唯一                      │
                      ◇                                      │
                                │ N                          │
              Y               ◇                              │
      ◄──────────── 路径最长的工序是否唯一                      │
                      ◇                                      │
                                │ N                          │
  ┌──────────┐         ┌──────────────┐                     │
  │  选择此工序 │         │   任选一个工序  │                     │
  └──────────┘         └──────────────┘                     │
                                │                            │
              Y               ◇                              │
      ◄──────── 在所有需要同机器的工序中优先级是否最高            │
                      ◇                                      │
                                │ N                          │
                                ◇        N                   │
                  是否符合动态调整策略 ──────────────────────────┤
                                ◇                            │
                                │ Y                          │
                   ┌────────────────────┐                   │
                   │     调度此工序        │                   │
                   └────────────────────┘                   │
                                │                            │
                   ┌────────────────────┐                   │
                   │  从虚拟加工树上删除此节点 │                   │
                   └────────────────────┘                   │
                                │                            │
                   ┌────────────────────┐                   │
                   │  从备选工序集中删除此工序 │                   │
                   └────────────────────┘                   │
                                │                            │
                   ┌────────────────────┐                   │
                   │      输出甘特图        │                   │
                   └────────────────────┘                   │
                                │                            │
                                ◇        N                   │
                  作业集合是否改变 ─────────────────────────────┘
                                ◇
                                │ Y
                                └────────────────────────────┘
```

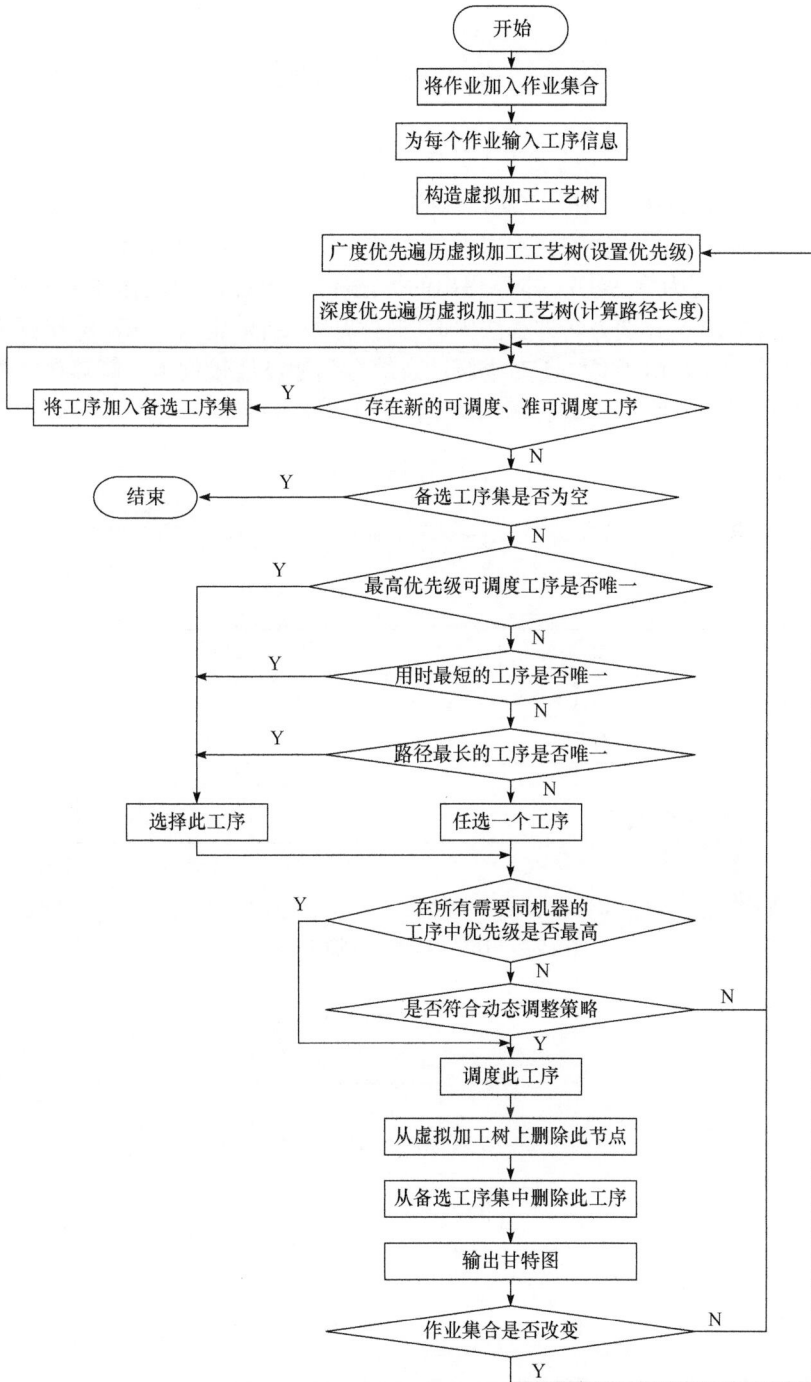

图 19-1   动态综合调度问题的算法流程图

19.6　动态调度实例分析

初始时，作业 A 对应的加工工艺树如图 19-2 所示。当调度进行到 55 时，作业 B 加入作业集合中，对应的加工工艺树如图 19-3 所示。图 19-4 所示为作业 B 加入作业集合后重新构造的虚拟加工工艺树。分别采用基于 ACPM 和 BFSM 的动态综合调度(记为算法①)、本章提出的算法(记为算法②)调度作业 A 和作业 B。图 19-5 和图 19-6 分别为两种算法生成的甘特图。结果显示，算法②比算法①缩短 5 个单位时间。由于算法①对求解动态综合问题已经较优了，能够在此基础上得到更优的解，说明算法②在优化调度问题上更进一步。

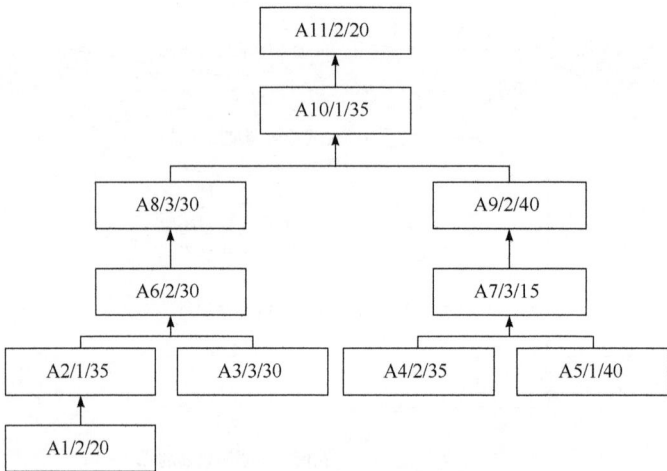

图 19-2　作业 A 对应的加工工艺树

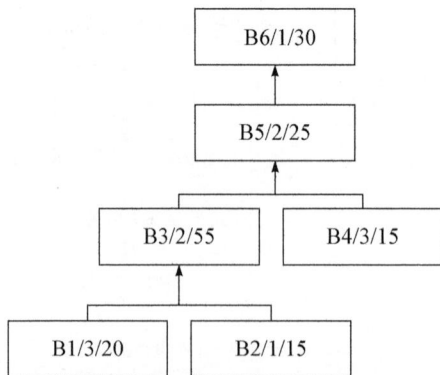

图 19-3　作业 B 对应的加工工艺树

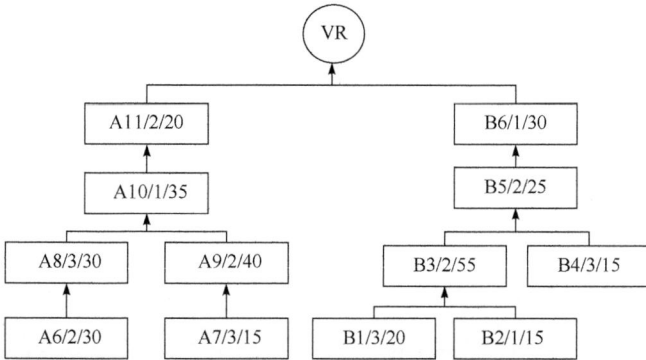

图 19-4 作业 B 加入作业集合后重新构造的虚拟加工工艺树

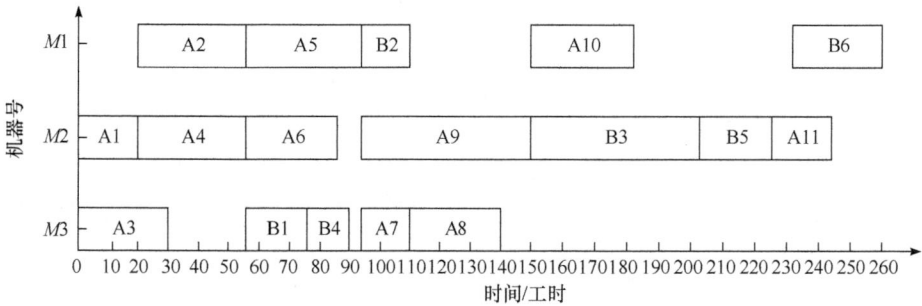

图 19-5 算法①生成的甘特图(260 工时)

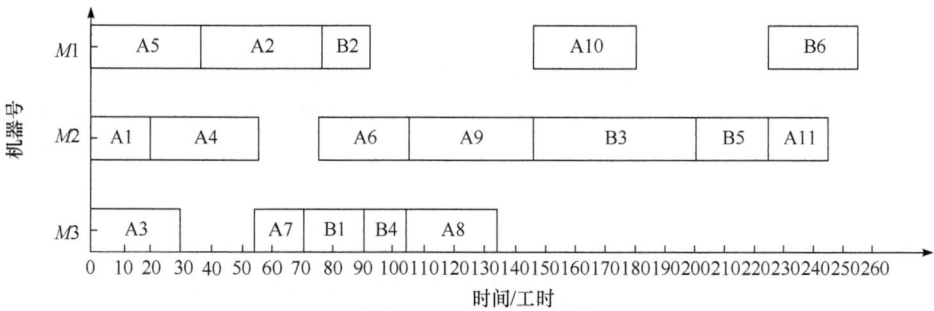

图 19-6 算法②生成的甘特图(255 工时)

19.7 本章小结

通过上面的分析和实例的验证可以看出，本章提出的算法对于动态综合问题能够得到较优的解。由于本章提出的算法在调度工序的过程中动态地生成备选工序集，除非工序被调度到机器上，否则不会被调出备选工序集，因此本章提出的算法能够避免操作系统中的抖动问题，具有一定的理论和实用价值。

特殊产品综合调度篇

第 20 章　非紧密衔接工序综合调度问题的提出及调度策略

20.1　引　　言

综合调度问题是一类与实际生产调度密切相关的调度问题,是目前研究最为广泛的一类调度问题。经典的 JSSP 从语义上可描述为给定一个工件集和一个机器集。工件具有相同的加工优先级,每个工件均包含一系列需要满足工艺路线约束的加工工序。每一道工序需要以一定的加工工时安排在指定的机器上,确定各机器上所有工件的加工开始时间和加工完成时间,使某个性能指标达到最优。在此基础上,研究者基于理论研究和工程实际的需要,提出各种 JSSP 模型并研究其相应的算法,如考虑工件优先级、柔性工艺路线、机器故障等。然而,在迄今研究的 JSSP 模型中,工艺约束均指一个零件内部所定义的工艺路线顺序约束。事实上,在许多加工装配型离散制造企业中,通常还存在另外两类工艺约束。一类是工艺路线中除了顺序约束外的延时约束,即工件的某一工序加工完成后,其下一道工序需要延迟一定时间才能开始加工。实际生产中最常见的例子是,当某一铸造工序完成后,需要进行一段时效处理,其下一道工序才能开始加工。另一类为工件之间的工艺约束,如工件之间存在配做关系、装配关系及工件的某道工序需要某个工装(如电极)时,均会发生工件之间的工艺约束。本书称具有这两类约束的调度问题为非紧密衔接工序调度问题。在进行车间作业计划时,如果忽略这类问题,得到的作业计划是不可行的,因此提出一类非紧密衔接工序调度问题,给出调度策略,并通过算例对调度策略进行验证和分析[39]。

20.2　非紧密衔接工序调度问题分析

对于调度问题[52],通常设有 k 个产品,每个产品的工序数为 J_i, $i=1,2,\cdots$, 总工序数 $n=\sum_{i=1}^{k}J_i$ 在 m 个设备上加工,要求 1 台设备在某一时刻只能加工一道工序;一道工序在某一时刻只能被 1 台设备加工; 1 台设备一旦加工某道工序,则直到该工序加工完毕，这台设备才能加工其他工序；每道工序都必须在其前续工序加工完后才可开始；当上一道工序完工后立即送下一道工序加工；每道工序的加工时间已知，且与加工顺序无关；允许工序之间等待，设备在工序达到之前闲置。

由于产品工序的开始加工时间必须等其前续工序加工完毕才能决定，产品全部加工完毕的时间为各设备完工的最大时间值，因此产品全部加工完毕的最短时间值的数学描述为

$$T = \min\left\{\max\left\{s_{ij} + t_{ij}\right\}\right\} \tag{20-1}$$

$$\text{s.t.} \quad \min\{s_{ij}\} \tag{20-2}$$

$$s_{ij} \geqslant s_{ij} + t_{ij}, \quad i=1,2,\cdots,m;\ j=1,2,\cdots,n \tag{20-3}$$

$$s_{xy} \geqslant \max\{s_{ij} + t_{ij}\}, \quad \text{工序 } j \text{ 是工序 } y \text{ 的紧前工序} \tag{20-4}$$

其中，s_{ij} 为设备 i 的第 j 个工序的开始加工时间；t_{ij} 为设备 i 的第 j 个工序的连续加工时间。

由上述的经典 JSSP 描述可看到，通常人们在研究 JSSP 时往往将问题假设为工序紧密衔接问题，即只考虑作业内部工序间的顺序约束[53-57]，并假设一道工序在完工后立即进入下一道工序。若需使用的设备空闲，即可开始加工。在许多实际加工装配型制造企业中，作业内部工序间并非总是紧密衔接的。例如，铸造工厂的生钢冷轧处理、化工厂的混合配料都要求在某道工序结束后，延迟一定时间才可进入下一道工序。工序间以一种非紧密的形式衔接。如果忽略这类工序间的空隙，那么产生的作业计划是不可行的。因此，针对造成时间延迟问题的不同情况，研究者又提出带有传输时间和非负时间滞差的调度算法。目前，针对带有延时约束调度问题的研究多集中在改进原有经典车间调度算法上，从模型入手的很少，因此造成算法的兼容性较差，主要体现在以下两点。

① 对于经典 JSSP，带有延时约束的调度算法不能对其调度或性能较差。

② 带有延时约束的调度算法针对性太强，使调度问题稍微有一点改变，就需要修改算法。例如，带有传输时间和非负时间滞差的调度算法，本质上都属于具有时间延迟约束问题的算法，但它们不可互用。

因此，在充分分析造成工序时间延迟的各种问题类型后，人们提出一类新的调度问题，称为非紧密衔接工序 JSSP。通过从模型分析入手，建立可同时描述经典 JSSP 和带有时间延迟约束调度问题的扩展加工工艺树模型，并将由时间延迟约束造成的时间段假设为一个加工工序，称为延迟工序。在同时考虑顺序约束与时间延迟约束的前提下，我们提出一种将时间延迟约束转化为顺序约束的策略(即将工序非紧密衔接问题转换为工序紧密衔接问题)，使经典车间调度算法可对转换后的非紧密衔接工序问题进行调度。这样不但可以保留大量经典 JSSP 算法研究

成果,而且使原算法更符合实际生产调度。

20.3　非紧密衔接工序调度问题模型设计

20.3.1　工序分类

在以往的调度算法中,假设作业中的工序与其前续和后继工序间无任何时间延迟(或将延迟时间隐含在工序加工时间中[37]),使实际生产无法精确调度。带有传输时间和非负时间滞差的调度算法,虽然考虑时间延迟约束,但是其仅通过在算法中加入约束调度条件,算法兼容性较差。本章按照实际生产中的工艺约束,从模型分析入手,将加工工序分为标准工序与延迟工序。

定义 20-1(标准工序)　实际产品加工工序。

定义 20-2(延迟工序)　在考虑时间延迟的情况下,某一标准工序在进入下一道工序前需要一定的延迟时间或某一标准工序的几个前续标准工序在进入当前工序前,由于相互协作需要一定的延迟时间,因此这一延迟时间段称为延迟工序。

延迟工序作为只占用时间的虚拟工序,将在某台假设的虚拟处理机上加工处理。

20.3.2　扩展加工工艺树模型

加工工艺树分解法[13]可以简化加工工艺树的拓扑结构,对调度研究起到重要的推动作用。本章通过对产品加工工艺树进一步的分析与研究,提出加入延迟工序的扩展加工工艺树。

定义 20-3(扩展加工工艺树)　在作业(或产品)的加工流程中,根据标准工序和延迟工序间的加工工艺约束形成的树状描述称为扩展加工工艺树。

扩展加工工艺树上的每一个节点表示一个独立的工序。每个工序由工序号、所需处理机号和加工时间三元素组表示。特别是,为延迟工序也按加工顺序编排加工顺序号,所需的处理机为额外增加的虚拟处理机。为了在各虚拟机上并行处理延迟工序,虚拟机有区分但个数不限,延迟工序加工时间为延迟时间。扩展加工工艺树中的边代表工序间加工顺序的工艺约束,且由子节点指向父节点。在加工工艺树中,根节点表示最后一道工序,叶子节点表示初始加工工序,中间节点表示其子节点的下一道紧后工序和父节点的紧前工序。

20.4　非紧密衔接工序到紧密衔接工序的转换策略

设作业总工序数为 n,每道工序所需的处理时间为 t_i $(i=1,2,\cdots,n)$,在 m 台设备上加工，工序 P_j 为工序 P_i 的紧后工序 $(i,j=1,2,\cdots,n)$，工序 P_i 完成后需要延迟时间 $D_i(i=1,2,\cdots,n)$ 才能开始工序 P_j 的加工。目标函数以作业最短完工时间 T_{total} 为例，非紧密衔接工序调度问题的数学描述为

$$T_{\text{total}} = \min\{\max\{s_{ij}+t_{ij}\}\} \tag{20-5}$$

$$s_{ij} \geqslant s_{ij}+t_{ij}, \quad i=1,2,\cdots,m; \quad j=1,2,\cdots,n \tag{20-6}$$

$$s_{xy} \geqslant \max\{s_{ij}+t_{ij}\}, \quad \text{第 } j \text{ 个工序是第 } y \text{ 个工序的紧前工序} \tag{20-7}$$

其中，s_{ij} 为设备 i 的第 j 个工序的开始加工时间；t_{ij} 为设备 i 的第 j 个工序的连续加工时间，$t_{ij}=t_i+D_i(i=1,2,\cdots,N)$。

　　针对此类非紧密衔接工序调度问题，本章提出一种将非紧密衔接工序问题转换为紧密衔接工序问题(将延迟约束转换为顺序约束)的策略。转换策略描述如下。

　　设工序 P_i $(i=1,2,\cdots,n)$ 的前续工序为 $P_k(k=1,2,\cdots,n-1,$其中 $k\neq i)$。针对延迟工序在工艺树中位置的分析，有如下三种情况。

　　① 若工序 P_i 仅与工序 P_k 之间存在延迟关系，延迟时间为 $D_k(j=1,2,\cdots,n)$，则将延迟时间段 D_k 虚拟为一道延迟工序 $P_{k'}$。其紧前工序为 P_k，紧后工序为 P_i，在虚拟处理设备 Mk' 上加工，将工序 P_i 与其前续工序 P_k 间的延迟约束关系转化为 $P_k \rightarrow P_{k'} \rightarrow P_i$ 的顺序约束关系。

　　② 若工序 P_i 的前续工序 P_k，P_m，P_w，$\cdots(k,m,w=1,2,\cdots,n-1)$中，若在开始工序 P_i 前有时间延迟 D_i，则将延迟时间段 D_i 虚拟为一道延迟工序 $P_{i'}$。其紧前工序为 $P_k,P_m,P_w,\cdots$，紧后工序为 P_i，在虚拟处理设备 Mi 上加工，将工序 P_i 与其前续工序 P_k、P_m、P_w 间的延迟约束关系转化为 $P_k,P_m,P_w,\cdots \rightarrow P_{i'} \rightarrow P_i$ 的顺序约束关系。

　　③ 若工序 P_i 的前续工序 $P_k,P_m,P_w,\cdots(k,m,w=1,2,\cdots,n-1)$中，某些工序(如 P_k、P_w)间由于相互配合，需在进入工序 P_i 前有延迟时间 D_{kw}，将延迟时间段 D_{kw} 虚拟为一道延迟工序 P_{kw}。其紧前工序为 P_k、P_w，紧后工序为 P_i，在虚拟处理设备 Mkw 上加工，将工序 P_i 与其前续工序 P_k 和 P_m 间的延迟约束关系转换为 $P_k,P_w \rightarrow P_{kw} \rightarrow P_i$ 的顺序约束关系。

20.5　非紧密衔接工序调度算法的复杂度分析

　　本章提出的转换策略通过将工序间的延迟约束变为延迟工序，使具有延迟约束的工序转化成仅具有紧前、紧后工序的顺序约束工序，符合经典车间调度算法的约束要求，从而使非紧密衔接工序得以调度。本章提出的调度模型对原经典算法调度复杂性的影响分析如下。

设作业总工序为 n，调度算法 f 的算法复杂度为 $\sigma(n)$，则通过转换策略转换后，调度算法 f 的复杂度仍为 $\sigma(n)$，作业总工序数 $n'=n+Y$(Y 为延迟工序数)。延迟工序数 Y 分以下两种情况讨论。

① 当作业工序为紧密衔接工序时，工序间不存在延迟关系，转换后的延迟工序数为 0，即 $Y=0$。

② 当作业工序为非紧密衔接工序时，由于作业总工序数为 n，加工工艺树的节点数为 n，加工工艺树中的边数为 $n-1$，最坏情况下，除根节点工序外，其余节点工序均与其后继工序存在延迟关系，即需要在加工工艺树中的每条边上加一延迟工序节点，形成扩展加工工艺树。此时，延迟工序数 $Y=n-1$。因此，延迟工序数 $0 \leqslant Y < n$，转换后的作业总工序数 $n \leqslant n' \leqslant 2n$。

因此，通过该策略转换后的调度算法在调度非紧密衔接工序时，除调度规模(规模大小以原规模 2 倍为上界)变大外，算法复杂度保持不变。

20.6　实　例　分　析

设产品 A 加工工艺树如图 20-1 所示。图中方框内数字分别为产品工序号/加工设备号/工序加工时间。其中，在产品 A 的加工中，工序 A1 完成后需延迟 15 个时间单位才可进入工序 A2 加工；工序 A5 完成后需延迟 20 个时间单位才可进入工序 A7 加工；工序 A8 与 A9 由于配做关系，需在其完工后延迟 15 个时间单位才可进入工序 A10。产品 A 属于加工工序非紧密衔接型的调度问题。

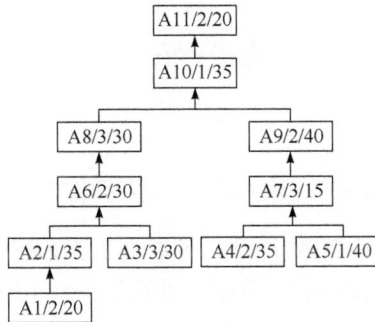

图 20-1　产品 A 的加工工艺树

在经典的车间调度算法中[58,59]，处理加工工艺工序间的延迟约束的通常做法是将延迟时间加入工序加工时间或忽略延迟工序，以满足工序间的延迟约束，从而导致算法调度结果不精确或不可调度。下面通过本章提出的转换策略将产品 A 的加工工艺树转换为仅具有顺序约束的扩展加工工艺树(图 20-2)。其中，V1、V2、V3 为虚拟延迟工序，分别在虚拟处理设备 VM1、VM2、VM3 上加工。

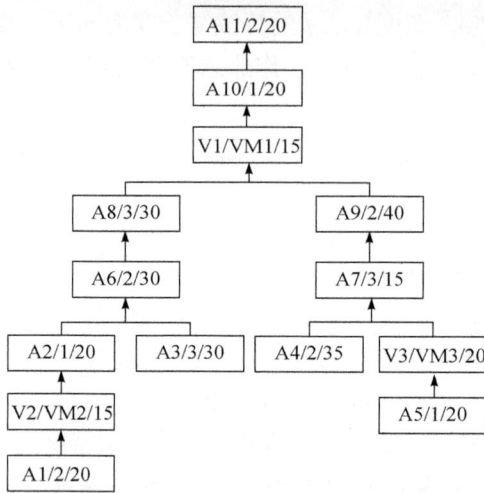

图 20-2 产品 A 的扩展加工工艺树

首先,对产品 A 按图 20-1 所示的加工工艺树模型运用经典车间调度算法——基于 ACPM 和 BFSM 的车间调度算法进行调度,总加工时间为 225 工时。产品 A 的加工甘特图如图 20-3 所示。

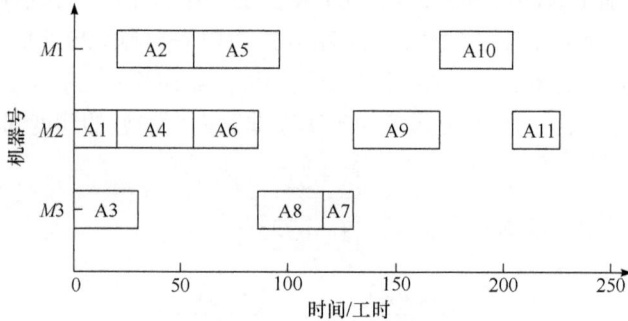

图 20-3 产品 A 的加工甘特图(225 工时)

然后,对产品 A 按图 20-2 所示的扩展加工工艺树模型运用基于 ACPM 和 BFSM 的车间调度算法进行调度,总加工时间为 180 工时。产品 A 的加工调度甘特图如图 20-4 所示。

由此看到,本章提出的非紧密衔接工序调度问题的转换策略,通过延迟约束转换为顺序约束、加入延迟节点、扩展树状模型,可以较好地解决非紧密衔接工序调度问题。在不改变算法的前提下,使经典车间调度算法更好地对工序非紧密衔接型调度问题进行调度。通过图 20-3 与图 20-4 的对比可以看到,相同问题和相同算法下,转换后的问题调度模型的加工总时间为 180 工时,原调度模型的加工总时间为 225 工时，缩短了 45 工时。

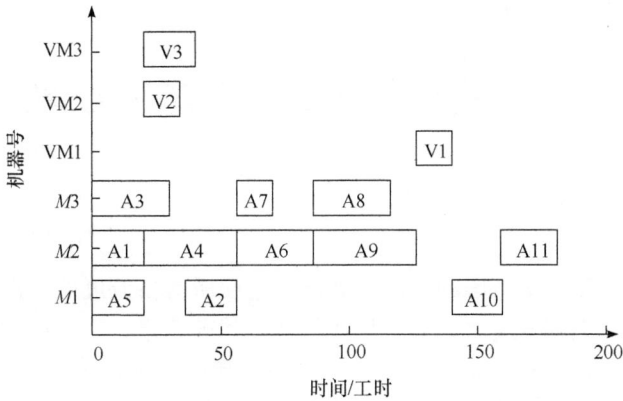

图 20-4　产品 A 的加工调度甘特图(180 工时)

　　本章提出的非紧密衔接工序调度问题的解决方案引入了延迟工序，可以分离工序实际处理时间和由延迟约束造成的延迟时间，使延迟工序在无数量限制且相同的虚拟设备上并行加工。

20.7　本章小结

　　基于实际装配加工过程中通常存在工序间延迟约束这一事实，本章提出非紧密衔接工序调度问题，并通过建立新的调度模型、分类工序为标准工序和虚拟延迟工序，将工序间的延迟约束转换为顺序约束，实现将工序非紧密衔接型调度问题转换为工序紧密衔接型调度问题。通过实例验证，本章提出的调度策略具有较好的可行性。研究发现，非紧密衔接工序调度问题有其自身特点，因此结合实际调度问题，根据其特点进一步设计和优化非紧密衔接工序调度算法，将成为下一步研究的重要内容。

第 21 章 非紧密衔接工序动态综合调度算法

21.1 引 言

目前多数调度算法考虑的是静态调度。它使所有待调度的工件均处于待加工状态，在进行一次调度之后，各个作业的加工就被确定，不再更改。在实际生产过程中，车间总是处于动态变化之中，可能遇到设备故障、临时到来的加工任务、原材料短缺等问题。动态调度问题中同样存在非紧密衔接工序的情况，但其同一般动态调度问题相比，又有其自身特点。因此，本章在扩展加工工艺树与调度策略的基础上，设计与优化动态非紧密衔接工序调度算法。

基于 ACPM 和 BFSM 的动态车间调度算法是一种较新的动态 JSSP 的近优解决方案。这种方法通过对加工工艺树的分解，将工序分为唯一紧前、紧后工序和独立工序，对这两类工序分批采用 ACPM 和 BFSM 进行调度，同时考虑使关键设备上的工序尽量紧凑，可以取得较好的调度效果。由于这种方法仅考虑工序为紧密衔接时的情况，因此本章从实际出发，对这种方法提出的加工工艺树概念进行扩展，将 ACPM 和 BFSM 进一步改进，设计基于 ACPM 和 BFSM 的非紧密衔接工序动态车间调度算法，并通过实例仿真运行对算法进行验证和分析。

21.2 非紧密衔接工序动态调度问题描述与分析

21.2.1 非紧密衔接工序动态调度问题描述

设车间有若干台机床，每台机床能够加工一道或多道工序。车间同时加工多种工件，每一种工件需要一道或多道工序完成加工。某些工件的多道工序间存在延迟约束与装配约束，不同机床的性能各不相同，生产任务以随机的方式到达车间。需要解决的问题是如何根据企业的加工资源状况，对工件的加工分配机床。

一般的车间调度算法考虑的是静态调度，把所有机床在初始时刻都设置为空闲状态，统一为每个工件的所有工序安排好加工机床，完成本批次工件的加工后再考虑下一批次工件的调度。就单批次工件而言，这样的调度结果能够达到最优。但在多批次，各批次工件到达车间的时间间隔小于单批次工件加工周期的情况下，这种调度算法并不能在总体上实现优化，而且当出现机床故障时，需要对所有的工件进行重新调度[60-64]。

21.2.2　非紧密衔接工序分类

　　基于 ACPM 和 BFSM 的动态车间调度算法在调度经典动态车间问题时将工序分为唯一紧前、紧后工序和独立工序，分批采用 ACPM 和 BFSM 进行调度。同时，考虑关键设备上的工序尽量紧凑，可以取得较好的调度效果。但是，在非紧密衔接工序调度问题中存在延迟工序，原算法中的工序分类方法已不再适合，因此提出一种非紧密衔接工序分类法。

　　按照非紧密衔接工序调度问题中存在延迟约束与装配约束关系，如第 20 章所述，将加工工序分为标准工序与延迟工序。对于标准工序，每个工序都有不同的特点，因此每个工序对产品加工结束时间所起的作用不同。将对产品加工结束时间起关键作用的工序提炼出来，称它们为关键标准工序。并将关键工序按加工顺序在其所在的设备上紧凑排序，使标准关键工序尽早完工。对于非关键标准工序，利用设备加工工序的并行性，根据非关键标准工序加工的前后顺序，分别插入由关键标准工序在相应设备上加工排序产生的空闲段中。

21.2.3　非紧密衔接工序调度问题建模

　　在作业(或产品)加工流程中，根据标准工序和延迟工序间的加工工艺约束形成的树状描述，称为扩展加工工艺树。其中，扩展加工工艺树上的每个节点表示一个独立的工序，每个工序由工序号、所需处理机号和加工时间三元素组表示。特别是，为延迟工序也按加工顺序编排加工顺序号。所需的处理机为额外增加的虚拟处理机，为了能在各虚拟机上并行处理延迟工序，虚拟机有区分但个数不限。延迟工序加工时间为延迟时间。扩展加工工艺树中的边代表工序间加工顺序的工艺约束，且由子节点指向父节点。在加工工艺树中，根节点表示最后一道工序，叶子节点表示初始加工工序，中间节点表示子节点下一道紧后工序和父节点的紧前工序。

21.3　延迟约束转换

　　设工序 $P_i(i=1,2,\cdots,n)$，其前续工序为 $P_k(k=1,2,\cdots,n-1$，其中 $k \neq i)$。针对延迟工序在工艺树中位置的分析，有如下三种情况。

　　① 若工序 P_i 仅与工序 P_k 之间存在延迟关系，延迟时间为 $D_k (k=1,2,\cdots,N)$，则将延迟时间段 D_k 虚拟为一道延迟工序 $P_{k'}$。其紧前工序为 P_k，紧后工序为 P_i，在虚拟处理设备 $M_{k'}$ 上加工，将工序 P_i 与其前续工序 P_k 间的延迟约束关系转化为 $P_k \to P_{k'} \to P_i$ 的顺序约束关系。

② 若工序 P_i 的前续工序为 $P_k, P_m, P_w, \cdots (k, m, w = 1, 2, \cdots, n-1)$，在开始工序 P_i 前存在时间延迟 D_i，则将延迟时间段 D_i 虚拟为一道延迟工序 $P_{i'}$。其紧前工序为 P_k，P_m，P_w，$\cdots$，紧后工序为 P_i，在虚拟处理设备 $M_{i'}$ 上加工，将工序 P_i 与其前续工序 $P_k, P_m, P_w, \cdots$ 间的延迟约束关系转化为 $P_k, P_m, P_w, \cdots \rightarrow P_{i'} \rightarrow P_i$ 的顺序约束关系。

③ 若工序 P_i 的前续工序 $P_k, P_m, P_w, \cdots (k, m, w = 1, 2, \cdots, n-1)$ 中，某些工序(例如，P_k, P_w)间由于相互配合，需在进入工序 P_i 前有延迟时间 D_{kw}，则将延迟时间段 D_{kw} 虚拟为一道延迟工序 P_{kw}。其紧前工序为 P_k 和 P_w，紧后工序为 P_i，在虚拟处理设备 Mkw 上加工，将工序 P_i 与其前续工序 P_k 和 P_m 间的延迟约束关系转换为 $P_k, P_w \rightarrow P_{kw} \rightarrow P_i$ 的顺序约束关系。

21.4　扩展加工工艺树的分解及工序加工的优先级

按照加工工艺树的分解思想，扩展加工工艺树的分解也是从树根(产品加工的最后标准工序)开始，但是由于扩展加工工艺树中加入了延迟工序，因此需要重新考虑关键工序的划分。具体分解步骤如下。

步骤 1，从扩展加工工艺树根节点开始，找到离根节点最近的入度大于 1 的节点，将扩展加工工艺树分解为串行相关工序和以串行相关工序中入度大于 1 的节点的紧前工序为枝树根的分支。这些分支相对独立可并行加工。

步骤 2，对步骤 1 产生的分支分别计算其加工关键路径长度。虽然延迟工序占用一定的虚拟处理机时间(若延迟工序未加工完，则其紧后标准工序不可开始加工)，但是延迟工序加工期间。其紧后标准工序所需处理机可供其他已准备就绪的标准工序占用。因此，计算分支上的加工路径长度时，只计算标准工序加工时间。其中最长路径为该分支的关键路径。如果最长路径不止一条，最长路径为标准工序数最多的路径，并按关键路径长度由大到小排序各分支。

步骤 3，对步骤 2 排序的各分支假定其为一扩展加工工艺树，再按步骤 1 和步骤 2 分解，直到余下的工序仅为具有唯一紧前、紧后的相关工序和独立工序。相关工序和独立工序是在仅具有顺序约束条件下对标准工序和延迟工序的进一步划分。

步骤 4，对步骤 3 得出的同一入度大于 1 的节点前具有唯一紧前、紧后的相关工序和独立工序，其中包含的延迟工序具有最高优先级，即优先调度延迟工序。对于唯一紧前、紧后的相关工序和独立工序中的标准工序，优先调度属于关键路径的标准工序。对于其他具有唯一紧前、紧后的相关工序，按关键路径长度由大到小依次调度，最后调度独立工序。

以上是对一个产品的加工分析，如果有多个产品同时加工，可将各产品分别看作一个大产品的不同分支。如果某产品有最长的加工关键路径，则称该产品为关键产品。

21.5　基于 ACPM 和 BFSM 的动态调度算法设计

21.5.1　基于拟关键路径法的调度策略

对于生成的产品扩展加工工艺树,先按其最长关键路径的关键产品上的工序排序,沿关键路径由叶向根排序,对各工序按照 ACPM 的调度思想划分优先级。具体方法如下。

步骤 1,找到离关键路径叶最近的入度大于 1 的叉点,即该工序的紧前工序不唯一。对于该工序前的具有唯一紧前、紧后的相关工序和独立工序,若存在准备就绪的延迟工序,则优先调度所有准备就绪的延迟工序。对于其中准备就绪的标准工序,则优先调度属于关键路径上的标准工序,然后调度独立工序。

步骤 2,找到离关键路径叶第 2 近的叉点工序,对此工序前的工序先排序关键路径上的工序,然后按步骤 1 中的分析方法并行调度其他工序。

步骤 3,重复步骤 2,直到最长关键路径上的所有工序加工完毕。

21.5.2　基于最佳适应调度算法的调度策略

在扩展加工工艺树中,延迟工序具有最高的优先级。标准工序中优先调度属于关键路径上的相关标准工序,对于独立工序中的标准工序将按对应设备插入由 ACPM 形成的标准工序序列中,插入策略采用 BFSM,使设备的各闲置时间段控制到最短,即空闲时间段无法满足任意一个准备就绪的标准工序的处理请求。具体方法如下。

步骤 1,将各设备独立工序中的标准工序按加工时间由长到短排序。

步骤 2,将按步骤 1 排序的独立标准工序的加工时间分别与各实际设备上的闲置时间段从前往后比较。

步骤 3,采用首次适应法,查找第 1 个大于或等于该独立标准工序加工时间的闲置时间段,将此标准工序插入闲置时间段。如果没有合适的闲置时间段,将此工序排在该设备已排标准工序的最后。

步骤 4,循环执行步骤 2 和步骤 3,直到各设备的独立标准工序全部插入。

21.5.3　关键设备上的标准工序尽量紧凑法

文献[37]通过关键设备上的工序尽量紧凑的方法,使设备利用率提高,可以进一步缩短产品的总加工时间。在非紧密衔接工序调度中,由于扩展加工工艺树中加入了延迟工序,因此需要对原紧凑法中的相关概念及方法重新定义和设计。

定义 21-1(关键设备)　将各实际设备上加工标准工序的加工时间求和,加工总时间最大的实际设备为关键设备。

因为延迟工序仅在各自的虚拟设备上加工,不占用实际设备的处理时间,所以定义关键设备时仅考虑标准工序在实际设备上的处理时间。

由于延迟工序的加工并不占用实际设备,而标准工序的加工才决定产品的最终完成时间,因此提出标准工序尽量紧凑法,使实际关键设备加工的标准工序更加紧凑。这种方法将实际关键设备上的空隙适当加大,即后移某些标准工序的开始加工时间,使加大的空隙正好安排欲插入的标准工序,从而有效地降低实际关键设备的空闲时间。

21.5.4　非紧密衔接工序动态调度策略

设有不同时开始调度的作业 A 和 B,B 开始调度时 A 已经按前述调度方法调度部分工序,因此当 B 开始调度时,A 剩余的部分工序加工工艺树仍为加工工艺树。这样 A 的剩余部分与到来的 B 可组成多作业加工问题。通过比较 A 剩余部分和 B 的关键路径长短,确定关键设备。

① 如果 A 剩余的部分工序的作业调度关键路径比 B 的全部工序的作业调度关键路径长,则先调度 A 剩余的部分工序。

② 如果 B 的全部工序的作业调度关键路径比 A 剩余的部分工序的作业调度关键路径长,则优先调度 B 的全部工序。

21.6　非紧密衔接加工工序动态调度实例

设产品 A 和 B 的加工工艺树如图 21-1 和图 21-2 所示。图中方框内数字分别

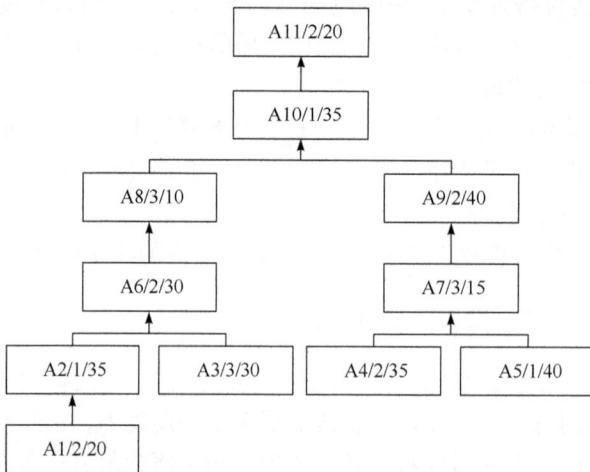

图 21-1　产品 A 的加工工艺树

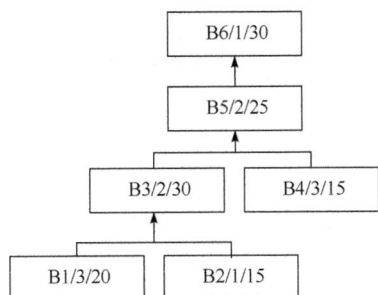

图 21-2　产品 B 的加工工艺树

为产品工序号/加工设备号/工序加工时间。在产品 A 的加工中，工序 A1 完成后需延迟 15 个时间单位才可进入工序 A2 加工；工序 A5 完成后需延迟 20 个时间单位才可进入工序 A7 加工；工序 A8 与 A9 需在其完工后延迟 15 个时间单位才可进入工序 A10。在产品 B 的加工中，工序 B1 与 B2 在完工后需延迟 15 个时间单位才可进入工序 B3；工序 B5 在进入工序 B6 时需延迟 10 个时间单位。产品 A 与产品 B 都属于加工工序非紧密衔接型的调度问题。

　　通过本章提出的转换策略，可以将产品 A 和产品 B 的加工工艺树转换为仅具有顺序约束的扩展加工工艺树(图 21-3 和图 21-4)。其中，V1~V5 为虚拟延迟工序，分别在虚拟处理设备 VM1~VM5 上加工。

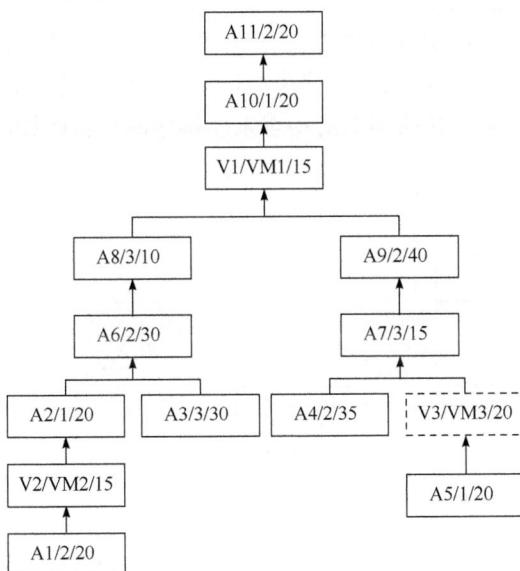

图 21-3　产品 A 的扩展加工工艺树

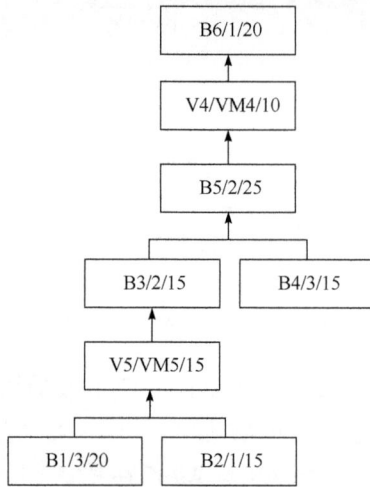

图 21-4　产品 B 的扩展加工工艺树

　　当产品 A 加工到 55 时，产品 B 开始加工。此时，产品 A 剩余工序的加工关键路径为 95，B 的加工关键路径为 80。产品 A 的剩余工序的加工关键路径最长，因此产品 A 的剩余部分为关键产品。在各实际设备上，剩余加工标准工序的总时间分别为 $M1$ 上 55 工时，$M2$ 上 130 工时，$M3$ 上 60 工时，因此 $M2$ 为关键设备。

　　首先，对产品 A 用本章提出的算法进行调度。产品 A 的加工调度甘特图如图 21-5 所示。在产品 A 加工到 55 时，产品 B 到来，将产品 A 剩余工序的扩展加工工艺树(图 21-6)与产品 B 的扩展加工工艺树合并。合并后的扩展加工工艺树如图 21-7 所示。然后，重新运用本章算法进行调度，重新安排工序调度顺序。产品 A 加工到 55 时，产品 B 开始加工的动态工序排序的甘特图如图 21-8 所示。

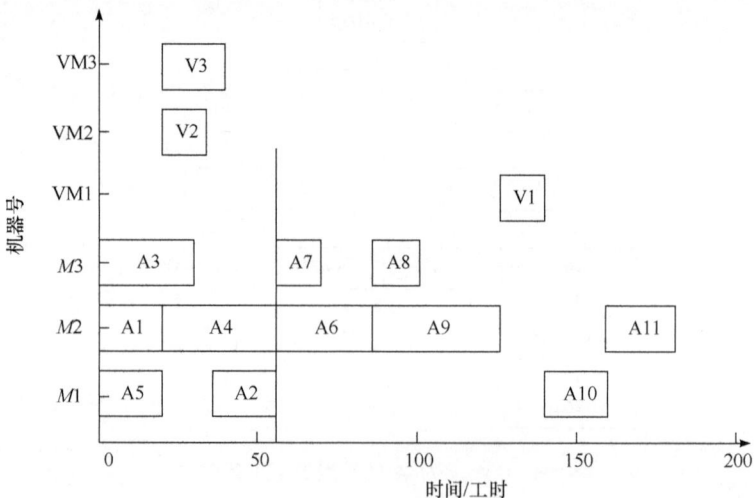

图 21-5　产品 A 的加工调度甘特图(175 工时)

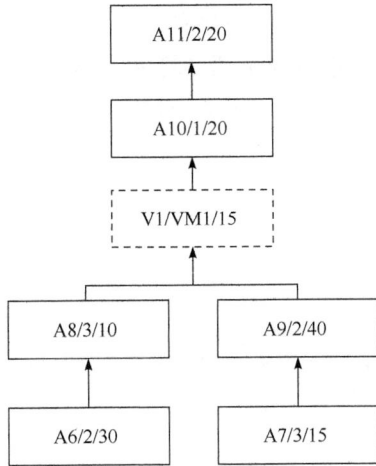

图 21-6　产品 A 剩余部分工序

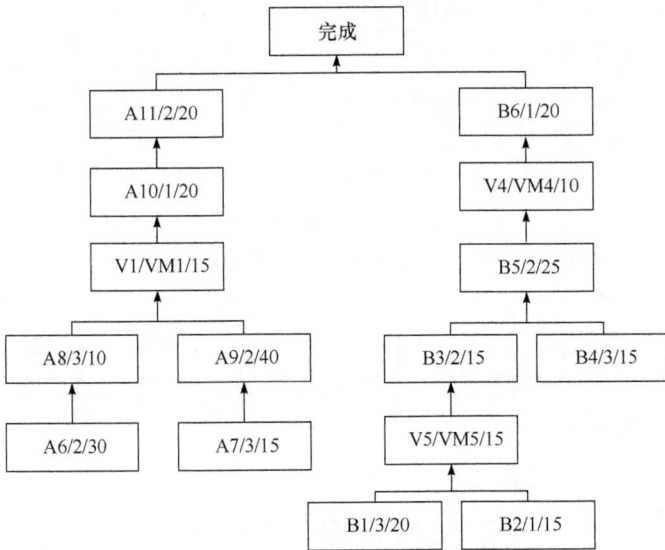

图 21-7　合并后的扩展加工工艺树

以往解决调度问题时，往往忽略延迟约束或将非紧密衔接工序问题作为紧密衔接工序问题进行处理[37]，容易导致算法调度结果不精确或不可调度。例如，用文献[13]的算法对产品 A、B 调度需要的总加工时间是 235 工时。其加工甘特图如图 21-9 所示。由图 21-8 可以看到，采用本算法，产品 A、B 调度的最终完成时间为 225 工时，缩短 10 工时。因为本章提出的非紧密衔接工序调度问题的解决方案，不但通过引入延迟工序、分离工序实际处理时间和由延迟约束造成的延迟时间，而且可以提高工序调度的并发性，缩短非紧密衔接工序动态调度问题调度时间。另外，如果实际问题是动态紧密衔接工序调度问题，可将虚拟的延迟工序加工时间设为 0。因此，本章提出调度算法，不但可以与以往的解决紧密衔接工序动态调度问题兼容，而且可以扩大解决动态调度问题的范围，更加优化、实用。

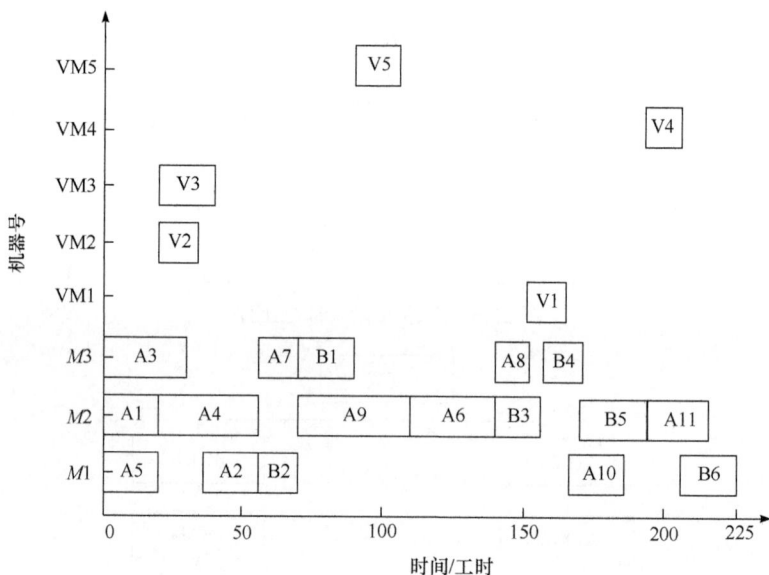

图 21-8　产品 A 加工到 55 时，产品 B 开始加工的动态工序排序的甘特图(225 工时)

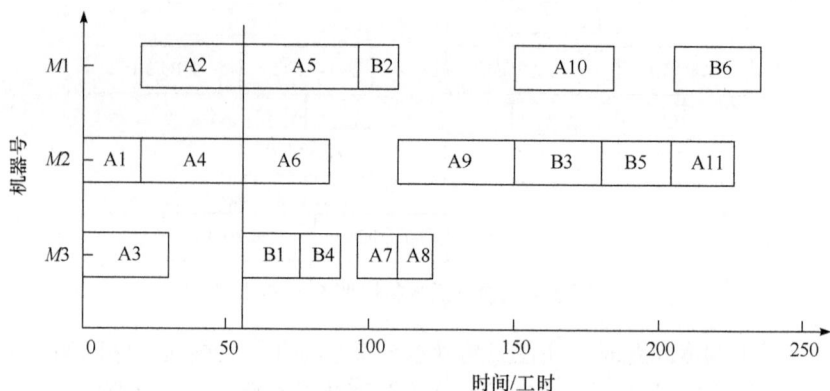

图 21-9　在原算法下的动态工序排序的甘特图(235 工时)

21.7　本 章 小 结

本章研究实际装配制造业的加工过程中通常存在的非紧密衔接工序调度问

题。针对非紧密衔接工序调度问题的特点，研究成果总结如下。

① 根据非紧密衔接工序调度问题特点通过优先调度延迟工序，对标准工序分批采用 ACPM 和 BFSM，同时考虑关键设备上标准工序，设计尽量紧凑的非紧密衔接工序动态调度算法。

② 实例验证算法的有效性和优越性。提出的调度算法不但能够较好地解决动态非紧密衔接工序调度问题，而且能够扩展解决动态紧密衔接工序调度问题。

第 22 章　存在设备有关延迟约束的综合调度算法

22.1　引　　言

JSSP[65]是 NP-C 问题，目前还没有高效的解决方法，但是有关学者已经取得一定的成果。例如，张长胜等[66]提出求解 JSSP 的自适应混合粒子群算法，Goncalves 等[67]提出求解 JSSP 的混合遗传算法，崔健双等[68]提出求解作业 JSSP 的全局邻域搜索方法等。这些算法解决的是将产品分解成无约束工件的纯加工或有约束工件的纯装配调度问题，比较适合相同产品大批量生产。

对于多品种小批量产品，特别是具有树状结构的复杂单产品的生产调度问题，如果分别进行加工和装配，必然割裂产品内在加工与装配间的并行关系。其调度结果不如加工和装配一同处理的综合调度[69]，因此解决一般综合调度的算法被提出[13]。对于工序间存在延迟约束的问题，有关学者提出针对 JSSP 的带有传输时间[70]和带有非负时间滞差[71]的调度算法；针对综合调度问题的设备无关延迟约束的调度算法[72]。因此，目前没有解决存在设备有关延迟约束的调度问题的方法。

由于实际加工和装配综合调度存在设备有关的延迟约束的情况，例如在能调整刀具和夹具的数控机床或加工中心上进行产品加工时，两个工序因加工类型不同需要等待调整刀具或调整夹具(设备调整)一段时间为设备有关的延迟约束。以往的调度算法是将延迟约束形成的等待时间分配到前后工序的加工时间内[13]，将占用实际加工设备的等待延迟时间变为前后工序加工时间的一部分。事实上，等待延迟时间不一定与工序紧密衔接，可以根据需要，在紧前工序结束后与紧后工序开始前之间灵活移动，因此以往等待延迟时间分配到前后工序的方法不符合实际情况，将导致相应的调度结果不精确，即降低调度结果的精度。因此，有必要对存在设备有关的延迟约束的综合调度问题进行研究。

22.2　问题分析与方案设计

通常情况下，由一般综合调度问题的数学模型[66]描述可知，一般综合调度问题工序间只存在顺序约束，而存在设备有关延迟约束的综合调度问题中，工序间不仅存在顺序约束，还存在需要等待的一段延迟约束时间。

为了解决存在设备有关延迟约束的综合调度问题，计划将设备有关延迟约束时间虚拟为可在一定范围内前后移动的虚拟工序，即将该问题简化为只存在顺序约束的一般综合调度问题。

22.2.1　工序分类

为了便于对问题的描述和分析，将工序分为标准工序、设备有关延迟工序，相关定义如下。

定义 22-1(标准工序)　标准工序指实际加工工序。

定义 22-2(设备有关延迟约束)　设 P_i、P_j 是同一设备 Mk 上 2 个相邻加工的标准工序，当加工完 P_i，需调整 Mk 的加工工具才能加工 P_j 时，由于 Mk 调整时是不能加工其他工序的，因此 P_i 和 P_j 间由调整形成的延迟约束是设备有关的，即设备有关延迟约束。

定义 22-3(设备有关延迟工序)　由 2 个相邻标准工序间的设备有关延迟约束形成的等待时间虚拟成的一道工序，称为设备有关延迟工序。该工序的加工时间是调整设备工具的固定时间，加工设备是占用的调整设备。

22.2.2　存在设备有关延迟约束的加工工艺树模型设计

通过对一般加工工艺树的研究与分析，本章提出在一般加工工艺树中加入设备有关延迟工序，即存在设备有关延迟约束的加工工艺树。

定义 22-4(存在设备有关延迟约束的加工工艺树)　在加工和装配综合调度中，根据标准工序和设备有关延迟工序间的工艺约束关系形成的树状结构称为存在设备有关延迟约束的加工工艺树。该工艺树的节点表示一个标准工序或设备有关延迟工序，标准工序节点由工序名、所需设备名、工序加工时间和加工类型组成。设备有关延迟工序节点由工序名、设备名和加工时间组成。

由以上分析，存在设备有关延迟约束的综合调度问题的数学描述的目标函数是对于有 k 个工件，每个工件的工序数为 J_i ($i=1,2,\cdots,k$)，总工序数 $n=\sum_{i=1}^{k}J_i$ 在 m 个设备上加工的产品，存在设备有关延迟约束的综合调度问题的数学模型为

$$T_{\text{total}} = \min\{\max(s_{iz}+t_{iz})\} \tag{22-1}$$

其中，s_{iz} 表示工序 i 在设备 M_z 上的开始加工时间；t_{iz} 表示工序 j 在设备 M_z 上的加工时间。

当标准工序 i 和 j 间存在关于设备 Mz 的延迟时间 D_{ij} 时，$s_{iz} \geqslant f_{jz}+D_{ij}$，$i,j=1,2,\cdots,n; z=1,2,\cdots,m$，即标准工序 i 和 j 存在设备有关延迟工序，其在标准工序 i 和 j 间加工。

22.3 等待延迟时间到设备有关延迟工序的转换策略

设标准工序 $P_i(i=1,2,\cdots,n)$ 的前续工序为标准工序 $P_k(k=1,2,\cdots,n-1$，其中 $k \neq i)$，针对加工类型不同的标准工序在加工工艺树中的位置分析，转换策略有如下四种情况。

情况 1 若标准工序 P_i、P_k 在同一个设备 Mi 上加工，加工时间分别为 $(t_i+t_i^1)$、$(t_k+t_k^1)$，其中 P_k 是 P_i 的前续工序，二者之间的关系如图 22-1(a)所示。因加工类型不同，P_k 加工结束后需调整设备 Mi 上的加工工具，才能加工 P_i，即加工完 P_k 之后在加工 P_i 之前存在等待延迟时间 $D_{ik}=t_i^1+t_k^1$，将等待延迟时间 D_{ik} 从 P_k、P_i 的加工时间中分离出来，虚拟为一道设备有关延迟工序 P_{ik}。其加工设备是设备 Mi。转换后三者之间的关系如图 22-1(b)所示，因此 P_k、P_{ik}、P_i 的加工顺序依次是 P_k、P_{ik}、P_i。

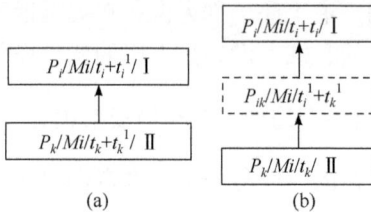

图 22-1 情况 1 示意图

情况 2 对于标准工序 P_k、P_j 和 P_i，其中 P_k 和 P_i 在同一个设备 Mi 上加工，加工时间分别为 $(t_i+t_i^1)$ 和 $(t_k+t_k^1)$，P_j 在另一个设备 Mj 上加工，三者之间的关系如图 22-2(a)所示。因为 P_k 和 P_i 的加工类型不同，P_k 加工完后，需要调整设备 Mi 的加工工具，再加工 P_i，即 P_k 和 P_i 存在等待延迟关系，将等待延迟时间 $D_{ik}=t_i^1+t_k^1$ 从 P_k 和 P_i 的加工时间中分离出来，虚拟为一道设备有关延迟工序 P_{ik}。转换之后工序间的约束关系如图 22-2(b)所示，则 P_k、P_{ik}、P_j、P_i 的加工顺序为 P_k、P_j、P_{ik}、P_i。当 P_k 和 P_i 之间 P_j 的加工时间为零时，这种情况转变为情况 1。

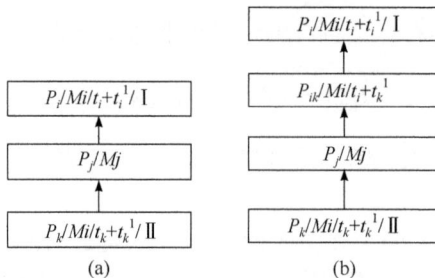

图 22-2 情况 2 示意图

情况 3 若标准工序 P_k、P_i 在同一个设备 Mi 上加工，加工时间分别为 $(t_i+t_i^1)$、

$(t_k+t_k^1)$，工序间的约束关系如图 22-3(a)所示。因为 P_k、P_i 的加工类型不同，加工完 P_k 之后在加工 P_i 之前需要调整设备 Mi 的加工工具，即 P_k 和 P_i 存在等待延迟关系，将等待延迟时间 $D_{ik}=t_i^1+t_k^1$ 从 P_k 和 P_i 的加工时间中分离出来，将等待延迟时间段虚拟为一道设备有关延迟工序 P_{ik}。由于 P_k 在关键路径上，关键路径上工序的加工时间直接影响产品总的加工时间，因此将 P_{ik} 转换为 P_i 的紧前工序，转换后三者的关系如图 22-3(b)所示。三者在设备 Mi 上的加工顺序为 P_k、P_{ik}、P_i。

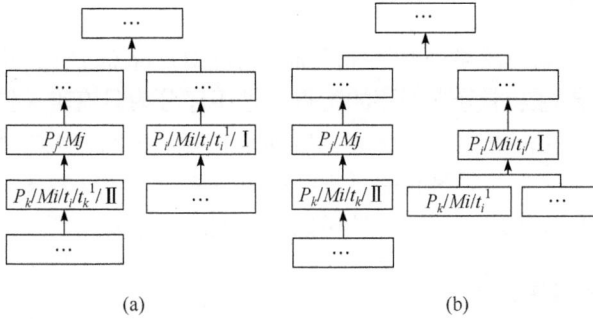

图 22-3　情况 3 示意图

情况 4　若标准工序 P_k、P_j 和 P_i 在同一个设备 Mi 上加工，加工时间分别为 $(t_k+t_k^1)$、$(t_j+t_j^1)$、$(t_i+t_i^1)$，其中 P_k、P_j 是 P_i 的前续工序。工序间的约束关系如图 22-4(a)所示。因为加工类型不同，在加工完 P_k、P_j 后因装配关系需要调整设备 Mi 的加工工具才能加工 P_i，即 P_k、P_j 和 P_i 之间存在等待延迟关系，将等待延迟时间 $D_{ikj}=t_i^1+t_k^1+t_j^1$ 从 P_k、P_i 和 P_j 的加工时间中分离出来，将等待延迟时间段虚拟为一道设备有关延迟工序 P_{ijk}，则 $P_k,P_j,\cdots,P_i,P_{ik}$ 转换后的关系如图 22-4(b)所示。转换后在设备 Mi 上的加工顺序为 $P_j,P_k,\cdots,P_{ik},P_i$。

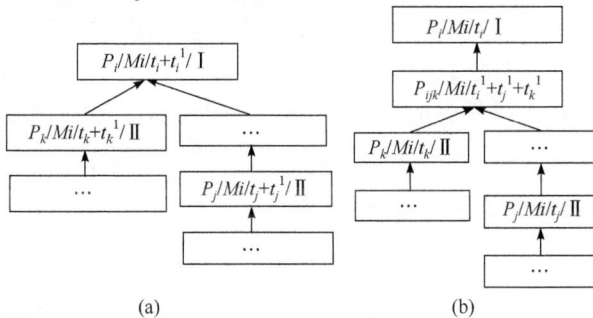

图 22-4　情况 4 示意图

22.4　算　法　设　计

对于一般加工工艺树的调度，当两个在同一个设备上相邻加工的工序因加工类型不同，需要设备上不同的加工工具，也就是加工完一道工序后需要更换设备上的加工工具，即延迟一段时间才能加工下一道工序。本章先通过等待延迟时间到设备有关延迟工序的转化策略把等待延迟约束时间转换为顺序约束的设备有关延迟工序，一般加工工艺树转换为存在设备有关延迟约束的加工工艺树，然后采用 ACPM 确定工序的调度顺序。

22.4.1　拟关键路径法

ACPM 充分考虑关键路径上工序的加工时间对产品总加工时间的影响。其基本思想是根据工艺树末端分支工序的特点，把工序分为具有唯一紧前、紧后关系的相关工序和独立工序两类[13]，优先调度加工时间最长路径上的相关工序，即关键路径上的相关工序。如果最长路径不唯一，优先调度工序数多的路径上的相关工序，然后调度独立工序，利用循环递归算法实现整个复杂产品的调度。

22.4.2　工序调度算法分析

存在设备有关延迟约束的加工工艺树上工序的具体调度算法如下。首先，对存在设备有关延迟约束的加工工艺树上的工序采用 ACPM 确定工序的调度顺序。然后，在加工过程中，标准工序采用标准工序的调度方法加工。为使受设备有关延迟工序影响的标准工序尽早开始加工,设备采用有关延迟工序配合调整的策略。

1. 标准工序的调度方法

对存在设备有关延迟约束的加工工艺树中的标准工序，采用文献[13]的方法调度，即对标准工序中的相关工序采用前沿贪心规则，使每个工序在满足约束条件的情况下尽早开始加工。对于标准工序中的独立工序，按其对应的设备将独立工序插入由相关工序调度过程形成的空隙中时，为了缩短各设备完工时间采用 BFSM，即在满足约束条件的前提下，把独立工序插入与此工序的加工时间差值最小的空闲时间段。

2. 设备有关延迟工序配合调整的策略

设在设备有关延迟约束的加工工艺树中，标准工序为 P_P、P_i 和 P_j。P_P 是 P_i 前续工序，P_P 和 P_i 的加工类型不同，即它们之间存在设备有关延迟工序 P_{iP}。P_p 和 P_j 是加工类型相同的工序，并且 P_P、P_i 和 P_j 在同一设备 M_k 上加工。由于 P_{ip} 的加工是可以活动的，即在满足约束条件下，P_{ip} 可以在其所有前续工序结束后和紧后工序开始加工前的任意时刻加工。根据设备有关延迟工序与标准工序的关系，设备有关延迟工序 P_{ip} 的加工情况分为如下两种。

① 若 P_p、P_i 存在与 P_p 的加工类型相同的可加工的 P_j，则先加工 P_j。这样可

以使 P_j 及其紧后工序提前加工，缩短整个产品总的加工时间。如果先加工设备有关延迟工序 P_{ip}，再加工 P_j，将导致加工 P_j 时需要再次调整设备 M_k 上的加工工具。这样将使 P_j 及其紧后工序延迟加工，延长整个产品总的加工时间。

② 若 P_p 和 P_i 间存在加工类型与 P_p 的加工类型不同的可加工的标准工序或无可加工的标准工序，P_P 中 f_{ik} 和 P_i 的 s_{ik} 间的空闲时间大于设备有关延迟工序 P_{iP} 的加工时间 D_{iP} 时，设备有关延迟工序 P_{iP} 尽可能地延后加工。这样剩余空闲时间可以用来加工与 P_p 加工类型相同的其他产品，缩短其他产品总的加工时间。

22.5　存在设备有关延迟约束的综合调度算法的实现

步骤 1，设置工序属性。根据加工和装配综合调度的要求和树状结构产品的特点，为每个工序设置有 5 个属性，即工序名(P_i)、工序 P_i 的加工时间(t_i)、工序 P_i 的加工设备(M_i)、工序 P_i 的紧后工序(N_i 表示工序 P_i 的唯一紧后工序)、工序 P_i 的加工类型(x_i)，因此工序 P_i 可表示为 $P_i/t_i/M_i/N_i/x_i$。

步骤 2，为工序的属性赋初值，设共有 n 道工序，工序名为 P_i, $i \in \{1,2,\cdots,n\}$；初始 t_i 中的时间值为 0；初始 M_i 中的设备为 Null；唯一紧后工序；初始工序的加工类型 x_i 为 Null。

步骤 3，确定工序的加工顺序，按 ACPM 对工序进行排序。

步骤 4，根据工序加工类型属性的不同，采用等待延迟时间到设备有关延迟工序的转化策略，将一般加工工艺树转化为存在设备有关延迟约束的加工工艺树。具体实现方法是，按步骤 3 排序，若标准工序 P_i 在标准工序 P_j 后加工，首先比较 P_i、P_j 的加工设备 M_i、M_j，若 $M_i=M_j$，再比较工序的加工类型是否相同，否则把调整设备的时间从其前后工序的加工时间中分离出来，虚拟为一道工序，然后把虚拟工序转换为顺序约束的设备有关延迟工序，更改工序间的前后约束关系。

步骤 5，按照本章的加工方法加工工序。

对标准工序采用 ACPM 确定工序的调度顺序。对标准工序中的相关工序，采用前沿贪心规则进行加工；对标准工序中的独立工序，采用 BFSM[13]进行加工。

对加工过程中的设备有关延迟工序的加工采用设备有关延迟工序配合调整的策略确定其开始加工时间。

步骤 6，若调度节点为根节点，调度结束，输出甘特图。

22.6　存在设备有关延迟约束的综合调度算法的复杂度分析

假设所有产品的总工序数为 n，设备数为 m，设备有关延迟工序数为 J，算法的复杂度分析如下。

① 等待延迟时间转换为设备有关延迟工序后，确定产品总的工序数。若产品工序间无须调整设备上的加工工具，即工序间是紧密衔接的，转换后设备有关延迟工序为 0，即 $J=0$。若产品工序间为非紧密衔接的，即在同一设备上加工的工序，因加工类型不同需要调整设备上的加工工具，由于产品总工序数为 n，每个设备上加工的工序数平均为 n/m。最坏情况下，同一个设备上相邻加工的工序都需要设备上不同的加工工具。每个设备上设备有关延迟工序数最多为$(n/m-1)$，m 个设备上总的设备有关延迟工序数为 $m(n/m-1)=n-m$。转换后产品的总工序数为 $2n-m$。

② 采用 ACPM 确定工序的调度顺序[13]，排序需要的比较次数为$(nJ)(n+J-m)/(2m)=(3n-m)(3n-2m)/(2m)=9n^2m-9n/2+2m$，因为 $1 \leqslant m < n$，即排序复杂度为 $O(n^2)$。

③ 一般加工工艺树到设备有关延迟约束加工工艺树的转换，需要按工序加工顺序比较同一设备上相邻加工工序的加工设备是否相同。最坏情况下，需和其他 $n-1$ 道工序比较，比较次数为 $n-1$ 次。若同一设备上相邻加工工序的加工设备相同，再比较它们的加工类型属性。最坏情况下，需和其他 $n-1$ 道工序比较，比较次数为 $n-1$ 次，一道工序是否和在同一设备上相邻加工的工序间存在等待延迟关系，最多比较 $2n-2$ 次，n 个工序最多比较 $2(n^2-n)$ 次，复杂度为 $O(n^2)$。

④ 确定设备有关延迟工序的开始加工时间。若标准工序 q_i 和 q_j 间存在设备有关延迟工序 q_{ij}，先按工序加工顺序查找 q_i 和 q_j 间是否存在与 q_i 在同一设备上加工的标准工序。最坏情况下，需和其他 $n-2$ 道工序进行比较，比较次数为 $n-2$ 次。若存在和 q_i 在同一设备上加工的标准工序，再比较它们加工类型是否相同。最坏情况下，需和其他 $n-2$ 道工序进行比较，比较次数为 $n-2$ 次，确定一个设备有关延迟工序 q_{ij} 的开始加工时间最多比较 $2(n-2)$ 次，产品总工序数为 n 的加工工艺树中最多存在 $n-m$ 个设备有关延迟工序，最多比较 $2(n-m)(n-2)$ 次，复杂度为 $O(n^2)$。

本章算法通过步骤分解的方式降低复杂度。综上所述，本章算法的时间复杂度为以上各步的时间复杂度的最大值，即 $O(n^2)$。

22.7　实　例　分　析

当有产品 A 时，其加工工艺树如图 22-5 所示。图中方框内符号为产品工序号/加工设备号/工序加工时间/加工类型。采用 ACPM 对图 22-5 所示的加工工艺树的调度顺序为 A4、A5、A6、A1、A2、A3、A7、A8、A10、A13、A9、A11、A12、A14。在同一设备上相邻加工的工序，因工序的加工类型不同，需要调整设备上的加工工具。A1 和 A3 的加工类型不同，A1 加工完成后，A3 开始加工前要调整设备 M1 上的加工工具，调整加工工具的时间为 1 工时；A10 和 A11 的加工类型不同，A10 加工完成后，A11 开始加工前要调整设备 M4 上的加工工具，调整加工工具的时间为 4 工时；A8 和 A12 的加工类型不同，A8 加工完成后，A12 开始加工前需要调整设备 M1 上的加工工具，调整加工工具的时间为 3 工时；A13 和 A14 的加工类型不同，A13 加工完成后，A14 开始加工前因装配关系需要调整设备 M5 上的加工工具，调整加工工具的时间为 5 工时。其中更换加工工具的时间是根据实际加工工具的更换时间确定的，更换不同的加工工具更换时间不同。

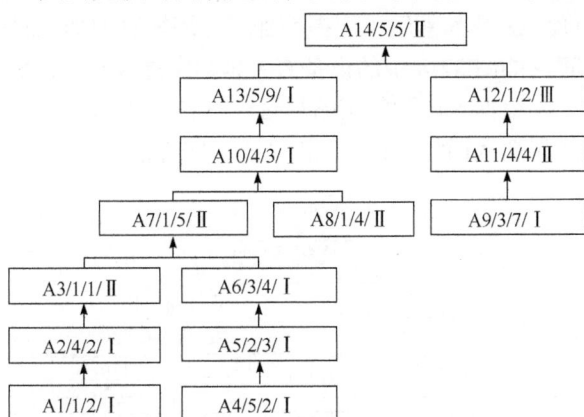

图 22-5　产品 A 的加工工艺树

在以往的综合调度算法中，处理加工工艺树中工序间的延迟约束通常将等待延迟时间加入前后工序的加工时间内或忽略等待延迟时间，导致调度结果不精确，即降低调度结果的精度。对产品 A 的一般加工工艺树中存在等待延迟问题，通过本章提出的等待延迟时间到设备有关延迟工序的转换策略可以将存在等待延迟时间的一般加工工艺树转换为设备有关延迟约束的加工工艺树，如图 22-6 所示。其中 V1、V2、V3、V4 为设备有关延迟工序，加工设备分别为 M1、M4、M1、M5。

① 采用文献[13]的 ACPM 和 BFSM 的调度算法对图 22-6 所示的一般加工工艺树调度，需要先比较各叶子节点的路径长度(A1 工时为 27，A4 工时为 31，A8 工时为 21，A9 工时为 18)，路径最长的工序序列(A14、A13、A10、A7、A6、A5、A4)为关键路径。按照 ACPM 调度各工序的顺序为 A4、A5、A6、A1、A2、A3、A7、A8、A10、A13、A9、A11、A12、A14。其调度甘特图如图 22-7 所示，图中，框的长度按工序时间比例确定(下同)。

② 采用本章的算法对图 22-6 所示加工工艺树的调度时，也需先比较各叶子节点的路径长度(A1 工时为 23，A4 工时为 27，A8 工时为 17，A9 工时为 18，V2 工时为 15，V3 工时为 12)，路径最长的工序序列(A14、V4、A13、A10、A7、A6、

A5、A4)为关键路径。按照文献[73]中 ACPM 调度的各工序的顺序为(A4、A5、A6、A1、A2、V1、A3、A7、A8、A10、A13、A9、V2、A11、V3、A12、V4、A14)。其调度甘特图如图 22-8 所示。

　　在采用本章算法调度图 22-7 所示的加工工艺树的过程中,对加工工艺树中设备有关延迟工序的调度采用设备有关延迟工序配合调整的策略确定设备有关延迟工序的开始加工时间。如图 22-8 中的 V3,在 A7 完成后,A12 加工之前都可以加工。因为 A7 和 A12 间有加工类型和 A7 加工类型相同 A8,应先加工 A8 再加工 V3,这样可以使 A8 及其紧后工序提前加工,缩短总的加工时间,否则会延迟产品总的加工时间。如图 22-8 中的设备有关延迟工序 V1,在 A1 完成后,A3 加工前可以直接加工,根据本章调整策略尽量让设备有关延迟工序 V1 延后加工,这样可以让其他产品和 A1 的加工类型相同的工序提前加工。

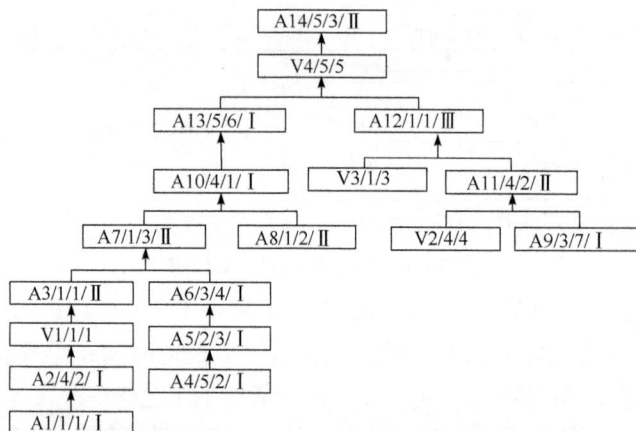

图 22-6　产品 A 的设备有关延迟约束的加工工艺树

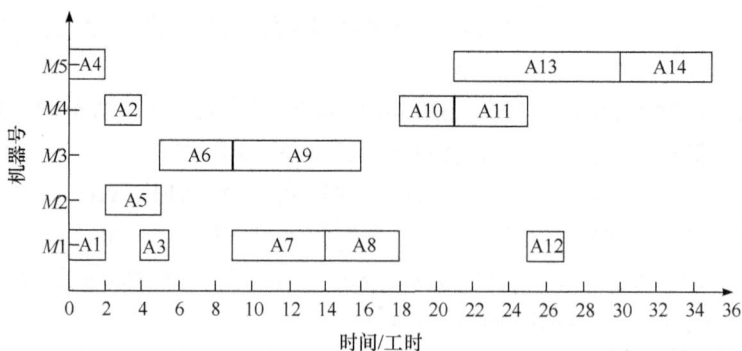

图 22-7　采用文献[13]的算法调度图 22-6 的甘特图(35 工时)

　　由图 22-7 和图 22-8 可以看出,采用文献[73]的调度算法,对图 22-5 所示加工工艺树加工，加工总时间为 35 工时；采用本章的调度算法，对图 22-6 所示的设备有关延迟约束的加工工艺树加工，加工总时间为 32 工时，总的加工时间缩短 3 工时。因为本章的算法分离了工序实际加工时间和由调整刀具或夹具造成的等待延迟时间，再通过本章提出的等待延迟时间到设备有关延迟工序的转换策略，使等待延迟时间不再是固定在实际工序的加工时间内，而是在满足约束条件下，转换为可以在一定范围内活动的虚拟工序(设备有关延迟工序)，以便其他标准工序提前加工，这样将会使产品总的加工时间缩短。

该例子虽然简单，但树状结构产品可能出现的设备有关延迟工序的各种情况均已考虑，因此该例反映的存在设备有关延迟约束的综合调度问题具有普遍意义。

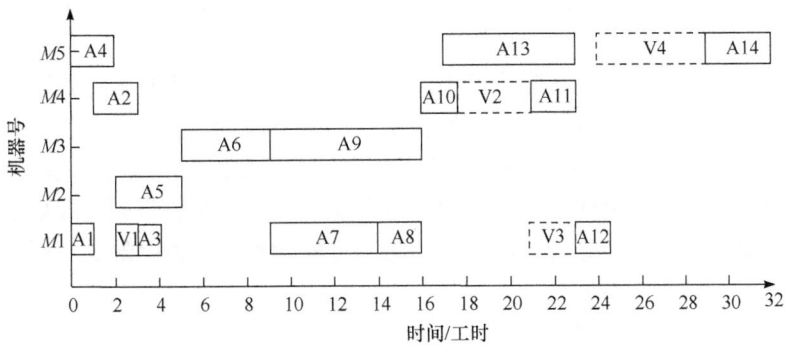

图 22-8　采用本章算法调度图 22-6 的甘特图(32 工时)

22.8　本 章 小 结

本章针对综合调度问题中存在设备有关延迟约束的情况，首次提出解决该问题的算法，具有一定的理论和实际应用价值。

① 在综合调度问题中，考虑延迟约束的方法比不考虑延迟约束的方法缩短产品总的加工时间。主要原因是，采用存在设备有关延迟约束的加工工艺树，把设备有关延迟时间从实际工序的加工时间中分离出来，转换为可在一定范围内随意调整的虚拟工序，可以方便其他标准工序提前加工。

② 采用 ACPM 等先进方法，可以在二次多项式内较好地解决存在设备有关延迟约束的综合调度问题，因此本章提出的算法简便、可行。

③ 本章只研究了存在设备有关延迟约束的综合调度问题。如果柔性调度问题中存在设备有关延迟约束的情况，可以将等待延迟时间到设备有关延迟工序的转换策略与柔性调度算法相结合，扩展解决存在设备有关延迟约束的综合柔性调度问题。

第 23 章　工序间存在零等待约束的复杂产品调度算法

23.1　引　　言

调度问题的最大的特点是没有一个有效的算法能在多项式时间内求出最优解[74]。由于其与许多实际生产密切相关,已成为制约企业高效生产的瓶颈之一,因此对它的深入研究具有重要的理论意义和工程实用价值。经过几十年的研究,调度问题在理论和方法上已经取得了很大的成果。现在的学者已经把研究方向扩展到很多其他方面来处理实际生产中的问题,如基于多代理的车间调度[75]、重调度[76]、工序间存在零等待约束的车间作业调度[77]和无等待流水车间调度[78,79]等。在实际生产中,当产品是由一组存在约束关系的工件按照树状工艺树装配而成的,工件是由一串前后约束的工序组成的,即产品中同时存在加工和装配复杂产品,为了简化复杂产品调度分析,可以将加工、装配设备定义为设备统一调度,并统一定义加工、装配为加工。

由于复杂产品调度问题的研究主要以缩短产品的加工时间为主,并没有考虑工序间存在零等待约束的实际情况,而当实际生产中出现零等待的要求时,忽略其产生的调度方案不但不符合实际,而且是不可行的。对于工序间存在零等待约束的问题,只有少数学者在研究它,而且都停留在非复杂产品的研究中。目前尚无复杂产品零等待调度问题的研究成果。针对这种情况,本章结合文献[13]提出的 ACPM 和 BFSM 的车间调度算法,提出把存在零等待约束的多工序虚拟成一个工序的方法来解决这个问题。

23.2　复杂产品调度问题分析

通常情况下,设有 k 个产品,每个产品的工序数为 J_l, $l=1,2,\cdots,k$, 总工序数 $n=\sum_{l=1}^{k} J_l$。在这 m 个设备上加工,要求一台设备在某一时刻只能加工一道工序;一道工序在某一时刻只能被一台设备加工;一台设备一旦加工某道工序,则直到该工序加工完毕,这台设备才能加工其他工序;每道工序都必须在其紧前工序加工后,方可开始加工;当上一道工序加工完后,立即送下一道工序加工;每道工序的加工时间已知,且与加工顺序无关;允许工序之间等待,允许设备在工序达到之前闲置。

由于产品工序的开始加工时间必须等其紧前工序加工完毕，产品全部加工完毕的时间为各设备完工的最大时间值，因此求产品全部加工完毕的最短时间值的数学描述为

$$T = \min\left\{\max\left\{s_{ij} + t_{ij}\right\}\right\} \tag{23-1}$$

$$\text{s.t.} \quad \min\{s_{ij}\} \tag{23-2}$$

$$s_{i(j+1)} \geqslant s_{ij} + t_{ij}, \quad i = 1, 2, \cdots, m; \ j = 1, 2, \cdots, n \tag{23-3}$$

$$s_{xy} \geqslant \max\{s_{ij} + t_{ij}\}，设备 i 的第 j 个工序是第 y 个工序的紧前工序 \tag{23-4}$$

其中，s_{ij} 为设备 i 的第 j 个工序的开始加工时间；t_{ij} 为设备 i 的第 j 个工序的连续加工时间。

由上述 JSSP 的描述可以看到，通常研究 JSSP 的时候只考虑工艺约束。工艺约束是指一个零件内部定义的工艺路线顺序约束。事实上，在许多实际加工生产中，还存在其他约束，如顺序约束外的延时约束，即工件的某一工序加工完成后，其下一道工序需要延期才能开始加工。实际生产中常见的例子包括铸造工厂中的生钢冷轧处理，当某一铸造工序完成后，需要进行一段时间的时效处理，其下一道工序才能开始加工。本章考虑实际生产中与延时约束相反的另一种情况，顺序约束外的工序间存在零等待约束，即工件的某一工序加工完成后，其下一道工序与上一个工序间零等待，工序之间不能存在时间空隙。例如，用模具加工铁制品，必须趁铁水炽热时浇铸；化学工业生产中的混合配料，当某一配料加工完成之后，必须马上进入下一道工序，工序之间不能存在时间空隙，以防化学配料变质。

23.3　复杂产品调度问题研究

由于工序间存在零等待约束的调度问题不但考虑工序间的前后顺序约束关系，而且考虑工序间前后无空闲时间的约束关系，因此会增加工序间的限制。如果简单地用一般调度方法处理，再考虑工序间存在零等待约束，由于工序间的联动，调度工作非常复杂。特别是，工序之间存在零等待约束的复杂产品的调度问题。为了简化工序间存在零等待约束的复杂产品的调度问题，通过分析工序间存在零等待约束的复杂产品生产工艺约束，进行如下定义。

定义 23-1(复杂产品)　在实际生产中，产品由一组存在约束关系的工件按照树状工艺树装配而成，工件由一串前后约束的工序组成。这样的产品定义为复杂产品。

定义 23-2(扩展加工工艺树)　在作业的加工流程中，根据标准工序和虚拟

工序之间的加工工艺约束形成的树状描述，称为扩展加工工艺树。扩展加工工艺树上的每一个节点表示一个独立的工序。每个工序由工序名、所需设备名和加工时间三元素组成。特别的，每个虚拟工序由存在零等待约束的一串工序虚拟而成，并用虚线矩形在扩展加工工艺树中标出。扩展加工工艺树中的边代表工序间加工顺序的工艺约束。

在产品加工工艺树中，将存在零等待约束的多工序虚拟成一个工序，可使产品加工工艺树变为扩展加工工艺树。将存在零等待约束的调度问题转化为存在虚拟工序的无零等待约束的调度问题，可以实现对问题的简化。对扩展加工工艺树中的标准工序采用 ACPM 和 BFSM 的车间调度算法进行调度，对虚拟工序采用能够有效地利用调度中工序间的空闲时间段的移动交换算法在相应设备上分离调度，可以实现标准工序全局近优调度和虚拟工序零等待调度。由于移动交换算法的紧凑调度在标准工序全局近优调度的基础上调整部分相关工序，以工序尽早加工为目标，因此可以实现调整步骤简单且总加工时间延迟少。

23.4 算 法 设 计

23.4.1 算法描述

为了解决实际生产中工序间存在零等待约束的复杂产品调度问题，本章把存在零等待的一串工序虚拟成一个工序。因此，在虚拟工序和标准工序之间无零等待要求。此时，对标准工序的调度可用 ACPM 和 BFSM 的车间调度算法，对虚拟工序中的加工工序采用移动交换算法在相应设备分离调度。移动交换算法的步骤如下。

① 如果虚拟工序中第一个工序 P 的加工设备 k 上已排工序 n 和 $n+1$ 之间有足够空隙，可安排工序 P 插入，即 $(s_{k(n+1)} - (s_{kn} + t_{kn})) \geqslant t_{kp}$，则将工序 P 插入合适的空闲段，转②；如果工序 P 的加工设备 k 上的空隙无法安排新增工序 P，转⑦。

② 如果虚拟工序中第一个工序 P 的紧后工序 q 的加工设备 j 上已排工序 n 和 $n+1$ 之间有足够的空隙，可安排工序 q，即 $(s_{j(n+1)} - (s_{jn} + t_{jn})) \geqslant t_{jq}$，则设备 k 上第 $n+1$ 个及以后已排工序后移 $s_{js} \rightarrow s_{j(s+1)}$，将工序 q 插入合适的空闲段，转③；如果工序 q 的加工设备 j 上无法安排新增工序 q，转⑥。

③ 如果工序 P 的结束时间 $s_{kp} + t_{kp}$ 等于工序 q 的开始时间 s_{jq}，转⑧；否则，转④。

④ 如果工序 P 的结束时间 $s_{kp} + t_{kp}$ 早于工序 q 的开始时间 s_{jq}，且设备 k 上工序 P 的下一个工序 P^1 的开始时间 s_{kp^1} 晚于或等于工序 q 的开始时间 s_{jq}，则将工序 P 向后移动。如果移动过程中涉及已经移动调整成功的虚拟工序，那么将虚拟

工序也一起向后移动，移动时间 D 为工序 q 开始时间 s_{jq} 减去工序 P 结束时间 $s_{kp}+t_{kp}$，即 $D=s_{jq}-(s_{kp}+t_{kp})$，转⑧；否则，转⑤。

⑤ 如果工序 P 的结束时间 $s_{kp}+t_{kp}$ 早于工序 q 的开始时间 s_{jq}，设备 k 上工序 P 的下一个工序 P^1 的开始时间 s_{kp^1} 早于工序 q 的开始时间 s_{jq}。如果受工序 P^1 影响的已排序工序为 s_{xy}，即 $s_{kp^1}<s_{xy}$，将工序 P、P^1 和②中的已排工序向后移动，移动时间 D 为工序 q 开始时间 s_{jq} 减去工序 P 结束时间 $s_{kp}+t_{kp}$，即 $D=s_{jq}-(s_{kp}+t_{kp})$，转⑧。如果在移动过程中出现以下的三种情况，则采用移动交换方法进行解决。

情况 1　工序 A 和工序 B 已经零等待调整完毕。工序 D 和工序 E 之间存在零等待约束，因为有工序 C 的存在，无论怎样向后移动调整工序 D 和工序 B 的位置，都不能满足工序 A、工序 B、工序 D、工序 E 同时零等待，因此交换工序 D 和工序 B 的加工顺序，将工序 D 排在工序 B 后，可以满足工序 D 和工序 E 之间零等待要求。工序 A 和工序 B，工序 D 和工序 E 存在的零等待约束如图 23-1 所示。

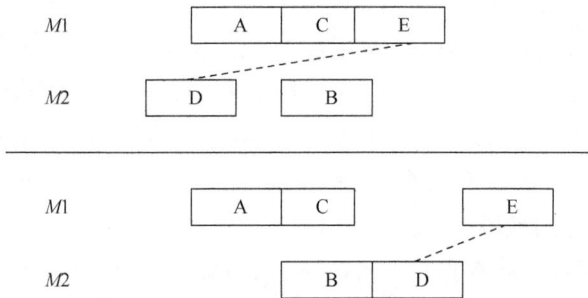

图 23-1　工序 A 和工序 B，工序 D 和工序 E 存在的零等待约束

情况 2　工序 A 和工序 B 已经零等待调整完毕，工序 C 和工序 D 也要求零等待。无论怎样向后调整工序 A 的位置，都不能满足工序 A、工序 B、工序 C、工序 D 同时零等待的要求，因此交换工序 C 和工序 A 的位置，以便满足工序 C 和工序 D 的零等待要求。工序 A 和工序 B，工序 C 和工序 D 存在零等待约束如图 23-2 所示。

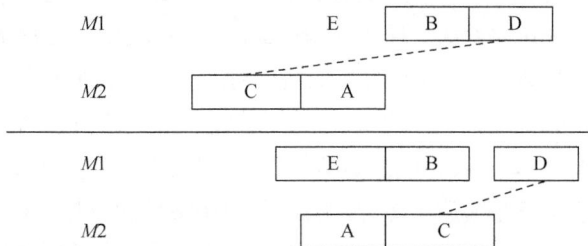

图 23-2　工序 A 和工序 B，工序 C 和工序 D 存在零等待约束

情况 3 工序 C 的紧前工序 A 和工序 B 在同一台机器上加工，要求工序 A 和工序 C 零等待，无论怎样向后移动工序 A 的位置，都不会满足零等待要求，因此交换工序 A 和工序 B 的位置，以便满足工序 A 和工序 C 零等待要求。工序 A 和工序 C 存在零等待约束如图 23-3 所示。

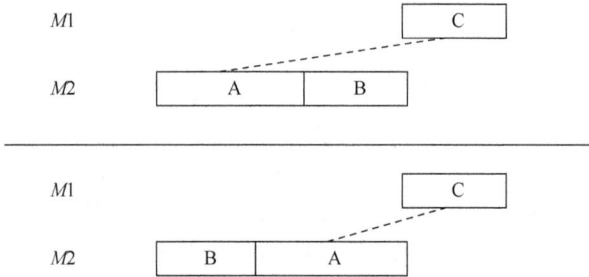

图 23-3　工序 A 和工序 C 存在零等待约束

⑥ 第一，如果工序 q 的加工设备 j 上已排工序 n 和 $n+1$ 之间有空隙，但不能安排新增后序工序 q，即 $0<(s_{j(n+1)}-(s_{jn}+t_{jn}))<t_{jq}$。第二，如果受 $s_{j(n+1)}$ 影响的已排序工序为 s_{xy}，即 $s_{j(n+1)}<s_{xy}$。第三，向后移动 $s_{j(n+1)}$ 和第二的已排工序，移动时间为 $t_{jq}-(s_{j(n+1)}-(s_{jn}+t_{jn}))$。第四，在设备 j 上已排工序 n 和 $n+1$ 之间安排新增工序 q，则设备 j 上第 $n+1$ 个及以后的已排工序后移 $s_{js}\rightarrow s_{j(s+1)}$，将 q 插入合适的空闲段，转③。

⑦ 如果工序 P 的加工设备 k 上的空隙无法安排新增工序 P，则将工序 P 排在设备 k 已排工序的最后，转②。

⑧ 如果在工序 q 的紧前工序 $P, P_1,\cdots, P_m, P_n,\cdots, P_k$ 中，工序 $P_1,\cdots,P_m, P_n,\cdots, P_k$ 的加工结束时间都早于工序 P 的加工结束时间，转⑪；否则，转⑨。

⑨ 如果在工序 q 的紧前工序 $P, P_1,\cdots, P_m, P_n,\cdots, P_k$ 中，工序 $P_1,\cdots, P_m$ 的加工结束时间早于工序 P 的加工结束时间，工序 $P_n,\cdots, P_k$ 的加工结束时间晚于工序 P 的加工结束时间，则将工序 P 向后移动，移动时间 D 为工序 $P_n,\cdots, P_k$ 中加工结束时间最晚工序的加工结束时间减去工序 P 的加工结束时间，同时移动调整完成的虚拟工序也相应一起向后移动相同的时间，转⑪；否则，转⑩。

⑩ 如果在工序 q 的紧前工序 $P, P_1,\cdots, P_m, P_n,\cdots, P_k$ 中，工序 $P_1,\cdots, P_m, P_n,\cdots, P_k$ 的加工结束时间都晚于工序 P 的加工结束时间，则将 P 向后移动，移动时间 D 为工序 $P, P_1,\cdots, P_m, P_n,\cdots, P_k$ 加工结束时间最晚的加工结束时间减去工序 P 的加工结束时间，同时移动交换完成的虚拟工序也相应向后移动相同的时间，转⑪。

⑪ 如果工序 q 存在紧后工序 d，则将移动调整后的已排工序 P、q 看成一个工序 (P、q 看成一个工序同②中的工序 P)，作为工序 d(同②中的 q)的紧前工序，转②；否则，结束。

23.4.2　移动交换算法流程图

根据移动交换算法的步骤，算法流程图如图 23-4 所示。

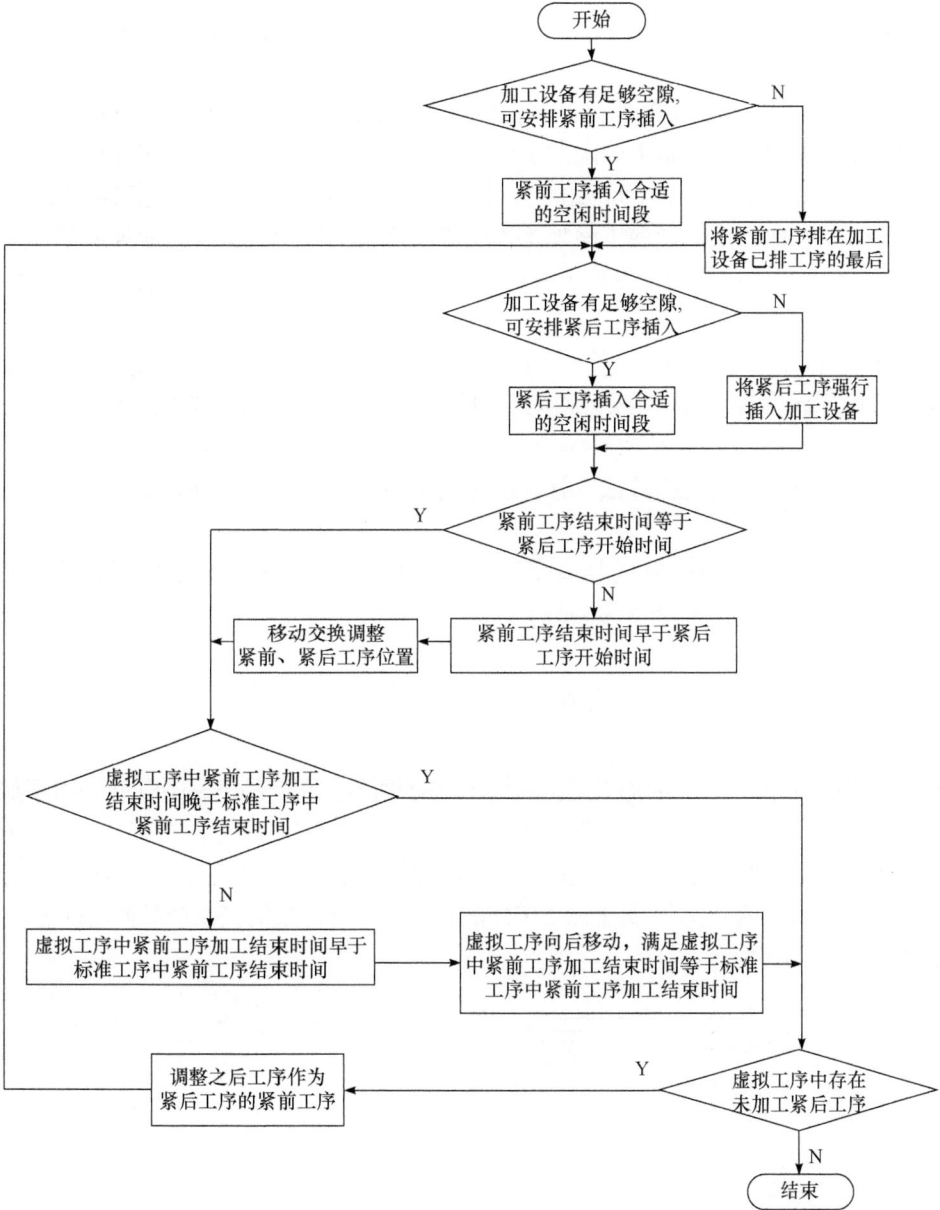

图 23-4　移动交换算法流程图

23.5　算法复杂度分析

设产品工序数是 n，设备数是 m，零等待工序数一般为 $n/2$，其中紧前工序数和紧后工序数一般为 $n/4$。

① 紧前工序在各相关设备上调度排序。将总数为 $n/4$ 的紧前工序分配到 m 台设备上，平均每台设备上分配的工序数为 $n/4m$，因此各设备紧前工序按开始时间的约束及设备空闲时间段的大小插入相应位置的排序最多需要比较 $(n/4m)×(n/m)$ 次。全部紧前工序加工调度排序需要比较的总次数为 $n^2/4m$。

② 紧后工序在各相关设备上调度排序与紧前工序调度排序相同，需要比较的总次数为 $n^2/4m$。

③ 虚拟工序进行移动交换时，每个虚拟工序最多移动相关设备全部工序，按每个虚拟工序含有 2 个工序，虚拟工序数一般为 $n/4$，因此全部虚拟工序移动交换需要的最多移动工序数为 $(n/4)×2×(n/m)=n^2/2m$。

综上所述，移动交换算法的计算次数为 n^2/m，因为 $1≤m<<n$，所以复杂度为 $O(n^2)$。

由于 ACPM 和 BFSM 的复杂度为 $O(n^2)$，因此本章工序间存在零等待约束的复杂产品调度算法的复杂度为 $O(n^2)$。

23.6　实　例　分　析

设产品 A 和产品 B 的加工工艺树如图 23-5 所示。在产品 A 的加工中，由于加工需要，工序 A2 和工序 A6，工序 A5 和工序 A7 之间存在零等待约束。在产品 B 的加工中，由于加工需要，工序 B1 和工序 B3，工序 B4 和工序 B5 之间存在零等待约束。产品 A 和产品 B 属于加工工序间存在零等待约束的复杂产品调度问题。

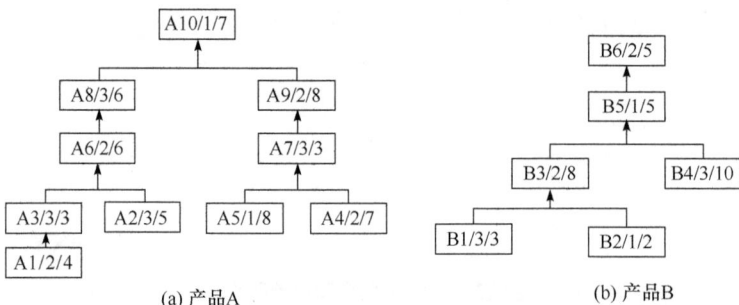

图 23-5　产品 A 和产品 B 的加工工艺树

通过本章提出的把存在零等待约束的工序虚拟成一个工序的方法，将产品 A 和产品 B 的加工工艺树转换为只有顺序约束的扩展加工工艺树。产品 A 和产品 B 的扩展加工工艺树如图 23-6 所示。

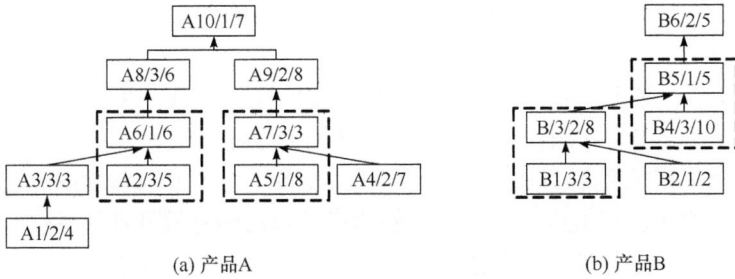

(a) 产品A　　　　　　　　　　　　　(b) 产品B

图 23-6　产品 A 和产品 B 的扩展加工工艺树

产品 A 和产品 B 的加工调度甘特图如图 23-7 所示。加工总时间为 44 工时。标准工序采用基于 ACPM 和 BFSM 的车间调度算法进行调度，遇到虚拟工序采用移动交换算法在相应设备分离调度。零等待约束下产品 A 和产品 B 的加工调度甘特图如图 23-8 所示。加工总时间为 46 工时。

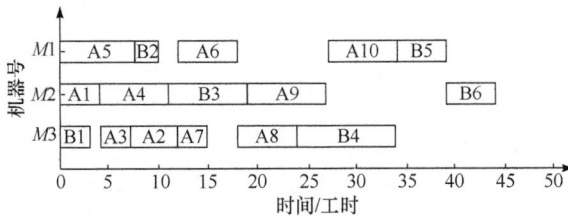

图 23-7　产品 A 和产品 B 的加工调度甘特图(44 工时)

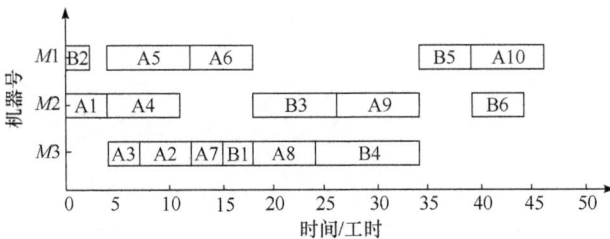

图 23-8　零等待约束下产品 A 和产品 B 的加工调度甘特图(46 工时)

图 23-7 得到的调度结果不满足工序零等待约束条件，说明文献[13]的方法忽略工序零等待约束条件不符合实际问题。本章提出的算法把存在零等待的工序虚拟成一个工序，虽然在加工时间上和原算法比较并没有缩短，但是通过虚拟零等待工序，建立扩展加工工艺树，能够将工序间存在零等待约束的调度问题转化为一般调度问题，实现的调度结果满足工序零等待约束条件，可以解决实际生产中

遇到的零等待情况。实例表明，本章提出的调度方案不但符合实际，而且有效可行。

23.7　本 章 小 结

针对复杂产品工序间存在零等待约束调度问题的特点，在加工过程中引入虚拟工序的方法，将工序间存在零等待约束转换为顺序约束。

对虚拟工序采用移动交换算法在相应设备上分别调度，对标准工序采用 ACPM 和 BFSM 进行调度，并通过实例验证该算法的有效性和优越性。

本章提出的调度算法不但能够较好地解决工序间存在零等待约束的复杂多产品调度问题，而且可以作为研究工序间存在零等待约束的动态复杂产品调度问题的基础。

第 24 章　工序间存在零等待约束的复杂产品动态调度算法

24.1　引　　言

车间调度是生产管理的核心内容和关键技术。其任务是在有限的资源约束条件下，确定产品在相关设备上的开始时间，以保证所选的生产目标最优。目前多数调度算法考虑的是静态调度，它将所有待调度的工件均处于待加工状态，在进行一次调度之后，各个作业的加工就被确定，不再更改。在实际生产过程中，车间总是处于动态变化之中，可能会遇到诸如设备故障、临时加工任务、原材料短缺等问题。动态调度问题中同样存在工序间有零等待约束的情况，但其同一般动态调度问题相比，又有其自身特点。因此，在第 23 章提出的扩展加工工艺树与移动交换算法的基础上，设计与优化动态工序间存在零等待约束的复杂产品动态调度算法，将成为本章研究的重点内容。

24.2　动态调度问题分析

复杂产品动态调度问题是在某个产品已经进行一段时间调度后又有新加入欲调度的产品，并使总调度时间尽可能短。

由于先被调度了一段时间的产品按照第 23 章中的方法进行调度，所调度的工序为加工工艺树的末端分支，因此该作业剩余工序仍为一棵加工工艺树。

设有不同时开始调度的产品 A 和产品 B，产品 B 开始调度时，产品 A 已经按前述调度方法调度部分工序，因此当 B 开始调度时，A 剩余的部分工序加工工艺树仍为加工工艺树，这样 A 的剩余部分与到来的 B 可组成多作业加工问题。通过比较 A 剩余部分和 B 的关键路径长短可以确定关键设备。

① 如果 A 剩余的部分工序的作业调度关键路径比 B 的全部工序的作业调度关键路径长，则优先调度 A 剩余的部分工序。

② 如果 B 的全部工序的作业调度关键路径比 A 剩余的部分工序的作业调度

关键路径长，则优先调度 B 的全部工序。

24.3　动态调度算法流程图

在工序间存在零等待约束的简单产品调度问题和复杂产品调度问题的基础上，分析考虑零等待约束条件下复杂产品的动态调度问题。相应的算法流程如图 24-1 所示。

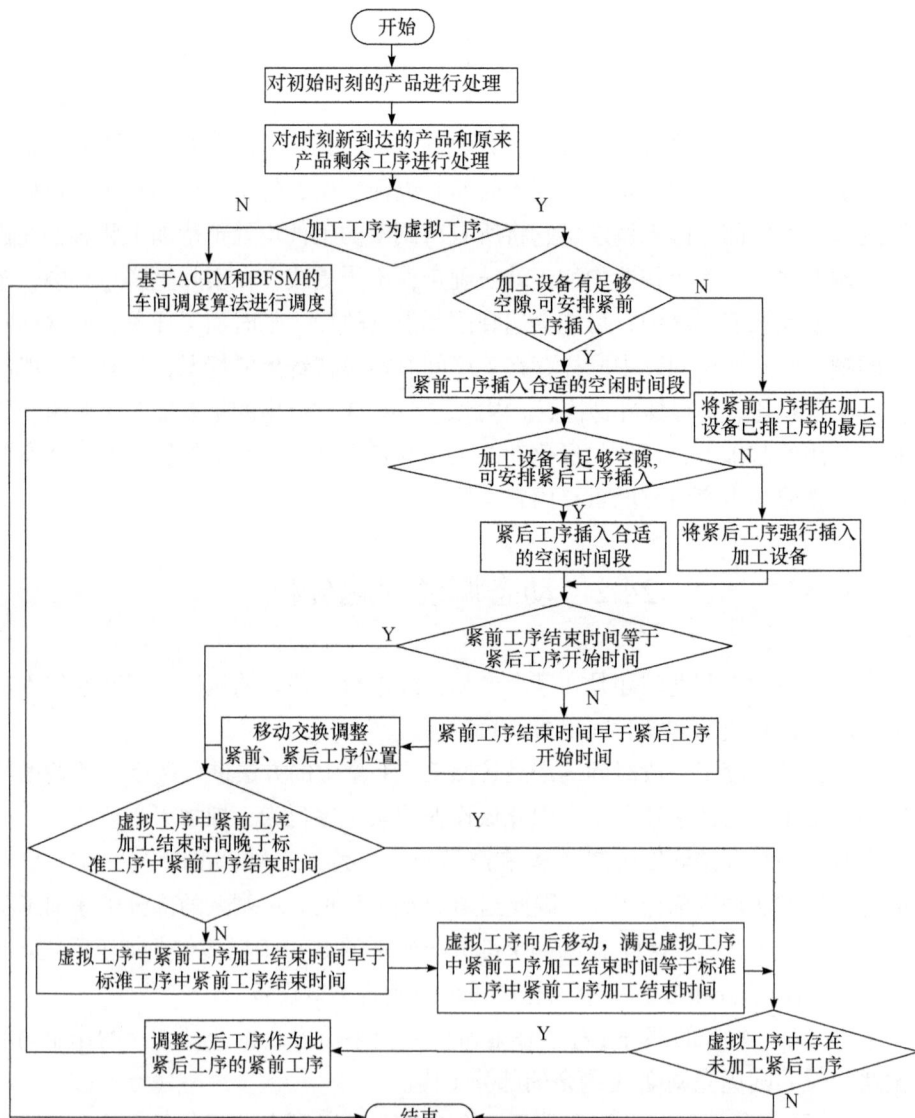

图 24-1　动态调度算法流程图

24.4 算法复杂度分析

设初始时刻待加工的产品数为 k，t 时刻又到达 l 个待加工的产品，设备数为 m，初始时刻待加工产品的工序总数为 n_1，后到达的 l 个待加工产品的工序总数为 n_2。

① 对初始时刻的产品进行处理。将初始时刻的单个或多个产品构造成扩展加工工艺树，然后按照第 23 章的算法对其进行调度，时间复杂度为 $O(n_1^2)$。

② 对后到达的产品进行处理。假定初始时刻待加工的产品工序到 t 时刻未处理完，初始时刻的 k 个产品还有 j 个产品未处理完，设未处理完的产品总的工序数为 n_3，则在 t 时刻，需处理的产品数为 $j+l$，需处理的产品总工序数为 n_2+n_3，n 为需处理的工序总数，则按照第 23 章的算法对其进行调度，时间复杂度为 $O(n^2)$。

因此，工序间存在零等待约束的复杂产品动态调度算法的时间复杂度为 $O(n^2)$。

24.5 实 例 分 析

产品 A 和产品 B 的加工工艺树如图 24-2 所示。在产品 A 的加工中，由于加工需要，工序 A3 和工序 A5，工序 A6 和工序 A8 之间存在零等待约束。在产品 B 的加工中，由于加工需要，工序 B2 和工序 B3，工序 B4 和工序 B5 之间存在零等待约束。产品 A 和产品 B 属于加工工序间存在零等待约束的复杂产品调度问题。

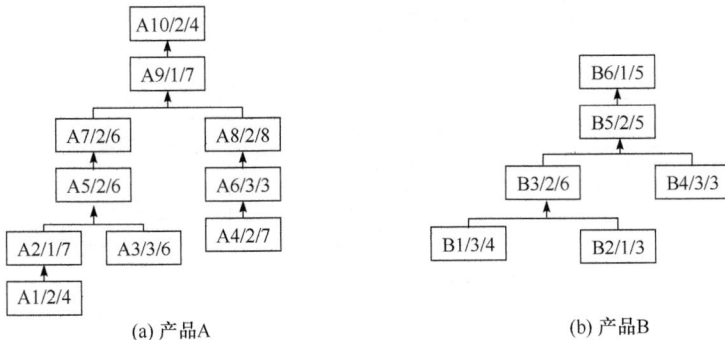

图 24-2 产品 A 和产品 B 的加工工艺树

通过本章提出的把存在零等待约束的工序虚拟成一个工序的方法，将产品 A 和产品 B 的加工工艺树转换为只具有顺序约束的扩展加工工艺树。产品 A 和产品 B 的扩展加工工艺树如图 24-3 所示。

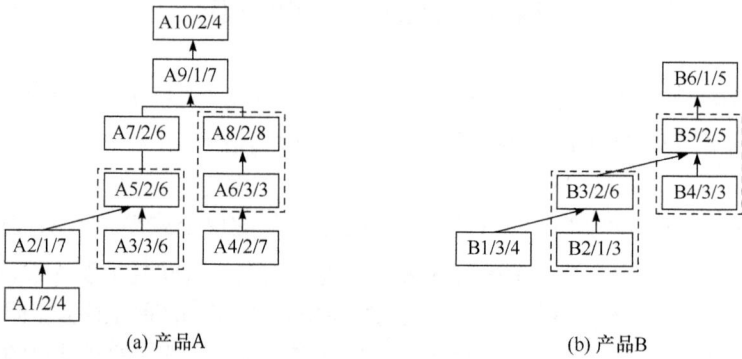

(a) 产品A　　　　　　　　　　　　(b) 产品B

图 24-3　产品 A 和产品 B 的扩展加工工艺树

当产品 A 加工到 17 时，产品 B 开始加工，此时产品 A 并未加工完毕，产品 A 的剩余工序对应的加工工艺树和合并后的扩展加工工艺树分别如图 24-4 和图 24-5 所示。

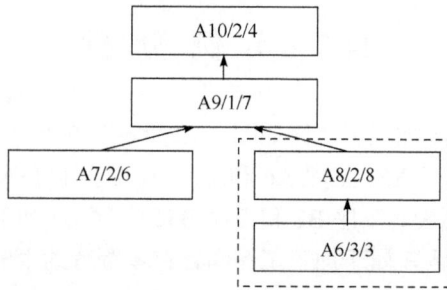

图 24-4　产品 A 剩余工序对应的加工工艺树

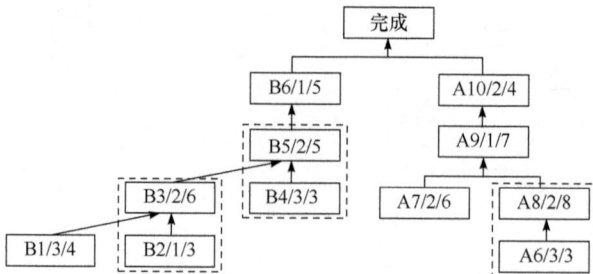

图 24-5　合并后的扩展加工工艺树

遇到标准工序采用基于 ACPM 和 BFSM 的车间调度算法进行调度，遇到虚拟工序采用移动交换算法在相应设备分离调度，加工甘特图如图 24-6 所示。加工总时间为 45 工时。

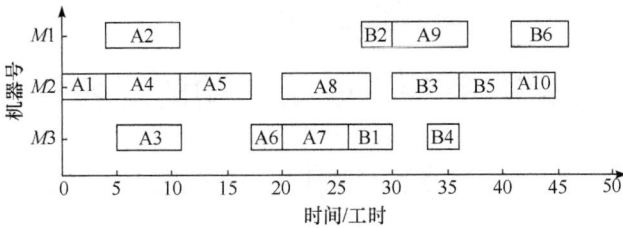

图 24-6　产品 A 加工到 17 时，产品 B 开始加工的动态工序排序的甘特图

24.6　本 章 小 结

通过对工序间存在零等待约束的复杂产品动态问题的分析，将不同时刻到达的产品转换成满足特定条件的一棵扩展加工工艺树，对这棵扩展加工工艺树进行调度，最后采用制定的算法对工序间存在零等待约束复杂产品的动态调度问题进行实例验证。可以看出，本章算法对于解决工序间存在零等待约束的复杂产品的动态调度问题可得到较优的解，因此具有一定的理论意义和实际应用价值。

第25章 紧密衔接工序组联动的综合调度算法

25.1 引　　言

工序间具有紧密衔接条件的综合调度问题是指存在一组或多组需要连续完成的工序的加工和装配综合调度问题。连续完成的工序要求紧前工序的结束时间与紧后工序的开始时间相同。

本章在已有研究成果的基础上，利用已有的扩展加工工艺树[80]，提出解决复杂产品工序间紧密衔接问题的新方法。该方法通过提出紧密衔接工序组，优先调度紧密衔接工序组中的工序及工序组的紧前工序，将具有紧密衔接约束条件的工序组使用首次适应调度算法进行统一联动。标准工序按 ACPM 调度，实现复杂产品存在紧密衔接条件工序下的加工。最后，用实例验证算法的优化效果。

25.2　问题描述

设产品有多个工件，工件由多个工序组成，有 n 个工序在 m 个设备上加工，一道工序在某一时刻只能被一台设备加工。一台设备在某一时刻只能加工一道工序。设备一旦加工某道工序，则直到该工序加工完毕，这台设备才能加工其他工序。每道工序都必须在其所有前续工序加工完才开始加工。部分工序的结束时间必须为其后续工序开始时间。每道工序的加工时间已知，且与加工顺序无关。允许设备在工序达到之前闲置。设 E_i 为工序 i 在其设备的结束时间，s_{ik}、t_{ik}、f_{ik} 分别为工序 i 在设备 k 上的开始时间、加工时间和完工时间，因此数学模型为

$$\min\{\max E_i\} \tag{25-1}$$
$$\text{s.t.} \quad \min\{s_{ik}\} \tag{25-2}$$
$$s_{ik} - f_{xy} \geqslant 0 \tag{25-3}$$
$$s_{ik} - f_{(i-1)k} \geqslant 0 \tag{25-4}$$
$$s_{ak} - f_{bk'} = 0 \tag{25-5}$$

式中，$i=1,2,\cdots,n$；k，$k'=1,2,\cdots,m$；在设备 y 上调度加工的工序 x 是在设备 k 上调度加工工序 i 的工艺约束前续工序。

式(25-2)表示工序在尽可能早的开始时间加工。式(25-3)表示任一在 k 设备上加工的工序 i 必须在其全部前续工序加工结束后开始加工。式(25-4)表示同一设备

k 上第 i 道工序必须在第 $i-1$ 道工序完成后开始加工。式(25-5)表示工序 a 和工序 b 是紧密衔接关系。

为了简化工序间存在紧密衔接约束的复杂产品调度问题，通过对工序间存在紧密衔接约束的复杂产品生产工艺约束分析。

定义 25-1　标准工序为不具有紧密衔接约束条件的工序。

定义 25-2　工序组是由多个工序组成的一组工序。这些工序的结束时间或开始时间必须为其紧后或紧前工序的开始或结束时间。

定义 25-3　工序组中工序联动调度是在满足工序组的约束条件下，按工序组中工序的约束关系依次连续调度，确定该工序组的开始时间。

定义 25-4　相关工序是某个工序组中各工序前续工序的总和。

25.3　调度策略分析与设计

为了充分利用树状结构的末端分支繁衍，可通过简单的循环迭代确定各节点的特点[13]，采用将紧密衔接工序用虚线框标出的扩展加工工艺树[80]表示存在紧密衔接工序的产品。

为了缩短具有紧密衔接约束条件的复杂产品加工时间，降低调度算法的时间复杂度，采用从两个方面优化的策略，第一个是确定工序的调度顺序，第二个是确定工序在设备上的开始加工时间，提出工序调度顺序的算法和工序确定开始加工时间的算法。

25.4　确定复杂产品工序调度顺序的算法

由于具有紧密衔接条件的复杂产品包含工序的结束时间为其后续工序开始时间的工序组，调度工序组中的工序时，需要连续考虑两个以上工序的开始加工时间，因此工序组对加工设备的要求较高。为了让工序组少受干扰，减少加工设备由于过早地被占用而增加的额外的限制，考虑优先调度工序组中的工序。

由于工序组的相关工序是工序组的约束条件，为了保证工序组的联动调度，在确定优先调度工序组后，按 ACPM[13]优先调度该工序组的前续工序。

调度完所有的工序组后，剩余的工序作为复杂产品加工工艺树的一部分，按 ACPM[13]确定工序的调度顺序。

25.4.1　确定工序组及其相关工序的调度顺序

复杂产品中具有紧密衔接工序的工序组不一定唯一，当扩展加工工艺树中有多个工序组时，需要判断工序组调度的先后顺序。

　　由于同一路径上紧密衔接工序的个数较多时，该路径上的工序对加工设备的要求相对较高，因此采用优先调度紧密衔接工序个数多的路径策略，减少其他路径上的工序对设备的占用，使工序组尽早开始。

　　当不同路径上的工序组中紧密衔接工序的总个数相同时，相关工序少的工序组受相关工序影响较小，优先调度相关工序少的工序组，可减少影响工序组调度的工序数量。

　　如果相关工序依然相等，根据 ACPM 优先调度加工时间长的路径，可以使影响产品总加工时间的主要工序尽早加工，从而缩短产品的完工时间[13]，因此优先调度加工时间长的路径上的紧密衔接工序组。

　　由于工序组内的工序按约束顺序调度，工序组中越早开始调度工序的开始时间对工序组的结束时间影响越大，因此为了让工序组中先调度工序尽早开始，按工序组中工序调度顺序确定各前续工序的调度顺序。

25.4.2　使用拟关键路径法确定剩余标准工序的调度顺序

　　当工序组的相关工序和工序组确定调度顺序后，按确定相关工序调度顺序的方法，对于剩余的标准工序按 ACPM 确定调度顺序。

25.4.3　复杂产品工序调度顺序算法的实现说明

　　步骤 1，用链表 ListO 表示原始复杂产品工艺树，链表中节点 L 结构为

A	S	T	M	Q	P	r	T_s	T_b	T_e

其中，A 为工艺树中某节点的工序名；S 为指向工序 A 紧后工序的指针；T 为工序 A 的加工时间；M 为工序 A 的加工设备；Q 为工序 A 是否为工序组中工序的标识，$Q=0,1,2,\cdots$，$Q=0$ 时为非工序组中工序，属于同一工序组的工序 Q 相等且大于 0；P 指向工序 A 紧前工序的指针，如不存在前续工序，则 P 为空；r 为工序 A 是否确定顺序的标识，$r=0,1$，$r=0$ 为工序未确定加工顺序；T_s 为工序 A 最早可以开始的加工时间；T_b 为工序 A 实际开始加工时间；T_e 为工序 A 的结束时间。

　　建立工序调度顺序链表 ListX，其中节点结构为

A	head	next

其中，A 为工艺树中某节点的工序名；head 为指向先工序 A 调度工序的指针；next 为指向后工序 A 调度工序的指针。

　　步骤 2，将包含工序组的链表 ListO 按路径拆分，一个路径是由叶节点按 S 指针直到根节点的所有工序。当某一路径上的叶节点不是工序组中工序节点时，寻找该路径上第一个属于工序组中工序的节点。若该节点的前续工序中存在于工序组的工序时，该路径忽略不计。对每个确定的路径，除去路径中 $Q=0$ 的节点，分别为

各路径中工序组中工序按加工顺序建立链表，链表名为 Lists1,…,Lists$k$(链表个数 $k<n$，n 为复杂产品工序总数)。其中，链表 Lists$i$ 中节点的结构为

A	S	Q	e	P	r

其中，A 为链表 Lists$i$ 某工序组中工序的名字；S 为指向工序 A 在链表 Lists$i$ 中紧后工序的指针；Q 为工序组标识且不等于 0，属于同一工序组的工序 Q 值相等；P 为指向工序 A 在链表 Lists$i$ 中紧前工序的指针；e 为指向工序 A 前续非工序组工序的指针；r 为工序 A 是否被确定调度顺序的标识。

步骤 3，按 Lists1,…,Lists$k$ 中节点总个数由多至少使用冒泡排序重新排列链表的顺序，结果为 List1′,…,List$k$′。($k=k'<n$，n 为复杂产品工序总个数)。为了表示排序后的链表和链表中的工序，以及链表间的关系，用 ListsR'.L_a 表示链表 ListsR'中第 a 个节点，变量 R 和 a 的初值均为 1。当前调度工序用变量 G 表示，当前调度工序组队列链表用 List$R$ 表示，链表 List$R$ 的节点结构与 ListX 节点结构相同。对于包含 G 的其他链表用 B_c 表示，其中 c 与当前母链表 ListsR'对应，即 $c=R$，初始时 $B_c=Φ$。用 H_x 记录调度中断的路径，用 l_x 记录路径中断点的位置，用 G_x 记录该断点的内容(其中 x 为链表标记，$1 \leqslant x \leqslant k$)。

步骤 4，从链表 ListsR'中寻找第 a 个节点。

如果该节点的属性 $r=0$，即 ListsR'.L_a.$r=0$，则工序 ListsR'.L_a 为当前调度工序，此时 $G=$ListsR'.L_a，并将 G 插入链表 List$R$ 中。然后，ListsR'.L_a.$r=1$，转步骤 5。

如果 ListsR'.L_a.$r=1$，$G=$ListsR'.L_a，转步骤 6。

步骤 5，如果 $R+1>k$，转步骤 6；否则，从 Lists($R+1$)′至 Lists$k$′中寻找包含 G 的链表，如果不存在，转步骤 6；否则，转步骤 8。

步骤 6，如果不存在除工序组外前续工序，即 $G.e=Φ$，转步骤 7；否则，按 ACPM 确定 $G.e$ 及所有紧前工序中 $Q=0$ 且 $r=0$ 的节点调度，并将节点插入 ListX 中，ListO 中相应的节点 $r=1$，转步骤 7。

步骤 7，如果 $c=Φ$，即 c 为母链；如果 $G.Q=[G.S].Q$，$a=a+1$，转步骤 4；否则，转步骤 10，执行以下步骤。

第一，若当前调度工序的紧后工序为母链表中的工序 G_c，即 $G.S=G_c$，如果当前调度工序的其紧后工序不在同一工序组，即 $G.Q≠[G.S].Q$，消除 ListsR'，将其对应的工序组队列链表 List$R$ 加入 ListX，清空 List$R$，转步骤 9。如果 $G.Q=[G.S].Q$，将当前的工序组队列链表 List$R$ 加入母链表 List$c$ 前部，清空 List$R$，转步骤 9。

第二，若 $G.S≠G_c$，如果 $G.Q=[G.S].Q$，$a=a+1$ 转步骤 4；如果 $G.Q≠[G.S].Q$，转步骤 10。

步骤 8，对于包含 G 的链表，用变量 B_c 记录相关链表序号，$B_c=\{b_1,b_2,…,b_m\}$，其中 c 与当前链表 ListsR'对应，是 B_c 中链表的标记，即此时 $c=R$。为了利用前面

设计的调度方法并方便工序 G 的调度，$H_R=R$(记录原始链表)，$G_R=G$(记录待调度工序)，$l_R=a$(表示 G_R 在链表中的位置)，$R=\min\{B_c\}$，$a=1$，转步骤 4。

步骤 9，如果$\{B_c\}=\varPhi$，$R=H_c$，$a=l_R$，转步骤 4。如果$\{B_c\}\neq\varPhi$，$R=\min\{B_c\}$，$a=1$转步骤 4。

步骤 10，将队列链表 ListR 加入 ListX，清空 ListR，如果 ListsR'调度结束$(G.S=\varPhi)$，转步骤 11；否则，$a=a+1$，转步骤 4。

步骤 11，$R=\min\{$未调度链表序号$\}$，$a=1$，转步骤 4，如果链表均调度，转步骤 12。

步骤 12，将剩余节点按 ACPM 确定加工顺序。

25.5　确定工序在设备上的调度加工

确定工序的调度顺序后，由于设备资源较少，可能出现设备占用的情况。具有紧密衔接条件的工序组也可能存在工序均可以在开始加工时间进行调度，但不能满足紧密衔接约束条件的状况。因此，使用首次适应调度算法调度加工标准工序和工序组的工序。

25.5.1　使用首次适应调度算法加工标准工序

在调度工序时，如果使用设备紧凑策略，很可能破坏已经调度的工序组的紧密衔接约束条件，使调度工作更加复杂，因此采用首次适应调度方法。对于标准工序，当设备在工序最早可以加工时间段内被占用时，向后寻找最早可以加工的时间段进行调度。如不存在，则将工序放在已调度工序的末尾进行调度，不移动已经调度的工序。

25.5.2　使用首次适应调度算法加工工序组中工序

紧密衔接工序组在使用首次适应调度算法后，判断多个工序在满足工序前后约束关系的基础上能否满足工序的结束时间为其紧后工序的开始时间。如果不满足，判断工序能否进行后移，如果可以，将其紧前工序后移实现；否则，在设备的末尾进行调度加工，从而实现工序组联动调度加工。

25.5.3　复杂产品工序在设备上加工的算法实现说明

用ListX.L_a代表 ListX 的第 a 个节点，a 的初始值为 1。对已经排序的链表 ListX的结构进行扩展，使其结构变为

A	S	T	M	Q	P	T_s	T_b	T_e

其中，A 为工艺树中某节点的工序名；S 为指向工序 A 紧后工序的指针；T 为工序

A 的加工时间；M 为工序 A 的加工设备；Q 为工序 A 是否为工序组中工序的标识，$Q=0,1,2,\cdots$，$Q=0$ 时为非工序组中工序，属于同一工序组的工序 Q 相等且大于 0；P 为指向工序 A 紧前工序的指针，如不存在前续工序，则 P 为空；T_s 为工序 A 最早可以开始的加工时间；T_b 为工序 A 实际开始加工时间；T_e 为工序 A 的结束时间。

用链表 Listed$W$ 表示工序在第 W 台设备上的加工，其结构为

A	S	T_b	T_e	P

其中，A 为工艺树中某节点的工序名；S 为指向工序 A 紧后工序的指针；T_b 为工序 A 实际开始加工时间；T_e 为工序 A 的结束时间；P 为指向工序 A 紧前工序的指针，如不存在前续工序，则 P 为空。

用链表 Listing$Z$ 存储正在调度加工的工序组的工序。设 c 为 Listing$Z$ 中节点的个数，c 初始值为 0，Listing$Z$ 的初始值为空，D 为当前加工节点，N 为当前加工工序组中工序的最后一个工序，J 为当前已加工工序组的前续工序，t 记录工序组中工序向后移动的时间。节点结构均与 ListX 相同。

步骤 1，如果 $a>n$(总个数)，结束；否则，从 ListX 中取出第 a 个节点作为当前加工节点，即 $D=\text{ListX}.L_a$，并寻找该节点的加工设备，即 $W=D.M$。

步骤 2，如果当前加工工序为标准工序，即 $D.Q=0$，从 $D.T_s$ 开始向后按最早适应调度算法确定 D 在 Listed$W$ 的位置，$a=a+1$，转步骤 1；如果该工序为工序组中的工序，即 $D.Q\neq0$，转步骤 3。

步骤 3，将 D 放入链表 Listing$Z$ 中，从 $D.T_s$ 开始向后按最早适应调度算法确定 D 在 Listed$W$ 中的位置，$c=c+1$。

步骤 4，如果 $c=1$，$a=a+1$，转步骤 1；否则，转步骤 5。

步骤 5，用变量 N 记录已经加工的最后一个工序，即 $N=\text{Listing}Z.L_c$。如果该工序与其紧前工序满足紧密衔接的约束条件，即 $N.T_b=[N.P].T_e$，转步骤 8；否则，$d=c-1$，转步骤 6。

步骤 6，该工序与其紧前工序不能满足紧密衔接的约束条件，即 $N.T_b\neq[N.P].T_e$；$t=N.T_b-[N.P].T_e$，用 J 表示该节点的前续工序，即 $J=\text{Listing}Z.L_d$。

步骤 7，判断 J 节点能否后移时间段 t，使之满足 $J.T_e=[J.S].T_b$。

如果可以，将其向后移动，同时调整 Listing$Z$、ListO、ListX 中的 T_b，T_e。$d=d-1$。如果 $d\leq0$，$a=a+1$，转步骤 1；否则，转步骤 6。

如果不可以且 $d\neq c-1$，将 Listing$Z$ 中所有节点放在设备末尾进行调度；否则，D 寻找下一个满足其调度时间的时间段，转步骤 5。

步骤 8，如果当前加工工序与其后续加工工序不属于同一工序组，即 $N.Q\neq[N.S].Q$，清空 Listing$Z$，$c=0$，$a=a+1$，转步骤 1。如果 $N.Q=[N.S].Q$，$a=a+1$，转步骤 1。

对于设备末尾，紧前工序所使用设备的已经调度工序的结束时间大于等于后

续工序使用设备的已经调度工序的结束时间，紧前工序在最早可以开始时间调度；反之，小于后续工序使用设备的结束时间，在调度紧前工序时，使该工序的结束时间不早于后续工序使用设备已经调度工序的结束时间。

25.6　算法流程图

复杂产品紧密衔接调度算法流程图如图 25-1 所示。

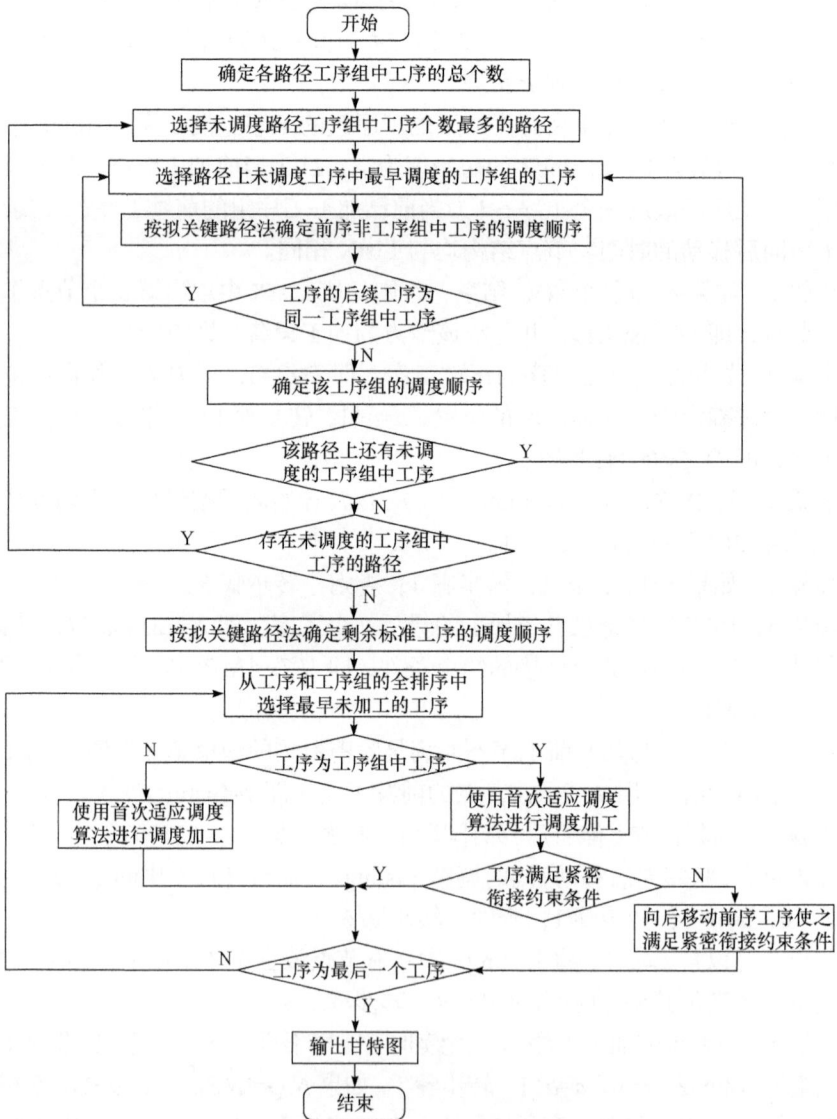

图 25-1　复杂产品紧密衔接调度算法流程图

25.7　算法复杂度分析

设产品工序数为 n，设备数为 m，属于工序组中工序的个数为 k，已经加工的工序组中工序的个数为 p，当前工序组中已经加工的工序个数为 q，算法的复杂度分析如下。

① 将具有紧密衔接约束条件的复杂产品工艺树构造成扩展加工工艺树，根据工艺树中代表工序的节点属性建立反映工序间约束关系的链表。由于每个工序的紧前、紧后工序对这个工序是已知的，因此建立 n 个节点的链表只需操作 n 次，建立原始链表的时间复杂度为 $O(n)$。

② 根据工序属性建立仅存在于工序组中工序的链表。通过判断 n 个工序的属性 P 是否为 $\varPhi$，判断叶节点工序，因此确定叶节点工序的操作为 n 次。根据工序的紧后工序属性，建立从每个叶节点到根节点并去除所有 $Q=0$ 的节点的路径链表。对于路径中 $Q \neq 0$ 的节点按路径累加统计，建立仅存在工序组中工序的链表，计算各链表中节点个数最多需要 $2n$ 次操作，因此建立仅存在工序组中工序链表的复杂度为 $O(n)$。对已经建立的链表按节点个数由多到少排序命名，由于路径数最多为工序组中元素的个数 k，因此使用冒泡排序法对路径进行排序的操作次数的复杂度为 $O(k^2)$。建立仅存在于工序组中工序的链表的时间复杂度为 $\max\{O(n),\ O(k^2)\}$。

③ 确定工序组中工序及标准工序的调度顺序。由于标准工序采用 ACPM 确定调度顺序，标准工序的总个数为 $n-k$，因此根据文献[13]确定 $n-k$ 个标准工序的时间复杂度为 $O((n-k)^2)$。确定工序组中工序的调度顺序时，需要寻找可能存在的、前续工序组中的工序，需要对其余未调度的仅包含工序组中工序的链表进行遍历查询。当有 k 个工序组中的工序时，每个工序需要查询的操作次数为 k，工序需要查询操作的总次数为 k^2，确定工序组中工序调度顺序的时间复杂度为 $O(k^2)$。因此，所有工序的调度顺序的时间复杂度为 $O(n^2)$。

④ 确定工序组中工序及标准工序在设备上的加工。工序在设备上加工时，标准工序采用首次适应调度算法确定工序的开始加工时间。由于有 m 台加工设备，因此在每个设备上加工时，需要比较的次数平均为已经调度工序数/m。对于标准工序，最坏情况为全部工序组中工序均加工完毕，然后加工全部标准工序，因此需要比较的次数最多为 $(k+1)/m,(k+2)/m,\cdots,n/m$，即全部标准工序需要比较的总次数为 $(n+k+1)(n-k)/(2m) = (n^2-k^2+n-k)/(2m)$。由于 $1<m<n$，因此确定所有标准工序开始时间的复杂度为 $O(n^2-k^2)$。

对于工序组中的一个工序，使用首次适应调度算法进行加工时，最坏情况为全部标准工序均已加工完毕，已经加工的工序组的工序个数为 p，当前加工工序组中工序已经调度的个数为 q。由于有 m 台加工设备，因此需要比较的次数为$(n-k+p+q)/m$。该工序确定设备上的调度加工后，需要与其前续工序组中工序的结束时间进行 1 次比较。当不满足紧密衔接的约束条件时，即$[N.P].T_e<N.T_b$，该工序组已经加工的全部工序需要依次向后移动，因此需要向后移动的工序数为 q。如果某一次移动无法实现紧密衔接的要求，需要当前工序向后移动 1 次，相应的所有该工序组的前续工序向后移动的总数为 q，因此满足当前工序为工序组工序的要求需要移动的次数为$(n-k+p+q)(q+1)/m$。确定工序组中一个工序需要比较和移动的总次数为$(n-k+p+q)/m+1+(n-k+p+q)(q+1)/m$。因为 $k\leqslant p+q$，所以确定工序组中一个工序最多需要处理 $n/m+1+nk/m$。由于有 k 个工序组中的工序，因此确定全部工序组中工序的开始时间需要比较和移动的总次数为 $k(n/m+1+nk/m)=kn/m+k+k^2n/m$。由于 $1<m<n$，因此确定全部工序组中工序的开始时间需要处理次数的时间复杂度为 $O(k^2n)$。确定所有工序开始加工时间的时间复杂度为$\max\{O(n^2-k^2),\ O(k^2n)\}$。

综上，本章提出的算法的总处理次数为以上四点的和。因为 $0\leqslant k\leqslant n$，所以本章提出的算法的最大时间复杂度为 $O(n^3)$。当 k 较小时，该算法的时间复杂度一般为 $O(n^2)$。

由于本章算法优先调度对设备要求较高的紧密衔接工序组中工序、工序组和标准工序在确定加工时间后不再调整，可以避免文献[80]中由全部工序加工结束后，紧密衔接工序组中工序移动调整引起的连锁反应。由于工序组中工序移动调整的复杂度是二次的，每次移动调整引起的连锁反应的复杂度也是二次的，因此本章提出算法的时间复杂度比文献[80]的时间复杂度 $O(n^4)$ 至少低一个数量级。

25.8　实 例 分 析

产品 A 是由 16 个存在约束关系的工件组成的复杂产品，共 27 个工序，可在 4 台设备上加工。产品 A 的扩展加工工艺树模型如图 25-2 所示。

根据路径上属于工序组工序的多少确定工序组的调度顺序，因此工序组工序的调度顺序为{A11，A13，A14，A15}{A6，A8，A15}{A20，A21}。因为工序A10、A12、工序树{A1～A9}分别为工序 A11、A13、A1 的紧前工序，所以工序组前续工序调度顺序为 A10、A12、工序树{A1～A9}、工序组{A11，A13，A14，A15}。同理，工序树{A1～A9}调度顺序为{A1，A2，A3，A4，A5，A7，A6，

A8，A9}，工序组{A20，A21}及其紧前工序调度顺序为{A18，A19，A20，A21}。因此，全部工序组的调度顺序为{A10，A12，A1，A2，A3，A4，A5，A7，A6，A8，A9，A11，A13，A14，A15，A18，A19，A20，A21}。

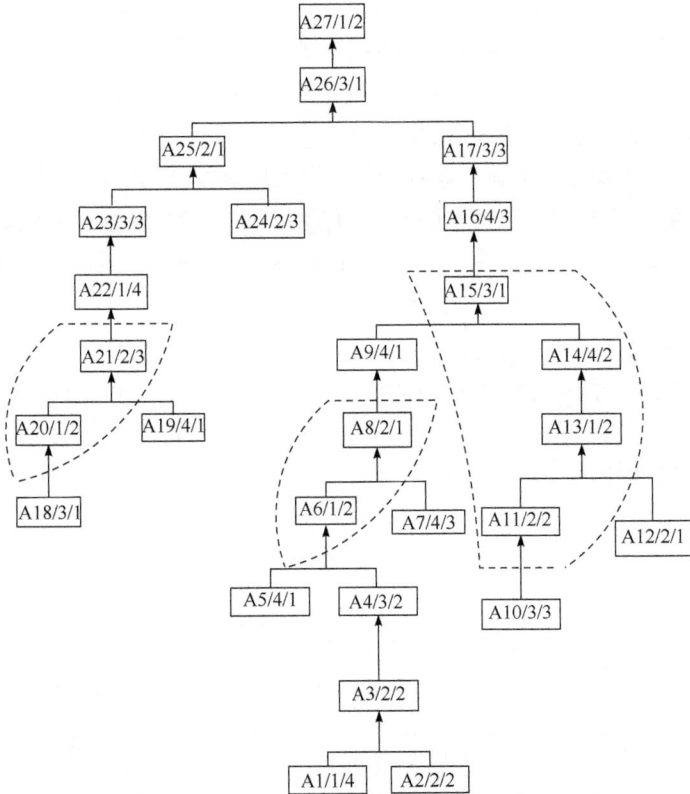

图 25-2　产品 A 的扩展加工工艺树模型图

工序组调度结束后，剩余工序按 ACPM 确定工序的调度顺序。剩余工序的关键路径为 A22，A23，A25，A26，A27，因此调度顺序为{A22，A23，A24，A25，A16，A17，A26，A27}。产品 A 的调度顺序为{A10，A12，A1，A2，A3，A4，A5，A7，A6，A8，A9，A11，A13，A14，A15，A18，A19，A20，A21，A22，A23，A24，A25，A16，A17，A26，A27}。

在对工序进行调度加工时，对于不需要等待就可以加工的工序 A10，A12，A1，A3，A4，A5，A9 可以直接调度，对于设备占用的工序 A2 和 A7 采用使用首次适应调度算法加工工序。

工序组工序 A6 和 A8 在最早可以调度加工且满足紧密衔接约束条件，因此直接调度加工。工序 A11 在最早可以调度时间段占用设备，因此使用首次适应调度算法加工工序组中的工序，同理调度加工工序 A13。因为工序 A11 的结束时间为 8 工时，不满足 A11 和 A13 的紧密衔接约束条件，所以工序 A11 的开始加工时间后移，工序 A11 的加工时间为 8~10 工时。工序 A14 和 A15 可以在最早开始加工时间进行调度加工，且满足紧密衔接约束条件。然后，使用首次适应调度算法加工工序 A18 和 A19。工序 A20 在最早可以开始时间进行调度加工，工序 A21 在最早开始加工时间占用设备，只能在 11~14 时间段进行调度加工，而工序 A20 向后移动不能满足条件，因此将工序 A20 与 A21 一同放到末尾进行调度加工。在设备末尾，设备 1 的结束时间为 12 工时，设备 2 的结束时间为 11 工时，早于设备 1，因此直接将工序 A20 和 A21 放到设备末尾进行调度加工。紧密衔接工序组及相关工序的全部调度时间为 17 工时。

对于剩余工序，工序 A22，A23，A25，A16，A17，A26，A27 不需要等待，直接调度该工序；工序 A24 在最早调度时间段占用设备，因此向后寻找可以加工的空闲时间段，在时间段 11~14 进行调度加工。总加工时间为 28 工时。调度的甘特图如图 25-3 所示。

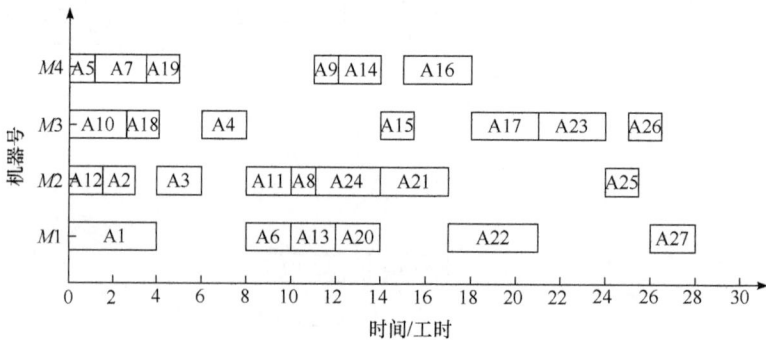

图 25-3　包含紧密衔接工序调度所得甘特图(28 工时)

如果使用文献[80]的算法，在无紧密衔接条件下调度的产品总加工时间为 28 工时，工序 A6、A8 紧密衔接，满足紧密衔接条件，不需要移动；工序组 A11，A13，A14，A15 中 A11 和 A13 不能满足紧密衔接约束条件，因此向后移动工序 A11，工序 A20 和 A21 不能满足紧密衔接约束条件，将工序 A20 向后移动并将其全部后续工序向后移动，总加工时间为 31 工时。

使用文献[80]调度所得的甘特图如图 25-4 所示。一般工序调度所得的甘特图如图 25-5 所示。

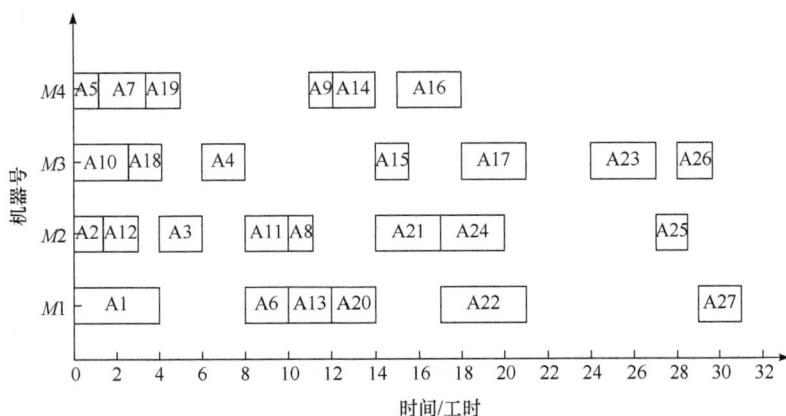

图 25-4　使用文献[80]调度所得的甘特图(31 工时)

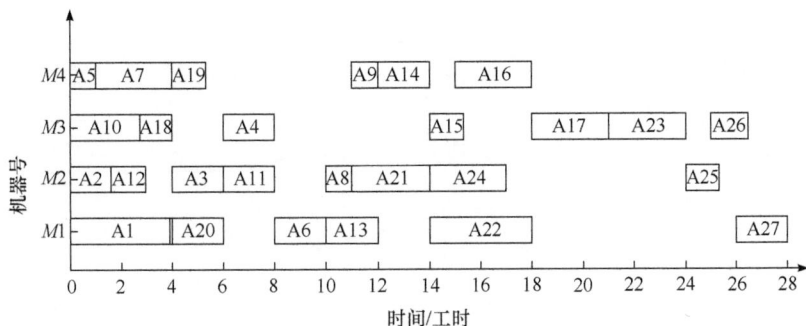

图 25-5　一般工序调度所得的甘特图(28 工时)

25.9　本章小结

　　本章提出具有紧密衔接约束条件的复杂产品综合调度算法，通过分步确定工序的调度顺序和在设备上的开始加工时间，对具有紧密衔接约束条件的工序组中的工序采用提前联动调度。不但减少相关设备上的已加工工序对工序组中工序的影响，使工序组尽早完工，而且不会产生工序移动对标准工序的连锁反应，因此该算法不但时间复杂度比目前已有算法的时间复杂度低，而且调度结果更优。对于具有固定延迟条件的问题，通过将延迟条件转换成包含虚拟紧密衔接的工序，该算法也可扩展解决。因此，该算法可以为进一步优化具有紧密衔接工序的复杂产品综合调度问题及相关问题提供参考方案，有一定的理论和实用价值。

特殊设备综合调度篇

第 26 章　具有相同设备的单产品综合调度算法

26.1　引　　言

对于车间作业调度的研究，目前已经取得了相应的成果，如分支定界法、人工神经网络、遗传算法和局部搜索法等[17,20,22]。这些方法由于计算复杂，只适用于规模较小的调度问题。具有相同设备的车间作业调度问题是指能够加工同一道工序的设备不唯一，即有一设备子集，其上的任意一台设备都能加工该道工序。

对于此类车间作业调度问题，文献[81]用效率调度算法对问题求解，但是不能很好地应用于工序之间存在复杂约束的情况。本章为此提出一种新的调度算法，在满足约束条件的情况下，使加工完单个产品所用的时间尽可能少，设备(资源)利用率尽可能高。

26.2　单产品综合调度问题描述

具有相同设备的单产品 JSSP 可描述为，给定一个产品和 m 台设备，其中有两台或多台设备具有相同的加工能力，即对于某道工序而言，其可被多台设备加工。假设产品具有 n 道工序，设备 Mj 上工序 P_i 的开始时间为 s_{ij}，加工时间为 t_{ij}，且开始时间和加工时间均为整数，其中 $i=1,2,\cdots,n, j=1,2,\cdots,m$。本章研究的车间作业调度问题主要满足以下条件。

① 一道工序在某一时刻只能被一台设备加工，但存在某些工序可在多台设备上加工。

② 一台设备一旦加工某道工序，则直到该工序加工完毕后才能加工其他工序。

③ 每道工序都必须在其紧前工序完成后才能开始加工。

④ 允许工序之间等待，允许设备在工序到达之前闲置。

本章的调度目标是确定加工工序 P_i 的加工设备，并确定工序 P_i 的开始加工时间 s_{ij}，使总的加工时间尽可能短。由于产品工序的开始加工时间必须等其紧前工序加工完毕，产品加工完毕的时间为各设备完工的最大时间值，设 E_{ij} 为设备 j 上最后一道工序的完工时间，因此针对具有相同设备的单产品 JSSP，其产品完工时间可描述为

$$\min\{\max\{E_{ij}\}\} \tag{26-1}$$

26.3　单产品综合调度问题的目标函数及调度策略

根据产品加工流程图可得到满足相应工序约束关系的一棵加工工艺树。树中的节点代表加工工序，边代表工序之间的约束关系。节点值由三部分组成，分别为产品工序号、工序所需设备号和工序加工时间。由于关键路径上的工序直接影响产品调度的总时间，也就是说，关键路径上工序的延迟意味着整个调度的延迟，因此优先调度产品关键路径上的工序，可以将关键路径上的工序紧凑排序，使产品最后工序尽早完工。引入优先调度函数 y_i 确定加工工艺树的关键路径，并根据函数 y_i 确定工序的调度顺序，达到缩短产品加工周期的目的。设产品的所有工序加工时间和为 T ，t_i 是指从叶节点出发，沿有向树的边依次遍历，直到根节点经过的路径上的所有工序的加工时间和，i 指不同的路径，其中 $i=1,2,\cdots,n$，定义优先调度函数 $y_i=t_i/T\,(i=1,2,\cdots,n)$，$y_i$ 值大的工序所在的路径为关键路径，优先调度关键路径上的工序。因此，工序优先调度的目标函数为

$$y_i = \max\{t_i/T\} \tag{26-2}$$

采用分段的思想对工序进行分类，对关键路径上的工序进行分段。在某一段内，具有相互制约关系的工序称为相关工序。为了使工序尽早完工，对段内的相关工序采用前沿贪心规则进行调度。前沿贪心规则指将工序调度到相应设备上时，在满足合理性的前提下，使其开工时间为最小值。因此，对工序选择最优加工设备的策略可定义为 $\min\{s_{ij}\}$ 。对相同设备上的相关工序，若某道工序在可选设备子集中的多台设备上的加工情况一样，即工序的最早开工时间一样。对段内此类相关工序引入函数 N_{kl} 用于选择设备，$N_{kl}=\min\left\{n-\sum_{q=1}^{l}s_{kq}\right\}(q=1,2,\cdots,l)$，式中 n 为产品的工序总数，设备 $k=1,2,\cdots,m$；l 为可在第 k 台设备上加工的工序数，$l\geqslant1$；若工序已经排在了设备 k 上，则对应的 $s_{kq}=1$，否则，$s_{kq}=0$；N_{kl} 为在满足产品相同设备上相关工序尽早加工和不增加段内工序加工周期的前提下，使段内相关工序尽可能安排在已排工序多的设备上，可以保证生产活动的连贯性，减少非生产时间，使具有相同能力的其他设备留有更大的空闲时间来调度段内的独立工序。因此，对段内相关工序定义如下目标函数，即

$$\alpha\min\{s_{ij}\}+(1-\alpha)\min\left\{n-\sum_{q=1}^{l}s_{kq}\right\},\qquad \alpha\in(0,1) \tag{26-3}$$

当 $\alpha = 0$ 时，要加工的工序属于相同设备上的工序且在可选设备子集中的多台设备上加工的开始时间是一样的，则根据 $\min\{n - \sum_{q=1}^{l} s_{kq}\}$ 选择设备；当 $\alpha = 1$ 时，则说明不管要加工的工序是否是相同设备上的工序，根据 $\min\{s_{ij}\}$ 就可选择最优加工设备。

在某一段内，不存在相互制约关系的工序称为独立工序。对段内独立工序采用最优适应规则进行调度，最优适应规则指对独立工序进行调度时，将工序安排在已排工序空闲时间段与此工序加工时间差值最小的位置。因此，插入工序的最优位置可定义为 $d_s = \beta \min\{d_{s,n,n+1} - t_{ij}\}$，（$n = 1,2,\cdots,j-1$，$\beta \in (0,1)$），式中 d_s 代表插入独立工序的最优位置，$d_{s,n,n+1}$ 代表第 k 台设备上已排工序 n 和 $n+1$ 之间的空闲时间，t_{ij} 为独立工序 P_{ij} 的加工时间，$\min\{d_{s,n,n+1} - t_{ij}\}$ 代表在寻找用来加工独立工序的设备时，并不是去找"最空闲"的设备，而是去找和独立工序 P_{ij} 加工时间差值最小的。这样能提高设备的平均利用率。若第 k 台设备上任意已排工序之间均不能安排独立工序 P_{ij}，则将独立工序按前沿贪心规则安排在使其完工时间最早的设备上，即 $\min\{s_{ij}\}$。因此，段内独立工序的目标函数为

$$\beta \min\{d_{s,n,n+1} - t_{ij}\} + (1-\beta)\min\{s_{ij}\}, \quad \beta \in (0,1) \tag{26-4}$$

当 $\beta = 0$ 时，调度的独立工序不能安排在设备 k 的已排工序 n 和 $n+1$ 之间，为了使工序总的加工时间最短，根据 $\min\{s_{ij}\}$ 将独立工序安排在使其完工时间最早的设备上；当 $\beta = 1$ 时，则指所调度的独立工序可安排在设备 k 上已排工序 n 和 $n+1$ 之间，为了提高设备空闲时间段的利用率，根据 $\min\{d_{s,n,n+1} - t_{ij}\}$ 确定工序调度的最优位置。

因此，本章的目标函数为

$$\gamma\left[\alpha\min\{s_{ij}\} + (1-\alpha)\min\left\{n - \sum_{q=1}^{l} s_{kq}\right\}\right] \\ + (1-\gamma)[\beta\min\{d_{s,n,n+1} - t_{ij}\} + (1-\beta)\min\{s_{ij}\}] \tag{26-5}$$

其中，$\alpha \in (0,1)$；$\beta \in (0,1)$；$\gamma \in (0,1)$。

当 $\gamma = 0$ 时，目标函数变为 $\min\{d_s\} = \beta\min\{d_{s,n,n+1} - t_{ij}\} + (1-\beta)\min\{s_{ij}\}$，代表所处理的工序为独立工序；当 $\gamma = 1$ 时，目标函数变为 $\alpha\min\{s_{ij}\} + (1-\alpha)\min\left\{n - \sum_{q=1}^{l} s_{kq}\right\}$，代表所处理的工序为相关工序。

26.4　单产品综合调度算法

设置一个栈 Stack1 和两个队列 Queue1 和 Queue2。栈 Stack1 用于存放产品关键路径上的所有工序，队列 Queue1 用于存放待调度的所有工序，队列 Queue2 用于存放待调度工序中的独立工序。栈和队列初始化为空，调度算法如下。

步骤 1，计算 y_i，确定产品的关键路径。

步骤 2，将关键路径上的工序由根节点到叶节点依次入栈 Stack1，当待入栈工序中的第一个工序与栈顶工序相同时，则此工序不入栈，其他工序依次入栈。

步骤 3，判断栈 Stack1 是否为空，若空，则算法结束；否则，对栈 Stack1 中的工序进行遍历，寻找叉点工序。叉点工序指待调度工序入度大于 1 的工序。若找到叉点工序，则以此工序为分界点，叉点工序前的所有工序作为一段；否则，栈 Stack1 中的工序出栈，并按出栈顺序入 Queue1，同时将入队列 Queue1 的独立工序入队列 Queue2，转步骤 5。

步骤 4，将叉点工序前的关键路径上的所有工序出栈 Stack1，并按出栈顺序入队列 Queue1，同时将 Queue1 的独立工序入队列 Queue2。

步骤 5，对 Queue1 中的工序逐个调度直到 Queue1 为空，若出队工序与 Queue2 中第一个工序相同，则出队工序为独立工序。按目标函数 $\beta \min\{d_{s,n,n+1} - t_{ij}\} + (1-\beta)\min\{s_{ij}\}$ 进行设备选择并调度，使此工序出队列 Queue2；否则，出队工序为相关工序，按目标函数 $\alpha \min\{s_{ij}\} + (1-\alpha)\min\left\{n - \sum_{q=1}^{l} s_{kq}\right\}$ 进行设备选择并调度，使此工序出 Queue1。

步骤 6，若在步骤 3 中得到叉点工序，则以此叉点工序为根节点。其前所有未调度的非关键路径上的工序为子孙节点，构造一棵有向子树。重新计算这棵子树的 y_i，确定子树关键路径，转步骤 2；否则，转步骤 3。

26.5　算法复杂度分析

设产品的总工序数为 n，设备数为 m，相同设备数为 z。

1. 产品工序的分类

设关键路径上的工序可划分为 b 段$(1 \leqslant r < n)$，相当于存在 b 棵分支树。设每一棵分支树中由叶节点到根节点的路径条数为 $s(1 \leqslant s < n/b)$，则将产品工序分为

相关工序和独立工序所需的总次数为 bs ，最坏情况下为 n^2/b 。

2. 工序的调度

由于将总数为 n 的工序分配到 m 台设备上，平均每台设备上分配到的工序数为 n/m ，则对各设备上加工的每道工序按开始时间约束及设备空闲时间段的大小插入相应位置需要次数为 $C_{n/m}^2$ ，即 $(n^2-mn)/(2m^2)$ 。如果工序在相同能力的设备上加工，对在每台设备上得到的插入位置进行二次比较，因此相同能力设备上的工序需多比较 zn/m 次。全部工序加工调度排序的总次数为 $(n^2-mn)/(2m^2)+zn/m$ 。

因此，算法时间复杂度为 $O(n^2)$ 。

26.6　实 例 分 析

设产品 A 的加工工艺树如图 26-1 所示。

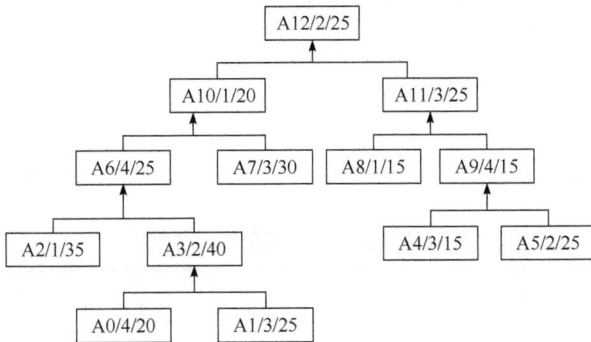

图 26-1　产品 A 加工工艺树

假设设备 $M1$ 与设备 $M3$ 具有相同的加工能力，原指定在设备 $M1$ 或设备 $M3$ 上加工的工序现在可在设备 $M1$ 或设备 $M3$ 中任选一台。应用参考文献[81]用效率调度算法求解非标准车间作业调度问题对产品工序进行调度，得到的甘特图如图 26-2 所示。

根据本章提出的算法计算 y_i 确定产品的关键路径，即工序 A1、A3、A6、A10、A12 所在的路径，将关键路径上的工序由根节点到叶节点依次入栈 Stack1。入栈顺序为 A12、A10、A6、A3、A1，然后寻找栈中首个叉点工序。由于 A3 是首个叉点工序，因此将工序 A3 以前关键路径上的工序出栈，即将工序 A1 出栈，然后将其入 Queue1。因为工序 A1 为段内的独立工序，所以将工序 A1 入 Queue2，对

Queue1 中的工序进行调度直到 Queue1 为空。然后，以得到的叉点工序 A3 为根节点，其前所有未调度的非关键路径上的工序为子孙节点，即将工序 A0 作为子孙节点，构造子树。针对子树，计算其 y_i 值，确定子树的关键路径，将此子树的关键路径上的工序由根节点 A3 到叶节点 A0 依次入栈 Stack1。待入栈的第一个工序 A3 与栈顶工序相同，则与栈顶工序相同的工序不入栈，其他工序依次入栈。入栈后栈中工序为 A12、A10、A6、A3、A0，然后寻找栈中首个叉点工序，并按调度算法重复以上分析过程，直至栈空。栈中相应工序的变化情况如表 26-1 所示。

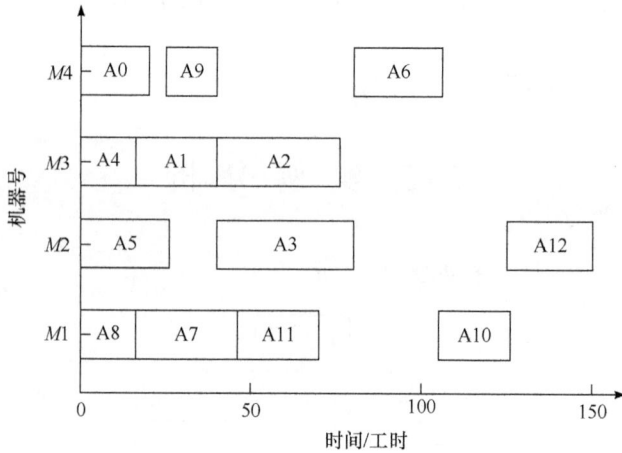

图 26-2　采用效率调度算法对工序调度的甘特图(150 工时)

表 26-1　栈中相应工序的变化情况

顺序	入栈	出栈	栈中工序
1	A12，A10，A6，A3，A1	A1	A12,A10,A6,A3
2	A0	A0，A3	A12,A10,A6
3	A2	A2，A6	A12,A10
4	A7	A7，A10	A12
5	A11,A9,A5	A5	A12,A11,A9
6	A4	A4，A9	A12,A11
7	A8	A8,A11,A12	空

　　在相同条件下，采用本章算法对产品调度的甘特图如图 26-3 所示。图中，工序编号 x, y 表示产品 x 的第 y 道工序。

　　可以看出，本章算法能更好地应用于工序之间约束关系复杂的情况。

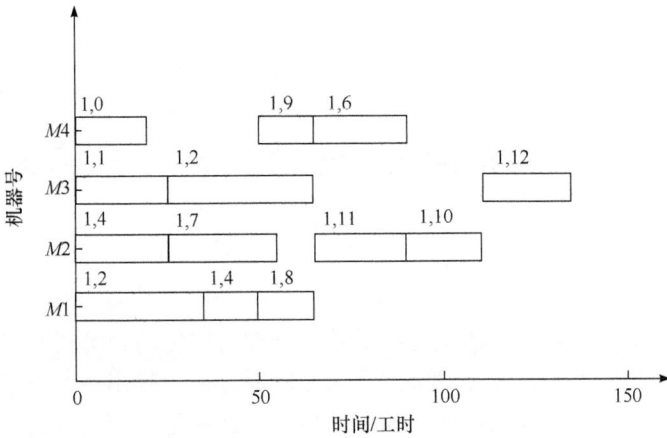

图 26-3　采用本章算法对产品调度的甘特图(135 工时)

26.7　本 章 小 结

　　本章对具有相同设备的单产品 JSSP 提出新的解决方法。该方法以分段思想对工序进行调度，并充分考虑相同设备资源的互补性，可以大大提高调度效率。理论分析和实例表明，本章算法对解决具有相同设备的车间作业调度问题能获得令人满意的效果且复杂性为 $O(n^2)$。该算法改进后可用于具有相同设备的多产品 JSSP。

第 27 章 具有相同设备的多产品综合调度算法

27.1 引 言

车间作业调度问题是制造系统中运筹、管理与优化的关键技术[82]。本章在单产品车间调度的基础上，通过对多产品调度问题分析，提出一种将多产品调度问题转换成单产品调度问题的方法。问题的目标是在满足约束条件的前提下，使加工完所有产品的总时间尽可能少。本章方法的思想是，根据各个产品的特点，首先将产品转换成相应的加工工艺树，然后将要调度的多个产品对应的加工工艺树以根对齐的方式构造成一棵虚拟加工工艺树，从而将多产品调度问题转换成单产品调度问题，采用单产品 JSSP 制定的目标函数及调度策略对构造的加工工艺树进行处理，最后通过实例进行验证比较。

27.2 多产品综合调度问题描述

具有相同设备的多产品 JSSP 可描述为有 m 台设备和 k 个不同的产品，m 台设备中的两台或多台设备具有相同的加工能力，即某道工序可在这类设备中的任意一台上加工，k 个不同产品的工序顺序是预先给定的。假设每个产品具有 n_i 道工序，设备 Mj 上工序 P_i 的加工时间为 t_{ij}，开始时间为 s_{ij} 和完工时间为 f_{ij}，并且加工时间、开始时间和完工时间均为整数，其中 $i=1,2,\cdots,n_i$，$j=1,2,\cdots,m$。每道工序用它要求的设备和固定的加工时间表示。此外，产品和设备的约束还需满足以下条件。

① 产品的各道工序的顺序预先确定。

② 每个产品只能按预先确定的工序顺序加工，不同产品的工序之间没有先后约束关系。

③ 工序一旦进行不能中断。

④ 每道工序可在其设备需求子集中的任一台上加工。

⑤ 每台设备一次只能加工一道工序。

⑥ 产品每道工序的实际开工时间要大于等于 0。

⑦ 工序的最早加工时间受设备实际已下达任务结束时间的限制。

本章讨论的多产品 JSSP 是在满足上述条件的情况下，如何找到一种合适的排序，确定每道工序的开始加工时间，使产品总的加工时间尽可能短[83]。设 E_{ij} 为设

备 Mj 上最后一道工序的完工时间,具有最小加工时间的多产品 JSSP 的数学模型为

$$\min\{\max\{E_{ij}\}\} \tag{27-1}$$

约束条件为

$$s_{ij} \geqslant 0, \quad i = 1, 2, \cdots, n_i; \, j = 1, 2, \cdots, m \tag{27-2}$$

$$s_{ij} - s_{ij} - 1 - t_{ij-1} \geqslant 0, \quad i = 1, 2, \cdots, n_i; \, j = 1, 2, \cdots, m \tag{27-3}$$

$$s_{ij} - f_{ij-1} \geqslant 0, \quad i = 1, 2, \cdots, n_i; \, j = 1, 2, \cdots, m \tag{27-4}$$

27.3　多产品综合调度问题的分析

假定多产品综合调度问题包含 k 个产品,虽然每个产品的加工流程各不相同,但是它们的加工流程都属于同一种类型的加工结构,因此可以根据工序之间的制约关系将产品转换成树状结构。树中的节点代表产品的工序,边代表工序之间的制约关系,根代表产品的最后一道工序。如果把每个产品对应的加工工艺树看作一棵虚拟加工工艺树的分支,则可将这多个产品对应的加工工艺树构造成一棵虚拟加工工艺树,从而将多产品 JSSP 简化为单产品 JSSP。

定义 27-1(产品关键路径)　对产品的加工工艺树而言,从根节点到叶节点,工序加工时间和最大的路径称为产品的关键路径。

定义 27-2(相关工序)　采用分段的思想对产品加工工艺树进行分段,在相应段内对工序进行分类,针对某一段内的工序而言,将具有相互制约关系的工序称为相关工序。

定义 27-3(独立工序)　采用分段的思想对产品加工工艺树进行分段,在相应段内对工序进行分类,针对某一段内的工序而言,将不存在相互制约关系的工序称为独立工序。

定义 27-4(虚拟加工工艺树)　将所有产品对应的加工工艺树看作某个虚拟产品对应加工工艺树的分支,由此构造这个虚拟产品对应的加工工艺树,由多个产品构造出来的加工工艺树称为虚拟加工工艺树。

定义 27-5(虚拟根节点)　在构造虚拟加工工艺树的过程中添加的根节点称为虚拟根节点。

由 k 个产品对应的加工工艺树来构造虚拟产品对应的虚拟加工工艺树,使构造出的虚拟加工工艺树仍满足问题的初始约束条件。构造方法如下,对于有 k 个产品的 JSSP,首先根据每个产品内工序之间的制约关系将各个产品转换成一棵加工工艺树,即构造 k 棵对应于 k 个产品的加工工艺树,由于 k 棵加工工艺树各自独立,可将它们看作森林,将问题转换成由森林构造虚拟加工工艺树。由于根据森林构造树的方法很多,本章首先添加一个虚拟根节点,然后将 k 个产品对应的 k

个加工工艺树看作虚拟根节点的各个子树，构造针对 k 个产品的虚拟加工工艺树。这样就将多产品调度问题转化成单产品调度问题。显然，虚拟加工工艺树包含所有待加工的产品，而且虚拟加工工艺树满足单产品 JSSP 的特点，因此可借鉴第 26 章构造的目标函数和调度算法对虚拟加工工艺树上的工序进行调度。

27.4　算 法 设 计

27.4.1　目标函数

① 将多产品转换成相应的加工工艺树，添加虚拟根节点，构造虚拟加工工艺树。

② 确定构造虚拟加工工艺树的关键路径。

③ 对虚拟加工工艺树进行分段处理，将虚拟加工工艺树中的工序分为相关工序和独立工序。

④ 对段内相关工序制定相应的调度策略，调度策略对应的目标函数为

$$\alpha \min\{s_{ij}\}+(1-\alpha)\min\left\{n-\sum_{q=1}^{l}s_{kq}\right\}，其中 \alpha \in (0,1)。$$

⑤ 对段内独立工序制定相应的调度策略，调度策略所对应的目标函数为

$$\beta \min\{d_{s,n,n+1}-t_{ij}\}+(1-\beta)\min\{s_{ij}\}，其中 \beta \in (0,1)。$$

27.4.2　算法描述

① 设置栈 Stack1、队列 Queue1 和 Queue2。

② 确定虚拟加工工艺树的关键路径。

③ 将关键路径上的工序由根到叶依次入栈。若入栈的第一个工序与栈顶工序相同，则此工序不入栈，其他工序依次入栈。

④ 判断栈是否为空，若空，则算法结束；否则，对栈进行遍历，寻找叉点工序。若叉点工序存在，则以此叉点工序对加工工艺树进行分段；否则，栈中工序出栈并入队列。

⑤ 将叉点工序前的工序出栈，并入队列。

⑥ 根据队列中工序的特点采用相应的目标函数对工序进行调度。

⑦ 由叉点工序前的所有未调度工序构造子树，转步骤②，若无叉点工序，转步骤④。

27.5　多产品综合调度问题算法流程图

将多产品调度问题转化为单产品 JSSP 后，对多产品调度问题进行调度。其

算法流程图和工序处理流程图如图 27-1 和图 27-2 所示。

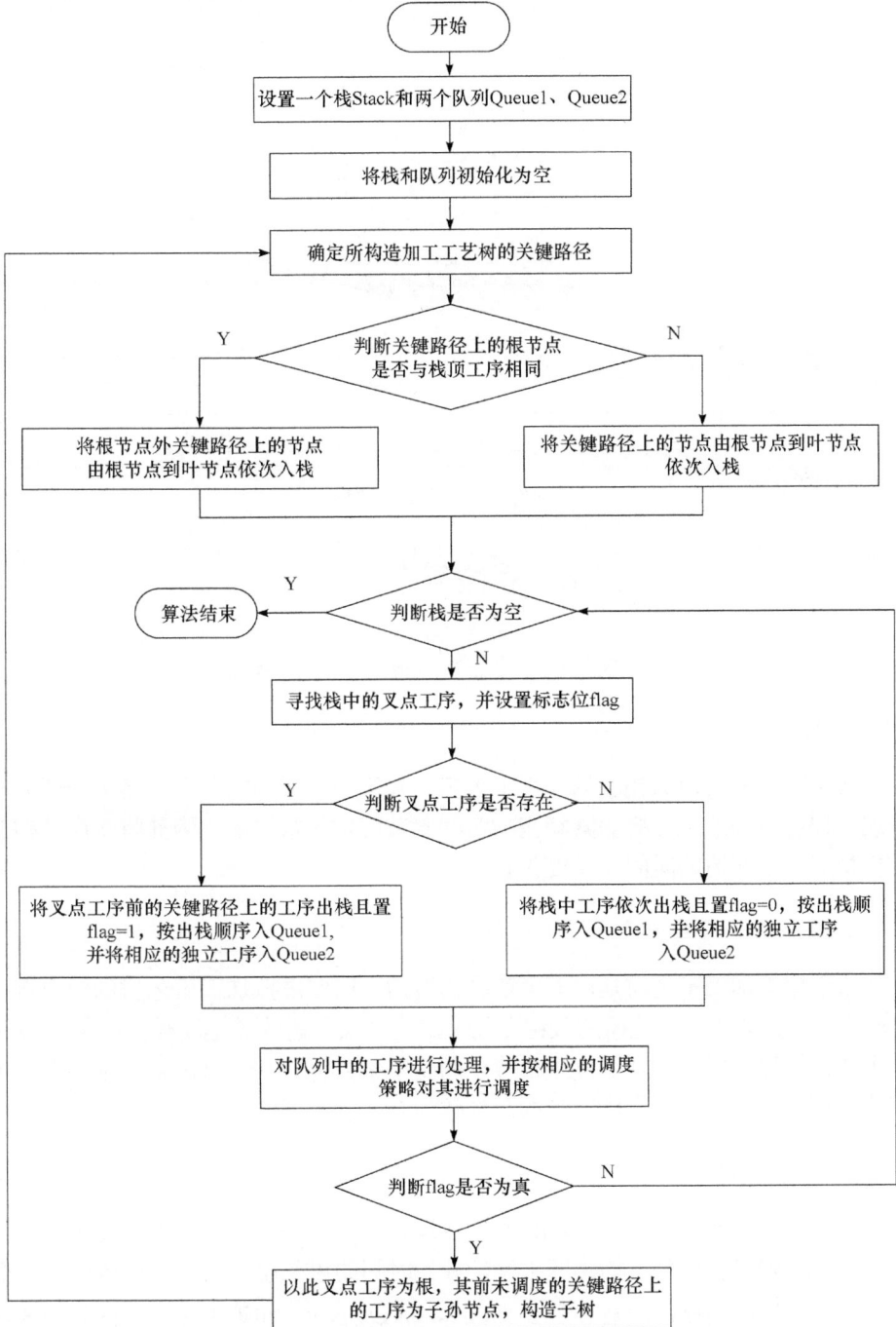

图 27-1　算法流程图

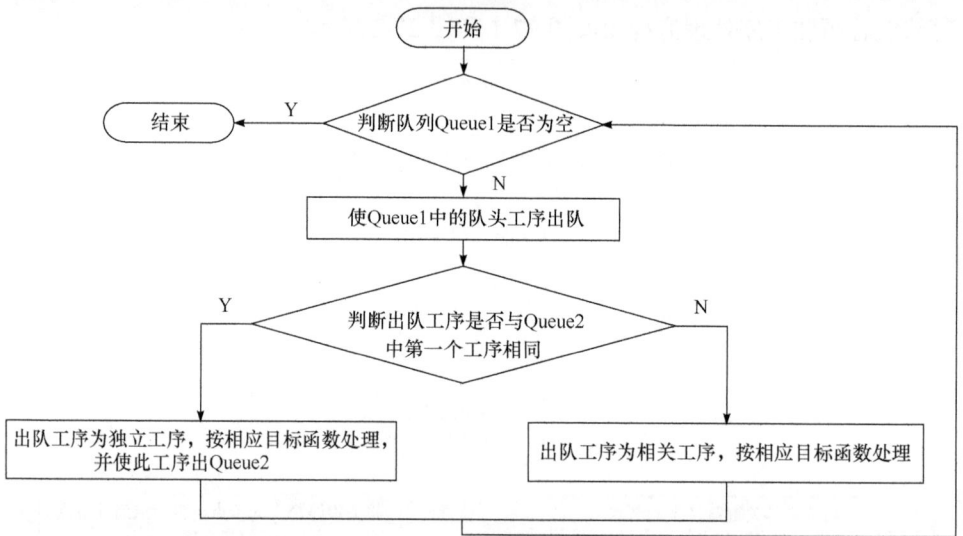

图 27-2　工序处理流程图

27.6　算法复杂度分析

设 k 个产品的工序总数为 n ，设备数为 m ，相同设备数为 z 。

1. 构造虚拟加工工艺树

将 k 个产品转换成相应的加工工艺树，并添加虚拟的根节点，将多个产品构造成一棵虚拟加工工艺树。其相应的时间复杂度均为常量级，因此将多产品构造成虚拟加工工艺树的时间复杂度为 $O(1)$ 。

2. 虚拟加工工艺树中工序的分类

由于虚拟加工工艺树是由 k 个产品构造的，因此虚拟加工工艺树的根节点有 k 棵子树。虚拟加工工艺树的关键路径一定是某棵子树的关键路径。假定 k 棵子树中的每一棵子树中由叶节点到根节点的路径条数为 $s(1 \leqslant s < n/k)$ ，则将产品工序分为相关工序和独立工序所需的总次数为 ks ，最坏情况下为 n^2/k 。

3. 产品工序的调度

产品总工序数为 n ，将其分配到 m 台设备上，平均每台设备上分配到的工序数为 n/m ，则对各设备上加工的工序按开始时间约束及设备空闲时间段的大小插入相应位置需要的比较次数 $C_{n/m}^2$ ，即 $(n^2-mn)/(2m^2)$ 。如果工序在相同能力的设备上加工，对在每台设备上得到的插入位置需进行二次比较，因此相同能力设备

上 的 工 序 需 多 比 较 zn/m 次 。 全 部 工 序 加 工 调 度 排 序 的 总 次 数 为 $(n^2 - mn)/(2m^2) + zn/m$ 。

因 此 ， 算 法 时 间 复 杂 度 为 $O(n^2)$ 。

27.7　多产品调度实例分析

图 27-3 所示为 3 个待调度产品根据其加工流程构造的虚拟加工工艺树。

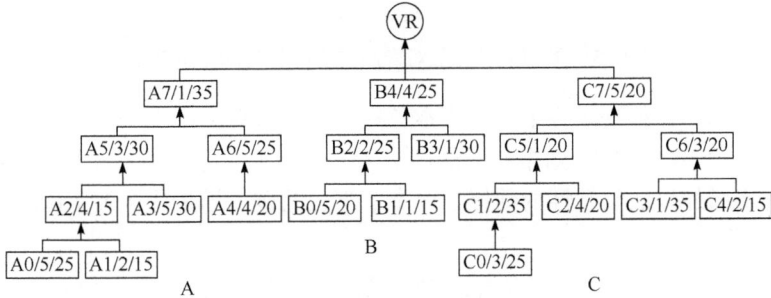

图 27-3　3 个产品构造的虚拟加工工艺树

设备 1 与设备 5 具有相同的处理能力，即原指定在设备 1 和设备 5 上加工的工序，其可在设备 1 与设备 5 中的任意一台上加工。图 27-4 所示为采用文献[81]，即用效率调度算法求解非标准作业 JSSP 中的算法对产品工序进行调度的甘特图。算法根据各工序的效率函数值，确定工序的加工顺序，并对工序进行处理，对可在相同设备上加工的工序。文献[81]采用设备尽量均衡的原则对工序进行处理。

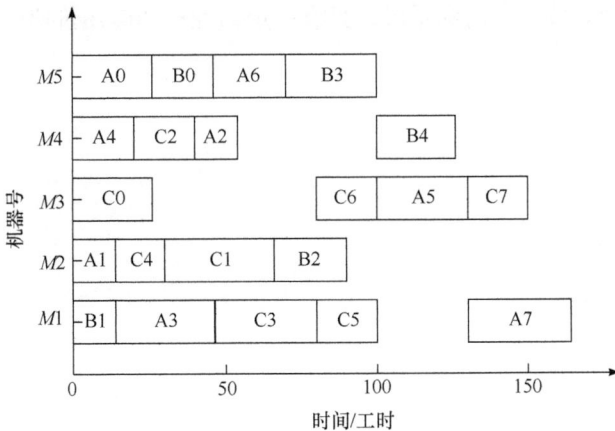

图 27-4　采用效率调度算法对工序调度的甘特图(165 工时)

图 27-5 所示为在相同情况下，采用本章算法对产品调度的甘特图。图中，编号 x,y 表示产品 x 的第 y 道工序。

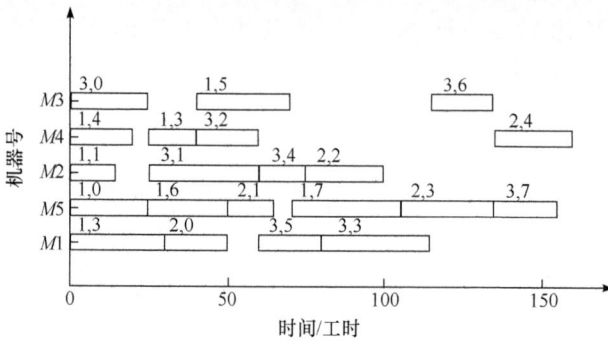

图 27-5　采用本章算法对产品调度的甘特图(160 工时)

由此可知，在相同条件下，采用本章提出的算法对多产品 JSSP 进行处理，总的加工工时为 160 工时，采用文献[81]对产品进行处理，总的加工工时为 165 工时。可见，在不增加算法复杂性的前提下，本章算法的调度结果优于效率调度算法。

27.8　本　章　小　结

本章对同一时刻到达的多个产品进行分析，通过添加虚拟根节点，并以根对齐的方式将多产品调度问题转换成单产品调度问题，然后按制定的调度算法对多产品调度问题进行处理。实例表明，本章算法对多产品综合调度问题能够得到较优的解。对于调度过程中添加的产品，可以将其作为虚拟加工工艺树的子树，因此本章可作为研究动态综合调度问题的基础。同时，本章算法可以为企业生产过程优化提供一种有效的方法和手段，具有一定的理论和应用价值。

第 28 章　具有相同设备的动态综合调度算法

28.1　引　　言

车间调度是生产管理的核心内容和关键技术。其任务是在有限的资源约束条件下，确定产品在相关设备上的开始时间，保证选定的生产目标最优。近年来学者们提出许多关于 NP-Hard 问题的近代解方案[84]。本章研究的具有相同设备的动态车间作业调度问题的目标是在满足约束条件的前提下，使分批加工的产品所用的总时间尽可能少。本章提出一种对动态产品构造虚拟加工工艺树的方法，把在产品加工过程中动态到达的产品构造成加工工艺树，然后将正在加工的产品剩余工序虚拟成一棵加工工艺树，将其与加工过程中动态到达的产品构造成一棵新的虚拟加工工艺树，最后对其制定相应的动态调度算法，对工序进行调度。

28.2　动态综合问题描述

初始时，给定 m 台设备和 k 个待加工的产品。每个产品的工序顺序是预先给定的。t_i 时刻，又有 l 个新的待加工产品到达，假设新到的待加工产品具有 n 道工序，设备 Mj 上工序 P_i 的加工时间为 t_{ij}，开始时间为 s_{ij}。本章研究的动态车间作业调度问题需满足以下约束条件。

① 不同产品的工序之间没有先后约束关系。

② 新到的待加工产品的工序开始加工时间不能早于 t_i。

本章讨论的动态车间作业调度问题是在满足约束条件的情况下，制定一个合理的调度方案对产品工序进行加工，以此保证加工完所有产品所用的总加工时间尽可能短。设 E_{ij} 为设备 Mj 上最后一道工序的完工时间，因此具有最小加工时间的动态车间作业调度问题的数学模型为

$$\min\{\max\{E_{ij}\}\} \tag{28-1}$$

$$\text{s.t.}\quad s_{ij} \geqslant t_i,\ i=1,2,\cdots,n;\quad j=1,2,\cdots \tag{28-2}$$

$$s_{ij} - s_{ij-1} - t_{ij-1} \geqslant t_i,\quad i=1,2,\cdots,n;\quad j=1,2,\cdots,m \tag{28-3}$$

28.3　动态综合调度问题分析

初始时，设有 k 个待加工的产品。t_i 时刻，又到达 l 个待加工的产品，l 个产品开始加工前，原先的 k 个待加工产品状态存在如下两种情况。

① k 个产品的所有工序都已加工完毕。

② k 个产品中，有的产品所有工序均加工完毕，有的产品只有部分工序加工完毕。

针对第一种情况，由于初始时刻的 k 个产品的所有工序都已加工完毕，因此只需对 t_i 时刻到达的 l 个产品进行处理。根据第 27 章对多产品 JSSP 的分析，可将 t_i 时刻到达的 l 个产品对应的加工工艺树，转换成一棵更大的虚拟加工工艺树，然后在满足相应约束关系的条件下，按第 27 章制定的算法对加工工艺树进行处理。对第二种情况而言，t_i 时刻，k 个产品中有的产品已经加工完毕，但还存在一些产品只有部分工序被加工。设此时 k 个产品中未被加工完的产品数为 j，由于每个产品都是树状加工工艺树，对产品进行加工是从叶节点到根节点依次进行的，因此这 j 个产品剩余的工序仍为树状结构[50,51]，可将这 j 个产品剩余的工序转换成 j 棵加工工艺树。若此时又有 l 个产品到达，则在 t_i 时刻待加工的产品数为 $j+l$。尽管每个产品的加工流程各不相同，但是它们的加工流程都是树状结构。如果把每个产品都看作是一棵更大的虚拟加工工艺树的根子树，则可将这 $j+l$ 个产品对应的加工工艺树构造成一棵更大的虚拟加工工艺树，从而将此动态调度问题进行简化，并按制定的动态调度算法进行处理。

虽然可将动态车间作业调度问题进行简化，但是由于调度算法中所用的栈存放的是初始时刻产品对应加工工艺树关键路径上的所有工序，因此当动态产品到达时，栈中仍存在未被加工的工序。对转换后的虚拟加工工艺树进行调度时，首先需将调度算法使用的栈和队列清空，然后重新确定加工工艺树的关键路径，并按制定的动态调度算法对工序进行处理。

28.4　算 法 设 计

28.4.1　目标函数

① 确定构造加工工艺树的关键路径。

② 对虚拟加工工艺树进行分段处理，将其工序分为相关工序和独立工序。

③ 对段内相关工序制定相应的调度策略。调度策略对应的目标函数为

$$\alpha \min\{s_{ij}\}+(1-\alpha)\min\{n-\sum_{q=1}^{l} s_{kq}\}，其中 \alpha \in (0,1)。$$

④ 对段内独立工序制定相应的调度策略。调度策略对应的目标函数为

$$\beta \min\{d_{s,n,n+1}-t_{ij}\}+(1-\beta)\min\{s_{ij}\}，其中 \beta \in (0,1)。$$

28.4.2　算法描述

① 将初始时刻到达的单产品或多产品转换成相应的加工工艺树，并按单产品或多产品调度算法对其进行处理。

② 由初始时刻产品的剩余工序构造加工工艺树，并将 t_i 时刻到达的产品转换成相应加工工艺树，将它们构造成一棵大的虚拟加工工艺树。

③ 将用来存放初始时刻产品关键路径上工序的栈和队列清空。

④ 对构造的虚拟加工工艺树计算关键路径。

⑤ 将关键路径上的工序由根到叶依次入栈。若入栈的第一个工序与栈顶工序相同，则此工序不入栈，其他工序依次入栈。

⑥ 判断栈是否空，若空，则算法结束；否则，对栈进行遍历，寻找叉点工序。若叉点工序存在，则以此叉点工序对加工工艺树进行分段；否则，将栈中工序出栈并入队列。

⑦ 将叉点工序前的工序出栈，并入队列。

⑧ 根据队列中工序的特点采用相应的目标函数对工序进行调度。

⑨ 由⑥中得到的叉点工序前的所有未调度工序构造子树，转④，若无叉点工序，转⑥。

28.4.3　动态综合调度问题算法流程图

在单产品调度问题和多产品调度问题的基础上，分析考虑动态综合调度问题，对单产品调度算法进行改进，可得动态综合调度算法。相应的动态综合调度问题的算法流程图和工序处理流程图分别如图 28-1 和图 28-2 所示。

开始

对初始时刻的产品构造加工工艺树并进行处理

对t_1时刻新到的产品和原来产品剩余
工序共同构造加工工艺树

将处理初始时刻产品所用的栈和队列清空

确定所构造加工工艺树的关键路径

判断关键路径上的根节点
是否与栈顶工序相同

Y

将除根节点外的关键路径上的节点
由根节点到叶节点依次入栈

N

将关键路径上的节点由根节点到叶节点
依次入栈

判断栈是否为空

Y

算法结束

N

寻找栈中的叉点工序，并设置标志位flag

判断叉点工序是否存在

Y

将叉点工序前的关键路径上的工序出栈且置
flag=1，并按出栈顺序依次入Queue1，
并将相应的独立工序入Queue2

N

将栈中工序依次出栈且置flag=0，并按出栈
顺序依次入Queue1，并将相应的独立
工序入Queue2

对队列中的工序进行处理，并按相应的调度
策略对其进行调度

判断flag是否为真

N

Y

以此叉点工序为根，其前未调度的关键
路径上的工序为子孙节点，构造子树

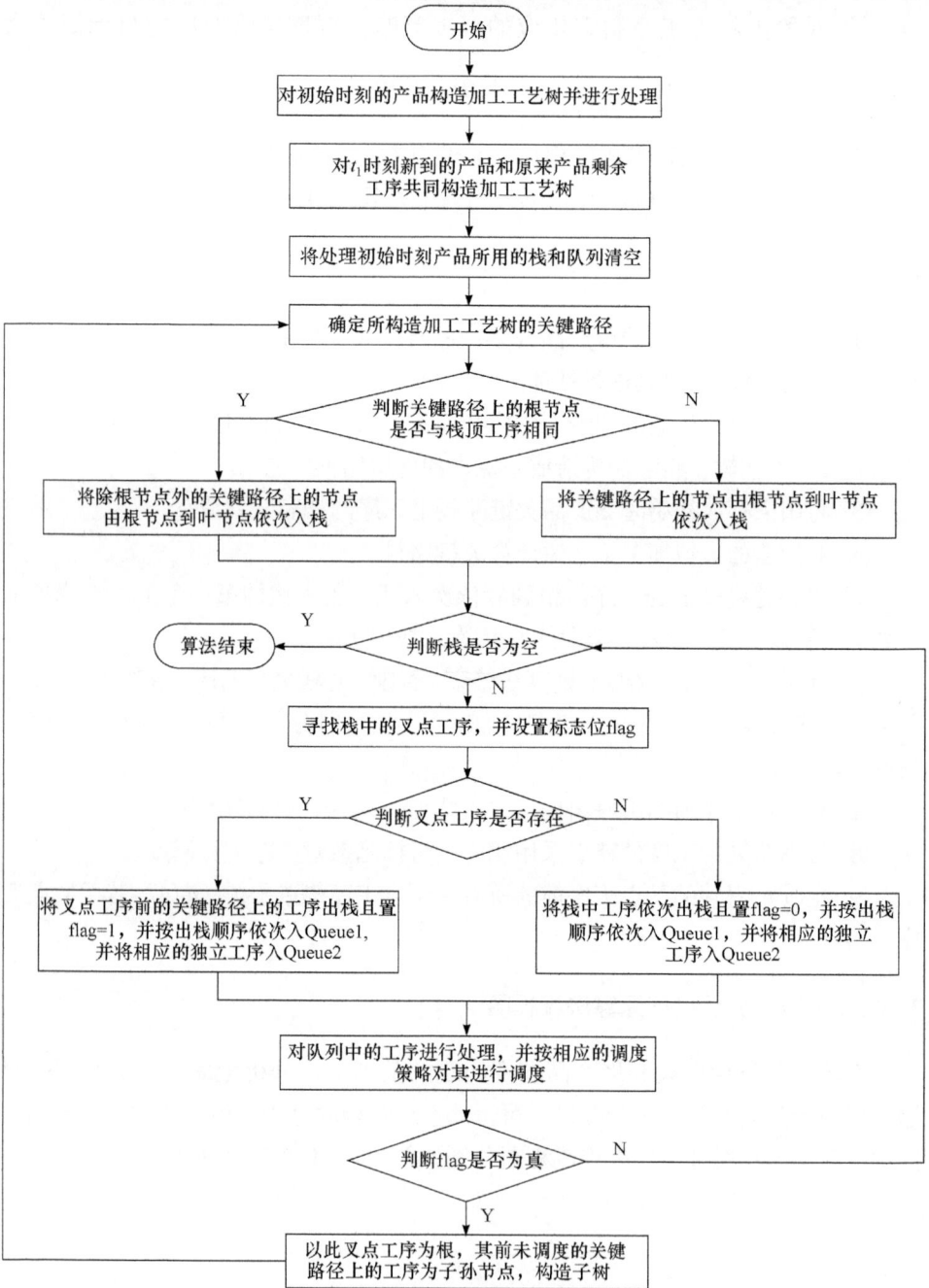

图 28-1　动态综合调度问题算法流程图

図中流程图：

```
              ┌─────────┐
              │   开始   │
              └─────────┘
                   │
   ┌────────┐  Y  ◇─────────────◇
   │  结束   │◄────│ 判断Queue1是否为空 │◄──────────────────────┐
   └────────┘      ◇─────────────◇                           │
                   │ N                                        │
         ┌──────────────────────────┐                        │
         │  使Queue1中的队头工序出队   │                        │
         └──────────────────────────┘                        │
                   │                                          │
        Y  ◇──────────────────────◇  N                      │
   ┌───────│  判断出队工序是否与Queue2  │───────┐              │
   │       │    中第一个工序相同       │        │              │
   │       ◇──────────────────────◇        │              │
   ▼                                         ▼              │
┌──────────────────────────┐    ┌──────────────────────────┐│
│ 出队工序为独立工序，按相应目标函数处理，│    │ 出队工序为相关工序，按相应目标函数处理 ││
│ 并使此工序出队列Queue2       │    └──────────────────────────┘│
└──────────────────────────┘              │                  │
   │                                       └──────────────────┘
   └──────────────────────────────────────────────────────────┘
```

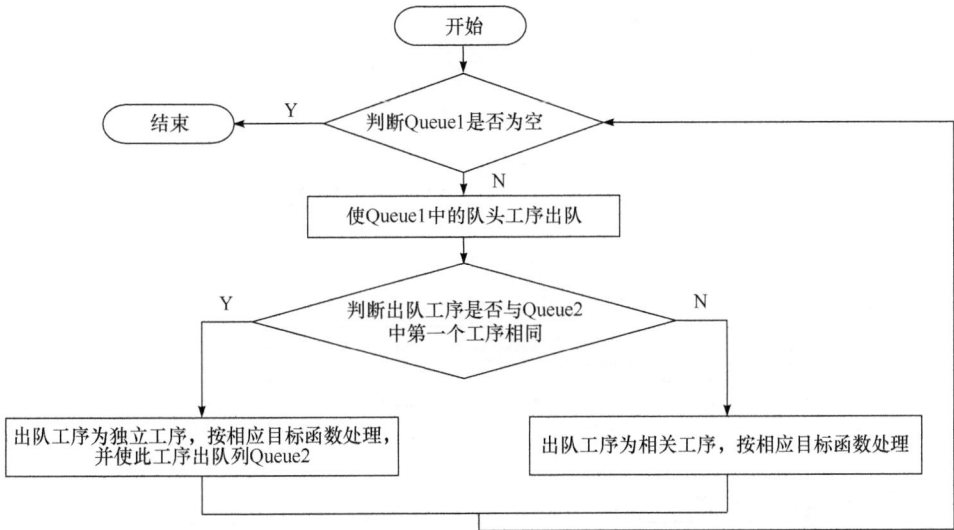

图 28-2　工序处理流程图

28.5　算法复杂度分析

设初始时刻待加工的产品数为 k，t_i 时刻，又到达 l 个待加工的产品，设备数为 m，初始时刻待加工产品的工序总数为 n_1，后到达的 l 个待加工产品的工序总数为 n_2。

① 对初始时刻的产品进行处理。将初始时刻的单个或多个产品构造成加工工艺树，然后确定构造虚拟加工工艺树的关键路径，并对加工工艺树分段，对工序分类并处理直到 t_i 时刻，其时间复杂度为 $O(n_1^2)$。

② 对后到达的产品进行处理。假定初始时刻待加工的产品工序到 t_i 时刻未处理完，设初始时刻的 k 个产品还有 j 个产品未处理完，设未处理完的产品总的工序数为 n_3，则在 t_i 时刻，需处理的产品数为 $j+l$，产品总工序数为 n_2+n_3，用 n 表示需处理的工序总数，则对这些产品及工序构造虚拟加工工艺树并对其进行处理，其时间复杂度为 $O(n^2)$。

因此，动态车间作业调度算法的时间复杂度为 $O(n^2)$。

28.6　动态调度实例分析

设有两个产品 A 和 B，当产品 A 加工 75 工时，产品 B 到达，此时产品 A 并未加工完毕，产品 A、产品 B 和产品 A 的剩余工序对应的加工工艺树分别如

图 28-3、图 28-4 和图 28-5 所示。

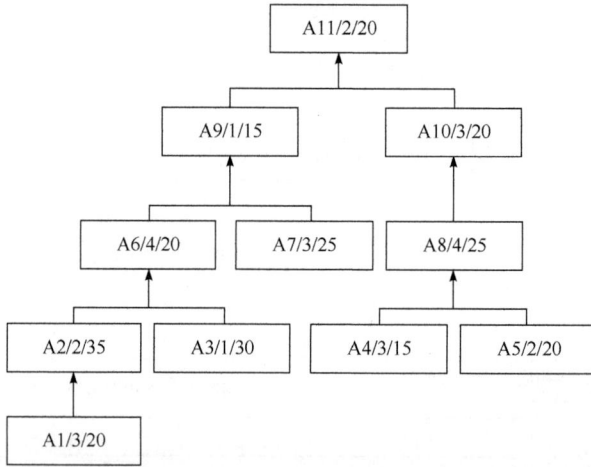

图 28-3 产品 A 对应的加工工艺树

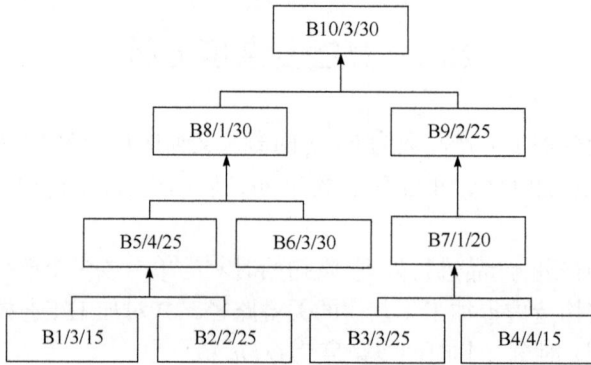

图 28-4 产品 B 对应的加工工艺树

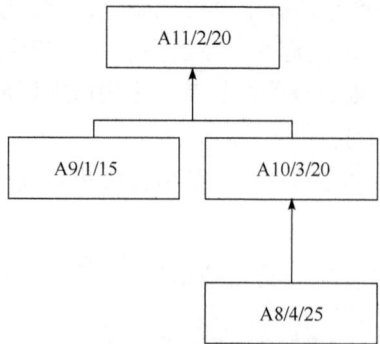

图 28-5 产品 A 剩余工序对应的加工工艺树

当产品 B 到达时,产品 A 未被加工完。此时,由产品 A 的剩余工序和新到达的产品 B 构造新的虚拟加工工艺树(图 28-6)。

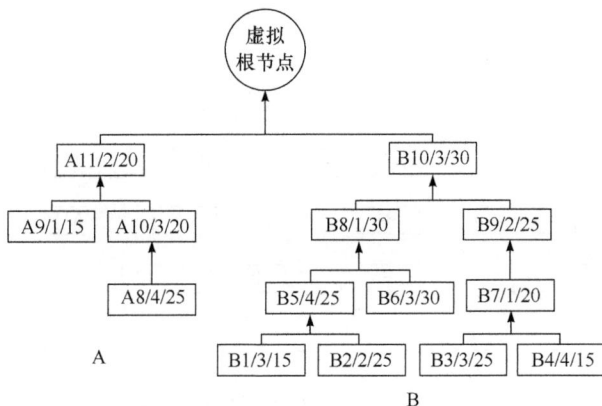

图 28-6　当产品 B 到达后与 A 剩余工序构造的虚拟加工工艺树

当产品 B 到达时,产品 A 并未加工完毕,但产品 A 关键路径上的工序已按调度算法入栈,且相应段内的工序已进 Queue1 和 Queue2。如果不采用动态算法,当产品 B 到达时,不清空栈和队列中的工序。此时,产品 A 的剩余工序与产品 B 组成一个虚拟产品,按原关键路径进行调度,甘特图如图 28-7 所示。

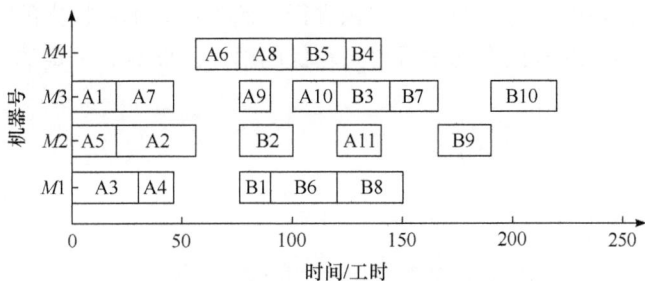

图 28-7　按产品 A 的关键路径对工序进行调度的甘特图(220 工时)

若按动态综合调度问题的分析对不同时刻到达的产品进行处理,即当产品 B 到达时,首先将栈和队列清空,并将产品 A 的剩余工序重新构造成一棵加工工艺树,将其与产品 B 对应的加工工艺树构造成一棵大的虚拟加工工艺树,按本章制定的算法对此虚拟加工工艺树重新确定关键路径。按本章算法对动态产品工序进行调度的甘特图如图 28-8 所示。

对比图 28-7 和图 28-8,在设备 M1 和 M3 相同的情况下,若栈和队列不清空,对产品进行调度,产品加工总工时为 220 工时。按本章提出的动态综合调度问题算法,即将栈和队列清空,并将产品 A 的剩余工序和产品 B 重新构造加工工艺树,然后对工序进行调度,产品加工总工时为 190 工时,可见提出的调度算法能缩短 30 工时。

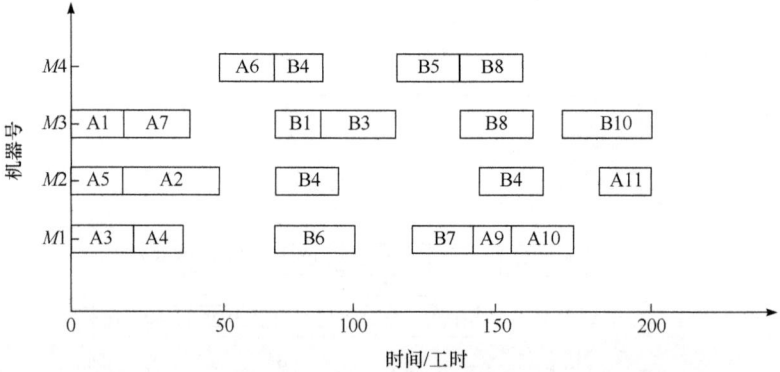

图 28-8　按本章算法对动态产品工序进行调度的甘特图(190 工时)

28.7　本 章 小 结

通过对动态综合调度问题的分析,将不同时刻到达的产品转换成满足特定条件的一棵虚拟加工工艺树,并对这棵特殊的加工工艺树制定相应的调度算法,最后对具有相同设备的动态综合调度问题进行实例验证。本章提出的算法对解决具有相同设备的动态综合调度问题可得到较优的解,因此具有一定的理论意义和实用价值。

第 29 章　存在相同设备时复杂产品纵横双向调度算法

29.1　引　言

求解 JSSP[85]有很多方法，如分支限界法[86]、人工神经网络[17]、遗传算法[19]和局部搜索法等[20]。这些方法只适用于解决简单产品调度问题，即纯加工或纯装配调度问题。当制造产品复杂单一时，产品按纯加工或纯装配并行处理节约的时间少于加工和装配分别处理耽误的时间时，采用产品加工和装配综合调度方法可以提高产生效率[13]。

对于存在相同加工设备的复杂产品综合调度问题，由于存在一机器子集，其任意一台机器都能加工某道工序。这类问题虽然放宽了资源约束条件，但增加了目标解的寻优空间。文献[86]提出一个只有二次复杂度的解决算法，但该算法侧重对纵向关键路径上工序的调度，忽略了横向工序可并行处理对总加工时间的影响。因此，本章提出层优先策略和关键路径策略相结合的方式确定工序调度顺序。该方法在考虑横向层优先策略的情况下，优先调度对整体加工时间影响较大的关键路径上的工序，实现纵横双向调度优化。

29.2　问　题　描　述

给定一个产品和 m 台设备，此产品具有 n 道工序，设备 Mj 上工序 P_i 的加工时间为 t_{ij}，开始时间 s_{ij} 和完工时间 f_{ij} 均为整数，其中 $i=1,2,\cdots,n$, $j=1,2,\cdots,m$。具有相同加工设备的复杂产品综合调度问题满足以下条件，即工序的顺序按产品树状工艺结构预先确定；每道工序可在其设备需求子集中的任一台上加工或装配，简称加工；一台设备一次只能加工一道工序；每道工序的实际开工时间大于等于0；任何工序只能在其紧前工序加工完毕后才开始加工；一台设备上，一个工序完成后才能开始另一个工序的加工。

本章讨论具有相同加工设备的复杂产品综合调度问题是在满足上述条件的情况下，找到一种合适的排序，确定每个工序的开始加工时间，并为在相同设备上加工的工序确定加工设备，使每个工序都能尽早加工，使总的加工时间最小[24,83]。

29.3　调度策略描述

1. 层优先策略

根据加工工艺树的层数为工序设置优先级。设加工工艺树有 C 层，则设根节点的优先级最低(1)叶子节点的优先级最高(C)。优先调度优先级最高的工序[23]。

2. 关键路径策略

根据加工工艺树可知，关键路径上工序对总加工时间的影响较大，定义关键路径策略。

设 $n_1, n_2, \cdots, n_r$ 为加工工艺树上的节点，n_1 为叶节点，n_r 为根节点，n_{i+1} 是 n_i 的父节点，则此节点序列为路径。

设路径 $n_1, n_2, \cdots, n_r$，节点上工序的加工时间为 $t_1, t_2, \cdots, t_r$，则 $L = \sum_{i=1}^{r} t_i$，即路径上所有工序的路径长度。

设一加工工艺树有 I 个叶子节点，则它有 I 条路径，计算每条路径的长度，按路径长度降序排列，并记录每条路径上的工序。若某工序在多条路径上，将此工序归为路径长度最长的路径上。

当存在工序 $P_{1i}, P_{2i}, \cdots, P_{mi}$，它们的优先级相同时，分别比较工序 $P_{1i}, P_{2i}, \cdots, P_{mi}$ 所在路径长度。按各工序所在路径长度降序排列并依次调度各工序。如果比较的工序中有关键路径上的工序，那么首先调度的工序一定是关键路径上的工序，即实现优先调度关键路径上的节点。

29.4　调度算法描述

通过以上分析，算法步骤描述如下。

① 输入设备及产品工序的数据。根据复杂产品的加工工艺树，计算加工工艺树每条路径的长度，并记录每条路径上的工序。若某工序在多条路径上，把此工序归于路径长度最长的路径上。设复杂产品的加工工艺树有 I 个叶节点，则路径数为 I。

② 为工序设置优先级，设复杂产品的加工工艺树有 C 层，则工序的优先级数为 C。

③ 将所有工序构成二维数组 $W = [w_{ic}]_{IC}$，$1 \leqslant i \leqslant I$，$1 \leqslant c \leqslant C$，$i=1$ 为由关键路径，$i \geqslant 2$ 为其他按路径上工序的加工总时间由大到小排序好的路径。如果存在某工序

在多条路径上时,则此工序的下标 i 值取最小的为其下标值,c 为各工序的优先级。

④ 根据层优先策略优先调度优先级最高的工序,当优先级最高的工序唯一时,直接调度此工序;当优先级最高的工序不唯一时,按关键路径策略进行选择并调度。具体实现方法是,设加工工艺树总共有 C 层,对加工工艺树中第 C 层上的工序构成的数组的下标赋值 $c \leftarrow C$(第一步);当数组的下标为 c 的工序唯一时,直接调度此工序,当 c 值相同的工序不唯一时,优先调度数组下标 i 值最小的工序,将调度完的工序从加工工艺树上删除(第二步);循环执行第二步,直到 c 值相同的工序全部调度完(第三步);$c \leftarrow c-1$(第四步);循环执行上述步骤,直到调度完 $c=1$ 的工序。

⑤ 为已确定调度顺序的工序确定开始加工时间。设 t_{kh} 为设备 h 上第 k 个加工工序的连续加工时间,s_{kh} 为设备 h 上第 k 个加工工序的开始加工时间。

第一种情况,当新增工序 x 在相同设备上加工,共有加工设备 m 台,设加工设备中存在 z 台相同设备,即集合 $M=\{1,2,\cdots,m\}$。若相同设备上已排工序 k 和 $k+1$ 之间均可安排新增工序 x,即 $s_{(k+1)h} - (t_{kh}+s_{kh}) \geq t_{xh}$,则选择工序可开始加工时间最早的设备来加工此工序,新增工序 x。此后已排工序的序号依次加 1,即 $\min\{s_{xh}\}$,$x \leftarrow k+1$;当 $y \geq 1$ 时,$k+y \leftarrow k+y+1$;当相同设备上已排工序 k 和 $k+1$ 之间有一部分可安排新增工序 x 时,确定此部分设备中使新增工序可开始加工时间最早的设备,将此工序安排在此设备上加工,新增工序 x,此后的已排工序的序号依次加 1,即 $\min\{s_{xh}\}$,$x \leftarrow k+1$;当 $y \geq 1$ 时,$k+y \leftarrow k+y+1$;当 N 台相同设备上已排工序 k 和 $k+1$ 之间均不能安排新增工序时,比较此 M 台设备上已排工序的最后一道工序完工时间,选择完工时间最早的工序所属的设备,将新增工序 x 安排在此设备上进行加工。

第二种情况,当新增工序 x 在非相同设备上加工,即在设备 h 上加工时,设备 h 已排工序 k 和 $k+1$ 之间无法安排新增工序 x,即 $s_{(k+1)h} - (t_{kh}+s_{kh}) < t_{xh}$,则工序 x 安排在设备 h 已排工序的最后;若设备 h 的已排工序 k 和 $k+1$ 之间可安排此新增工序,即 $s_{(k+1)h} - (t_{kh}+s_{kh}) \geq t_{xh}$,则选择工序可开始加工时间最早的空闲时间段,将其插入,新增工序 x,此后的已排工序的序号依次加 1,即 $\min\{s_{xh}\}$,$x \leftarrow k+1$。当 $y \geq 1$ 时,$k+y \leftarrow k+y+1$。

29.5　算法复杂度分析

1. 计算加工工艺树路径长度的时间复杂度

设加工工艺树共有 n 个节点,计算各路径长度,从根节点加到叶节点,各节点只需要计算 1 次,因此计算所有路径长度共需要 $n-1$ 次加法,即计算路径长度的时间复杂度为 $O(n)$。

2. 确定加工工艺树层数的时间复杂度

确定工序的层数，从根节点开始，其子节点为第二层，依次确定各层节点的子节点，层数加 1，直到确定全部工序的层数。最坏的情况是，每个工序需要与 $n-1$ 个工序确认紧前关系，全部工序确定层数最多需要确认 $n(n-1)$ 次，因此确定工序层数的时间复杂度为 $O(n^2)$。

3. 路径长度排序的时间复杂度

叶子节点的总数一般是 $n/2$，加工工艺树上的路径总数为 $n/2$，按路径长度降序排列比较的次数是 $C_{n/2}^2 = n(n-1)/8$，其时间复杂度为 $O(n^2)$。

4. 将工序插入相应空闲时间段上的时间复杂度

设共有 m 台加工设备，其中有 z 台相同设备。对于在非相同设备上加工的工序，插入相应空闲时间段的排序需要比较的次数为 $C_{n/m}^2 = (n^2-mn)/(2m^2)$。对于在相同设备上加工的工序，工序插入在设备上的相应空闲时间段还要进行二次比较，确定其最佳的插入位置，因此需要多比较 zn/m 次。因此，将全部工序插入空闲时间段上的时间复杂度为 $O(n^2)$[86]。

综合以上分析，算法的时间复杂度为 $O(n^2)$。

29.6　实　例　分　析

当有文献[26]中产品 A 时，其加工工艺树如图 29-1 所述。其中，方框内数字分别为产品工序号/工序设备号/产品加工时间。

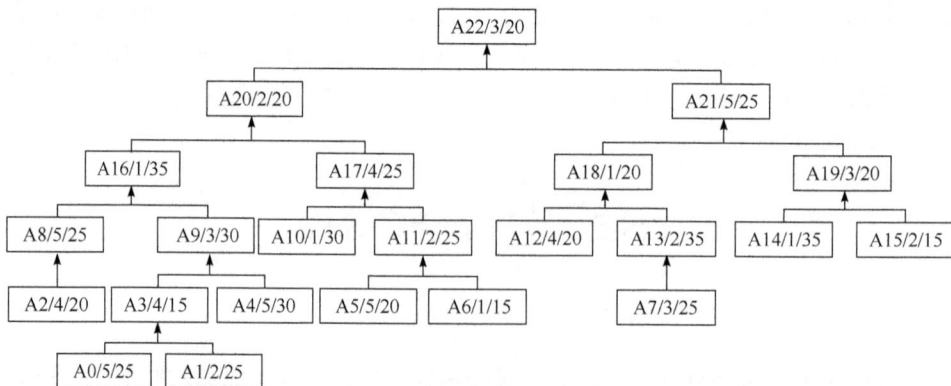

图 29-1　产品 A 加工工艺树

当设备 1 和设备 5 功能相同时，即设备 1 上的加工工序和设备 5 上的加工工序可安排在任意一台设备上进行加工。按文献[26]的算法进行调度，顺序是 A0A1A3A4A9A2A8A16A5A6A11A10A17A20A7A13A12A18A14A15A19A21A22。本章算法的调度顺序是 A0A1A3A4A7A2A5A6A9A13A8A11A14A10A12A15 A16A18A17A19A20A21A22。采用文献[26]中的算法进行调度时的甘特图如图 29-2 所示。采用本章算法进行调度时的甘特图如图 29-3 所示。

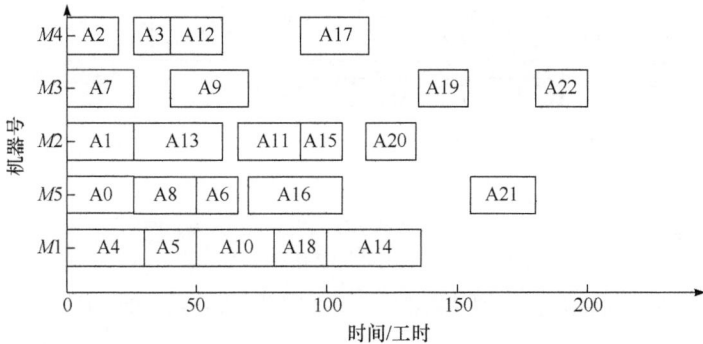

图 29-2 采用文献[26]中的算法进行调度时的甘特图(200 工时)

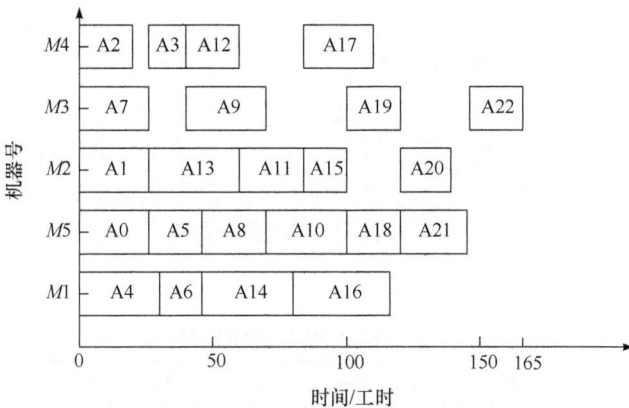

图 29-3 采用本章算法进行调度时的甘特图(165 工时)

当对设备 3 进行改进使其与 1、5 的功能相同时，设备子集上有三台设备，采用文献[26]中的算法进行调度时的甘特图如图 29-4 所示。

可以看出，具有两台相同设备时，文献[26]中的算法对实例进行调度，产品加工周期为 200 工时；具有三台相同设备时，采用文献[26]中的算法对实例进行调度，产品加工周期为 170 工时。采用本章算法对具有两台相同设备的实例进行调度，产品加工周期为 165 工时，比文献[26]的算法调度具有三台相同设备实例的加工周期缩短将近 3%。可见，本章算法对具有两台相同设备的工序进行调度的结果比文献[26]中的算法对具有三台相同设备的工序进行调度的调度结果好。本章算法在兼顾纵横双向优化调度时，更加重视关键路径上工序对调度结果的影响，在同优先级的工序中直接优先调度关键路径上的工序。

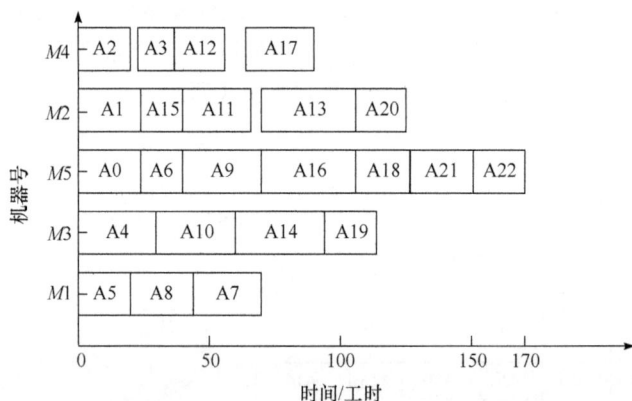

图 29-4　采用文献[26]中的算法对具有三台相同设备工序调度的甘特图(170 工时)

当采用文献[26]的算法调度时，优先调度关键路径所在的左子树，然后调度 A14 所在的右子树。此时，A14 的开始加工时间为 100 工时(图 29-2)。

当采用本章算法调度时，根据产品的加工工艺树，可得工序的各项数据(表 29-1)。由此可知，根据优先级策略优先调度优先级高的工序，调度完优先级为 6 和 5 的工序后，调度 A14 所在的优先级为 4 的工序，优先级为 4 的工序不唯一，采用关键路径策略进行选择，将工序所在的路径长度降序排列并依次调度。此时，A14 的开始加工时间为 45 工时(图 29-3)。由于本章算法在以关键路径工序为主时，还考虑横向并行工序，因此采用本章算法进行调度时，A14 的开始加工时间比文献[26]中的算法提前 55 工时。

表 29-1　产品 A 中工序的各项数据

工序	优先级	所在路径长度	可加工设备	工序	优先级	所在路径长度	可加工设备
A0	6	145	$M1,M5$	A1	6	145	$M2$
A2	5	140	$M4$	A3	5	145	$M4$
A4	5	135	$M1,M5$	A5	5	110	$M1,M5$
A6	5	105	$M1,M5$	A7	5	125	$M3$
A8	4	140	$M1,M5$	A9	4	145	$M3$
A10	4	95	$M1,M5$	A11	4	110	$M2$
A12	4	85	$M4$	A13	4	125	$M2$
A14	4	100	$M1,M5$	A15	4	80	$M2$

续表

工序	优先级	所在路径长度	可加工设备	工序	优先级	所在路径长度	可加工设备
A16	3	145	M1,M5	A17	3	110	M4
A18	3	125	M1,M5	A19	3	100	M3
A20	2	145	M2	A21	2	125	M1,M5
A22	1	145	M3	—	—	—	—

29.7　本章小结

　　对存在相同加工设备时的复杂产品综合调度问题，本章提出的算法采用层优先策略，注重产品工艺结构的横向关系，同时采用关键路径策略，使调度在注重产品工艺结构的横向关系时兼顾产品工艺结构的纵向关系。因此，本章提出的综合考虑纵横双向调度优化算法既考虑其他分支上的同层工序并行处理，又考虑关键路径上工序对总加工时间的重要影响，具有双重优点。理论分析和实例表明，本章提出的算法在不增加复杂度的情况下，可以明显提高存在相同加工设备时间的复杂产品综合调度效果。进一步，将该算法改进可应用于存在多个相同设备子集的复杂产品综合调度问题。

第 30 章 复杂单产品柔性调度分步式算法

30.1 引　言

柔性调度问题是传统调度问题的扩展，是实际生产中迫切需要解决的问题。在传统的 JSSP 中，每台设备只有一种加工能力，且工件间无约束，而现代柔性制造系统是以数控机床或加工中心为基础。这些设备可以自动更换刀具和夹具，因此具有多种加工能力。柔性制造中的工序具有多个可选择的加工设备，虽然可以减少机器约束，扩大可行解的搜索范围，但是会增加问题求解的难度，使问题的复杂度进一步加大[87]。

与传统调度相比，柔性调度是更复杂的 NP-hard 问题[88]。按照求解柔性调度的步骤，可将求解方法分为两类，即分别求解柔性调度中的机器分配和工序调度两个子问题的分步式方法和同时解决柔性调度中机器分配和工序调度两个子问题的集成式方法。这些优化算法主要解决工件间无约束关系的简单产品 JSSP，即没有考虑工件间约束关系。文献[89]提出一类考虑工序相关性的综合调度问题，但是仅在传统车间调度中考虑工序相关性，没有与柔性调度相结合。文献[86]针对具有相同设备的复杂产品调度问题进行研究，取得了较好的效果。具有相同设备的调度问题是柔性调度问题的一个特例，考虑的是相同设备集上工序加工时间相同的情况，与柔性调度问题中出现的工序相同设备有本质的不同。本章提出一种基于改进加工工艺树模型的分步式算法。该算法对工序优化分配子问题，采用短用时策略和设备均衡策略，确定每道工序的加工时间和加工设备；对工序优化调度子问题，首先采用 ACPM 确定工序调度顺序，然后根据工序的不同特点，把工序分为局部相关工序和独立工序两种。为了使工序尽早完工，对相关工序采用前沿贪心规则进行调度，对独立工序采用缩短空闲时间法进行调度。

30.2 复杂单产品柔性调度的数学模型

定义 30-1(工件间的约束关系)　不同工件的开始时间和完成时间之间存在某种顺序约束或延迟约束，称为工件间的约束关系。

定义 30-2(复杂产品)　由一组存在约束关系的工件装配而成的产品称为复杂产品。

定义 30-3(设备与加工)　　在实际生产中，产品是由一组存在约束关系的工件装配而成的，而工件由一串前后约束的工序组成。为了简化调度分析，将加工设备和装配设备定义为统一调度的资源设备，加工和装配统一定义为加工。

与传统的车间调度不同，解决复杂产品柔性调度问题不但需要考虑把每一个工序合理地分配到设备上，同时还要考虑工件间的约束关系。

设 n 为工件数量；m 为设备数量；工件间存在约束关系，产品由多个工件组成，不同产品可能在不同时刻开始加工；$P=\{P_i\}_{1 \leqslant i \leqslant n}$ 为所有工件的集合，P_{ij} 为第 i 个工件的第 j 个工序；P_i 由具有唯一紧前、紧后关系的工序组成；$M=\{MK\}_{1 \leqslant k \leqslant m}$ 为所有设备集合；$M_{ij} \subseteq M$ 为工件 i 的第 j 道工序的可选设备集；t_{ijk} 为工件 i 的第 j 道工序在设备 k 上的加工时间；s_{ijk} 为工件 i 的第 j 道工序在设备 k 上的开始加工时间；f_{ijk} 为工件 i 的第 j 道工序在设备 k 上的完工时间；E_k 为设备 k 上的完工时间。当工件 e 的第 g 道工序和工件 i 的第 j 道工序在同一台设备上加工且工序 j 先于工序 g 时，$X_{ijeg}=1$；否则，$X_{ijeg}=0$。若工件 i 的第 j 道工序在设备 k 上加工，$Y_{ijk}=1$；否则，$Y_{ijk}=0$。

目标函数为

$$\min\{\max\{E_k\}\}, \quad k=1,2,\cdots,m$$

s.t.

$$E_k=\max\{F_{ijk}\}, Y_{ijk}=1, \quad i=1,2,\cdots,n; j=1,2,\cdots,n_i \tag{30-1}$$

$$s_{ijk}-f_{i(j-1)n} \geqslant 0, \quad Y_{ijk}=Y_{i(j-1)n}=1 \tag{30-2}$$

$$s_{egk}-f_{ijk} \geqslant 0, \quad Y_{egk}=Y_{ijk}=1, X_{ijeg}=1 \tag{30-3}$$

式(30-1)表示在设备 k 上工序结束时间的最大值。式(30-2)表示工件 i 的第 j 道工序必须在第 $j-1$ 道工序完成后才能开始。式(30-3)表示任一时刻设备 k 不能同时加工任意两个不同的工序。

30.3　复杂柔性产品改进加工工艺树模型

定义 30-4(改进加工工艺树)　　在工序按加工顺序关系形成的产品加工工艺树中，为了表现工序柔性加工的特点，将产品加工工艺树中代表工序的节点信息由原来只有唯一加工设备和唯一加工时间改为与多个加工设备和多个加工时间对应。

定义 30-5(工序相同设备)　　当改进加工工艺树中工序的节点信息加工时间唯一但加工设备不唯一时，该工序对应的所有设备为工序相同设备。

为了更好地体现复杂产品的内在工艺结构，充分利用具有树状工艺结构产品调度的研究成果[13]，针对柔性调度的特点，本章提出一种新的产品加工工艺树，即改进加工工艺树。改进加工工艺树的每个节点对应的工序号、所需设备号和加工时间为符合柔性加工要求的多设备与多加工时间，不同的设备号之间用逗号分隔，相应的不同加工时间也用逗号分隔。例如，产品 A 的工序 1 可以在设备 2 和设备 3 上加工，加工时间分别为 10 和 15(时间单位)，则此工序的节点可表示为 A1/2,3/10,15。

例如，产品 A 由 4 个工件(7 个工序)组成，在 4 台设备上加工。柔性调度问题加工时间表如表 30-1 所示。产品 A 对应的改进加工工艺树如图 30-1 所示。

表 30-1　柔性调度问题加工时间表

工艺		$M1$	$M2$	$M3$	$M4$
P_1	P_{11}	5	4	—	4
P_2	P_{21}	—	5	4	—
	P_{22}	2	—	2	5
	P_{23}	10	3	—	
P_3	P_{31}	—	7	7	8
	P_{32}	—	9	—	1
P_4	P_{41}	3	6	11	3

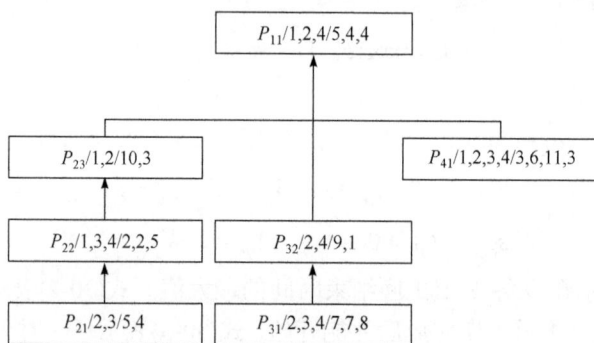

图 30-1　产品 A 对应的改进加工工艺树

30.4　柔性调度算法的设计

柔性调度问题被分成两个子问题，第一个是为每个工序选择设备，第二个是工序优化调度。针对这两个子问题，相应地提出分步式工序优化分配算法和分步式工序优化调度算法。

30.4.1　分步式工序优化分配算法设计

工序优化分配指不考虑工序间的约束关系，将所有工序按一定的规则分配到加工设备上，通过确定每个工序具体的加工设备和在此设备上所需的加工时间，使每个工序尽早完工。此时，每个工序的加工设备唯一，柔性调度问题转化成一般调度问题。这不但可以简化问题，而且可以利用相关的研究成果。本章采用短用时策略和设备均衡策略实现工序优化分配算法。

1. 短用时策略

假设工序 P_{ij} 可在设备集 Mij 上加工，相应的加工时间集合为 T_{ij}。为了使每个工序尽早完工，该工序的紧后工序可以尽早加工，在工序 P_{ij} 加工时间集 T_{ij} 中选择加工时间的最小值，即对应的设备组成工序 P_{ij} 的最小加工时间设备集 Mij。如表 30-1 所示，工序 P_{11} 在其加工时间集 $T_{11}=\{5,4,4\}$ 中选择加工时间最小值 4，这个最小值对应的设备组成的加工设备集 $M11=\{M2,M4\}$。通过这种策略可把具有多设备多加工时间特性的柔性调度问题转化成每个工序只有一个加工时间，并且每个工序可能使用多台设备的具有工序相同设备的问题。通过此策略，产品 A 的具有工序相同设备的加工工艺树如图 30-2 所示。对于工序相同设备的调度问题，在通过 ACPM 确定工序的加工顺序后，按设备均衡策略确定工序的加工设备。

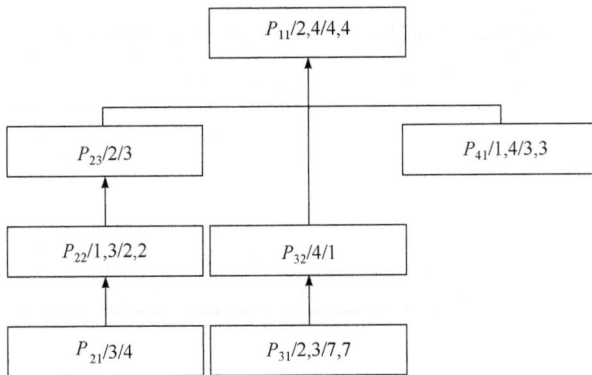

图 30-2　产品 A 的具有工序相同设备的加工工艺树

ACPM 产品关键路径是产品加工工艺树中从根节点到叶节点最长的路径。ACPM 充分考虑关键路径上工序对产品调度有重要的影响，通过对产品加工工艺树分解实现分段关键路径调度。

具体方法是利用复杂产品加工工艺树具有末端分支繁衍的特点，根据加工工艺树末端分支工序的特点，把工序分为具有唯一紧前紧后关系的相关工序和独立工序[90]，优先调度关键路径上的工序和相关工序加工时间长的工序串，然后调度独立工序，利用循环递归算法实现整个复杂产品的调度。如图 30-2 所示，产品 A 的关键路径为 $P_{21}P_{22}P_{23}P_{11}$，相关工序串有 $P_{21}P_{22}P_{23}$ 和 $P_{31}P_{32}$，独立工序为 P_{41}，P_{11} 为根节点，按 ACPM 确定产品 A 中所有工序的调度顺序为 $P_{21}P_{22}P_{23}P_{31}P_{32}P_{41}P_{11}$。

2. 设备均衡策略

对具有工序相同设备的工序，为了在可选择的设备集中实现工序尽早加工，需要判断可选设备集中各设备的加工情况。若用 E'_k 表示设备 MK 上已加工工序的总加工时间，则 $E'_k = \sum_{i=1}^{n} \sum_{j=1}^{n} Y_{ijk} t_{ijk}$。

分别计算设备集 Mij 中各个设备已经调度的所有工序的加工总时间 E'_k，选择加工总时间最短的设备，即以 $\min\{E'_k\}$ 为目标函数，确定工序 P_{ij} 的加工设备。该策略全面考虑各设备的加工负荷情况，使每个设备都均衡利用，提高整个加工系统的利用率，使总加工时间尽可能短，同时体现工序尽早加工的目的。

例如，产品 A 中的工序 P_{22}，P_{31}，P_{41}，P_{11} 存在工序相同的设备，按 ACPM 确定调度顺序，采用设备均衡策略确定产品 A 工序相同设备工序的设备表(表 30-2)。通过设备均衡策略可把存在工序相同设备调度问题转化为一般调度问题。产品 A 的一般加工工艺树如图 30-3 所示。

表 30-2　确定产品 A 工序相同设备工序的设备表

工序相同设备工序	已调度工序(加工设备)	工序相同设备加工时间/工时	确定的设备
P_{22}	$P_{21}(3)$	$E'_1=0, E'_3=4$	$M1$
P_{31}	$P_{21}(3), P_{22}(1), P_{23}(2)$	$E'_2=3, E'_3=4$	$M2$
P_{41}	$P_{21}(3), P_{22}(1), P_{23}(2), P_{31}(2), P_{32}(4)$	$E'_1=2, E'_4=1$	$M4$
P_{11}	$P_{21}(3), P_{22}(1), P_{23}(2), P_{31}(2), P_{32}(4), P_{41}(4)$	$E'_2=10, E'_4=4$	$M4$

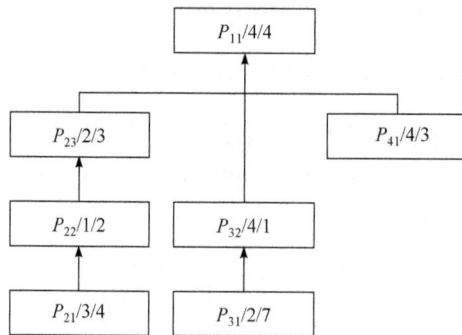

图 30-3　产品 A 的一般加工工艺树

30.4.2　分步式工序优化调度算法设计

工序优化调度是在工序优化分配的基础上进行的。此时，柔性调度问题已转化为一般调度问题，产品的改进加工工艺树已转化为一般加工工艺树。对一般加工工艺树模型上的工序按 ACPM 确定的加工顺序进行调度,对工艺树末端分支中的相关工序和独立工序采用不同的算法进行调度,实现工艺树末端分支工序的调度优化,再利用递归算法实现整个产品加工工艺树上工序的调度优化。

1. 相关工序的调度算法

由于相关工序相互影响大,为了使工序尽早完工,对产品中的相关工序采用前沿贪心规则进行调度。所谓前沿贪心规则指将工序调度到相应设备上时,在满足合理性的前提下,使其开工时间为最小值,即以 $\min\{s_{ijk}\}$ 为目标函数[86]。

2. 独立工序的调度算法

由于独立工序的特点是可并行且没有工序开始加工的时间约束,因此有很强的灵活性。将独立工序按对应设备插入由相关工序调度算法形成的空隙中时,为了缩短各设备完工时间,采用缩短空闲时间法调度[90],即将工序调度到相应设备上时,在满足合理性的前提下,把工序插入与此工序的加工时间差值最小的空闲时间段中。因此,插入工序的最优位置被定义为 $d_k = \min\{d_{k,n,n+1} - t_{ijk}\}$, $n=1,2,\cdots,j-1$,式中 d_k 代表插入独立工序的最优位置, $d_{k,n,n+1}$ 代表第 k 台设备上已排工序 n 和 $n+1$ 之间的空闲时间。

30.5　柔性调度算法实现

设计调度优化步骤如下。

步骤 1,构建复杂产品的改进加工工艺树。

步骤 2,为了便于软件实现,改进加工工艺树中节点工序的变化,对改进加工工艺树中的节点按加工设备分解为若干节点,对产生的所有节点设置一个单链表 List1。例如,产品 A 的工序 1 可以在设备 2 和设备 3 上加工,加工时间分别为 10 和 15,则此工序在改进加工工艺树中可由节点 A1/2,3/10,15 表示,在 List1 中由节点 A1/2/10 和节点 A1/3/15 来表示。

步骤 3,遍历单链表 List1,采用短用时策略确定工序的加工时间,保留每个工序加工时间最小值的节点,删除其他节点,形成新的单链表 List2。

步骤 4,根据该链表的信息更新改进加工工艺树中的节点信息。此时,改进加工工艺树中的节点对应的工序可分为两类,一类是工序只能在一个设备上加工;另一类是工序可以在几个不同的设备上加工,但是在这几个设备上的加工时间相同,即确定每一个工序的加工时间。

步骤 5,根据 ACPM 确定所有工序调度的先后顺序,并按此顺序形成单链表 List3。

步骤 6，遍历 List3，如果单链表非空，则调度链表的头节点。如果此节点工序可在单个设备上加工，则执行步骤 7；如果此节点工序可在几个不同的设备上加工，即存在工序相同设备，则首先采用设备均衡策略确定工序的加工设备，然后执行步骤 7。

步骤 7，根据工序的特点判断工序的类型，如果此工序为相关工序，则采用前沿贪心规则进行调度；如果此工序为独立工序，则采用缩短空闲时间法进行调度。头节点调度结束，删除此节点，转步骤 6，直到单链表为空。

柔性调度算法流程图如图 30-4 所示。

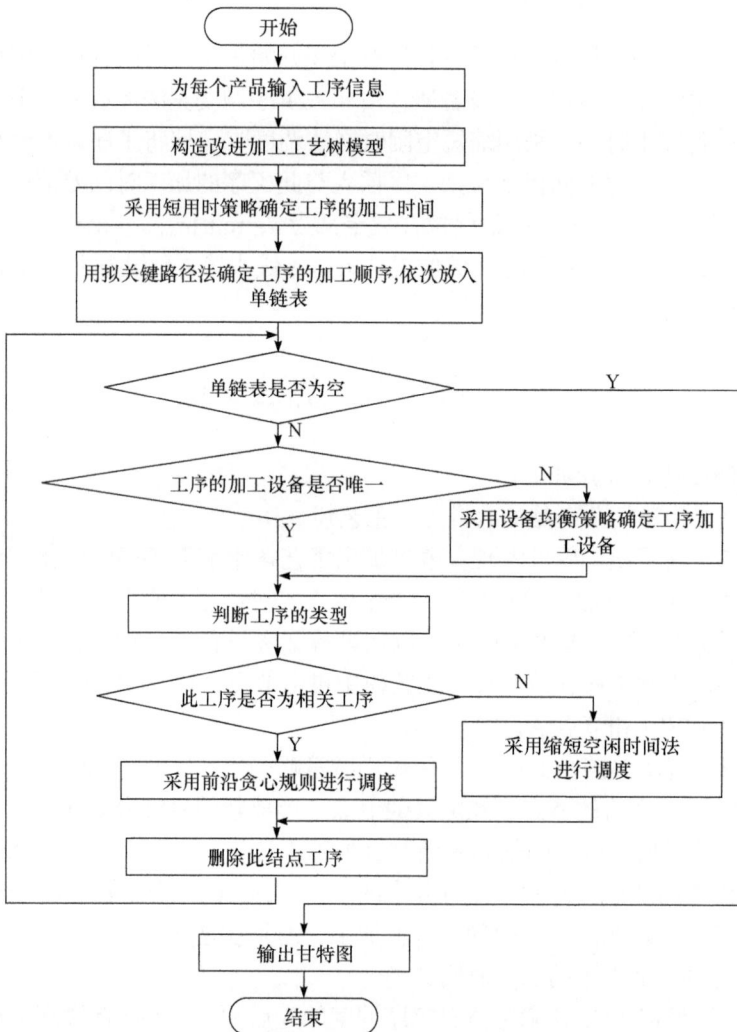

图 30-4 柔性调度算法流程图

30.6　柔性调度算法复杂度分析

假设所有产品的总工序数为 n，设备数为 m，每个工序可在 z 个不同的设备上加工 $(z \leqslant m)$。算法的复杂度分析如下。

① 用短用时策略和设备均衡策略确定所有工序的加工设备和加工时间，对链表的所有节点进行遍历。比较链表中每两个相邻的节点，每两个节点都要进行工序产品号、工序号和加工时间的比较，共需 $6(zn-1)$ 次比较。

② 独立工序在各相关设备上按时间由小到大排序。由于独立工序总数一般是 $n/2$，各设备上的独立工序一般是 $n/(2m)$，则对各设备上的独立工序，按每两个独立工序比较大小排序，最坏的情况是进行 $C_{n/2m}^2 = (n^2 - 2mn)/(8m^2)$ 次比较。

③ 设备上已排工序之间的空闲时间段由小到大排序。由于相关工序总数一般是 $n/2$，各设备上的相关工序一般是 $n/(2m)$，因此已排相关工序之间的空闲时间段最多为 $n/(2m)$。对各设备的空闲时间段，按每两个空闲时间段比较大小排序，最坏的情况是进行 $C_{n/2m}^2 = (n^2 - 2mn)/(8m^2)$ 次比较。

④ 对每一个工序进行调度。将总数为 n 的工序分配到 m 台设备上，平均每台设备分配的工序数为 n/m，因此对各设备上加工的每道工序按开始时间约束及各设备空闲时间段的大小插入相应位置的排序，需要比较的次数为 $C_{n/m}^2 = (n^2 - mn)/(2m^2)$。工序可在 z 个不同的设备上加工，因此对在每台设备上得到的插入位置进行二次比较，比较次数为 zn/m 次。全部工序加工调度排序的总次数为 $(n^2 - mn)/(2m^2) + zn/m$。

综上，柔性调度算法的时间复杂度为 $O(n^2)$。

30.7　实 例 分 析

30.7.1　工件间无约束关系的柔性调度实例

采用文献[91]中的实例验证本章提出的算法，解决工件间无约束关系柔性车间调度问题 (flexible job shop scheduling problem, FJSSP) 的有效性。该 FJSSP 中有 4 个工件，共 12 个工序在 6 台设备上加工。不同工件间无约束关系，工件内的工序间存在顺序约束关系。各工序可供选择的设备及在各设备上的加工时间用改进加工工艺树 (图 30-5) 模型来表示。采用文献[91]中的算法求解此问题，最优总加工时间为 18 工时，甘特图如图 30-6 所示。采用本章算法可得到该问题的更优调度解，所需总加工时间为 17 工时，甘特图如图 30-7 所示。

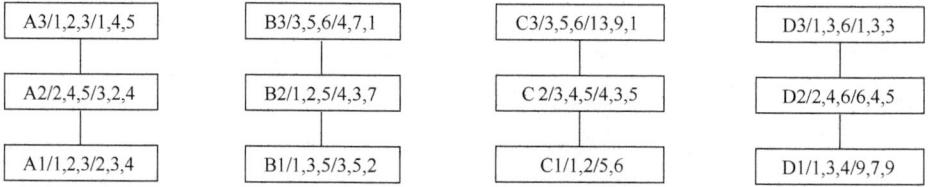

图 30-5　工件的改进加工工艺树

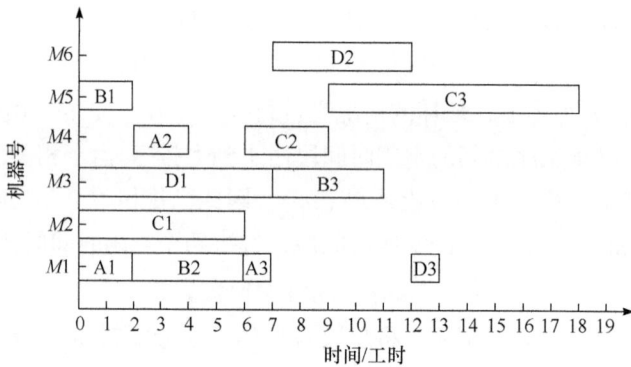

图 30-6　采用文献[91]中算法所得的甘特图(18 工时)

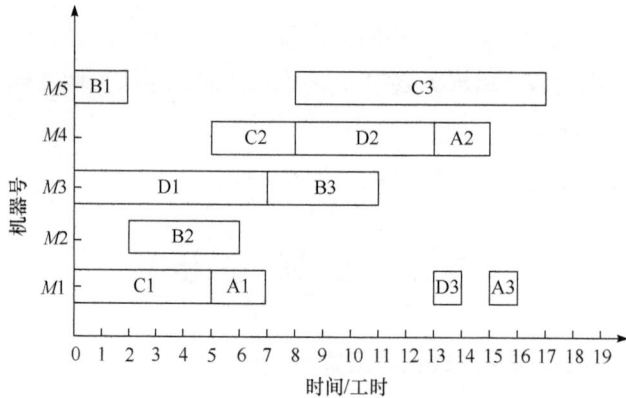

图 30-7　采用本章算法所得的甘特图(17 工时)

本章提出的调度算法比文献[91]的方法更优，因为本算法综合了具有全局近优解的 ACPM,对柔性工序的设备选择以工序尽早开始加工和尽早结束为条件，使柔性车间调度方法更简单，效果更好。

30.7.2　工件间存在约束关系的柔性调度实例

工件间存在约束关系的复杂产品柔性调度问题至今没有解决方案，因此是本章的研究重点。下面通过实例验证本章提出的算法。

例如，由 5 个存在约束关系的工件组成的复杂产品 A 共有 13 个工序，可在 6 台设备上加工。产品 A 的改进加工工艺树如图 30-8 所示。

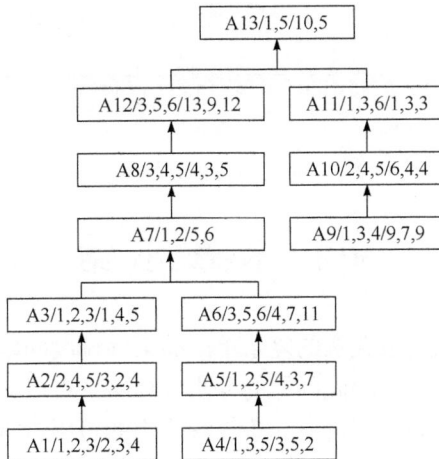

图 30-8　产品 A 的改进加工工艺树

产品 A 调度步骤如下。

① 采用短用时策略确定每个工序的加工时间，使每个工序加工时间唯一。

② 按 ACPM 确定工序的加工顺序为 A4、A5、A6、A1、A2、A3、A7、A8、A12、A9、A10、A11、A13。对设备唯一工序集中的相关工序采用前沿贪心规则进行调度，独立工序采用缩短空闲时间法进行调度。

③ 对存在相同设备的工序 A10 采用设备均衡策略确定设备。由于 A10 调度时，工序 A4、A5、A6、A1、A2、A3、A7、A8、A12、A9 已调度完毕，通过计算 A10 相同设备 $M4$ 和 $M5$ 的加工时间，即 $M4$:5 和 $M5$:11，选择加工时间少的 $M4$ 为 A10 的加工设备。

图 30-9 所示为产品 A 调度的甘特图，总的加工时间为 31 工时。

从上述调度实例及其甘特图可以看出，本章算法不但可以解决工件间存在约束关系的复杂单产品柔性调度问题，而且在扩展解决工件间无约束关系的简单产品柔性调度问题时也有很好的优化效果。

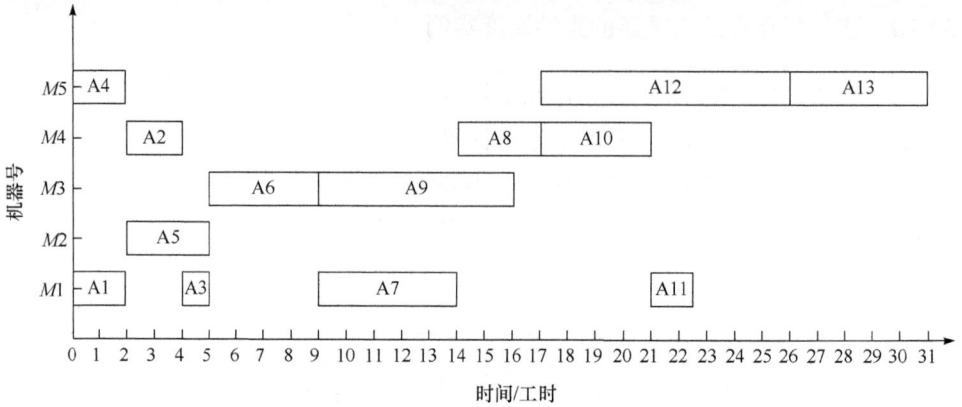

图 30-9　产品 A 调度的甘特图(31 工时)

30.8　本章小结

　　本章对工件间存在约束关系的复杂单产品柔性调度问题进行分析，提出相应的改进加工工艺树模型及求解此问题的分步式算法，可以为解决此类问题提供参考方案，有一定的理论和实用价值。该算法采用的短用时策略和设备均衡策略确定工序加工时间和加工设备方法简单可行，使算法的复杂度控制在二次多项式时间内。本章通过改进提出的算法，把多产品转化为一个虚拟单产品，可以解决复杂多产品及其动态柔性调度问题。

第31章 复杂多产品柔性调度集成式算法

31.1 引　言

本章在复杂单产品柔性调度的基础上，采用根对齐的方式构造虚拟改进加工工艺树，把多产品柔性调度问题转化为虚拟单产品柔性调度问题。对虚拟单产品柔性调度问题提出一种集成式算法。该算法首先采用 ACPM 确定工序调度的先后顺序，按此顺序对工序进行设备分配和调度。针对每一个工序，在其加工设备集上采用集成式工序优化调度算法对工序进行虚拟加工，计算工序在每个设备上的虚拟完工时间，选择虚拟完工时间最早的设备，如果工序的虚拟完工时间最小值不唯一，则选择加工时间短的设备进行加工。实现同时解决复杂多产品柔性调度优化问题中的工序优化分配与工序优化调度两个子问题。实例表明，本章提出的算法不但可以解决工件间存在约束关系的复杂多产品柔性调度问题，而且对于工件间无约束关系的多产品柔性调度问题也能够达到令人满意的效果。

31.2　问题描述与数学模型

假定有 m 台设备，要加工由 n 个有序工件构成的多个产品。每个工件包含一道或多道工序，工件中的工序顺序是预先确定的。每道工序可以在一台或多台不同的设备上加工，工序的加工时间随设备的不同性能而变化。调度目标是为每道工序选择最合适的加工设备，确定每台设备上各工序的最佳加工顺序及开工时间，使所有设备的总加工时间最短。

在数学模型中，n 为工件数量；m 为设备数量；工件间存在约束关系，产品由多个工件组成，所有产品在同一时刻到达。$P=\{P_i\}_{1 \leqslant i \leqslant n}$ 为所有工件的集合，P_{ij} 表示第 i 个工件的第 j 个工序，P_i 由具有唯一紧前、紧后关系的工序组成；$M=\{Mk\}_{1 \leqslant k \leqslant m}$ 为所有设备集合；$Mij \subseteq M$ 为工件 i 的第 j 道工序的可选设备集；t_{ijk} 为工件 i 的第 j 道工序在设备 k 上的加工时间；s_{ijk} 为工件 i 的第 j 道工序在设备 k 上的开始加工时间；f_{ijk} 为工件 i 的第 j 道工序在设备 k 上的完工时间；E_k 为设备 k 上的完工时间。当工件 e 的第 g 道工序和工件 i 的第 j 道工序在同一台设备上加工且工序 j 先于工序 g 时，$X_{ijeg}=1$，否则 $X_{ijeg}=0$；若工件 i 的第 j 道工序在设备 k 上加工时，$Y_{ijk}=1$，否则 $Y_{ijk}=0$。

目标函数为

$$\min\{\max E_k\}, \quad k=1,2,\cdots,m$$

s.t.

$$E_k = \max\{f_{ijk}\}, \quad Y_{ijk}=1, \quad i=1,2,\cdots,n; \quad j=1,2,\cdots,n_i \tag{31-1}$$

$$s_{ijk} - f_{i(j-1)n} \geqslant 0, \quad Y_{ijk} = Y_{i(j-1)n} = 1 \tag{31-2}$$

$$s_{egk} - f_{ijk} \geqslant 0, \quad Y_{egk} = Y_{ijk} = 1, \quad X_{ijeg} = 1 \tag{31-3}$$

31.3 虚拟改进加工工艺树的构造

定义 31-1(虚拟改进加工工艺树)　将各个产品对应的改进加工工艺树看成根子树,形成的改进加工工艺树称为虚拟改进加工工艺树。

定义 31-2(虚拟根节点)　在构造虚拟改进加工工艺树的过程中,添加的根节点称为虚拟根节点。

针对初始时刻到达的多个产品,采用根对齐的方式[90]构造虚拟改进加工工艺树,即将每个产品的改进加工工艺树作为虚拟根节点的改进加工工艺子树,把多个产品构造成一个虚拟的单产品。显然,虚拟改进加工工艺树包含所有待加工的产品,而且满足单个产品的性质,所以调度工序时可以按照调度单产品柔性调度的算法调度虚拟改进加工工艺树上的工序。因此,应该首先分析单产品柔性调度问题的算法设计思想。

31.4 复杂单产品柔性调度集成式算法设计

柔性调度问题被分成两个子问题,第一个是为每个工序选择设备,第二个是计算每个工序的开始加工时间和完工时间。本章提出一种集成式的算法来同时解决柔性调度问题的两个子问题。

31.4.1 拟关键路径法确定工序的调度顺序

由文献[13]可知,关键路径是指从工艺树叶子节点到根节点的路径上所有工序的加工时间和最大路径。如果加工总时间最大值的路径有多个,则包含工序数多的路径为关键路径。ACPM 充分考虑关键路径上的工序对产品调度有重要的影响,通过对产品工艺树分解实现分段关键路径调度。

具体方法是,利用复杂产品工艺树具有末端分支繁衍的特点,根据工艺树末端分支工序的特点,把工序分为具有唯一紧前、紧后关系的相关工序和独立工序两类[90],优先调度关键路径上的工序和相关工序加工时间长的工序串,最后调度独立工序，利用循环递归算法实现整个复杂产品的调度。

　　由于柔性调度中每个工序的加工时间不唯一，本章的目标是使所有工序的总加工时间最短，因此每个工序选择最小加工时间的可能性最大。在确定关键路径时，可以按每个工序的加工时间的最小值来计算。在此基础上，按 ACPM 确定工序的调度顺序。

31.4.2　集成式工序优化调度算法设计

　　根据工序的不同特点，工序可以分为相关工序和独立工序。不同种类的工序采用不同的算法进行调度，可充分地考虑工序加工的并行性，缩短产品加工的总时间。

　　由于相关工序相互影响大，为了使工序尽早完工，本章对产品中的相关工序采用前沿贪心规则进行调度。前沿贪心规则指将工序调度到相应设备上时，在满足合理性的前提下，使其开工时间为最小值，即以 $\min\{s_{ijk}\}$ 为目标函数[86]。

　　由于独立工序的特点是可并行且没有工序开始加工的时间约束，为了缩短各设备完工时间，采用缩短空闲时间法进行调度[90]，即将工序调度到相应设备上时，在满足约束的前提下，把工序插入与此工序的加工时间差值最小的空闲时间段中。因此，插入工序的最优位置定义为 $d_k=\min\{d_{k,n,n+1}-t_{ijk}\}$，$n=1,2,\cdots,j-1$，式中 d_k 代表插入独立工序的最优位置，$d_{k,n,n+1}$ 代表第 k 台设备上已排工序 n 和 $n+1$ 之间的空闲时间。

31.4.3　集成式算法设计

　　定义 31-3(虚拟加工)　为了确定工序在其设备集上加工的具体设备，工序在设备集的所有设备上试加工，而不是真正地把工序安排在此设备上。

　　定义 31-4(虚拟完工时间)　工序在设备上虚拟加工完成后，其结束时间称为虚拟完工时间。

　　由于每个工序都选择完工时间最短的加工设备，能够提高设备的利用率，使所有工序的总加工时间尽可能的短，因此当工序 P_{ij} 在其加工设备集 M_{ij} 中的设备 k 采用集成式工序优化调度算法虚拟加工完成时的虚拟完工时间为 f_{ijk}，则选择 f_{ijk} 最小的设备为工序 P_{ij} 的加工设备。

31.5　复杂多产品柔性调度集成式算法设计

　　步骤 1，把多个产品的改进加工工艺树构造成一个虚拟单产品的改进加工工艺树。

　　步骤 2，设置一个队列，按 ACPM 确定虚拟改进加工工艺树中所有工序的待调度顺序，并把工序按此顺序放入队列。

　　步骤 3，取队头元素。首先对工序在其加工设备集上采用集成式工序优化调度算法进行虚拟加工，计算每一个设备上虚拟调度完成后的 f_{ijk} 值。

　　步骤 4，比较工序的每个 f_{ijk} 值，选择最小值所在的加工设备。如果工序的虚拟完工时间最小值不唯一，则选择加工时间短的设备进行加工，确定加工设备及加工时间。

　　步骤 5，根据工序的特点判断工序的类型，如果此工序为相关工序，则采用前沿贪心规则进行调度；如果此工序为独立工序，则采用缩短空闲时间法进行调度。头元素调度结束，删除此元素，转步骤 3，直到队列为空。

　　复杂多产品调度算法流程图如图 31-1 所示。

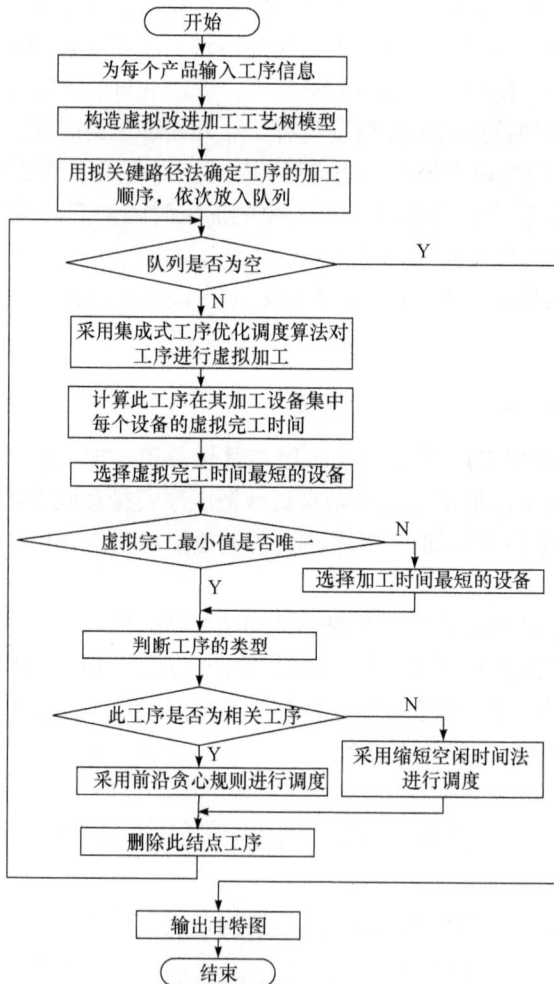

图 31-1　复杂多产品调度算法流程图

31.6　算法复杂度分析

假设有 k 个产品需要加工，工序总数为 n，设备数为 m，每个工序可在 z 个不同的设备上加工 $(z \leqslant m)$，算法的复杂度分析如下。

1. 构造虚拟改进加工工艺树

将 k 个产品转换成相应的改进加工工艺树，并添加虚拟的根节点，将多个产品构造成一棵虚拟改进加工工艺树，相应的时间复杂度均为常量级。因此，多产品构造成虚拟改进加工工艺树的时间复杂度为 $O(1)$。

2. 拟改进加工工艺树中工序的分类

由于虚拟改进加工工艺树是由 k 个产品构造的，因此虚拟改进加工工艺树的根节点有 k 棵子树。虚拟改进加工工艺树的关键路径一定是某棵子树的关键路径。假定 k 棵子树中的每一棵子树中由叶节点到根节点的路径条数为 $s(1 \leqslant s < n/k)$，则将产品工序分为相关工序和独立工序所需的总次数为 ks，最坏情况为 n^2/k。

3. 每一个工序进行调度

将总数为 n 的工序分配到 m 台设备上，平均每台设备分配到的工序数为 n/m，因此对各设备上加工的每道工序按开始的时间约束及各设备空闲时间段的大小插入相应位置，排序需要比较的次数为 $C_{n/m}^2 = (n^2 - mn)/(2m^2)$。工序可在 z 个不同的设备上加工，因此对在每台设备上得到的插入位置进行二次比较，比较次数为 zn/m。全部工序加工调度排序的总数为 $(n^2 - mn)/(2m^2) + zn/m$。

4. 工序的加工设备

为了确定工序的加工设备，需要让每个工序在其加工设备上采用集成式工序优化调度算法进行虚拟加工。最坏的情况是，在完全柔性调度时，每个工序都可在 m 台设备上加工，此时时间复杂度为原来的 nm 倍，即 $O(n^3)$。

综上所述，时间复杂度为 $O(n^3)$，即此算法可以在多项式时间内完成，其他算法的计算较复杂，时间复杂度较高。

31.7 多产品调度实例

31.7.1 工件间无约束关系的复杂多产品柔性调度问题实例

本章采用文献[92]中的数据集验证算法的有效性。该柔性调度问题中有 10 个工件 30 个工序。在 10 台设备上加工，工件间无约束，即一个工件为一个产品。工序在各设备上的加工时间表如表 31-1 所示。工序 P_{11} 对应的节点为 P_{11}/1, 2, 3, 4, 5, 6, 7, 8, 9, 10/1, 4, 6, 9, 3, 5, 2, 8, 9, 5，为了表示方便，用 P_{11} 表示此节点，其他节点采用同样的方式表示。实例中工件对应的改进加工工艺树如图 31-2 所示。采用文献[92]中的算法，所需的总加工时间为 8 工时；采用文献[93]中的算法，总加工时间为 7 工时；采用本章算法需要的总加工时间为 7 工时，甘特图如图 31-3 所示。

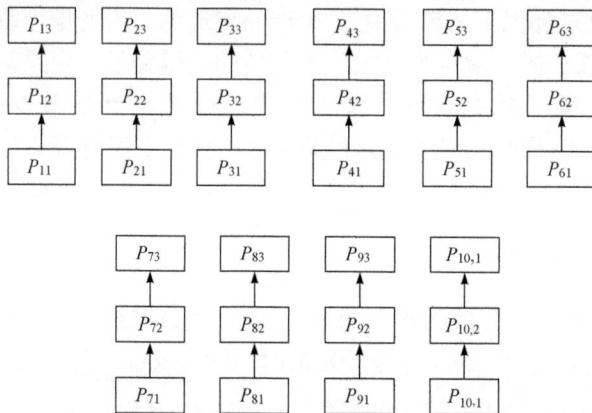

图 31-2 所有工件对应的改进加工工艺树

表 31-1 加工时间表(单位：工时)

工艺		M1	M2	M3	M4	M5	M6	M7	M8	M9	M10
P_1	P_{11}	1	4	6	9	3	5	2	8	9	5
	P_{12}	4	1	1	3	4	8	10	4	11	4
	P_{13}	3	2	5	1	5	6	9	5	10	3
P_2	P_{21}	2	10	4	5	9	8	4	15	8	4
	P_{22}	4	8	7	1	9	6	1	10	7	1
	P_{23}	6	11	2	7	5	3	5	14	9	2
P_3	P_{31}	8	5	8	9	4	3	5	3	8	1
	P_{32}	9	3	6	1	2	6	4	1	7	2
	P_{33}	7	1	8	5	4	9	1	2	3	4

续表

工艺		M1	M2	M3	M4	M5	M6	M7	M8	M9	M10
P_4	P_{41}	5	10	6	4	9	5	1	7	1	6
	P_{42}	4	2	3	8	7	4	6	9	8	4
	P_{43}	7	3	12	1	6	5	8	3	5	2
P_5	P_{51}	7	10	4	5	6	3	5	15	2	6
	P_{52}	5	6	3	9	8	2	8	6	1	7
	P_{53}	6	1	4	1	10	4	3	11	13	9
P_6	P_{61}	8	9	10	8	4	2	7	8	3	10
	P_{62}	7	3	12	5	4	3	6	9	2	15
	P_{63}	4	7	3	6	3	4	1	5	1	11
P_7	P_{71}	1	7	8	3	4	9	4	13	10	7
	P_{72}	3	8	1	2	3	6	11	2	13	3
	P_{73}	5	4	2	1	2	1	8	14	5	7
P_8	P_{81}	5	7	11	3	2	9	8	5	12	8
	P_{82}	8	3	10	7	5	13	4	6	8	4
	P_{83}	6	2	13	5	4	3	5	7	9	5
P_9	P_{91}	3	9	1	3	8	1	6	7	5	4
	P_{92}	4	6	2	5	7	3	1	9	6	7
	P_{93}	8	5	4	8	6	1	2	3	10	12
P_{10}	$P_{10,1}$	4	3	1	6	7	1	2	6	20	6
	$P_{10,2}$	3	1	8	1	9	4	1	4	17	15
	$P_{10,3}$	9	2	4	2	3	5	2	4	10	23

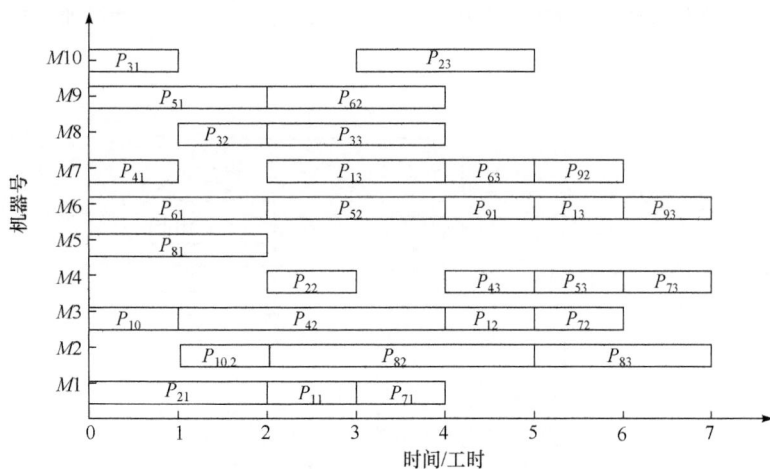

图 31-3　本章算法所得甘特图(7 工时)

31.7.2　工件间存在约束关系的复杂多产品柔性调度实例

产品 A 和产品 B 是工件间存在约束关系的 2 个复杂产品，共 12 个工件，在 10 台设备上柔性加工时间表如表 31-2 所示。产品 A 由 7 个工件组成，共有 19 个工序，改进加工工艺树如图 31-4 所示。产品 B 由 5 个工件组成，共有 13 个工序，改进加工工艺树如图 31-5 所示。把产品 A 和产品 B 看作一个大的虚拟产品的两个分支，对应的虚拟改进加工工艺树如图 31-6 所示。

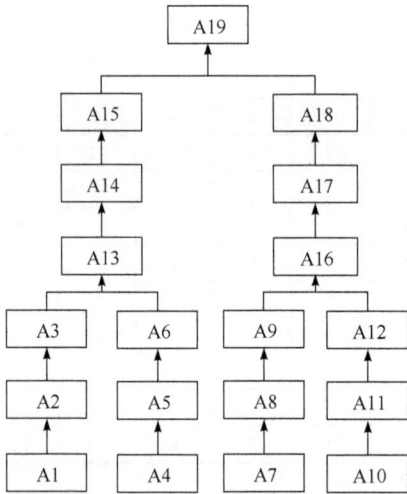

图 31-4　产品 A 改进的加工工艺树

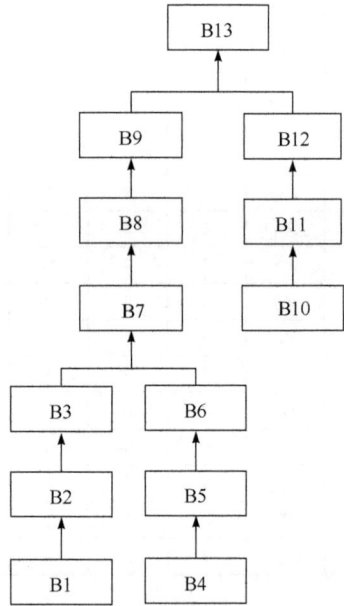

图 31-5　产品 B 改进的加工工艺树

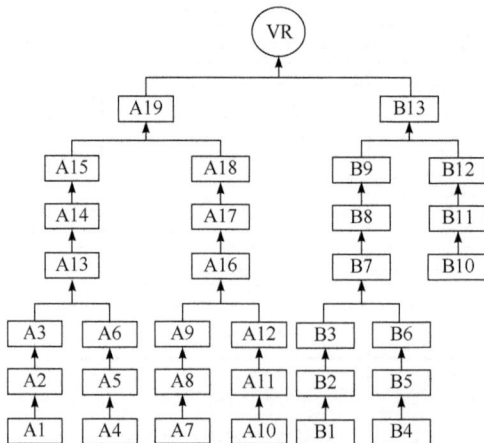

图 31-6　产品 A 和产品 B 构造的虚拟改进加工工艺树

　　按 ACPM 确定工序的先后加工顺序为 A4, A5, A6, A1, A2, A3, A13, A14, A15, A10, A11, A12, A7, A8, A9, A16, A17, A18, A19, B4, B5, B6, B1, B2, B3, B7, B8, B9, B10, B11, B12, B13。

表 31-2　产品 A、B 柔性加工时间表(单位：工时)

工序	$M1$	$M2$	$M3$	$M4$	$M5$	$M6$	$M7$	$M8$	$M9$	$M10$
A1	1	4	6	9	3	5	2	8	9	5
A2	4	1	1	3	4	8	10	4	11	4
A3	3	2	5	1	5	6	9	5	10	3
A4	2	10	4	5	9	8	4	15	8	4
A5	4	8	7	1	9	6	1	10	7	1
A6	6	11	2	7	5	3	5	14	9	2
A7	8	5	8	9	4	3	5	3	8	1
A8	9	3	6	1	2	6	4	1	7	2
A9	7	1	8	5	4	9	1	2	3	4
A10	5	10	6	4	9	5	1	7	1	6
A11	4	2	3	8	7	4	6	9	8	4
A12	7	3	12	1	6	5	8	3	5	2
A13	7	10	4	5	6	3	5	15	2	6
A14	5	6	3	9	8	2	8	6	1	7
A15	6	1	4	1	10	4	3	11	13	9
A16	8	9	10	8	4	2	7	8	3	10
A17	7	3	12	5	4	3	6	9	2	15
A18	4	7	3	6	3	4	1	5	1	11
A19	7	3	4	5	8	14	6	5	10	9
B1	1	7	8	3	4	9	4	13	10	7
B2	3	8	1	2	3	11	2	13	3	3
B3	5	4	2	1	2	1	8	14	5	7
B4	5	7	11	3	2	9	8	5	12	8
B5	8	3	10	7	5	13	4	6	8	4
B6	6	2	13	5	4	3	5	7	9	5
B7	3	9	1	3	8	1	6	7	5	4
B8	4	6	2	5	7	3	1	9	6	7
B9	8	5	4	8	6	1	2	3	10	12
B10	4	3	1	6	7	1	2	6	20	6
B11	3	1	8	1	9	4	1	4	17	15
B12	9	2	4	2	3	5	2	4	10	23
B13	4	8	7	9	11	5	4	6	2	3

　　当加工工序 B5 时，已经加工完的工序甘特图如图 31-7 所示。为了确定工序 B5 的加工设备，采用集成式工序优化调度算法对工序 B5 进行虚拟调度，分别计算工序 B5 在加工设备集中每个设备上的虚拟完工时间。工序 B5 在各设备上的虚拟完工时间如表 31-3 所示。

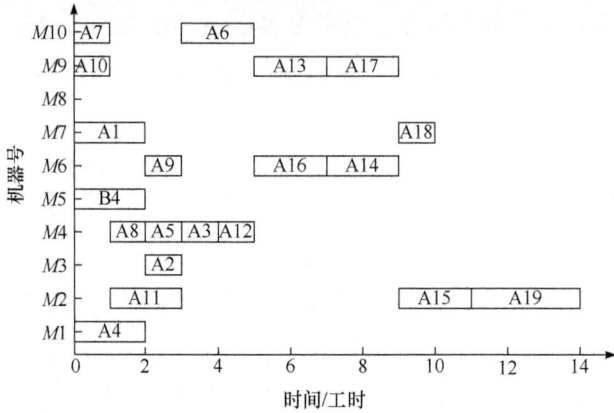

图 31-7　加工到工序 B5 时的甘特图(14 工时)

表 31-3　工序 B5 在各设备上的虚拟完工时间表

虚拟完工 时间	$M\,1$	$M\,2$	$M\,3$	$M\,4$	$M\,5$	$M\,6$	$M\,7$	$M\,8$	$M\,9$	$M\,10$
f_{ijk}	10	6	13	12	7	21	6	8	17	9

　　虚拟完工时间 f_{ijk} 最小的设备为 $M\,2$ 和 $M\,7$，不唯一。B5 在设备 $M\,2$ 上的加工时间为 3 工时，在设备 $M\,7$ 上的加工时间为 4 工时，因此 B5 选择在设备 $M\,2$ 上加工。其他工序都按这种方法确定加工时间和加工设备。所有工序加工完成时的甘特图如图 31-8 所示。

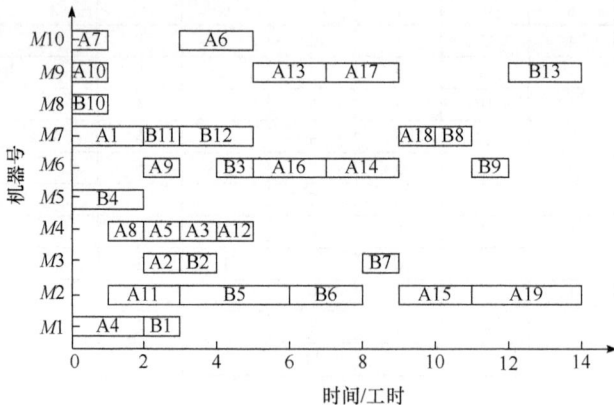

图 31-8　所有工序加工完成时的甘特图(14 工时)

31.8　本 章 小 结

　　本章对同一时刻到达的多个复杂产品进行分析，采用构造虚拟改进加工工艺树的方法，把多产品柔性调度问题转化为虚拟单产品柔性调度问题，并提出求解此问题的集成式算法。该算法对工序进行虚拟加工，选择虚拟完工时间最小的设备，有利于提高设备的利用率，缩短总的加工时间。实例表明，本章提出的算法可以为解决复杂多产品柔性调度问题提供参考方案，而且能够解决工件间无约束关系的 FJSSP，达到目前有关算法最好的效果，有一定的理论和实用价值。对于调度过程中添加的产品，可以将其作为虚拟改进加工工艺树的子树，因此本章可作为研究复杂多产品动态柔性调度问题的基础。

第 32 章 动态确定设备的加工和装配综合柔性调度算法

32.1 引　言

柔性调度优化问题指加工工序具有多个可选择的加工设备，且设备之间有差异的调度问题。

本章利用柔性调度对设备进行灵活选择的特点，首先在已有研究成果的基础上提出构建柔性加工工艺树，解决复杂产品工序间约束的问题，利用 ACPM[13] 按节点中最短时间确定柔性加工工艺树节点的加工顺序。然后，提出一种通过判断工序结束时间动态调整设备的变通式柔性调度优化算法，确定工序的合理加工设备，实现总加工时间的缩短。最后，验证算法的优化效果。

32.2 复杂产品柔性调度的数学模型

在实际生产中，复杂产品的约束有工件内工序的加工顺序和工件间的装配顺序。为了解决复杂产品加工和装配综合柔性调度问题，将加工设备和装配设备统一定义为加工设备，加工和装配统一定义为加工。在考虑工件间约束关系的同时为每一个工序分配合理的设备。

对于数学模型，设产品由多个工件组成，工件间存在约束关系；工件由工序组成，工序可以有不同的加工设备，工序总数为 n，设备数量为 m；s_{ik}、t_{ik} 和 f_{ik} 分别为工序 i 在设备 k 上的开始时间、加工时间和完工时间；E_i 为工序 i 在其设备集最早结束时间。由于生产调度是实现产品加工尽早结束，因此目标函数为

$$\min\{\max(E_i)\}, \quad i=1,2,\cdots,n$$

s.t.

$$E_i = \min\{f_{ik}\} \tag{32-1}$$

$$s_{ik} - f_{(i-1)k} \geqslant 0 \tag{32-2}$$

$$s_{ik} - f_{xy} \geqslant 0 \tag{32-3}$$

其中，$k=1,2,\cdots,m$；工序 P_{xy} 为工序 P_{ik} 的工艺约束前续工序。

式(32-1)表示工序 P_i 在其设备集最早结束时间。式(32-2)表示同一设备上第 i

道工序必须在第 i-1 道工序完成后开始加工。式(32-3)表示任一工序 P_{ik} 必须在其工序约束的前续工序 P_{xy} 完成后开始加工。

32.3　产品柔性加工工艺树模型

为了更好地适应柔性调度的特点，体现复杂产品内在的工艺结构，本章提出更能体现复杂产品加工和装配综合柔性调度特点的柔性加工工艺树。树中每个节点对应的工序名、所需设备名和加工时间由原来扩展加工工艺树中只按加工设备和时间简单罗列变为按加工时间由短至长分类排序的设备集和对应的时间序列，不同的设备集之间和不同加工时间用逗号分隔。例如，产品 A 的工序 1 可以在设备 M2、M3、M4 和 M5 上加工，加工时间分别为 10、8、9 和 8(时间单位)，则此工序的节点可表示为 A1/{3，5}，{4}，{2}/8，9，10(有时为了节约图的空间，将以上内容分 3 行表示)。

32.4　柔性调度算法的设计

考虑柔性调度问题中加工设备和加工时间的多选性，以及充分利用已有的柔性调度方法的优点和将复杂产品柔性调度算法扩展应用到一般柔性调度中。本章采用将复杂产品加工和装配综合柔性调度问题分解成两个子问题的方法。第一个是确定工序的调度顺序，第二个是确定每个工序的加工设备。为了控制提出算法的复杂度，使用 ACPM 确定加工顺序。为了使工序更早结束，本章设计变通式柔性调度算法确定工序的调度加工设备，实现产品总加工时间的缩短。

32.4.1　确定工序的调度顺序

关键路径是指从工艺树叶子节点到根节点的路径上所有工序的加工时间和最大的路径。关键路径上的工序对产品总加工时间起重要的作用。因为工艺树关键路径上工序的紧前工序不一定唯一，文献[13]采用分段的关键路径法，即 ACPM。该方法不但兼顾关键路径法的优点，调度效果好，而且约束条件少，同时由于采用工序分类调度，算法的复杂度控制在二次多项式，因此本章使用 ACPM 确定工序调度顺序。

在柔性调度中，每个工序在其设备集的各设备上加工的时间可能不同，但总体上来说，选择工序最小加工时间的设备可能性最大，为了使所有工序总完成时间尽可能短，可以通过计算每个工序的加工时间最小值确定关键路径[48]。在此基础上，按 ACPM 确定工序的调度顺序。如果总加工时间最大值的路径有多个，由于工序设备集中设备数影响工序的设备选择范围，路径上各工序最小值设备集中设备总数少的路径选择范围小，为了充分发挥柔性调度的特点，优先调度各工序加工时间最小值设备集中设备总数少的路径上的工序。因此,对产品柔性工艺树简化,使其只含最小时间设备集,对简化的产品柔性工艺树按 ACPM 确定工序的调度顺序。

32.4.2　确定工序的加工设备

柔性调度具有多设备多使用时间可以对设备灵活选择的特点,确定完工序调度顺序后,可以从工序设备集中选择使产品尽可能早完工的设备。由于产品尽可能早完工要求各工序尽可能早完工,因此设计寻找工序尽可能早完工设备的变通式柔性调度策略,使部分工序即使在选择较长加工时间设备也可以获得较早的完成时间和较高的设备利用率。对于完工时间相同的设备,再使用设备均衡策略使各设备都均衡利用,实现整体调度的优化。

32.4.3　变通式柔性调度策略

由调度的目标函数可知,为了实现产品总加工时间尽可能少,需要产品工序尽早结束,因此提出变通式柔性调度策略。该策略在调度工序时选择结束时间最早的设备。为了使每个工序尽早完工,使该工序的紧后工序尽早加工,需要考虑工序的开始时间和加工时间,由于开始时间越早且加工时间越短的设备工序完工时间越早,因此初始时选择最小加工时间的设备。

如果最小值设备集上有设备在该工序最早可以加工时间段内不被占用,则选择该设备加工此工序。如果可选设备不唯一,使用设备均衡策略选定设备。此时,工序在最早开始时间使用最短加工时间,因此该工序结束时间是最早的。

如果最小值设备集上的设备在该工序最早可以加工时间段内均被占用,说明最小加工时间的设备需要延迟工序的开始时间,可能导致工序在最小加工时间设备上的结束时间迟于加工时间较长的设备。因此,在加工时间较长的设备集中寻找结束时间较早的设备,重复这一寻找过程,直到找到第一个结束时间较早的设备。因为设备是按加工时间递增排列的,当开始时间相同时,加工时间短的设备必然结束时间早,所以采用按加工时间由短到长寻找被调度工序最早在加工时间段内不被占用的第一个设备是最早结束该工序的设备。如果确定最早结束时间的设备不唯一,为了减少设备占用时间,方便其他工序调度,优先选择加工时间短的设备,如果加工时间短的设备不唯一,使用设备均衡策略选定设备。

如果该工序设备集的所有设备均不能在其最早可以开始时间加工,比较各时间设备集中工序按设备调度优化策略调度结束时间,选择最早结束时间的设备为加工设备。如果最早结束时间的设备不唯一,优先选择加工时间短的设备为该工序的加工设备。

变通式柔性调度策略充分利用柔性调度多设备多使用时间,可以对设备灵活选择的特点,按加工时间由短到长比较选择设备,使部分工序的结束时间早于在短加工时间设备集上的结束时间,实现复杂产品柔性调度问题总体完成时间缩短。

32.4.4　设备均衡策略

对于存在多个开始加工时间和结束时间相同的可选设备,为了减少对后续工序的影响,采用分别计算各个可选设备上已经调度的所有工序的总加工时间,选择总加工时间最少的设备进行调度[48]。该策略全面考虑各设备的加工负荷情况,使每一个设备都均衡利用,从而提高加工系统并行处理效率。

32.4.5　工序调度优化策略

当柔性调度问题确定工序的设备后,柔性调度问题转换为工序存在单一设备的调度问题,可以采用 ACPM 进行工序的调度优化。调度时,为了使工序尽可能早地开始,在满足约束的前提下,选择该设备上第一个空闲时间段大于该工序加工时间的时间段,加工该工序[48]。

32.5　复杂产品柔性调度算法实现

复杂产品柔性调度算法步骤如下。

步骤 1,建立柔性加工工艺树 A, $n=0$,选取各节点加工时间最小值设备集组成 A(n)树。

步骤 2,计算 A(n)树上各路径和,选出最大值。如果最大值不唯一,则转步骤 3;否则,转步骤 4。

步骤 3,计算 A(n)树最大值路径上设备的个数,选择个数最小值的路径,转步骤 4。

步骤 4,按 ACPM 确定产品的加工顺序,并选择第一个工序。

步骤 5, $n=n+1$,将最小值设备集中设备和加工时间放入 A(n)树上该节点。该工序设备集中存在不需要等待的设备,转步骤 11;否则,转步骤 6。

步骤 6,记录该工序最小值设备集中所有设备使用工序调度优化策略时完成时间的最小值。

步骤 7,在 A 树(原始树)上找到次小值的加工设备,将次小值设备及使用时间替换到 A(n)树该节点相应位置。

步骤 8,A(n)树上该工序在设备集中存在不需要等待的设备,记下该设备集工序的最早完成时间,并与已经调度设备集中设备的最早完成时间比较,优先选择短时间设备集中的设备,转步骤 11;否则,转步骤 9。

步骤 9,所有设备均需要等待,记下工序该设备集设备使用工序调度优化策略的完成时间的最小值,转步骤 10。

步骤 10,设备集中设备的加工时间是该工序加工时间的最大值,优先选择短时间设备集中的设备，转步骤 11；否则，转步骤 7。

步骤 11，工序可选设备集中设备唯一，转步骤 13；否则，转步骤 12。

步骤 12，使用设备均衡策略选择可选设备。

步骤 13，调度该工序，该工序有后续工序，转步骤 5；否则，转步骤 14。

步骤 14，结束。

柔性调度变通式算法流程图如图 32-1 所示。

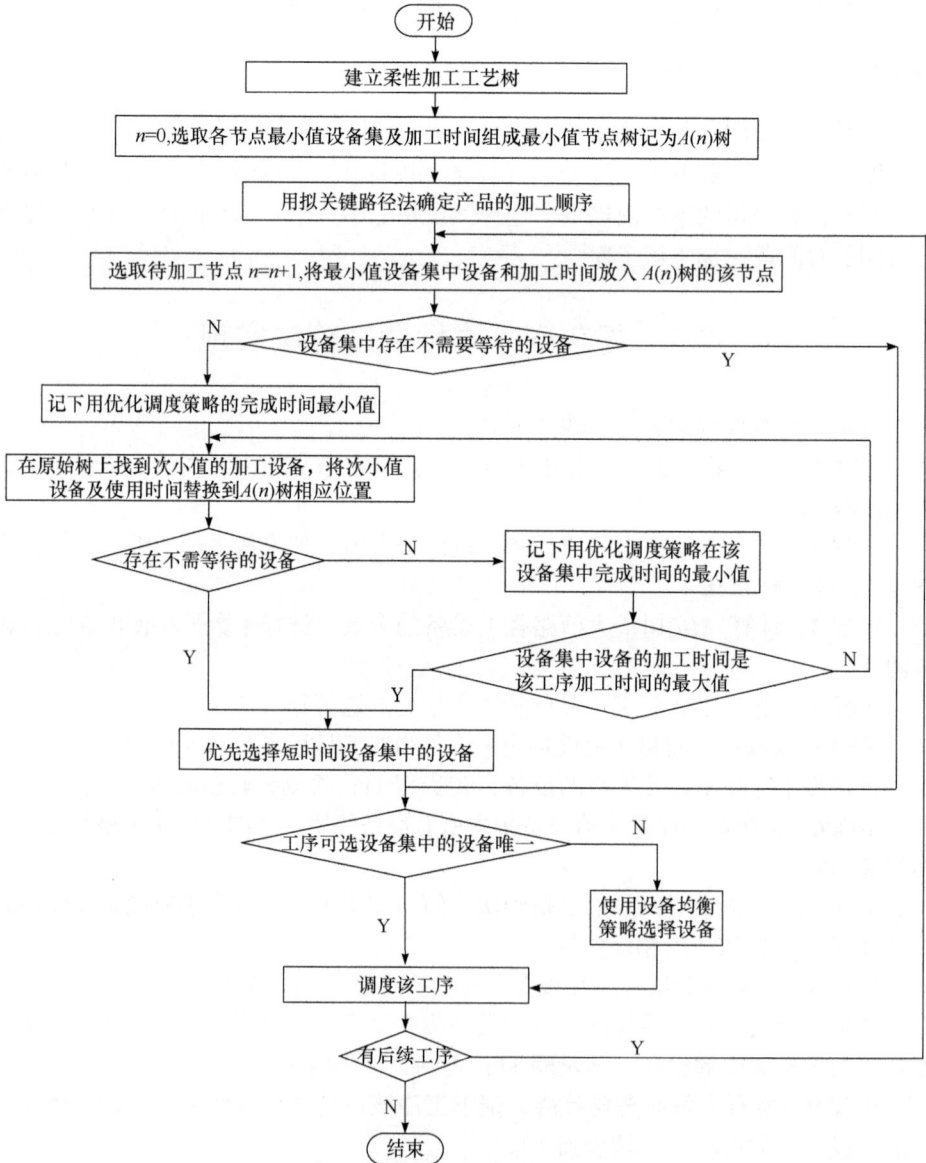

图 32-1　柔性调度变通式算法流程图

32.6　算法复杂度分析

设复杂产品工序总数为 n，设备数为 m，每个工序可在 z 个不同的设备上加工($z \leqslant m$)，算法的复杂度分析如下。

将复杂产品工艺树构造成一棵柔性加工工艺树，通过柔性加工工艺树各工序最短加工时间确定工序的调度顺序，需要计算柔性加工工艺树上工序按最短加工时间的路径长度，根据文献[13]确定的工序调度顺序的时间复杂度为 $O(n^2)$。

一次工序调度优化是使工序在其设备上尽早加工，因此被调度工序需要在满足工艺约束的条件下，尽早插入设备合适的空隙。将总数为 n 的工序分配到 m 台设备上，最坏情况为 $n{-}1$ 个工序均分配到一台设备上。此时，需要比较的空隙次数最多为 $n{-}1$，因此一次工序调度优化时间复杂度为 $O(n)$。

一个工序选择设备时，需要确定工序是否可以在其紧前工序结束后立即调度，对不能的设备，需要进行工序调度优化。最复杂的情况是所有设备均不能立即调度，需要考虑工序在 m 台设备上的优化调度。根据前面的分析，需要比较的次数最多为 $m(n{-}1)$，选择最短的完成时间的比较次数为 $(m{-}1)$，因此一个工序选择设备需要比较的次数为 $m(n{-}1)+(m{-}1)=mn{-}1$。因为 $1 \leqslant m < n$，因此一个工序确定设备的时间复杂度为 $O(n)$。有 n 个工序需要确定设备，因此全部工序确定设备的时间复杂度为 $O(n^2)$。

综上所述，本章提出的算法时间复杂度为 $O(n^2)$，即算法可以在二次多项式时间内完成。

32.7　实　例　分　析

产品 A 是由 7 个存在约束关系的工件组成的复杂产品，共 19 个工序，可在 10 台设备上加工。其加工数据如表 32-1 所示。产品 A 的柔性加工工艺树如图 32-2 所示。

将产品 A 的柔性加工工艺树调整为只含工序最小时间设备集的柔性加工工艺树 A(0)。产品 A 的柔性加工工艺树(A(0)树)模型如图 32-3 所示。对图 32-3 存在工序单一加工时间的产品 A(0)，采用 ACPM 确定产品 A 工序的调度顺序，然后对 A 使用变通式柔性调度算法确定加工设备。

表 32-1　产品 A 柔性加工数据

工序	$M1$	$M2$	$M3$	$M4$	$M5$	$M6$	$M7$	$M8$	$M9$	$M10$
A1	1	4	6	9	3	5	2	8	9	5
A2	4	1	1	3	4	8	10	4	11	4

续表

工序	M1	M2	M3	M4	M5	M6	M7	M8	M9	M10
A3	3	2	5	1	5	6	9	5	10	3
A4	2	10	4	5	9	8	4	15	8	4
A5	4	8	7	1	9	6	1	10	7	1
A6	6	11	2	7	5	3	5	14	9	12
A7	8	5	8	9	4	3	5	3	8	1
A8	9	3	6	1	2	6	4	1	7	2
A9	7	1	8	5	1	9	4	2	3	4
A10	5	10	6	4	9	5	1	7	1	6
A11	5	3	4	8	7	5	6	9	8	5
A12	7	3	12	1	6	5	8	3	5	2
A13	7	10	4	5	6	4	5	15	3	6
A14	5	6	5	9	8	6	8	6	4	7
A15	6	1	4	1	10	4	3	11	13	9
A16	8	9	10	8	4	1	7	8	3	10
A17	7	3	12	5	4	3	6	9	2	15
A18	4	7	3	6	3	4	1	5	1	11
A19	7	3	4	5	8	14	6	5	10	9

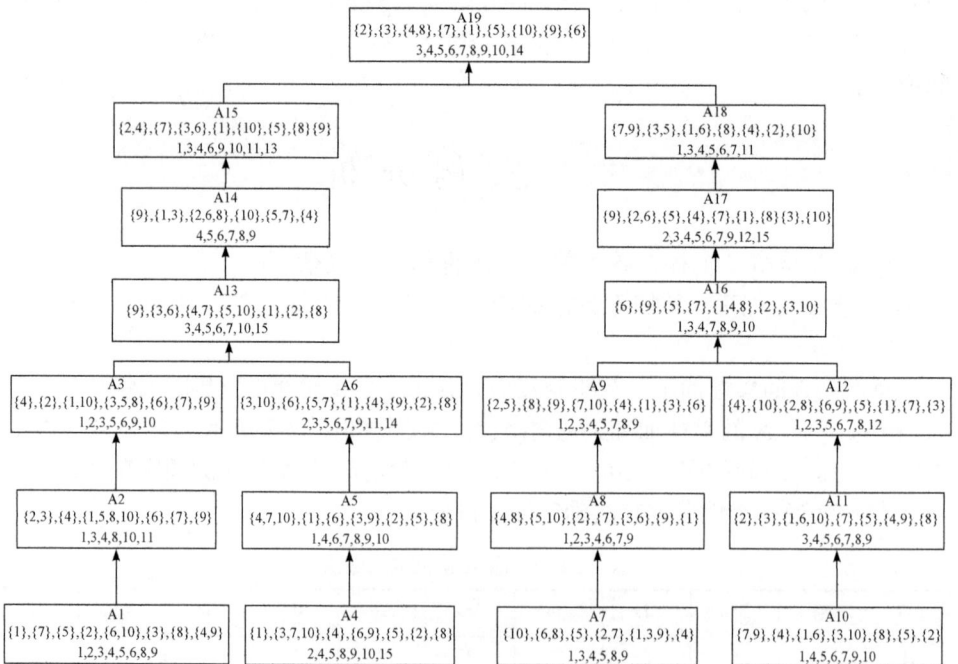

图 32-2　产品 A 的柔性加工工艺树模型

A19/2/3

A15/2,4/1　　　　A18/7,9/1

A14/9/4　　　　A17/9/2

A13/9/3　　　　A16/6/1

A3/4/1　　A6/3,10/2　　A9/2,5/1　　A12/4/1

A2/2,3/1　　A5/4,7,10/1　　A8/4,8/1　　A11/2/3

A1/1/1　　A4/1/2　　A7/10/1　　A10/7,9/1

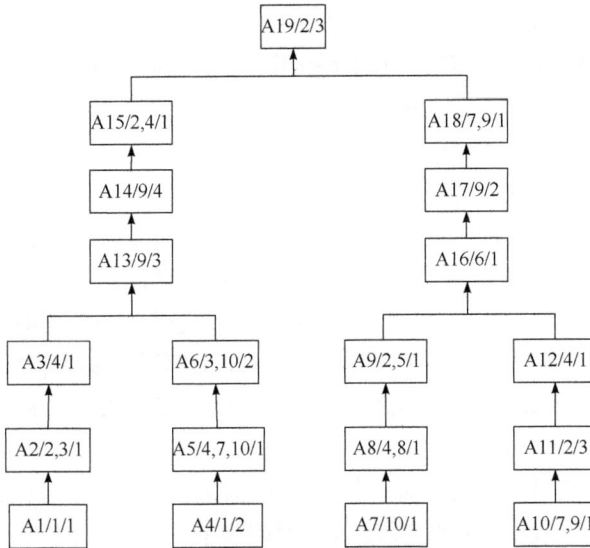

图 32-3　产品 A 的柔性加工工艺树(A(0)树)模型

1.根据 A(0)采用 ACPM 确定产品 A 工序的调度顺序

因为产品 A 按 A(0)确定的关键路径是<A4，A5，A6，A13，A14，A15，A19>，因此按 ACPM 确定产品 A 所有工序的调度顺序为<A4，A5，A6，A1，A2，A3，A13，A14，A15，A10，A11，A12，A7，A8，A9，A16，A17，A18，A19>。

2.对确定调度顺序的工序使用变通式柔性调度算法确定加工设备

由于工序<A4，A5，A6，A2，A3，A13，A14，A15，A10，A12，A7，A8，A9，A16，A18，A19>按最短时间进行调度时，最短时间设备集中有可以在最早可以调度时间段内立即加工的设备。其中工序<A4，A3，A13，A14，A10，A12，A7，A9，A16，A18，A19>的最短加工时间设备唯一，因此可以直接选择相应的设备加工，加工设备分别为<$M1$，$M4$，$M9$，$M9$，$M9$，$M4$，$M10$，$M5$，$M6$，$M7$，$M2$>。工序<A5，A6，A2，A15，A8>的最短加工时间设备不唯一，需要使用设备均衡策略在同一设备集的多个设备中选择最优设备。例如，工序 A5 在设备{$M4$，$M7$，$M10$}上都可以加工，由于此时{$M4$，$M7$，$M10$}上均无工序加工，因此 A5 可选这三个设备中的任意一个加工，本章按设备的排序选择 $M4$。同理，工序 A6 选择设备 $M3$ 进行加工。工序 A2 可在设备{$M2$，$M3$}上加工。由于 $M3$ 的设备已经使用时间为 2 工时，$M2$ 的设备已经使用时间为 0，按设备均衡策略，A2 选择设备 $M2$。同理，工序 A15 和 A8 分别

选择设备 $M2$ 和 $M8$。

工序 A1、A11、A17 在最短时间设备集的所有设备最早可以调度时间段均忙，需要对这些工序按变通式柔性调度策略选择加工设备。例如，工序 A1 调度时需要等待，如果使用最短使用时间设备 $M1$，完成时间为 3 工时(图 32-4)，如果使用较短加工时间设备 $M7$，完成时间为 2 工时(图 32-5)，因此选择完成时间早的 $M7$。对于工序 A11，如果使用最短使用时间设备 $M2$，完成时间为 6 工时；如果使用较短使用时间设备 $M3$，由于该设备最早可以调度的时间段设备仍然忙，使用工序调度优化策略后的完成时间为 9 工时，因此需要继续考虑更长使用时间的设备 $\{M1，M6，M10\}$。这三个设备完成 A11 的时间分别为 $\{7，6，6\}$。又由于设备 $M6$ 和 $M10$ 调度 A11 时不需要等待，因此结束时间 6 工时为 A11 的最早结束时间，而加工时间短的设备集优先选择，因此在 $M2$ 和 $\{M6，M10\}$ 中选择 $M2$。由于工序 A17 使用最短使用时间，设备 $M9$ 的完成时间为 14 工时，而使用较长使用时间设备 $M2$ 和 $M6$ 不需要等待，完成时间为 11 工时。此时，$M6$ 的已加工时间为 1 工时，$M2$ 的已经加工时间为 5 工时。根据设备均衡策略，A17 选择 $M6$ 加工。

按文献[48]中的算法进行柔性调度的甘特图如图 32-5 所示。

对比图 32-4 和图 32-5，本章提出算法的调度结果优于文献[48]。由于工序 A1、A11、A17 在其最短时间设备集中的设备上不能及时开始加工，通过使用变通式柔性调度策略，寻找到加工时间较长但结束时间较早的设备，可以使 A1、A11、A17 获得较合理的加工设备。特别是，A1、A17 比采用文献[48]中的方法结束时间提前了，从而实现整体加工时间的缩短。

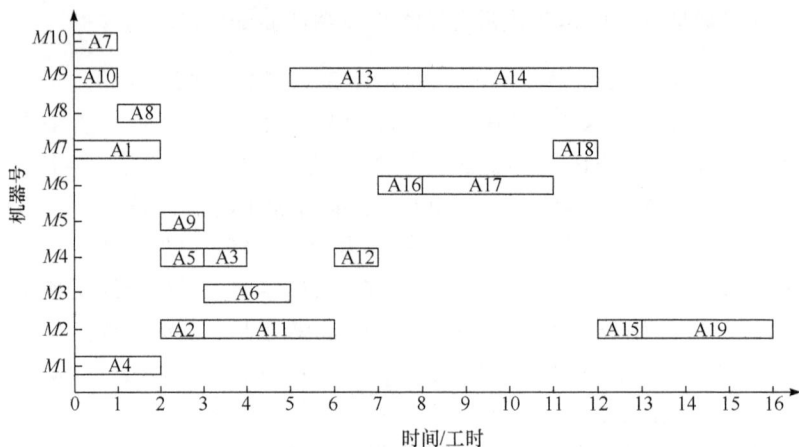

图 32-4　产品 A 柔性调度的甘特图(16 工时)

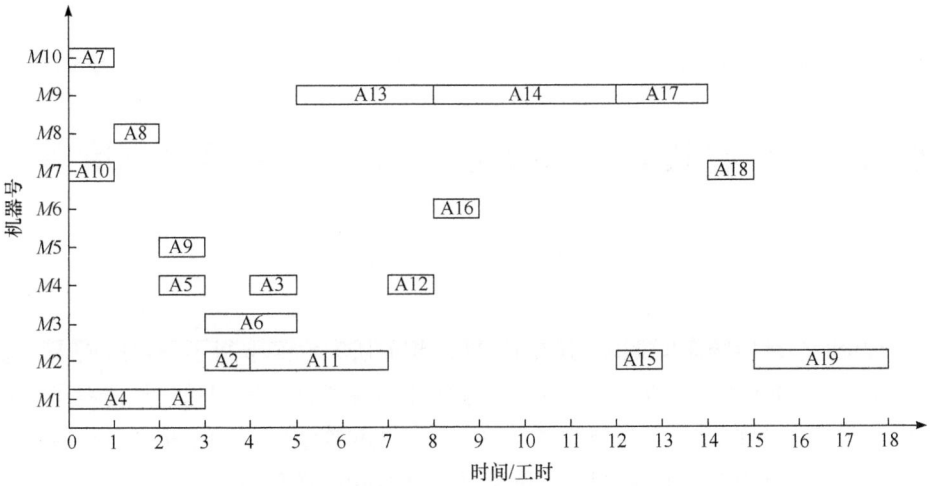

图 32-5 按文献[48]中的算法进行柔性调度的甘特图(18 工时)

32.8 本 章 小 结

本章提出的复杂产品加工和装配综合柔性调度优化算法，充分利用柔性调度特点，可在不提高算法复杂度的情况下，通过工序在更多设备的选择，实现工序尽早完工，缩短复杂产品综合柔性调度总的加工时间。另外，对于工件间无约束的一般柔性调度问题，本章提出的柔性调度算法也可以扩展解决。因此，该算法可以为进一步优化柔性调度提供参考方案，具有一定的理论和实用价值。

第33章 存在设备无关延迟约束的综合柔性调度算法

33.1 引 言

FJSSP[94]是传统车间调度问题的扩展，相关研究已经取得了一定的成果，如求解多目标 FJSSP 的两级遗传算法[93]、求解多目标柔性调度问题的蚁群粒子群算法[95]、求解 FJSSP 的免疫克隆选择算法[96]等。这些算法解决的是将产品分解成无约束工件后，纯加工或纯装配的调度问题，适合相同产品批量生产。

对于实际生产中多品种小批量的柔性产品，特别是具有树状结构的复杂单产品的生产调度，如果按以上算法不考虑工件间的约束关系，必然割裂产品内在的加工与装配可并行处理的关系，影响调度效果。文献[39]提出考虑工件间约束关系的调度算法，但仅在传统车间调度中考虑部分工件间的约束关系，不能扩展解决全部产品加工和装配综合调度问题，也没有和柔性车间调度相结合。文献[48]提出复杂产品加工和装配综合柔性调度算法，主要解决工件间存在顺序约束关系的柔性调度问题，没有考虑工序间存在非紧密衔接的延迟约束情况。文献[72]提出存在非紧密衔接的加工和装配综合调度算法，但没有考虑设备不确定的柔性调度问题。因此，以往的调度算法不能很好地反映加工和装配综合柔性调度中存在非紧密衔接的情况。

事实上，实际加工和装配综合柔性调度中存在非紧密衔接的情况。这些情况包括延迟时间不占用实际设备和占用实际设备。例如，在多台具有多种加工能力的数控机床或加工中心进行产品加工，当两个工序加工间需要更换设备时，后加工工序需等待(延迟)一段时间，这段延迟时间是不占用实际加工设备的；在能自动更换刀具和夹具，且具有多种加工能力的数控机床或加工中心进行产品加工，当两个工序加工间需要等待刀具更换或等待工件位置调整后，加工工序要等待(延迟)一段时间。这段延迟时间内设备是不能加工其他工序的，即占用实际加工设备。由于本章只研究综合柔性调度中存在不占用设备延迟约束的情况，延迟约束均为不占用设备的延迟约束。对于这个问题，以往的调度算法是将等待时间分配到前后工序的加工时间内，将事实上不占用实际加工设备的等待时间安排到实际设备的工作时间内[72,93,95,96]，导致以往调度算法调度结果不精确。因此，有必要进行存在设备无关延迟约束的综合柔性调度问题的研究。

33.2　问 题 分 析

为解决存在延迟约束的综合柔性调度问题，从模型分析入手，建立描述存在设备无关延迟约束的综合柔性加工工艺树模型，并将延迟约束的加工工序转换为顺序约束的加工工序，将存在延迟约束的综合柔性调度问题转换为一般的综合柔性调度问题。为了简化描述，本章将加工和装配工序统一定义为加工工序。针对存在设备无关延迟约束的柔性加工工艺树模型，本章根据实际生产工序间的约束关系将加工工艺树中的工序分为标准工序和延迟工序[72]。

33.2.1　工序分类

定义 33-1(设备无关延迟约束)　工序间的延迟约束与实际加工设备无关。

标准工序指实际产品中的工序。设备无关延迟工序指由延迟约束形成的只占用时间不占用实际设备的虚拟工序。为了形象地描述虚拟工序的加工情况，假定虚拟工序使用的设备是无限制的虚拟设备。

33.2.2　存在设备无关延迟约束的柔性加工工艺树模型

通过对柔性产品加工工艺树的分析与研究，本章提出加入延迟工序的柔性产品加工工艺树，即存在设备无关延迟约束的柔性加工工艺树。

定义 33-2(存在设备无关延迟约束的柔性加工工艺树)　在加工和装配综合柔性调度中，根据标准工序和延迟工序间的工艺约束形成的树状结构称为存在设备无关延迟约束的柔性加工工艺树。

该工艺树的边代表工序间的加工顺序，且有子节点指向其父亲节点。在加工过程中，根节点工序是加工的最后一道工序，只有加工完其紧前工序才能加工此工序。该工艺树上的每个节点表示一个标准工序或延迟工序。每个标准工序节点由工序名、所需设备名和工序加工时间组成。每个延迟工序节点由工序名、虚拟设备名和加工时间组成。

33.2.3　设备无关延迟约束到延迟工序的转化策略

对于具有延迟约束的综合柔性调度问题，采用把延迟约束转化为延迟工序[72]，将存在延迟约束的综合柔性调度问题转换为包含标准工序和延迟工序的综合柔性调度问题。转换策略不但可以提高调度结果的精度、减少总的加工时间，而且可以运用以往的综合柔性调度算法。延迟约束转化为延迟工序的策略就是把工序延迟时间虚拟为一道加工工序，在满足约束条件的情况下在无限制的虚拟设备上加工。

存在设备无关延迟约束的综合柔性调度问题的数学描述是，假定 n 为工序数量；m 为设备数量；P_i 为第 i 道工序；M 为所有设备集合；MP_i 为工序 P_i 的可选设备集，$MP_i \subseteq M$；对应的加工时间集为 T_i；D_{ij} 表示工序 P_i 与工序 P_j 间的延迟时间($D_{ij} \geqslant 0$)；t_{ik} 为第 i 道工序在设备 Mk 上的加工时间；t_i 为第 i 道工序最后确定的唯一加工时间；$Mk \in MP_i$；s_{ik} 为第 i 道工序在设备 Mk 上的开始加工时间；f_{ik} 为第 i 道工序在设备 Mk 上的完工时间；E_{Mk} 为所有工件在设备 Mk 上的完工时间；当第 i 道工序和第 j 道工序在同一台设备上加工且工序 P_i 紧先于工序 P_j 时，$X_{ij}=1$，否则 $X_{ij}=0$；若第 i 道工序在设备 Mk 上加工，$Y_{ik}=1$，否则 $Y_{ik}=0$。

令 $i,j=1,2,\cdots,n$，则

$$T_{\text{total}}=\min\{\max E_{Mk}\}, \quad k=1,2,\cdots,m \tag{33-1}$$

$$E_{Mk}=\max\{f_{ik}\}, \quad Y_{ik}=1 \tag{33-2}$$

$$s_{ik}-(f_{(i-1)n}+D_{i(i-1)}) \geqslant 0, \quad Y_{ik}=Y_{(i-1)n}=1 \tag{33-3}$$

$$s_{ik}-f_{jk} \geqslant 0, \ Y_{ik}=Y_{jk}=1, \quad X_{ij}=1 \tag{33-4}$$

式(33-1)表示各设备中最晚完工时间的设备尽早结束。式(33-2)表示在设备 Mk 上工序结束时间的最大值。式(33-3)表示必须在第 i-1 道工序完成后等待延迟时间 D_{ij}，第 i 道工序才开始加工。式(33-4)表示同一设备上调度的下一道工序必须在上一道工序完工后才能开始工序。

33.3　调度方案设计与分析

在存在设备无关延迟约束的柔性加工工艺树中，标准工序存在一个可选设备集。对于设备的选择问题，采用分步式工序优化分配算法[93,94,97]。标准工序选择设备后就是工序的调度问题，对于这个问题采用分步式工序优化调度算法[93,94,97]。

33.3.1　分步式工序优化分配算法

工序优化分配是将所有工序按一定的规则分配到加工设备上。短用时策略和设备均衡策略是确定一般柔性加工问题工序设备的方法，可将一般柔性加工问题快速简化为一般调度问题[48]。本章采用短用时策略和设备均衡策略确定标准工序的加工设备及其加工时间，使其尽早完工，即将存在延迟约束的加工和装配综合柔性调度问题转化为一般综合调度问题，以便利用以往的调度算法。

33.3.2 分步式工序优化调度算法

工序优化调度是在工序优化分配的基础上进行的。此时存在延迟约束的加工和装配综合柔性调度问题已转化为加工和装配综合的一般调度问题，存在设备无关延迟约束的柔性加工工艺树已转化为一般加工工艺树。对一般加工工艺树上的标准工序，首先按长路径优先策略和调度前续短路径策略确定标准工序的调度顺序。然后，对加工过程中的延迟工序和标准工序，在它们可同时加工的情况下优先加工延迟工序[72]。

1. 长路径优先策略

在调度过程中，加工工艺树的长路径，即关键路径是会发生变化的。考虑调度过程中关键路径的变化，将关键路径视为一个动态的，即将某时刻未调度工序所在的路径长度最长的视为此刻的关键路径，优先调度关键路径上的工序，该策略称为长路径优先策略[38]。由于长路径优先策略比 ACPM[13]更强调长路径随加工时间的变化而变化对产品总加工时间的影响，因此本章采用长路径优先策略。

长路径优先策略的基本思想是，在每次工序调度前，先计算剩余产品各路径的长度。路径最长的视为此刻新的关键路径，按 ACPM 优先调度关键路径上工序的思想[13]，选择新计算的关键路径上的叶节点工序调度。依此类推，直到所有的工序调度完。

2. 调度前续短路径策略

定义 33-3(调度前续短路径工序) 设可调度工序为 $P_1, P_2, \cdots, P_n$，它们的前续工序到叶节点加工时间和的最大值分别为 $L_{1p}, L_{2p}, \cdots, L_{np}$，则 L_{ip} 称为可调度工序的前续路径长度。若工序 P_i 的前续工序的路径长度 $L_{ip} = \min\{L_{1p}, L_{2p}, \cdots, L_{np}\}$，则 P_i 为调度前续短路径工序。

若存在可调度工序 $P_1, P_2, \cdots, P_n$，它们所在路径长度都是 L，而且都需要在同一台设备 M_k 上加工，前续工序的路径长度分别为 $L_{1p}, L_{2p}, \cdots, L_{np}$，则 $P_1, P_2, \cdots, P_n$ 在 M_k 上一定是串行加工的。设 P_i, $P_j \in \{q_1, q_2, \cdots, q_n\}$，$L_{ip} < L_{jp}$，因为 P_i 受前续工序约束影响较小，所以 $s_{ik} < s_{jk}$。因此，优先调度前续路径长度短的工序符合工序开始加工时间的实际情况。针对路径长度相等且在同一设备上加工的工序，按其前续路径长度由小到大的顺序调度，即调度前续短路径策略。

33.4 存在设备无关延迟约束的综合柔性调度算法的实现

步骤 1，设置工序属性。

根据加工和装配综合柔性调度的要求和树状结构产品的特点，为每个工序设置有 6 个属性：工序名，用 P_i 表示；工序 P_i 的加工时间集，用 T_i 表示，$T_i=\{t_{ij}\}$；工序 P_i 的加工设备集，用 MP_i 表示，$MP_i=\{Mk\}$，并对设备 Mk 设置已加工工序的总时间属性 W_{Mk}；工序 P_i 到根节点的路径长度，用 L_i 记录；工序 i 的前续路径长度，用 L_{ip} 记录；工序 i 的紧后工序，用 N_i 表示工序 P_i 的唯一紧后工序。因此，工序 P_i 可表示为 $P_i/T_i/MP_i/L_i/L_{ip}/N_i$。

步骤 2，选择调度工序并确定该工序的加工设备。

步骤 2.1，为工序的属性赋初值。设共有 n 道工序，工序名 P_i，$i \in \{0,1,\cdots,n-1\}$；初始 T_i 中的时间值为 0；初始 MP_i 中的设备为 Null；初始路径长度 $L_i=0$；前续路径长度初值为 $L_{ip}=0$；具有唯一紧后工序。

步骤 2.2，用短用时策略确定工序的唯一加工时间，并计算工序的路径长度。

根据短用时策略，选取所有工序时间属性，使工序加工时间唯一。工序 P_i 的加工时间 $t_i=t_{in}=\min\{t_{ij}\}$，时间属性和设备属性赋值为 $T_i=t_i=t_{in}$，$MP_i=\{t_{in}$ 对应的设备集$\}$。此时，根据工序的设备属性可将工序分为两类，一类是只在一个设备上加工的工序；另一类是可在几个不同设备上加工的工序，但是在这几个设备上的加工时间相同。

根节点的路径长度为根节点的加工时间，其余节点的路径长度为 $L_i=t_i+L_{N_i}$，其中 L_{N_i} 表示工序 P_i 紧后工序的路径长度。

步骤 2.3，确定调度工序的顺序及该工序的加工设备。

步骤 2.3.1，根据路径长度由大到小对工序进行排序。路径长度相同的工序作为一个工序集。

步骤 2.3.2，如果被调度的工序集中只有一个工序 P_i 且该工序的加工设备唯一，则直接调度该工序；如果工序 P_i 的加工设备不唯一，即有一个设备子集 $MP_i=\{Mj\}$ 可加工该工序，则采用设备均衡策略确定工序 P_i 的加工设备。具体方法是选择已加工时间和最小的设备作为工序 P_i 的加工设备，如果 $W_{Mk}=\min\{W_{Mj}\}$，则工序 P_i 的加工设备为 Mk，即 $MP_i=\{Mk\}$。当用设备 Mk 加工工序 P_i 后，$W_{Mk}=W_{Mk}+t_i$。此时，若工序 P_i 紧后工序的前续路径长度 $L_{Nip}<L_{ip}+t_i$，则 $L_{Nip}=L_{ip}+t_i$。

步骤 2.3.3，如果被调度的工序集中工序不唯一，将该工序集中的工序按其前续路径长度由小到大排序，把每个工序按排序顺序作为一个工序集，替换步骤 2.3.1 中的原工序集，转步骤 2.3.2。

步骤 3，按步骤 2 形成的调度顺序，采用文献[48]的加工方法，即按前沿贪心规则，使每个工序在满足约束条件的情况下尽早开始加工。若调度工序节点为根节点，调度结束，输出甘特图。

33.5 存在设备无关延迟约束的综合柔性调度算法复杂度分析

假设所有产品的总工序数为 n，设备数为 m，每个工序可在 z 个不同的设备上加工($z \leqslant m$)，算法的复杂度分析如下。

① 短用时策略，选择最小加工时间为工序的加工时间。由于每个工序最多有 z 个不同的加工时间，通过两两比较选择最小加工时间，最坏的情况下需要比较 $z-1$ 次。因为 $z \leqslant m$，所以短用时策略的复杂度为 $O(m)$。

② 计算路径长度。首先，通过比较 n 个工序的紧后工序属性找出根节点工序 P_i，将 $L_i = t_i$，计算根节点工序 P_i 的路径长度，因此确定根节点路径长度需要 $n+1$ 次处理。然后，判断 n 个工序中工序 P_j 紧后工序属性是否为根节点工序 P_i。如果是，令 $L_j = L_i + t_j$，计算工序 P_j 的路径长度，因此确定一个根节点紧前工序的路径长度需要处理 $n+1$ 次。如果根节点有 k 个紧前工序，确定这些紧前工序的路径长度需要处理 $n+k$ 次。最坏情况是，根节点存在 $n-1$ 个紧前工序，确定这些紧前工序的路径长度最多需要处理 $2n-1$ 次，即处理一层工序的路径长度。设加工工艺树的层数为 h，除根节点外，计算其余 $h-1$ 层需要处理$(h-1)(2n-1)$次，因此总的处理次数为 $n+1+(h-1)(2n-1)=2hn-h-n+2$。最坏的情况下，$h=n$，$2hn-h-n+2=2(n^2-n+1)$，因此确定所有工序路径长度的复杂度为 $O(n^2)$。

③ 按路径长度对工序进行排序。首先，采用比较取长法，通过 $n-1$ 次比较确定 n 个工序中路径最长的工序。然后，对剩余 $n-1$ 个工序进行 $n-2$ 次比较，选出路径次长的工序。依此类推，整个排序过程需要比较$(n-1)+(n-2)+\cdots+1=n(n-1)/2$ 次，即按路径长度对工序进行排序的复杂度为 $O(n^2)$。

④ 设备均衡策略，确定工序的加工设备。由于每个工序最多有 z 个加工时间相同的设备，平均每个设备加工 n/m 个工序，确定工序的加工设备需要计算每个设备的已加工时间。最坏的情况，计算每个设备的已加工时间和需要把每个设备加工的 n/m 个工序的加工时间相加，相加的次数为 n/m。为确定工序的加工设备，需比较 z 个设备的已加工时间和，通过两两比较选择已加工时间和最小的设备作为工序的加工设备，需比较 $z-1$ 次，因此 n 个工序总的次数为 $n(z-1)(n/m)$。因为 $z \leqslant m$，所以 $n(z-1)(n/m) \leqslant n(m-1)n/m < nm(n/m)=n^2$，因此设备均衡策略的复杂度为 $O(n^2)$。

⑤ 确定工序集$\{P_i\}$紧后工序 P_j 的前续路径长度 L_{jp}。由于采用边调度边计算工序的前续路径长度，因此计算父节点的前续路径长度时，已知其子节点的前续路径长度，$L_{jp}=\max\{L_{ip}+t_i\}$。由于工序集$\{P_i\}$中的工序最多有 $n-1$ 个，通过两两比

较选择$\{L_{ip}+t_i\}$的最大值作为工序 P_j 的前续路径长度，需计算 $n-1$ 次加法，比较 $n-2$ 次，计算工序的前续路径长度需计算比较 $2n-3$ 次；计算 n 个工序的前续路径长度，最多计算比较 $n(2n-3)$次，因此确定工序前续路径长度的复杂度为 $O(n^2)$。

⑥ 对路径长度相同的工序进行排序，路径长度相同的工序最多为 n 个。排序方法和根据路径长度对工序排序方法一样，总的比较次数为 $n(n-1)/2$，因此对路径长度相同的工序进行排序的复杂度为 $O(n^2)$。

综上所述，本章算法的时间复杂度为以上各步时间复杂度的最大值，复杂度为 $O(n^2)$，因此本章算法能在二次多项式内完成。

33.6　实 例 分 析

设产品 A 的改进加工工艺树如图 33-1 所示。由于实际加工需求，加工完一道工序需延迟一段时间才能加工下一道工序。产品 A 的加工延迟信息如表 33-1 所示。产品 A 属于存在延迟约束的综合柔性调度产品，由于以往的综合柔性调度算法是将延迟时间忽略或加入工序的实际加工时间内[48]，因此调度结果不够精确。现通过本章的调度算法将产品 A 的加工工艺树转换为存在设备无关延迟约束的柔性加工工艺树(图 33-2)，其中 V1、V2、V3、V4、V5 为设备无关延迟工序，分别在虚拟设备 VM 1、VM 2、VM 3、VM 4、VM 5 上加工。

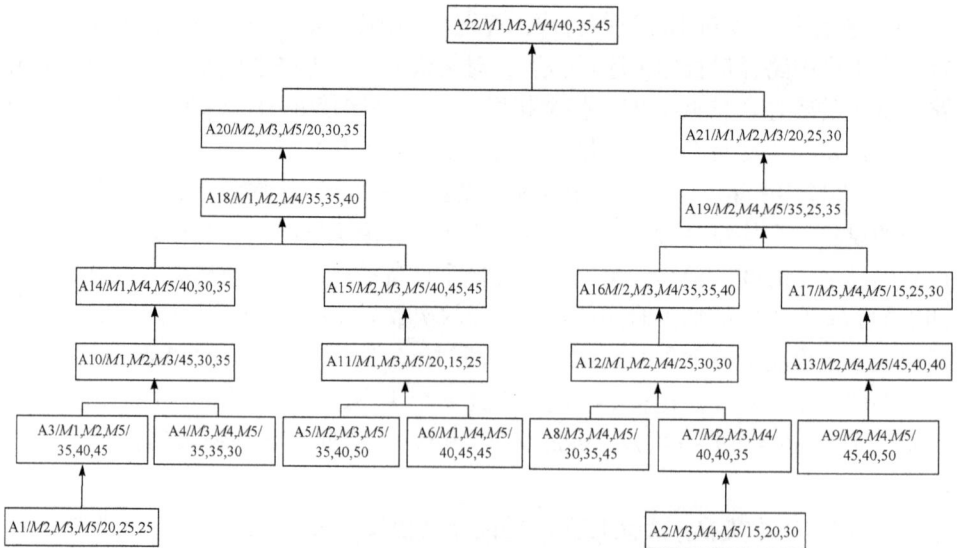

图 33-1　产品 A 的改进加工工艺树

表 33-1　产品 A 的加工延迟信息表

当前工序	延迟时间/工时	后续工序
A1	15	A3
A6	20	A11
A14、A15	15	A10
A16、A17	10	A10
A20、A21	15	A22

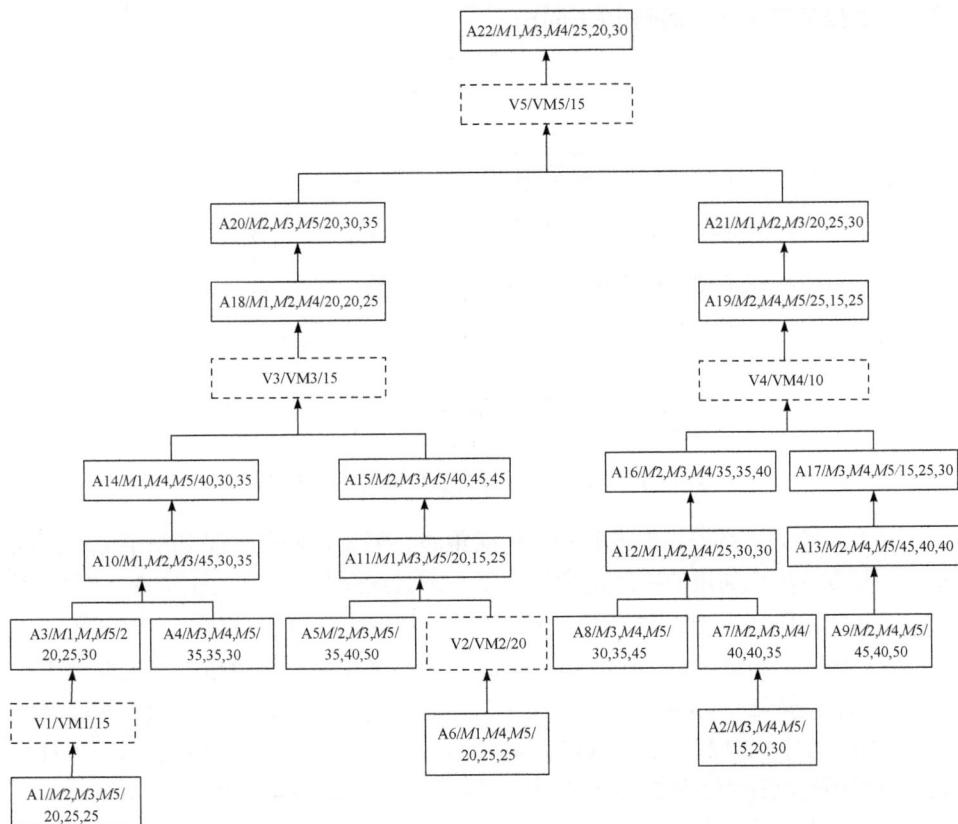

图 33-2　存在设备无关延迟约束的柔性加工工艺树

　　为了具体分析本章提出的调度算法，首先分析 ACPM 和缩短空闲时间法[90] (记为算法①)、长路径优先策略和短用时策略(记为算法②)的区别，然后说明改进加工工艺树加入延迟工序的好处，最后分析短用时策略和本章算法的区别和好处。

　　① 用算法①和算法②对产品 A 按照图 33-1 所示的改进工艺树进行调度，对

比甘特图说明算法的特点。

　　算法①基于 ACPM 和缩短空闲时间法的调度算法,通过比较各叶节点所在路径长度(工序 A1: 205 工时, 工序 A2: 190 工时, 工序 A4: 180 工时, 工序 A5: 180 工时, 工序 A6: 185 工时, 工序 A8: 170 工时, 工序 A9: 175 工时), 取最长工序序列(A22、A20、A18、A14、A10、A3、A1)为关键路径, 按照文献[48]中的 ACPM 调度的各工序的顺序为 A1、A3、A4、A10、A14、A6、A5、A11、A15、A18、A20、A2、A7、A8、A12、A16、A9、A13、A17、A19、A21、A22。采用算法①得到的甘特图如图 33-3 所示, 方框表示工序, 框中数字表示工序名, 框的长度按工序时间比例确定(下同)。

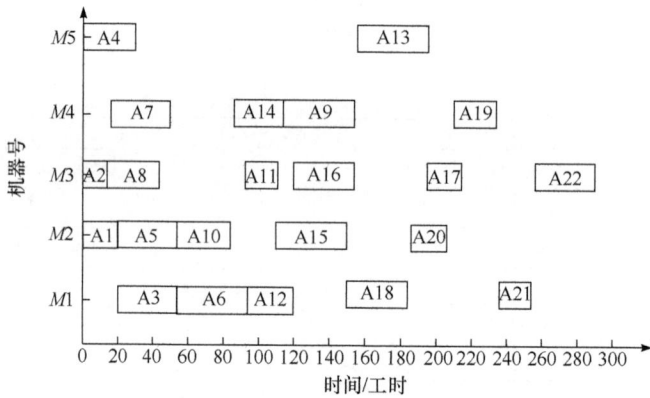

图 33-3　采用算法①得到的甘特图(290 工时)

　　算法②采用长路径优先策略和短用时策略, 需要比较各工序到根节点的路径长度, 按路径从长到短的顺序调度。这里工序 A1 的路径长度最长(205 工时), 因此优先调度工序 A1。如果路径长度相同的工序不唯一, 优先调度加工时间短的工序, 如工序 A3 和 A6 路径长度都是 185 工时, 采用短用时策略, 优先调度工序 A3。因此, 按算法②调度各工序的顺序为 A1、A2、A3、A6、A4、A5、A7、A9、A8、A10、A11、A12、A13、A15、A14、A16、A17、A18、A19、A20、A21、A22。采用算法②调度图 33-2 和图 33-3 的甘特图如图 33-4 和图 33-5 所示。

　　可以看出, 算法①的加工时间是 290 工时, 算法②的加工时间是 250 工时。这说明, 算法②在不提高复杂性的前提下, 总的加工时间缩短。加工时间缩短是因为算法②中的长路径优先策略比算法①中的 ACPM 更加强调调度过程中长路径的变化对调度结果的影响。例如, 工序 A13 在图 33-4 中比在图 33-3 中提前加工。另外, 调度算法②中长路径优先策略比算法①ACPM 兼顾工序横向间的联系使不同设备上的工序有较多的机会并行加工。例如, 工序 A9 在图 33-3 中提前加工。因此, 算法②比算法①更优。

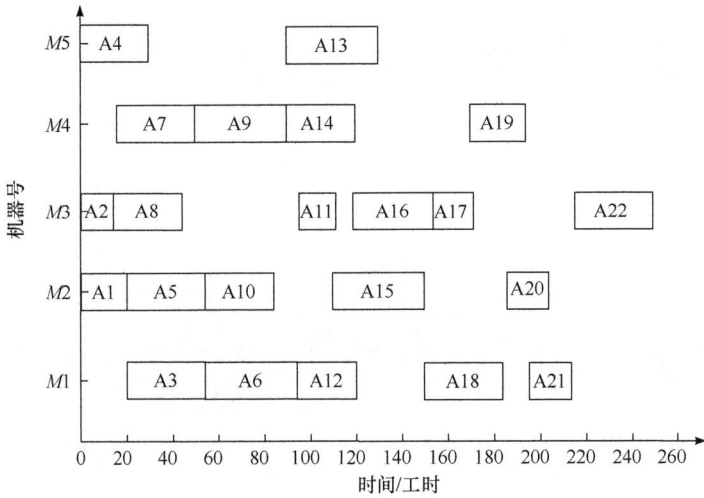

图 33-4　采用算法②调度图 33-2 的甘特图(250 工时)

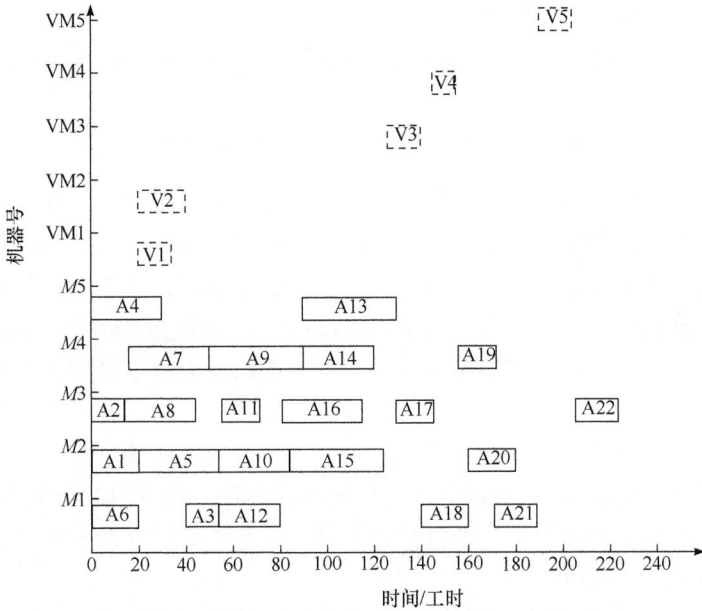

图 33-5　采用算法②调度图 33-3 的甘特图(225 工时)

②　采用算法②对产品 A 按照图 33-1 所示的改进加工工艺树和图 33-2 所示的存在设备无关延迟约束的柔性加工工艺树进行调度,甘特图如图 33-4 和图 33-6 所示。甘特图说明延迟约束转换为延迟工序的优点,即对图 33-2 所示的加工工艺树进行调度,顺序为 A2、A1、V1、A4、A5、A7、A9、A3、A6、V2、A10、A11、A12、A13、A15、A14、V3、A16、A17、V4、A18、A19、A20、A21、V5、A22。

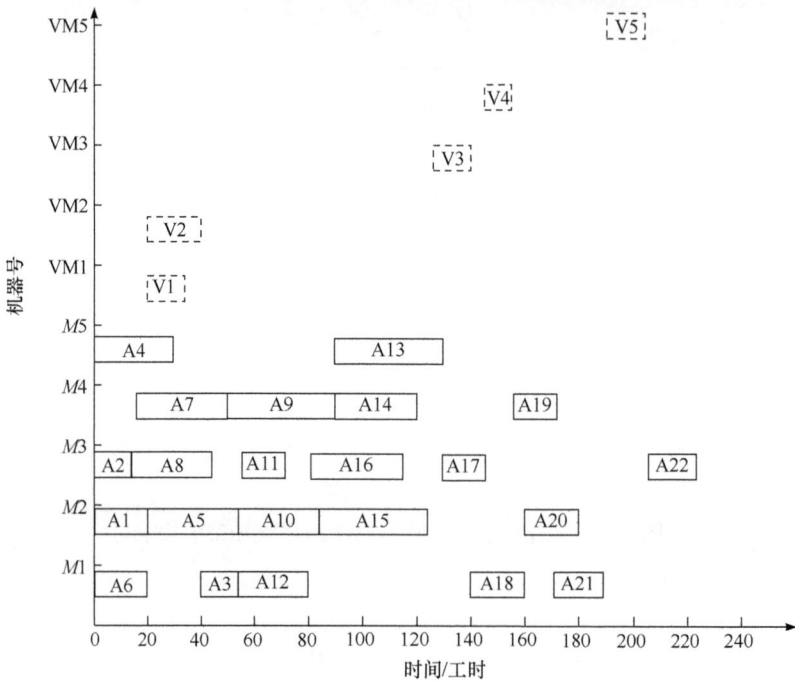

图 33-6　采用算法②调度图 33-3 的甘特图(225 工时)

　　可以看出，同一问题采用忽略延迟约束的调度算法，加工总时间为 250 工时，将延迟约束时间转换为延迟工序的调度模型，加工总时间为 225 工时，缩短 25 工时。总的加工时间缩短是因为本章采用延迟约束到延迟工序的转化策略将有延迟约束的柔性调度问题转换为一般柔性调度问题。分离是工序的加工时间和有延迟约束造成的延迟时间，使设备无关延迟工序可以在无数量限制的虚拟设备上加工。在延迟工序加工的同时，实际加工设备可以并行加工标准工序，使其他标准工序提前加工。例如，工序 A6 在图 33-6 中比在图 33-4 中提前加工。通过延迟约束到延迟工序的转化策略，不但能较好地解决存在延迟约束的综合柔性调度问题，而且在不改变算法的前提下，使以往的柔性调度算法能较好地对存在延迟约束的综合柔性调度问题调度。

　　③ 采用算法②和本章的算法对图 33-2 所示的存在设备无关延迟约束的柔性加工工艺树进行调度。算法②和本章的算法都采用长路径优先策略，需要比较各工序到根节点的路径长度，按路径从长到短的顺序调度。本章例子中工序 A1 的路径长度最长(205 工时)，因此优先调度工序 A1。如果路径长度相同的工序不唯一，算法②采用短用时策略优先调度加工时间短工序。例如，工序 A7 和 A9 的路径长度都是 150 工时，采用短用时策略，优先调度工序 A7。本章的算法采用调度前续短路径策略优先调度前续短路径工序，先调度工序 A9。因此，本章的算法调

度各工序的顺序为 A2、A1、V1、A4、A5、A9、A8、A7、A3、A6、V2、A10、A11、A12、A13、A15、A14、V3、A16、A17、V4、A18、A19、A21、A20、V5、A22。采用本章提出的算法③调度图 33-3 的甘特图如图 33-7 所示。

可以看出，算法②的加工时间是 225 工时，本章算法的加工时间是 215 工时。本章算法调度前续短路径策略在路径长度相等的情况下，可以减少调度前续短路径工序的等待时间。例如，工序 A9 在图 33-6 中比在图 33-7 中提前加工。本章算法调度前续短路径策略比算法②中的短用时策略减少设备的空闲时间，提高设备的利用率。例如，图 33-6 中设备 $M4$ 的空闲时间为 50 工时，图 33-7 中设备 $M4$ 的空闲时间为 35 工时，即设备 $M4$ 的空闲时间减少 15 工时。

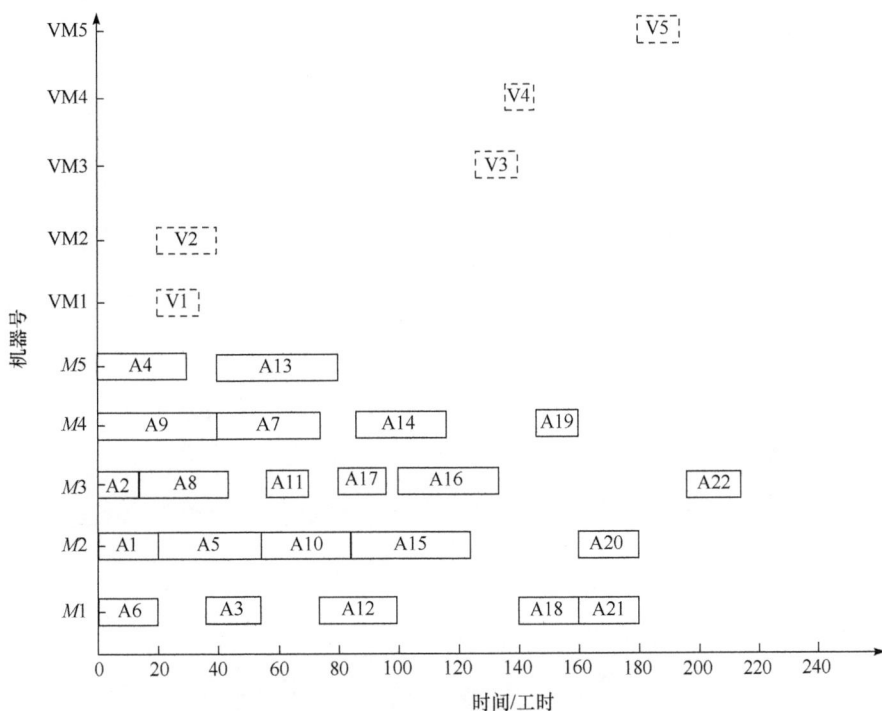

图 33-7　采用本章提出的算法③调度图 33-3 的甘特图(215 工时)

33.7　本章小结

本章针对综合柔性调度问题中存在设备无关延迟约束的情况，提出解决该问题的算法，具有一定的理论和实际应用价值。

① 采用存在设备无关延迟约束的柔性加工工艺树,把设备无关延迟约束时间从实际工序的加工时间中分离出来，转换为在无限制的虚拟设备上加工的延迟工

序，使延迟工序充分并行处理。

②　采用短用时策略、设备均衡策略、长路径优先策略、调度前续短路径策略等先进方法，可以在二次多项式内较好地解决存在设备无关延迟约束的综合柔性调度问题，因此本章提出的算法简便、可行。

③　本章提出的算法虽然只解决存在设备无关延迟约束的综合柔性调度问题，但如果将延迟约束变为设备有关的，采用设备有关的延迟工序单独调度，可以将提出的算法推广，解决存在设备有关延迟约束的综合柔性调度问题。

第34章 存在延迟约束的综合柔性调度算法

34.1 引　　言

FJSSP[94]是传统车间调度问题的扩展,相关研究取得了一定的成果。例如,文献[73]提出求解多目标 FJSSP 的免疫算法;文献[98]提出求解 FJSSP 的遗传算法;文献[99]提出求解 FJSSP 的启发式算法等。这些算法解决的是将产品分解成无约束工件后,纯加工或纯装配的调度问题,适合产品的批量生产。

对于实际生产中的多品种小批量产品,特别是具有树状结构的复杂单产品的生产调度,如果不考虑工件间的约束关系,必然割裂产品内在的加工与装配可并行处理的关系,影响调度效果。文献[39]提出考虑工件间约束关系的调度算法,但仅在传统车间调度中考虑部分工件间的约束关系,不能扩展解决全部产品加工和装配综合调度问题,也没有和柔性车间调度结合。文献[48]提出复杂产品加工和装配综合柔性调度算法。该算法主要解决工件间存在顺序约束关系的柔性调度问题,没有考虑工序间存在非紧密衔接的延迟约束情况。文献[72]提出存在非紧密衔接的加工和装配综合调度算法,仅考虑设备无关,即不占用设备的延迟约束情况,没有考虑工序间存在设备有关,即占用设备的延迟约束情况,并且没有和设备不确定的柔性调度问题相结合。因此,当综合柔性调度问题中同时存在占用设备和不占用设备的延迟约束,即柔性调度问题中存在设备有关和设备无关延迟约束时,以往的调度算法将不能很好地反映综合柔性调度的延迟约束问题。

事实上,实际加工和装配综合柔性调度中同时存在设备有关和设备无关的延迟约束情况。例如,在数控机床或加工中心进行产品加工,当两个工序加工间需要更换设备,后加工工序需等待(延迟)一段时间,这段延迟时间是不占用实际加工设备的。当两个工序因加工类型不同,加工间需要等待刀具更换或等待工件位置调整后加工工序要等待(延迟)一段时间,这段延迟时间内设备是不能加工其他工序的即占用实际加工设备的延迟。对于这个问题,以往的调度算法要么忽略工序间等待延迟的时间[48],要么只考虑存在设备无关延迟约束[72],并且没有和柔性调度问题相结合。当柔性调度问题中同时存在设备无关和设备有关的延迟约束时,将导致以往调度算法的调度结果不精确或不能调度。因此,有必要进行存在延迟约束的综合柔性调度问题的研究。

34.2　问 题 分 析

为解决存在延迟约束的综合柔性调度问题，从模型分析入手，先建立描述存在设备无关延迟约束的综合柔性加工工艺树模型，并将设备无关延迟约束转换为顺序约束的加工工序，将存在设备无关延迟约束的综合柔性调度问题转换为一般的综合柔性调度问题。然后，在此次基础上建立描述存在延迟约束的加工工艺树模型，将设备有关延迟约束转换为顺序约束的设备有关延迟工序，将存在设备有关延迟约束的综合调度问题转换为一般的综合调度问题。针对存在延迟约束的加工工艺树模型，本章根据实际生产工序间的约束关系将加工工艺树中的工序包括标准工序和设备有关延迟工序、设备无关延迟工序，通过对柔性产品加工工艺树的分析与研究，提出加入设备无关延迟工序、设备有关延迟工序的加工工艺树，即存在延迟约束的加工工艺树。

定义 34-1(存在延迟约束的加工工艺树)　在加工和装配综合调度中，根据标准工序、设备无关延迟工序和设备有关延迟工序间的工艺约束关系形成的树状结构称为存在延迟约束的加工工艺树。

该工艺树的边代表工序间的加工顺序，且有子节点指向其父亲节点，在加工过程中，根节点工序是加工的最后一道工序，只有加工完其紧前工序才能加工此工序。该工艺树上的每个节点可以表示一个标准工序、设备无关延迟工序、设备有关延迟工序。每个标准工序节点由工序名、设备名、加工时间和加工类型组成。每个设备无关延迟约束工序由工序名、加工时间和虚拟加工设备组成。每个设备有关延迟工序节点也由工序名、设备名和加工时间组成的，其中设备有关延迟工序的加工时间是调整设备上加工工具需要等待延迟的时间。加工设备是当前调整加工工具的设备。

34.3　延迟约束到延迟工序的转换策略

1. 设备无关延迟约束到设备无关延迟工序的转换策略

对于具有延迟约束的综合柔性调度问题，首先采用设备无关延迟约束转化为设备无关延迟工序的转换策略[72]，将存在设备无关延迟约束的综合柔性调度问题转换为包含标准工序和设备无关延迟工序的综合柔性调度问题。通过该转换策略不但可以提高调度结果的精度、减少总的加工时间，而且可以运用以往的综合柔性调度算法。设备无关延迟约束转化为设备无关延迟工序的策略就是把工序间延迟时间虚拟为一道加工工序。在满足约束条件的情况下，在无限制的虚拟设备上加工，柔性产品加工工艺树转换为存在设备无关延迟约束的柔性加工工艺树。

2. 设备有关延迟约束到设备有关延迟工序的转换策略

对于存在设备无关延迟约束的柔性加工工艺树，采用短用时策略和设备均衡策略确定柔性调度问题中标准工序的加工设备后，柔性加工工艺树转换为一般加工工艺树，对于一般加工工艺树中存在设备有关延迟约束的情况，采用设备有关延迟约束到设备有关延迟工序的转换策略。该策略将设备有关延迟约束转化为设备有关延迟工序的策略就是把设备有关延迟约束时间虚拟为一道可在一定范围内前后移动的工序，然后采用设备有关延迟工序配合调整的策略确定其开始加工时间。通过转换策略不但可以提高调度结果的精度、减少总的加工时间，而且可以运用以往的综合调度算法。

因此，存在延迟约束的综合柔性调度问题的数学描述是，假定 n 为工序数量；m 为设备数量；P_i 为第 i 道工序；M 为所有设备集合；MP_i 为工序 P_i 的可选设备集，$MP_i \subseteq M$；对应的加工时间集为 T_i；D_{ij} 为工序 P_i 与工序 P_j 间设备有关的延迟时间（$D_{ij} \geqslant 0$）；t_{ik} 为第 i 道工序在设备 Mk 上的加工时间；t_i 为第 i 道工序最后确定的唯一加工时间；$Mk \in Mi$；s_{ik} 为第 i 道工序在设备 Mk 上的开始加工时间；f_{ik} 为第 i 道工序在设备 Mk 上的完工时间；E_{Mk} 为所有工件在设备 Mk 上的完工时间。当第 i 道工序和第 j 道工序在同一台设备上加工且工序 P_i 仅先于工序 P_j 时，$X_{ij}=1$，否则 $X_{ij}=0$；若第 i 道工序在设备 Mk 上加工，$Y_{ik}=1$，否则 $Y_{ik}=0$。

设 $i, x=1,2,\cdots,n, y, j, k=1,2,\cdots,m$，则目标函数为

$$T=\min\{\max E_{Mk}\}, \quad k=1,2,\cdots,m$$

s.t.

$$E_{Mk}=\max\{f_{ik}\}, \quad Y_{ik}=1 \tag{34-1}$$

$$s_{ik}-(f_{(i-1)y}+D_{i(i-1)}) \geqslant 0, \quad Y_{ik}=Y_{(i-1)y}=1 \tag{34-2}$$

$$s_{ik} \geqslant s_{(i-1)k}+t_{ik}, \quad Y_{ik}=Y_{(i-1)k}=1, \quad X_{(i-1)i}=1 \tag{34-3}$$

$$s_{xy} \geqslant \max\{s_{ik}+t_{ik}\}, \quad Y_{xy}=Y_{ik}=1 \tag{34-4}$$

$$s_{ik}-f_{jk} \geqslant D_{ij}, \quad Y_{ik}=Y_{jk}=1, \quad X_{ji}=1 \tag{34-5}$$

式(34-1)表示在设备 Mk 上工序结束时间的最大值。式(34-2)表示工序 i 和 $i-1$ 间存在设备无关延迟约束，延迟时间为 D_{ij}，即在第 $i-1$ 道工序完成后，需延迟 D_{ij}，第 i 道工序才能开始。式(34-3)表示相同设备后面标准工序的开始时间须在前面标准工序结束后，其中工序 i 是工序 $i-1$ 同设备的紧后工序。式(34-4)表示工艺树中后面标准工序的开始时间须在前面标准工序都结束后，工序 x 是工序 i 的后续工序，分别在设备 y 和设备 k 上加工。式(34-5)表示标准工序 j 完成后标准工序 i 开始加工前需要调整设备 Mk 的加工工具，即标准工序 i 和 j 存在设备有关延迟

工序，设备有关延迟工序在标准工序 x 和 j 之间加工。

34.4　调度方案设计与分析

在存在延迟约束的柔性加工工艺树中，标准工序存在一个可选设备集，对于标准工序就出现了设备的选择问题，对于这个问题采用分步式工序优化分配算法[93,94,97]。标准工序选择设备后就是工序的调度问题，对于这个问题可以采用分步式工序优化调度算法[93,94,97]。

34.4.1　分步式工序优化分配算法

工序优化分配是将所有工序按一定的规则分配到加工设备上。短用时策略和设备均衡策略是确定一般柔性加工问题工序设备的方法，可将一般柔性加工问题快速简化为一般调度问题[48]。本章采用短用时策略和设备均衡策略确定标准工序具体的加工设备及其所需的加工时间，使标准工序尽早完工，即将存在延迟约束的加工和装配综合柔性调度问题转化为加工和装配综合的一般调度问题。这样不但可以简化问题，而且可以利用相关的研究成果。

34.4.2　分步式工序优化调度算法

工序优化调度是在工序优化分配的基础上进行的，此时存在延迟约束的加工和装配综合柔性调度问题已转化为加工和装配综合的一般调度问题，存在延迟约束的柔性加工工艺树已转化为一般加工工艺树。对一般加工工艺树上的标准工序，首先按动态关键路径策略和短用时策略[100]确定工序的调度顺序。然后，对加工过程中的标准工序、设备无关延迟工序和设备有关延迟工序，在它们可同时加工的情况下优先加工设备无关延迟工序[72]，因为其在无限制的虚拟设备上加工，所以可以增加和其他工序的并行处理时间，并且设备无关延迟工序提前加工可以使其后的标准工序提前加工。然后，对于设备有关延迟工序，在满足约束条件下，加工标准工序尽可能地延后。这样可以让其他标准工序提前加工。

1. 动态关键路径策略

在调度过程中，加工工艺树的关键路径会发生变化。考虑调度过程中关键路径的变化，将关键路径视为动态的，即将某时刻未调度工序所在的最长路径长度视为关键路径。该策略称为动态关键路径策略[100]。由于动态关键路径策略比ACPM[13]更强调关键路径随着加工时间的变化而变化对产品总的加工时间的影响。这比文献[38]中的方法更加兼顾工序横向间的联系，使不同设备上的工序有较多的机会并行加工，因此本章采用动态关键路径策略进行调度。

动态关键路径略的基本思想是，在每次工序调度前计算剩余产品各路径的长度，路径最长的视为关键路径，选择新计算出的关键路径上的叶节点工序调度。依此类推，直到所有的工序调度完。

2. 短用时策略

短用时策略的基本思想是，若存在可调度工序 $P_1, P_2, \cdots, P_n$，它们的路径长度相等(L)，而且都需在同一台设备 Mk 上加工，加工时间分别为 $t_1, t_2, \cdots, t_n$，$t_i = \min\{t_1, t_2, \cdots, t_n\}$，优先调度加工时间最短的工序，即先调度工序 P_i。

34.5 存在延迟约束的综合柔性调度算法实现流程图

本章调度算法的流程图如图 34-1 所示。

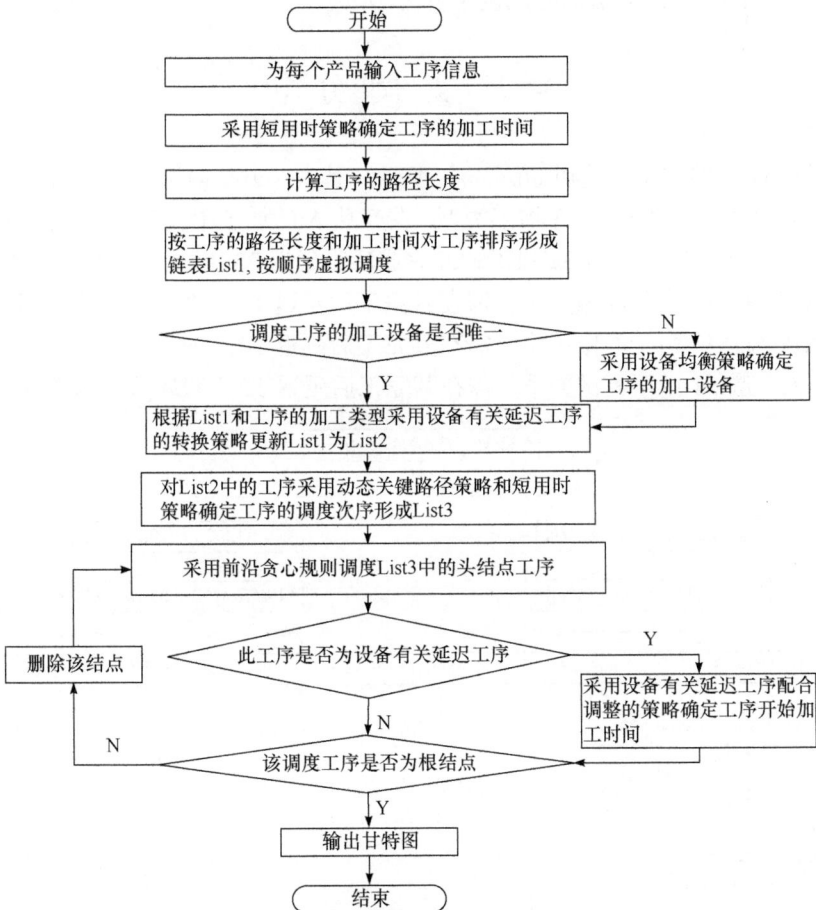

图 34-1 本章调度算法的流程图

34.6　存在延迟约束的综合柔性调度算法复杂度分析

假设所有产品的总工序数为 n，设备数为 m，每个工序可在 z 个不同的设备上加工($z{\leqslant}m$)，算法的复杂度分析如下。

① 短用时策略的复杂度为 $O(m)$。

② 设备均衡策略的复杂度为 $O(n^2)$。

③ 计算工序的路径长度和对工序进行排序的复杂度为 $O(n^2)$。

④ 等待延迟时间转换为设备有关延迟工序，调度规模变大(规模变为原来的 2 倍)，但算法复杂度保持不变。

⑤ 确定设备有关延迟工序的开始加工时间，其复杂度为 $O(n^2)$。

综上所述，本章算法的时间复杂度为 $O(n^2)$。

34.7　实　例　分　析

设产品 A 的加工工艺树如图 34-2 所示。其中，方框内符号为产品工序名/加工设备名/工序加工时间/工序加工类型。在产品 A 的加工中，工序 A1 完成后需延迟 15 工时才可进入工序 A3；工序 A6 完成后需延迟 20 工时才可进入工序 A11；工序 A14 与 A15 由于配做关系，需在其完工后延迟 15 工时才可进入工序 A10；工序 A16 与 A17 由于配做关系，需在其完工后延迟 10 工时才可进入工序 A10；工序 A20 与 A21 由于配做关系，需在其完工后延迟 15 工时才可进入工序 A22。

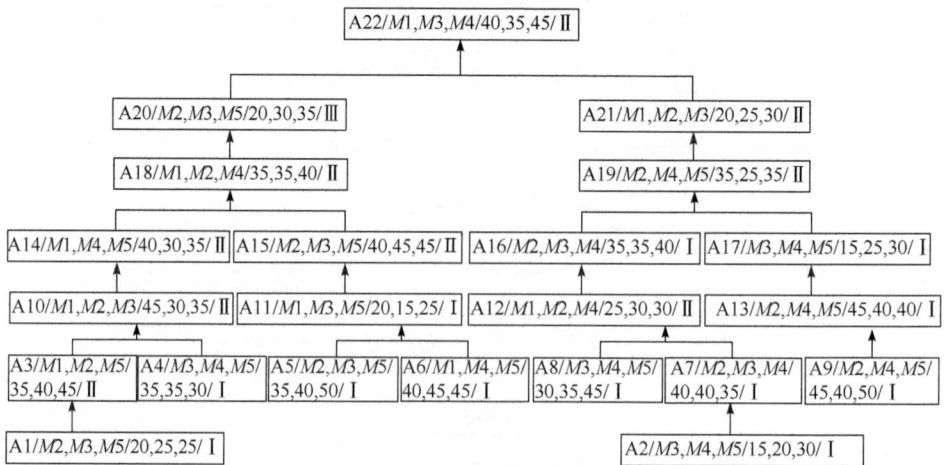

图 34-2　产品 A 的加工工艺树

其中延迟约束时间与设备无关,即设备无关延迟约束。产品 A 属于存在延迟约束的综合柔性调度产品。在以往的柔性调度算法中,处理加工工艺中工序间的延迟约束通常是将延迟时间加入工序的加工时间或忽略延迟时间[48],导致算法不能很好地反映实际调度问题。下面通过转换策略把存在设备无关延迟约束的柔性产品改进加工工艺树转换为存在设备无关延迟约束的柔性加工工艺树,如图 34-3 所示。其中 V1、V2、V3、V4、V5 为虚拟延迟工序,分别在虚拟处理设备 VM 1、VM 2、VM 3、VM 4、VM 5 上加工。

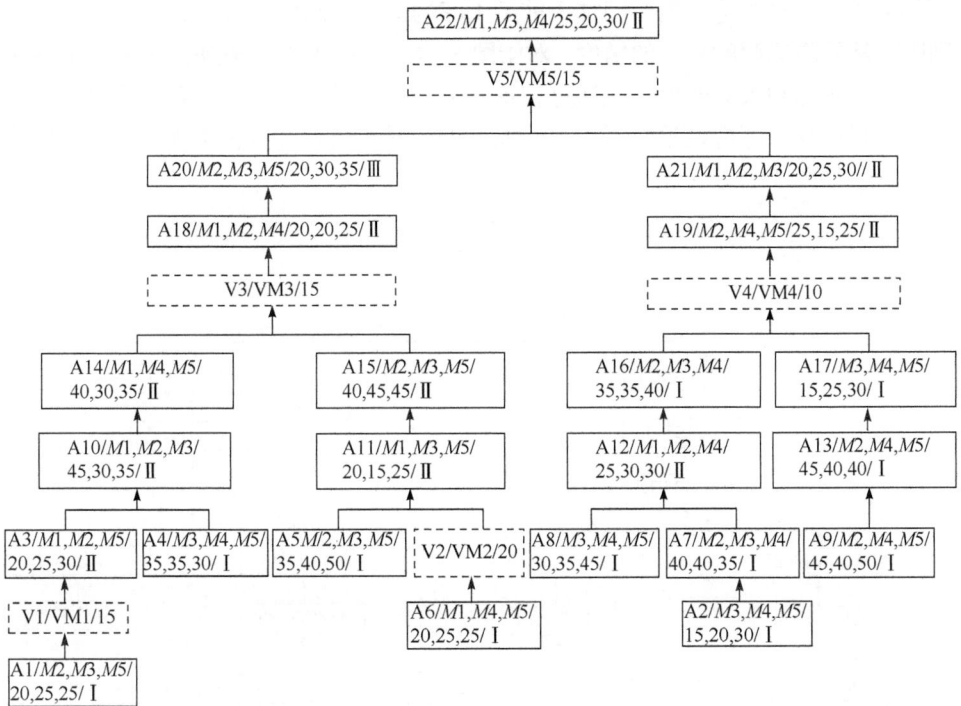

图 34-3 存在设备无关延迟约束的柔性加工工艺树

对图 34-3 所示的存在设备无关延迟约束的柔性加工工艺树,采用短用时策略和设备均衡策略确定标准工序的加工时间,存在设备无关延迟约束的柔性。

加工工艺树转换为一般加工工艺树,然后采用动态关键路径法和短用时策略确定工序的调度顺序,即 A2、A1、V1、A4、A5、A7、A9、A8、A3、A6、V2、A10、A11、A12、A13、A15、A14、V3、A16、A17、V4、A18、A19、A20、A21、V5、A22。在同一设备上相邻加工的标准工序,因其加工类型不同,需要调整设备上的加工工具,其中 A6 和 A12 的加工类型不同,A6 加工完成后,A12 开始加工前要调整设备 M 1 上的加工工具,调整加工工具的时间为 10 工时;A5 和 A15 的加工类型不同,A5 加工完成后,A15 开始加工前要调整设备 M2 上的加工工具，调整加工工具的时间为 20 工时；A9 和 A14 的加工类型不同，A9 加工完成后，A14 开始加工前需要调整设备 $M4$ 上的加工工具，调整加工工具的时间为 20 工时；A17 和 A22 的加工类型不同，A17 加工完成后，A22 开始加工前需要调整设备 $M3$ 上的加工工具，调整加工工具的时间为 10 工时。其中更换加工工具的时间是根据实际加工工具的更换时间确定的，更换不同的加工工具更换时间不同。

在以往的综合柔性调度算法中，处理一般加工工艺树中工序间设备有关的延迟约束通常是将等待延迟时间加入前后工序的加工时间内，或者忽略等待延迟时间[48]，从而降低调度结果的精度。对于图 34-4，产品 A 的一般加工工艺树中存在设备有关延迟约束的问题，先通过设备有关等待延迟时间到设备有关延迟工序的转换策略将存在等待延迟时间的一般加工工艺树转换为设备有关延迟约束的加工工艺树，如图 34-5 所示。

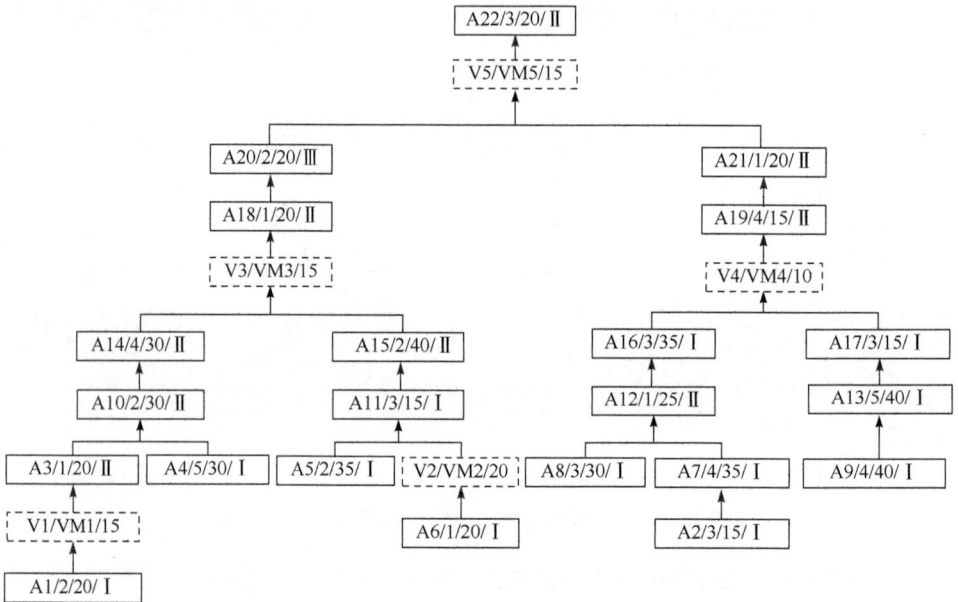

图 34-4　一般加工工艺树

为了具体分析本章提出的调度算法，首先分析 ACPM[48] 和缩短空闲时间法(记为算法①)[67]、动态关键路径法和短用时策略(记为算法②)[100]的区别，然后说明柔性改进加工工艺树加入设备无关延迟工序的好处，最后分析一般加工工艺树加入设备有关延迟约束工序的优点。

① 分别用采用算法①和算法②对产品 A 按照图 34-2 所示的改进工艺树进行调度。

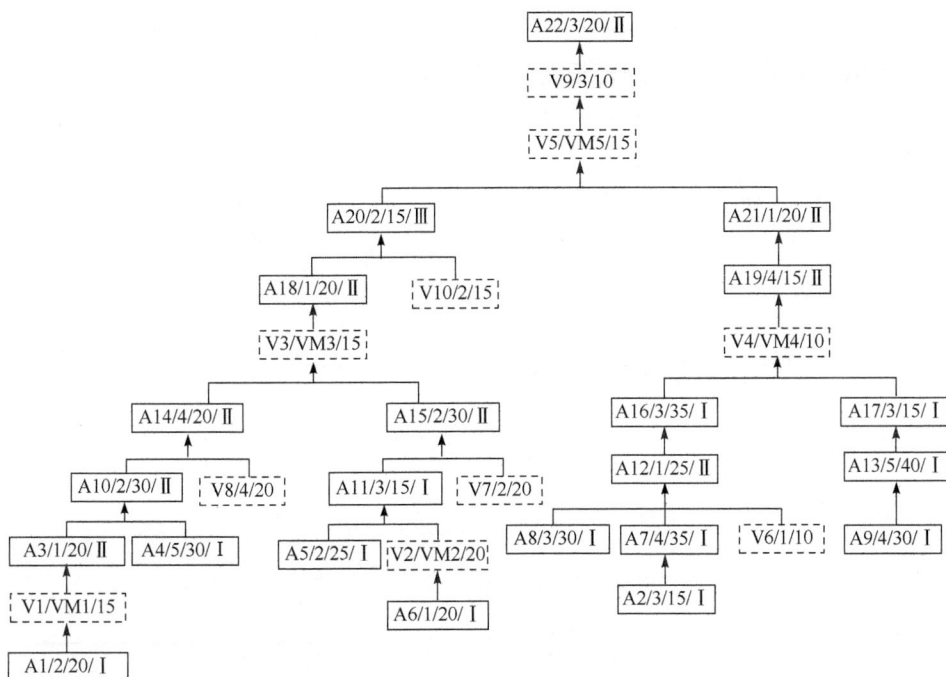

图 34-5 存在延迟约束的加工工艺树

算法①通过比较各叶节点所在路径长度(工序 A1 为 205 工时、工序 A2 为 190 工时、工序 A4 为 180 工时、工序 A5 为 180 工时、工序 A6 为 185 工时、工序 A8 为 170 工时、工序 A9 为 175 工时),路径最长工序序列(A22、A20、A18、A14、A10、A3、A1)为关键路径。按照 ACPM[101] 调度的各工序的顺序为 A1、A3、A4、A10、A14、A6、A5、A11、A15、A18、A20、A2、A7、A8、A12、A16、A9、A13、A17、A19、A21、A22。采用算法①调度图 34-2 所得的甘特图如图 34-6 所示。

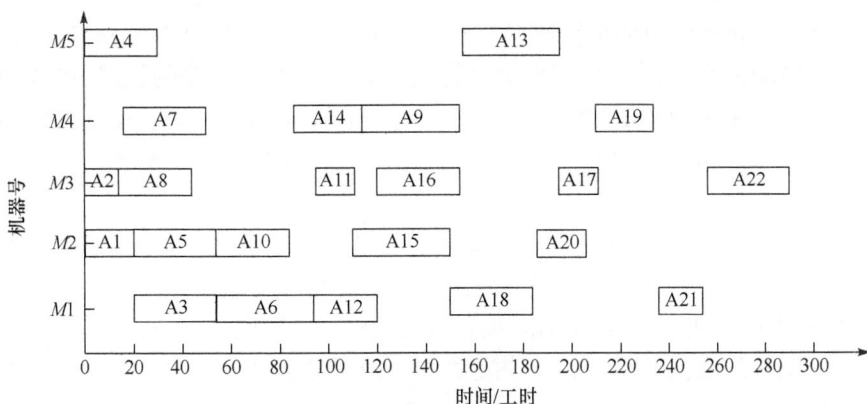

图 34-6 采用算法①调度图 34-2 所得的甘特图(290 工时)

算法②按路径从长到短的顺序调度，工序 A1 的路径长度最长(205 工时)，因此优先调度工序 A1。如果路径长度相同的工序不唯一，优先调度加工时间短的工序。例如，本章例子中工序 A3 和 A6 的路径长度都是 185 工时，采用短用时策略优先调度工序 A3。因此，按算法②调度各工序的顺序为 A1、A2、A3、A6、A4、A5、A7、A9、A8、A10、A11、A12、A13、A15、A14、A16、A17、A18、A19、A20、A21、A22。按算法②调度的甘特图如图 34-7 所示。

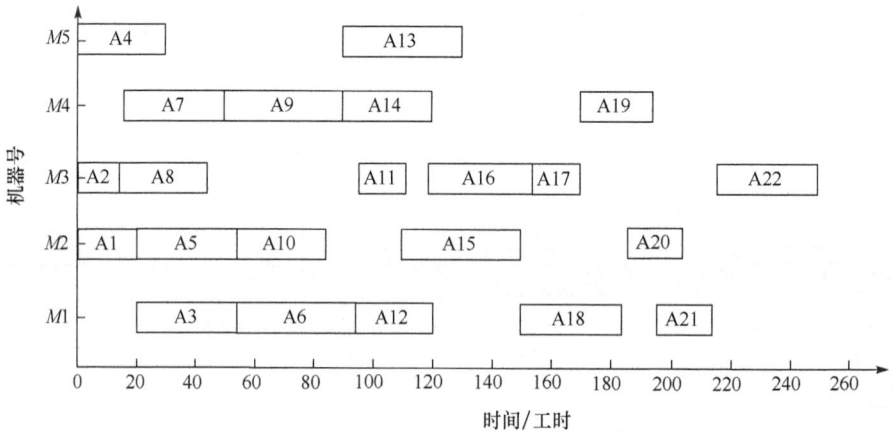

图 34-7　采用算法②调度图 34-2 的甘特图(250 工时)

由图 34-6 和图 34-7 可以看出，算法①的加工时间是 290 工时，算法②的加工时间是 250 工时，说明算法②在不提高复杂性的前提下，总的加工时间缩短。因为算法②中的动态关键路径策略比算法①更加强调调度过程中长路径的变化对调度结果的影响，如工序 A13；调度算法②中长路径优先策略比算法①兼顾工序横向间的联系，使不同设备上的工序有较多的机会并行加工，如工序 A9。

② 采用算法②对产品 A 按照图 34-2 所示的改进加工工艺树和图 34-3 所示的存在设备无关延迟约束的柔性加工工艺树进行调度，其甘特图如图 34-7 所示。通过对比甘特图说明设备无关延迟约束转换为设备无关延迟工序的优点。图 34-3 所示的加工工艺树进行调度的顺序为 A2、A1、V1、A4、A5、A7、A9、A3、A6、V2、A10、A11、A12、A13、A15、A14、V3、A16、A17、V4、A18、A19、A20、A21、V5、A22。

③ 采用算法②对产品 A 按照图 34-3 所示的存在设备无关延迟约束的柔性加工工艺树和图 34-5 所示的存在延迟约束的加工工艺树进行调度，甘特图如图 34-8 和图 34-9 所示。通过对比甘特图，设备有关延迟约束转换为设备有关延迟工序的优点。对图 34-5 所示的加工工艺树进行调度的顺序为 A2、A1、V1、A4、A5、A7、A9、A3、A6、V2、A10、A11、V6、V7、A12、V8、A13、A15、A16、A14、

V3、A17、V4、A18、A19、V10、A20、A21、V5、V9、A22。其中，设备有关延迟工序采用设备有关延迟工序配合调整的策略确定其开始加工时间。例如，确定设备有关延迟工序 V7 的加工时间，在标准工序 A5 加工完之后，按调整策略查找排序中 A5 之后加工的标准工序是否有与 A5 加工类型相同的标准工序；如果有，就先加工加工类型和 A5 的标准工序；否则，直接先加工 V7，然后加工其他类型的标准工序 A10。这样可以避免频繁更换设备上的加工工具带来的时间延迟问题。

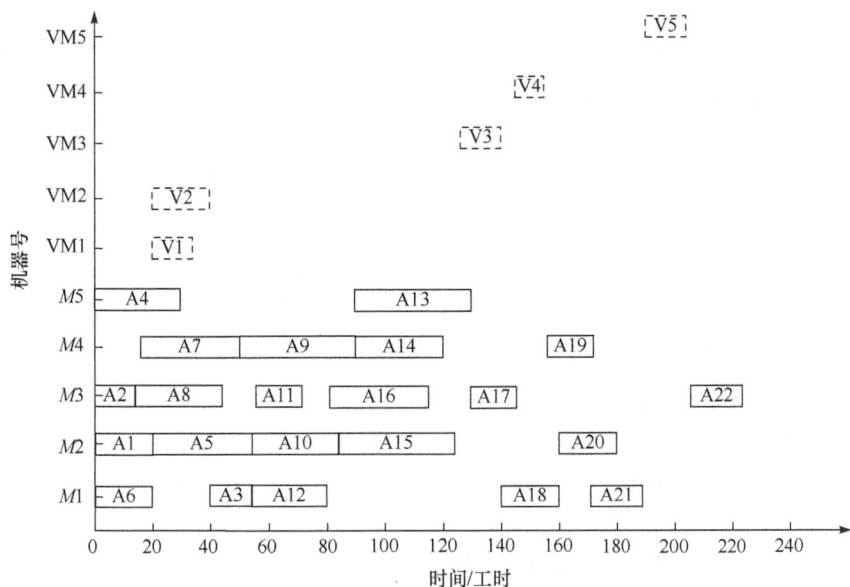

图 34-8　采用算法②调度图 34-3 的甘特图(225 工时)

通过图 34-8 和图 34-9 的对比可以看出，在相同问题、相同算法下，把设备有关延迟约束转化为设备有关延迟工序的调度模型的总加工时间为 215 工时，原调度模型的总加工时间为 225 工时，缩短 10 工时。总的加工时间缩短是因为本章采用设备有关延迟约束到设备有关延迟工序的转化策略，分离工序实际处理时间和由设备有关延迟约束造成的延迟时间，使等待延迟时间不再固定在实际工序的加工时间内，而是在满足约束条件下，转换为可以在一定范围内活动的虚拟工序，即设备有关延迟工序，便于其他标准工序提前加工。这样将会使产品总的加工时间缩短。例如，虚拟工序设备有关延迟工序 V10，从实际加工工序中分离出来，使标准工序 A17、A19 在图 34-9 中比在图 34-8 中提前加工。

由以上分析可以看出，在不提高算法复杂性的前提下，本章提出的算法比采用文献[48]的算法调度节省 75 工时，总加工时间缩短超过 25.8%。可见，本章算法对于解决存在延迟约束的综合柔性调度问题具有较好的效果。

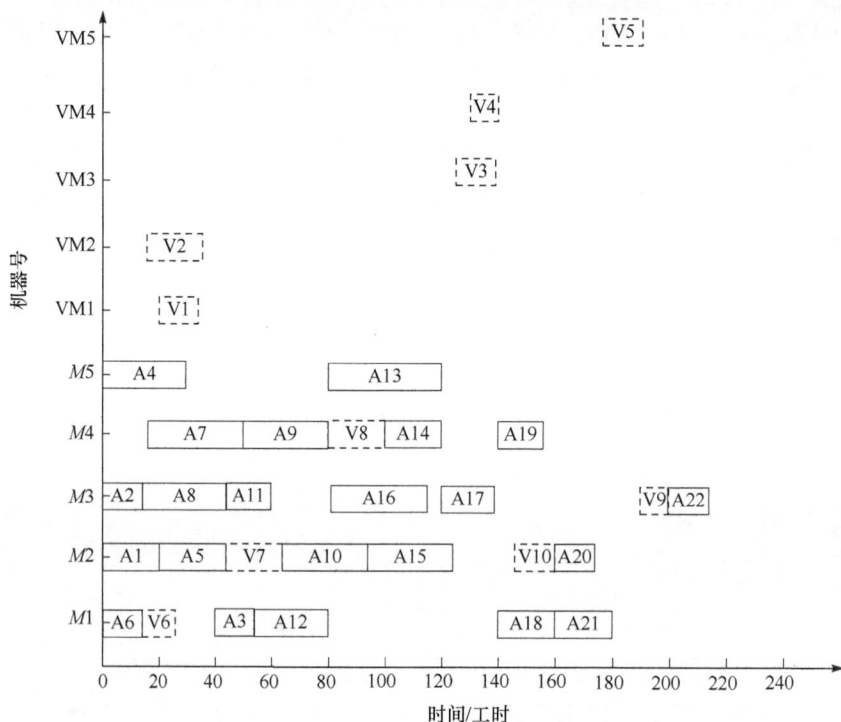

图 34-9　采用算法②调度图 34-5 的甘特图(215 工时)

34.8　本章小结

本章针对综合柔性调度问题中存在延迟约束的情况，提出解决该问题的算法。

① 采用存在延迟约束的加工工艺树，把设备无关延迟约束和设备有关延迟约束的时间从实际工序的加工时间中分离出来，转换为设备无关的虚拟工序和可在一定范围内随意调整的设备有关的虚拟工序，增加加工过程中的并行处理，缩短总加工时间。

② 采用短用时策略、设备均衡策略、动态关键路径策略等先进方法，可以在二次多项式内较好地解决存在延迟约束的综合柔性调度问题，因此本章提出的算法简便、可行。

③ 本章算法考虑延迟约束的可能情况，可以为解决存在延迟约束的综合柔性调度问题提供较全面的解决方案，具有一定的理论和实际意义。

第 35 章　工件间存在紧密衔接约束条件的复杂产品综合柔性调度算法

35.1　引　　言

工件间存在紧密衔接约束条件的复杂产品综合柔性调度问题是调度优化问题的扩展，指树状结构复杂产品加工和装配统一调度，而且工序可以使用多个有差异的设备，同时存在一组或多组需要连续完成工序的调度问题。

本章在已有研究成果的基础上，结合文献[13]提出的 ACPM，提出解决具有紧密衔接约束条件的复杂产品综合柔性调度问题的新方法。该方法通过将复杂产品工序分为标准柔性工序和紧密衔接柔性工序。紧密衔接柔性工序的前续标准柔性工序属于紧密衔接柔性工序，并与紧密衔接柔性工序一起组成工序集。多个紧密衔接柔性工序组成紧密衔接柔性工序组。首先，优先采用联动调度方式，按变通式柔性调度策略调度工序组前续相关工序。然后，按最短加工时间调度算法调度紧密衔接柔性工序组的工序，采用寻找最早结束时间的变通式柔性调度策略调度加工剩余标准柔性工序，实现具有紧密衔接条件的复杂产品综合柔性调度。最后，验证算法的优化效果。

35.2　复杂产品柔性调度的数学模型

产品由多个工件组成，工件间存在约束关系，工件由工序组成。工序可以在不同的加工设备上调度加工，工序总数为 n，设备数量为 m，s_{ik} 和 f_{ik} 分别为工序 i 在设备 k 上的开始时间和完工时间，E_i 为工序 i 在其设备集最早结束时间。由于生产调度是实现产品加工尽早结束，因此目标函数为

$$\min\{\max E_i\}, \quad i=1,2,\cdots,n$$

s.t.

$$E_i = \min\{f_{ik}\} \tag{35-1}$$

$$\min\{s_{ik}\} \tag{35-2}$$

$$s_{ik} - f_{xy} \geqslant 0 \tag{35-3}$$

$$s_{ik} - f_{(i-1)k} \geqslant 0 \tag{35-4}$$

$$s_{ak} - f_{bk'} = 0 \qquad\qquad (35\text{-}5)$$

其中，$i=1,2,\cdots,n$；$k,k'=1,2,\cdots,m$；在设备 y 上调度加工的工序 x 是在设备 k 上调度加工工序 i 的工艺约束前续工序。

式(35-1)表示工序 i 使用其设备集中设备加工的最早结束时间。式(35-2)表示工序在尽可能早的开始时间加工。式(35-3)表示任一在设备 k 上加工的工序 i 必须在其全部前续工序加工结束后开始加工。式(35-4)表示同一设备 k 上第 i 道工序必须在第 $i-1$ 道工序完成后开始加工。式(35-5)表示工序 a 和工序 b 是紧密衔接关系。

为了简化工序间存在紧密衔接约束的复杂产品综合柔性调度问题，通过对工序间存在紧密衔接约束的复杂产品生产工艺约束分析。

定义 35-1(标准柔性工序)　不具有紧密衔接约束条件的一般柔性工序。

定义 35-2(紧密衔接柔性工序)　标准柔性工序的结束时间或开始时间必须为其紧后或紧前工序的开始或结束时间。

定义 35-3(紧密衔接柔性工序组)　由多个连续的紧密衔接柔性工序组成的一组工序。

定义 35-4(扩展柔性加工工艺树)　柔性产品工件间紧密衔接约束关系及加工顺序约束关系的产品加工工艺树。

定义 35-5(虚拟加工工艺树)　具有唯一加工时间设备集节点的扩展柔性加工工艺树。

定义 35-6(实节点)　虚拟加工工艺树中具有紧密衔接约束条件的柔性工序，其节点加工时间设备集不发生动态变化。

定义 35-7(伪实节点)　虚拟加工工艺树中实节点工序的前续实节点，其节点中加工时间设备集不发生动态变化。

定义 35-8(虚节点)　虚拟加工工艺树中不具有紧密衔接约束条件的柔性工序，其节点的加工时间设备集中设备因占用而发生动态变化。

定义 35-9(节点集)　由单一实节点和不确定个数的伪实节点及其前续虚节点组成的工序集。

定义 35-10(前续相关工序)　紧密衔接柔性工序组中工序的前续工序，并且工序本身不具备紧密衔接约束条件。

35.3　柔性加工工艺树模型

35.3.1　扩展柔性加工工艺树

扩展柔性加工工艺树是在柔性加工工艺树基础上对包含紧密衔接约束条件的一串工序，用虚线多边形在扩展柔性加工工艺树中标出。例如，产品 A 的工序 1

和工序 2 可以在设备 $M2$、$M3$、$M4$、$M5$ 和 $M1$、$M3$、$M5$、$M6$ 上加工,加工时间(时间单位)分别为 10、8、9、8 和 3、4、2、3,则工序的节点可表示为 A1/{3,5},{4},{2}/8,9,10 和 A2/{5},{1,5},{3}/2,3,4。如果产品 A 的工序 1 和工序 2 具备紧密衔接的约束条件,则用虚线多边形将两个工序圈出。

35.3.2　虚拟加工工艺树

虚拟加工工艺树将扩展加工工艺树中的工序节点转换为具有相同加工时间设备集的节点。其中,具有紧密衔接约束条件的工序节点由于设备集中设备不进行变换而转换为实节点,实节点中加工时间为该工序最短加工时间,加工设备为最短加工时间设备集;标准柔性工序由于可以寻找加工时间较长但结束时间较早的设备,因此转换为可以动态变换设备集的虚节点。初始时虚节点中加工时间为该工序的最短加工时间,加工设备为最短加工时间设备集。例如,产品 A 的工序 1 如果属于具备紧密衔接约束条件的柔性工序,则转换为实节点 A1/{3,5}/8,否则转换为虚节点 A′1/{3,5}/8。

35.4　柔性调度算法的设计

具有紧密衔接约束条件的复杂产品综合柔性调度问题包含两类工序,一类是仅存在不同加工设备的标准柔性工序,另一类是具有紧密衔接约束条件的紧密衔接柔性工序。

对于紧密衔接柔性工序,当工序由于设备占用而不能在最早可以开始加工时间进行调度加工时,后续紧密衔接工序存在不满足紧密衔接约束条件导致该工序向后移动时可能增加总调度加工时间,因此在调度加工紧密衔接柔性工序时,采用最短加工时间设备集中的设备调度加工。如果不能在最早开始加工时间进行调度加工,采用工序调度优化策略,调度加工紧密衔接柔性工序。

对于标准柔性工序,由于标准柔性工序在调度加工后开始加工时间及结束时间不会发生变化,因此选择最早结束时间的设备进行调度加工可以获得较早的总完工时间。当标准柔性工序在最早可以开始加工时间由于设备占用而不得不推迟开始加工时间时,采用变通式柔性调度策略,寻找加工时间较长但结束时间较早的设备。

35.4.1　优先调度紧密衔接柔性工序组及组中工序的相关柔性工序

由于紧密衔接柔性工序组中工序的结束时间为其后续工序开始时间,调度工序组中的工序时,需要连续考虑两个以上工序的调度加工时间,因此组中工序对于加工设备的要求相对较高。为了让工序组中工序调度加工时少受干扰,减少加工设备由于过早地被占用而增加额外的限制，考虑优先调度紧密衔接柔性工序组中的工序。

由于属于工序组中的工序可能存在前续相关工序，而前续相关工序是工序组中工序调度的约束条件，因此利用虚拟加工工艺树的特点，将工序组中工序与其前续相关工序组成节点集，即节点集中的工序由实节点、伪实节点、虚节点组成，其中每一个实节点都具有一个节点集，每一个节点集都可能存在伪实节点。以节点集为调度单位，联动调度节点集中的工序。

如果节点集中虚节点不唯一，首先采用 ACPM 确定虚节点的调度顺序，并采用变通式柔性调度策略调度加工虚节点工序，然后判断实节点是否可以满足紧密衔接约束条件。当不满足约束条件时，其紧密衔接柔性工序组中的前续实节点工序的开始加工时间向后移动，使其在满足紧密衔接约束条件的前提下调度加工该实节点工序。

当紧密衔接柔性工序组不唯一时，即扩展加工工艺树及虚拟加工工艺树中有多个工序组时，需要判断工序组调度的先后顺序。在虚拟加工工艺树中，同一路径上实节点较多时，该路径上的工序对加工设备的要求相对较高，因此采用优先调度实节点个数多的路径的策略，减少其他路径上的工序对设备的占用，使工序组尽早开始调度加工。当不同路径上实节点总个数相同时，相关工序少的工序组受相关工序影响较小，优先调度虚节点少的工序组，可减少影响工序组调度的工序数量。如果虚节点个数依然相等，根据 ACPM，优先调度加工时间长的路径，可以使影响产品总加工时间的主要工序尽早加工，从而缩短产品的完工时间，因此优先调度加工时间长的路径上的紧密衔接工序组。

调度完所有的工序组后，剩余虚节点工序作为虚拟加工工艺树的一部分，按 ACPM 确定标准柔性工序的调度顺序和变通式柔性调度算法调度加工剩余虚节点工序。

35.4.2 调度加工标准柔性工序

由于具有紧密衔接约束条件的柔性调度问题属于柔性调度问题的扩展，因此通过计算每个工序加工时间的最小值，即虚拟加工工艺树中虚节点的初始加工时间的方法确定关键路径。在此基础上，按 ACPM 确定虚节点工序的调度顺序。

变通式柔性调度策略可以使部分工序即使在选择较长加工时间设备也可以获得较早的完成时间和较高的设备利用率，充分利用柔性调度具有多设备、多使用时间的特点，而标准柔性工序在调度加工后不需要更改其开始加工时间，因此采用寻找最早结束加工设备的变通式柔性调度算法调度加工标准柔性工序。

35.5　调　度　步　骤

步骤 1，根据已知条件构建复杂产品的扩展加工工艺树，以及虚拟加工工艺树，并构建相对应的链表 ListO 和 Listo。

步骤 2，计算虚拟加工工艺树链表 Listo 中各路径实节点的个数，并按实节点个数由多至少(如存在相同个数路径，则判断相关虚节点个数，个数少的路径优先调度，如依然相同，采用 ACPM 选择路径)构建相应仅包含实节点的链表，并将其分别赋值为 List1，…，List$R(R<n)$。

步骤 3，选择 List$x$ 的最小值(x 属于 R)。

步骤 4，从前至后遍历该路径，寻找第一个未调度的实节点，即最接近叶子节点且未调度的实节点。

步骤 5，该实节点所在的节点集中不包含未调度的伪实节点，转步骤 6；否则，转步骤 10。

步骤 6，该实节点所在的节点集中不包含未调度的虚节点，转步骤 7；否则，转步骤 11。

步骤 7，该实节点可以在最早开始加工时间设备集中调度加工，使用设备均衡策略选择设备，调度加工该工序，转步骤 8；否则，在该设备集中寻找可以调度加工的最早开始时间设备，并使用设备均衡策略，调度加工该工序，转步骤 8。

步骤 8，该实节点满足所在紧密衔接工序组的约束条件，转步骤 9；否则，转步骤 17。

步骤 9，该实节点所在链表中存在后续实节点，选择该节点的后续节点，转步骤 5；否则，转步骤 18。

步骤 10，选择伪实节点最多的路径，将该路径转换为当前调度路径，转步骤 4。

步骤 11，用 ACPM 确定虚节点的调度加工顺序，并选择该节点集中最早需要调度的虚节点，转步骤 13。

步骤 12，按 ACPM 选择下一需要调度的虚节点。

步骤 13，该虚节点可以在最早可以开始加工时间调度加工，调度加工该工序，转步骤 15；否则，转步骤 14。

步骤 14，采用变通式柔性调度策略，选择最早结束时间的设备调度加工该工序，转步骤 15。

步骤 15，该节点集中存在未调度的虚点工序，转步骤 12；否则，转步骤 16。

步骤 16，调度节点集中实节点，转步骤 8。

步骤 17，判断该工序节点能否向后移动，如可以向后移动，向后移动该工序；

否则，将该工序组中全部工序放于设备末尾，进行调度加工，转步骤 9。

步骤 18，选择链表 List$x$ 中未调度路径中 x 的最小值，转步骤 4，如不存在未调度路径，使用 ACPM 及变通式柔性调度策略调度剩余加工标准柔性工序，转步骤 19。

步骤 19，结束。

具有紧密衔接约束条件的柔性调度算法流程图如图 35-1 所示。

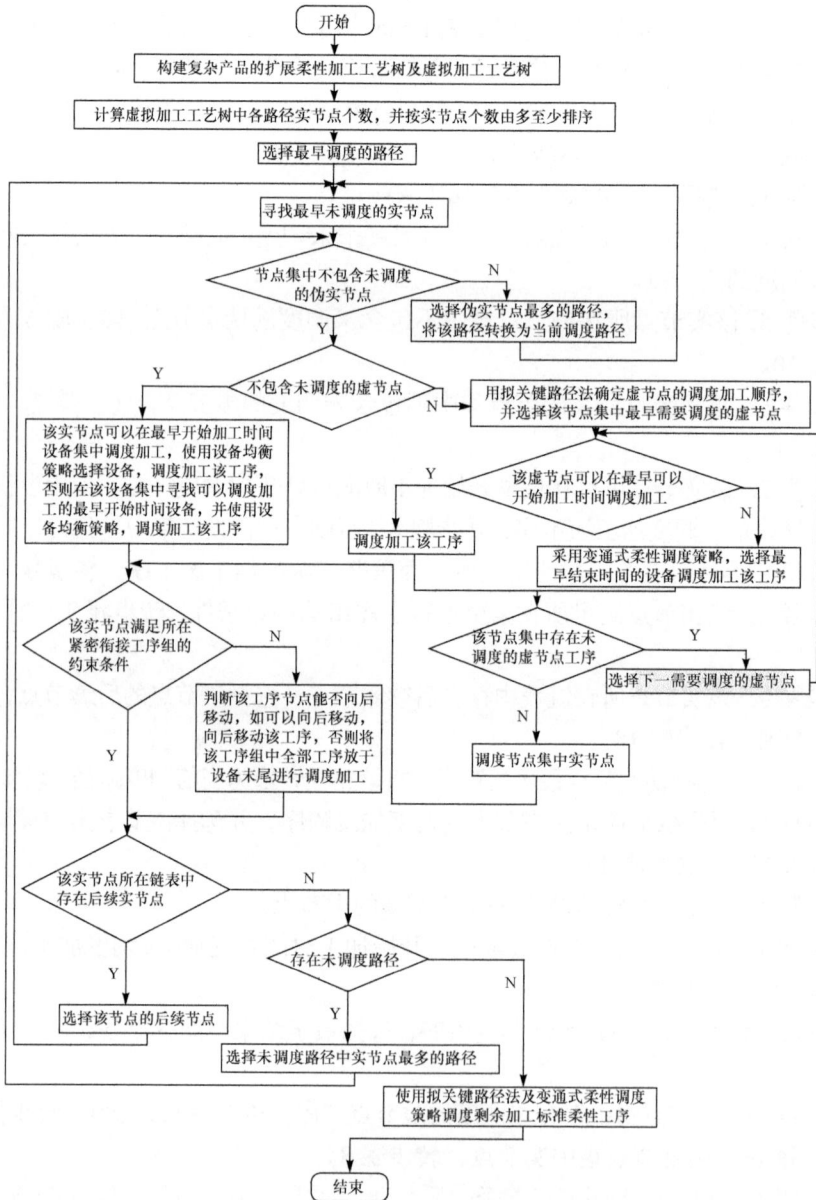

图 35-1　具有紧密衔接约束条件的柔性调度算法流程图

35.6　算法复杂度分析

设产品工序数为 n，设备数为 m，属于工序组中工序的个数为 w，算法的复杂度分析如下。

① 将具有紧密衔接约束条件的复杂产品工艺树构造成扩展加工工艺树和虚拟加工工艺树，根据工艺树中代表工序的节点属性建立反映工序间约束关系的链表。由于每个工序的紧前、紧后工序对这个工序是已知的，是否具有紧密衔接约束条件也是已知的，因此每建立 n 个节点的链表只需操作 n 次，总操作次数为 $2n$ 次。划分节点集和建立原始链表的时间复杂度为 $O(n)$。

② 根据工序属性建立仅存实节点工序的链表实现节点集的工序联动。通过判断 n 个工序是否存在前续节点，判断叶节点工序，因此确定叶点工序的操作为 n 次。根据工序的紧后工序属性，建立以每个叶节点直到根节点并去除所有虚节点的节点路径链表，并对路径实节点按路径累加统计，因此建立仅存在实节点的链表，并计算各链表中节点个数，最多需要 n 次操作。对已经建立的链表按节点个数由多到少排序命名，由于路径数最多为工序组中元素个数 w，因此使用冒泡排序法对路径进行排序的操作次数的复杂度为 $O(w^2)$。因此，建立仅存在工序组中工序链表的时间复杂度为 $\max\{O(n),O(w^2)\}$。

③ 调度加工包含紧密衔接柔性工序组中工序及标准柔性工序的节点集。

对于标准柔性工序采用 ACPM 确定调度顺序和变通式柔性调度策略调度加工工序，采用 ACPM 确定调度顺序的时间复杂度为 $O(n^2)$，变通式柔性调度策略加工柔性工序时一个工序确定设备的时间复杂度为 $O(n)$。最多有 $n-w$ 个工序需要确定设备，因此全部工序确定设备的时间复杂度为 $O(n^2)$，加工标准柔性工序的时间复杂度为 $O(n^2)$。

对于紧密衔接柔性工序组中的工序，采用最短加工时间设备集中的设备进行调度加工，最坏情况为全部标准柔性工序均已加工完毕，已经加工的工序组中的工序个数为 p，加工工序组中工序已调度的个数为 q。由于有 m 台加工设备，因此需要比较的次数为 $(n-w+p+q)/m$。该工序调度加工后，需要与其前续工序组中工序的结束时间进行 1 次比较。当不满足紧密衔接的约束条件时，该工序组已经加工的全部工序需要依次向后移动，因此需要向后移动的工序数为 q。如果某一次移动无法实现紧密衔接的要求，需要当前工序向后移动 1 次，相应的所有该工序组的前续工序向后移动的总数为 q，因此需要移动的次数为 $(n-w+p+q)(q+1)/m$，确定工序组中一个工序需要比较和移动的总次数为 $(n-w+p+q)/m+1+(n-w+$

$p+q)(q+1)/m$。因为 $w{\leqslant}p+q$，所以确定工序组中的一个工序最多需要处理 $n/m+1+nw/m$ 次。由于标准柔性工序为工序组的前续工序，因此节点集调度加工一次要处理的次数最多为 $(n-w)(mn-1)+n/m+1+nw/m$ 次。由于有 w 个节点集，因此需要调度加工的总次数为 $w[(n-w)(mn-1)+n/m+1+nw/m]$，时间复杂度为 $O(wn^2)$。

综上，本章提出算法的最大时间复杂度为 $O(n^3)$，当 k 值较小时，算法的时间复杂度一般为 $O(n^2)$。

35.7 实 例 分 析

产品 A 是由 16 个存在约束关系的工件组成的复杂产品，共 27 个工序，可在 10 台设备上加工，产品 A 的扩展柔性加工工艺树模型简图如图 35-2 所示。这里采用文献[91]中产品 A 的加工数据，如表 35-1 所示。

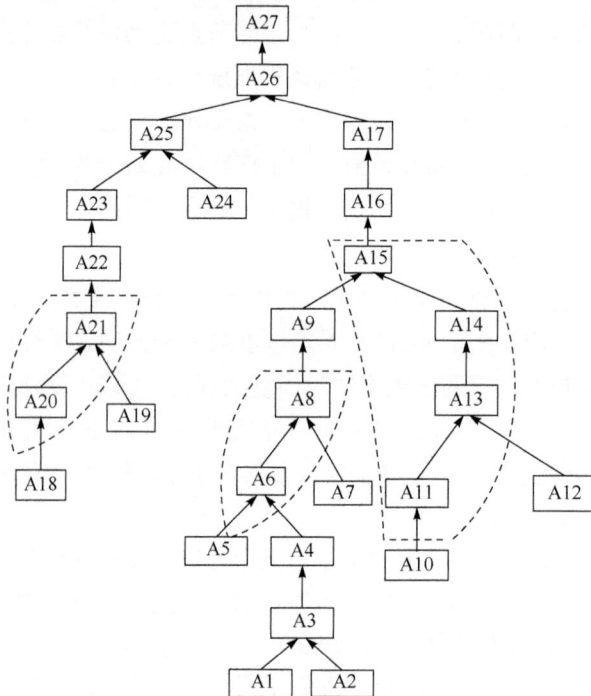

图 35-2　产品 A 的扩展柔性加工工艺树模型简图

将产品 A 的扩展柔性加工工艺树调整为只含工序最小时间设备集的虚拟加工工艺树 A(0)。A(0)模型如图 35-3 所示。

表 35-1　产品 A 的加工数据

工序	$M1$	$M2$	$M3$	$M4$	$M5$	$M6$	$M7$	$M8$	$M9$	$M10$
A1	1	4	6	9	3	5	2	8	9	5
A2	4	1	1	3	4	8	10	4	11	4
A3	3	2	5	1	5	6	9	5	10	3
A4	2	10	4	5	9	8	4	15	8	4
A5	4	8	7	1	9	6	1	10	7	1
A6	6	11	2	7	5	3	5	14	9	2
A7	8	5	8	9	4	3	5	3	8	1
A8	9	3	6	1	2	6	4	1	7	2
A9	7	1	8	6	3	1	9	2	3	4
A10	5	10	6	4	9	5	1	7	1	6
A11	4	2	3	8	7	4	6	9	8	4
A12	7	3	12	1	6	5	8	3	5	2
A13	7	10	4	5	6	3	5	15	2	6
A14	5	6	3	9	8	2	8	6	1	7
A15	6	1	4	1	10	4	3	11	13	9
A16	8	9	10	8	4	2	7	8	3	10
A17	7	3	12	1	6	5	6	9	2	15
A18	4	7	3	6	4	4	1	5	1	11
A19	7	3	4	5	8	14	6	5	10	9
A20	1	7	8	3	4	9	4	13	10	7
A21	3	8	1	2	3	6	11	2	13	3
A22	5	4	2	1	2	1	8	14	5	7
A23	5	7	11	3	2	9	8	5	12	8
A24	8	3	10	7	5	13	4	6	8	4
A25	6	2	12	5	4	3	5	7	9	5
A26	3	9	1	3	8	1	6	7	5	4
A27	4	6	2	5	7	3	1	9	6	7

　　根据各路径实节点的多少确定工序组的调度顺序，实节点所在路径分别为
{A11，A13，A14，A15}、{A6，A8，A15}、{A20，A21}，因此优先调度工序组
{A11，A13，A14，A15}，然后调度工序组{A20，A21}。

　　工序 A11、A13、A14、A15 属于联动工序组，其中 A10、A12、{A1~A9}分
别为工序 A11、A13、A15 的前续工序。因此，调度顺序为 A10、A11、A12、A13、
A14、{A1~A9}、A15。其中，A10、A12 为标准柔性工序，因此采用变通式柔性
调度策略及设备均衡策略调度。调度完工序 A13、A14 后，分别判断工序能否满
足紧密衔接约束条件。因为均可满足紧密衔接约束条件，所以不需要向后移动开
始加工时间。

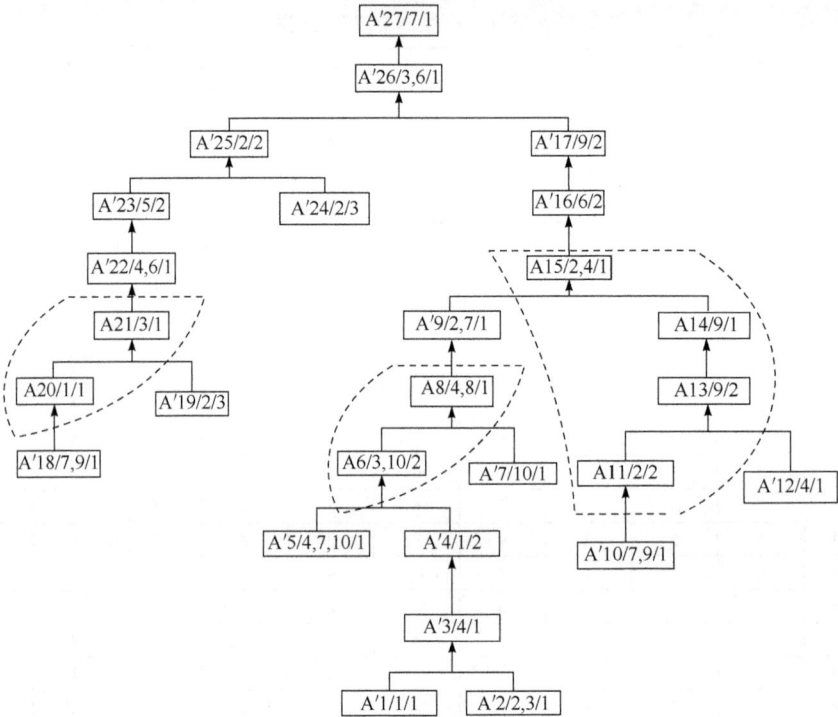

A'27/7/1

A'26/3,6/1

A'25/2/2   A'17/9/2

A'23/5/2   A'24/2/3   A'16/6/2

A'22/4,6/1   A15/2,4/1

A21/3/1   A'9/2,7/1   A14/9/1

A20/1/1   A'19/2/3   A8/4,8/1   A13/9/2

A'18/7,9/1   A6/3,10/2   A'7/10/1   A11/2/2   A'12/4/1

A'5/4,7,10/1   A'4/1/2   A'10/7,9/1

A'3/4/1

A'1/1/1   A'2/2,3/1

图 35-3　A(0)模型

因为子树{A1~A9}中存在紧密衔接工序组，即工序 A15 所在节点集中存在伪实节点，所以对子树调度加工时，优先调度加工具有紧密衔接约束条件的工序组{A6,A8}及其前续工序。又因为工序 A6 所在节点集中存在多个虚节点，采用按ACPM 确定标准柔性工序的调度加工，加工顺序为{A2,A1,A3,A4,A5}；工序 A2时，有多个加工设备，采用设备均衡策略选择设备利用率低的 M3，工序 A1、A3、A4、A5 均可在最早可以开始加工时间进行调度加工，且加工设备唯一，所以采用最短加工时间及加工设备调度加工。工序 A6 由于具有多个可以加工的设备，因此采用设备均衡策略选择在 M3 上调度加工。对于标准柔性工序 A7，因其不可以在最早可以开始加工时间调度加工，采用变通式柔性调度策略在设备 M10调度加工该工序(M6 和 M8 上均可以在最早可以开始加工时间调度加工，但结束时间为 3 工时，晚于使用最短加工时间设备 M10 的结束时间)，采用设备均衡策略选择设备 M8 在最早可以开始加工时间调度加工工序 A8。因为其符合紧密衔接约束条件，所以继续调度虚节点工序 A9。设备均衡策略调度选择设备 M7 调度工序 A15。因为工序 A15 的开始加工时间晚于工序 A14 的结束时间，不满足紧密衔接约束条件，所以向后移动工序 A11、A13、A14 的开始加工时间，标准柔性工序的开始加工时间不变。

　　因为该路径中不存在未调度的实节点，所以选择下一存在实节点的路径，最早需要调度的实节点为工序 A20。其中工序 A18 和 A19 分别为实节点工序 A20 和 A21 的前续工序。因此，调度顺序为 A18、A20、A19、A21。它们均可在最早可以开始加工时间调度加工，但工序 A20 与工序 A21 不满足紧密衔接的约束条件，所以在设备末尾进行调度加工。

　　剩余虚节点采用变通式柔性调度策略调度加工工序。工序 A22 和 A23 分别选择 M6 和 M5 在最早可以开始加工时间调度加工，工序 A24 在 M7 上调度加工(如在 M2 上结束时间为 8 工时，在 M7 和 M5 上结束时间为 5 工时，M7 上已使用时间短于 M5)，后续工序 A25、A16、A17、A26、A27 均可在最早开始加工时间及最短加工设备上调度加工，加工设备分别为 M2、M6、M9、M6、M7。

　　具有紧密衔接约束关系的柔性产品 A 调度的甘特图如图 35-4 所示。

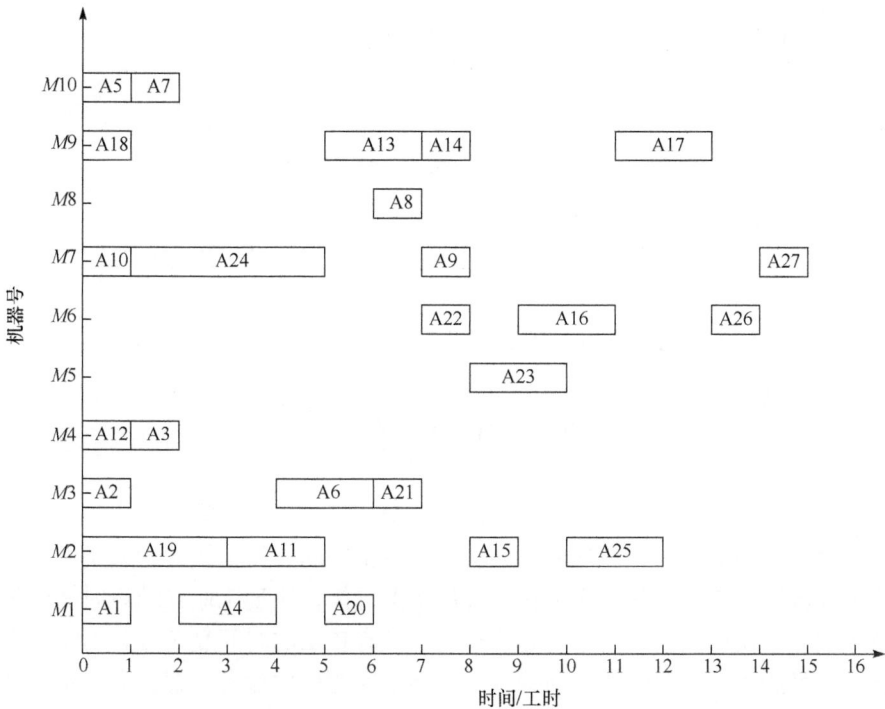

图 35-4　具有紧密衔接约束关系的柔性产品 A 调度的甘特图(15 工时)

　　采用文献[48]中的算法，忽略产品 A 中工序的紧密衔接约束条件，确定的关键路径为{A1，A3，A4，A6，A8，A9，A15，A16，A17，A26，A27}。调度加工顺序为{A1，A2，A3，A4，A5，A6，A7，A8，A9，A10，A11，A12，A13，A14，A15，A16，A17，A19，A18，A20，A21，A22，A23，A24，A25，A26，A27}，其中工序{A2，A5，A6，A8，A9，A10，A18，A26}在最早可以开始加工

时间存在多个可调度的设备，使用设备均衡策略选择设备调度加工。工序{A18，A19，A20，A24}使用工序调度优化策略，向后寻找最早可以开始加工的时间段，总加工时间为 15 工时。调度甘特图如图 35-5 所示。

对比图 35-4 和图 35-5，本章在不增加调度加工总时间的基础上实现了具有紧密衔接约束条件的复杂产品柔性调度。

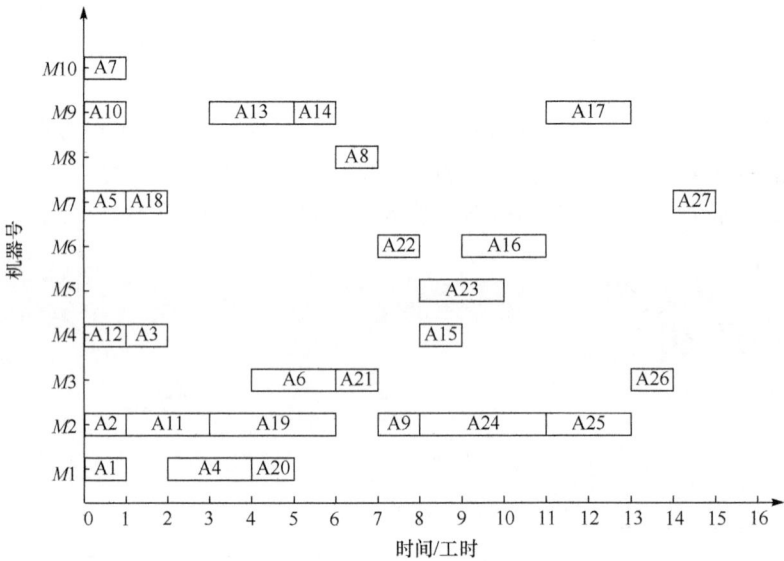

图 35-5　按文献[48]中的算法进行柔性调度的甘特图(15 工时)

35.8　本章小结

本章提出的具有紧密衔接约束条件的复杂产品加工和装配综合柔性调度优化算法。由于采用工序组联动的调度方法，满足工序间紧密衔接的约束条件，通过利用柔性调度的特点，使工序可在更多设备上选择，实现工序在结束时间较早的设备上加工，使产品获得较早的完成时间，具有较低的时间复杂度且易于实现。因此，该算法可以为解决特殊的综合柔性调度问题提供参考方案，有一定的理论价值和实用价值。

第 36 章 基于缩短实质路径的柔性综合调度算法

36.1 引　言

本章基于静态加工时间的复杂产品柔性调度算法，进一步讨论在柔性综合调度问题中如何缩短实质长路径。由于综合柔性调度问题中的工序具有柔性加工路径，因此对于柔性综合调度问题，如何避免形成较长的实质路径更为复杂。文献[48]考虑产品加工工艺树中长路径对调度结果的重要影响，采用短用时策略确定工序的加工设备使柔性综合调度问题转化为综合调度问题，可以保证静态工艺树中的关键路径最短，并且优先调度关键路径上的工序，较好地解决柔性综合调度问题。

事实上，真正影响产品完工时间下界的不是静态工艺树中的长路径，而是本章提出的实质路径。文献[48]中的分步式算法只考虑选取短用时设备，可能导致某加工效率较高的设备被安排大量工序串行加工，形成较长的实质路径，延长产品的完工时间。为了尽可能减少同设备工序串行加工时间，缩短实质路径长度，使产品尽早完工，本章利用缩短设备静态重叠时间段的策略，通过将部分处于重叠时间段的工序调整至其他设备的空闲时间段缩短实质路径长度。

按缩短加工设备静态重叠时间段策略为工序确定加工设备后，复杂单产品柔性综合调度问题就转化为复杂单产品综合调度问题。由于本章采用缩短加工设备重叠时间段策略，主要依据路径长度确定工序的静态加工时间，并且尽可能地缩短实质路径长度，因此本章算法在确定工序调度顺序时，采用动态实质短路径策略。最后，采用实例说明本章算法的可行性与优越性。

36.2 基于缩短实质路径的柔性综合调度问题描述

假设复杂单产品有 n 个工序，m 个加工设备，调度目标是在满足以上调度条件时，考虑为每道工序选择合适的加工设备，在满足工序间加工顺序的前提下，确定工序的加工顺序。该问题的数学描述为

$$T = \min\{\max\{f_i\}\} \tag{36-1}$$

s.t.

$$\min\{s_{is}\}且\min\{SL\} \tag{36-2}$$

$$s_{is}\geqslant s_{ks}+t_{kj} \tag{36-3}$$

$$s_{is}\geqslant\max\{s_{ke}\} \tag{36-4}$$

其中，f_i为工序 $P_i(i=1,2,\cdots,n)$的完工时间；T为调度优化目标，即产品完工时间值尽可能小。

式(36-2)表示所选工序 P_i在满足式(36-3)和式(36-4)约束条件下尽早开始加工，并且尽可能缩短实质路径 SL。式(36-3)中 s_{ks}表示工序 P_k的静态开始加工时间，t_{kj}表示工序 P_k在设备 M_j上的加工时间，$s_{is}\geqslant s_{ks}+t_{kj}$表示相同设备上的工序只能串行加工。式(36-4)中 $s_{is}\geqslant\max\{s_{ke}\}$表示各工序必须在其子节点工序加工完成后才开始加工。

36.3　调度算法分析与设计

针对复杂单产品柔性综合调度问题，首先为每一个工序选择加工设备，从而将柔性综合调度问题转化为综合调度问题，然后给出调度方案，确定工序的加工顺序。在这一过程中存在两种约束关系。一种是产品加工工艺内在的工序顺序约束关系，即工序间的紧前、紧后关系。另一种是工序间的设备约束关系，即在复杂单产品加工过程中，由于加工设备的有限性和唯一性，同设备工序必须串行加工。例如，设有复杂单产品 A，加工工艺树如图 36-1 所示。

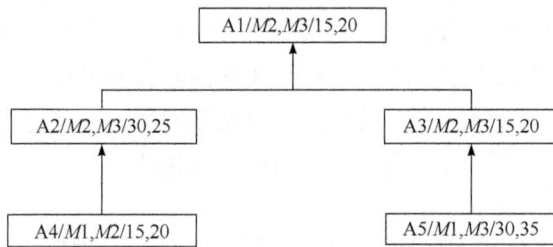

图 36-1　产品 A 的加工工艺树

由于每个工序在不同加工设备上的加工用时不同，因此产品 A 的工序所在路径长度不是确定的。文献[48]采用短用时策略为工序选择加工设备，确定工序的加工路径，得到的产品加工工艺树如图 36-2(a)所示。

由于短用时策略为每个工序都选择最小的加工用时，因此图 36-2(a)所示的静态加工工艺树中每个工序所在路径最短。静态加工工艺树中的路径体现产品加工工艺内在的工序顺序约束关系，但不能体现工序间的设备约束关系，因此容易造成同设备工序串行加工，形成较长实质路径，延长产品完工时间。例如，工序 A4、A5 都没有紧前工序，它们之间不存在工序顺序约束关系，可以并行加工，但是当这些工序都选择加工设备 M1 加工时，就必须串行加工。若先加工工序 A5，则导致工序 A4 所在的加工路径延长，形成对调度结果有重要影响的实质路径，如图 36-2(b)所示。同理，若先加工工序 A4 则形成如图 36-2(c)所示的实质路径。相对于静态工艺树中的路径，工序间设备约束关系的实质路径对产品调度结果的影响更为重要，因此在为工序考虑加工设备分配问题时，应该尽可能地缩短产品加工工艺中实质路径的长度。

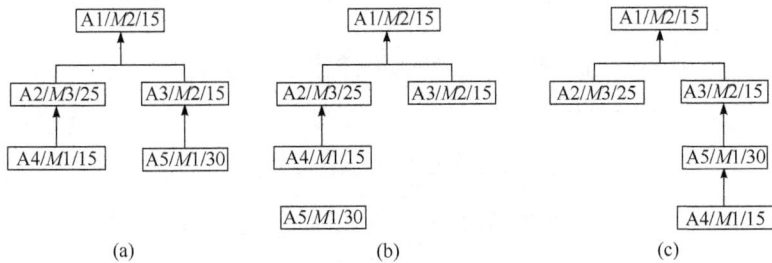

图 36-2　产品 A 加工工艺树及实质路径示意图

　　实质路径长度与加工设备上的静态重叠时间段密切相关，加工设备上的静态重叠时间段越少，形成的实质路径就越小。例如，图 36-2(a)中设备 M1 上工序 A4 和 A5 的静态加工时间分别为(0,10)和(0,25)，取交集可以得到设备 M1 上静态重叠时间段(0,10)，即在(0,10)时间段，工序 A4 和 A5 存在设备约束关系，在设备 M1 上必须串行加工，形成实质路径。因此，本章提出首先按短用时策略为工序确定计划加工设备，然后通过缩短静态重叠时间段策略进一步确定工序的最终加工设备。这样为工序选择加工设备，既能保证大部分工序的加工用时最小化，又能缩短实质路径的长度，同时减少同设备工序串行加工时间，增加工序间的并行时间。

　　由于采用缩短静态重叠时间段策略为工序确定加工设备时，主要目的是缩短实质路径长度，因此本章采用动态实质短路径法确定工序的调度顺序。动态实质短路径法充分对比调度某一工序对其他同设备工序所在路径的影响，优先调度可能形成较短实质路径的工序。

　　算法流程图如图 36-3 所示。

```
                    ( 开始 )
                        │
            ┌───────────────────────┐
            │    输入设备及工序信息    │
            └───────────────────────┘
                        │
            ┌───────────────────────┐
            │   构造改进加工工艺树模型  │
            └───────────────────────┘
                        │
        ┌───────────────────────────────┐
        │ 采用短用时策略确定工序的计划加工设备 │
        └───────────────────────────────┘
                        │
        ┌───────────────────────────┐
        │   计算工序的开始时间和结束时间   │
        └───────────────────────────┘
                        │
        ┌─────────────────────────────────────┐  Y
    ┌──<    设备是否都计算出静态重叠总时间        >──────┐
    │   └─────────────────────────────────────┘      │
    │                   │ N                          │
    │       ┌───────────────────────────┐            │
    │       │   按开始时间由小到大对工序排序   │            │
    │       └───────────────────────────┘            │
    │                   │                            │
    │       ┌───────────────────────────┐            │
    │       │ 用序对记录工序开始时间和结束时间 │            │
    │       └───────────────────────────┘            │
    │                   │                            │
    │       ┌─────────────────────────────┐  Y       │
    │   ┌──<    序对是否都计算出重叠时间段      >───┐   │
    │   │   └─────────────────────────────┘   │   │
    │   │               │ N                    │   │
    │   │   ┌───────────────────────────┐      │   │
    │   │   │ 对工序序对两两计算重叠时间段   │      │   │
    │   │   └───────────────────────────┘      │   │
    │   │               │                      │   │
    │   │   ┌───────────────────────────┐      │   │
    │   └──│ 把重叠时间段依次存入矩阵       │      │   │
    │       └───────────────────────────┘      │   │
    │                   │                      │   │
    │       ┌───────────────────────┐<─────────┘   │
    │       │   逐列取出重叠时间段      │              │
    │       └───────────────────────┘              │
    │                   │                          │
    │       ┌─────────────────────────────┐  Y     │
    │   ┌──<   重叠时间段是否都计算出并集       >───┐   │
    │   │   └─────────────────────────────┘   │   │
    │   │               │ N                    │   │
    │   │   ┌───────────────────────┐          │   │
    │   └──│   求重叠时间段的并集      │          │   │
    │       └───────────────────────┘          │   │
    │                   │                      │   │
    │       ┌───────────────────────┐<─────────┘   │
    └───────│   对并集时间段求和      │<─────────────┘
            └───────────────────────┘
                        │
        ┌───────────────────────────┐<────────────┐
        │ 计算每个设备上的有效空闲时间段 │             │
        └───────────────────────────┘             │
                        │                          │
        ┌─────────────────────────────┐  N         │
    ┌──<    是否存在有效空闲时间段        >──────────┐  │
    │   └─────────────────────────────┘          │  │
    │                   │ Y                       │  │
    │   ┌───────────────────────────┐             │  │
    │   │ 检查重叠总时间最大设备上的重叠时间段 │        │  │
    │   └───────────────────────────┘             │  │
    │                   │                         │  │
    │   ┌─────────────────────────────┐  Y        │  │
    │──<   是否与有效空闲时间段存在交集     >──┐       │  │
    │   └─────────────────────────────┘  │       │  │
    │                   │ N               │       │  │
    │   ┌───────────────────────────┐     │       │  │
    │   │ 检查重叠总时间次小设备上的重叠时间段 │   │       │  │
    │   └───────────────────────────┘     │       │  │
    │                   │<────────────────┘       │  │
    │   ┌───────────────────────────┐             │  │
    └───│ 将处于重叠时间段的工序调整到空闲时间段 │──────┘  │
        └───────────────────────────┘                │
                        │<───────────────────────────┘
        ┌───────────────────────┐
        │   计算所有工序路径长度    │
        └───────────────────────┘
                        │
        ┌───────────────────────┐
        │   按动态实质短路径法调度   │
        └───────────────────────┘
                        │
        ┌───────────────────────┐
        │      输出甘特图         │
        └───────────────────────┘
                        │
                    ( 结束 )
```

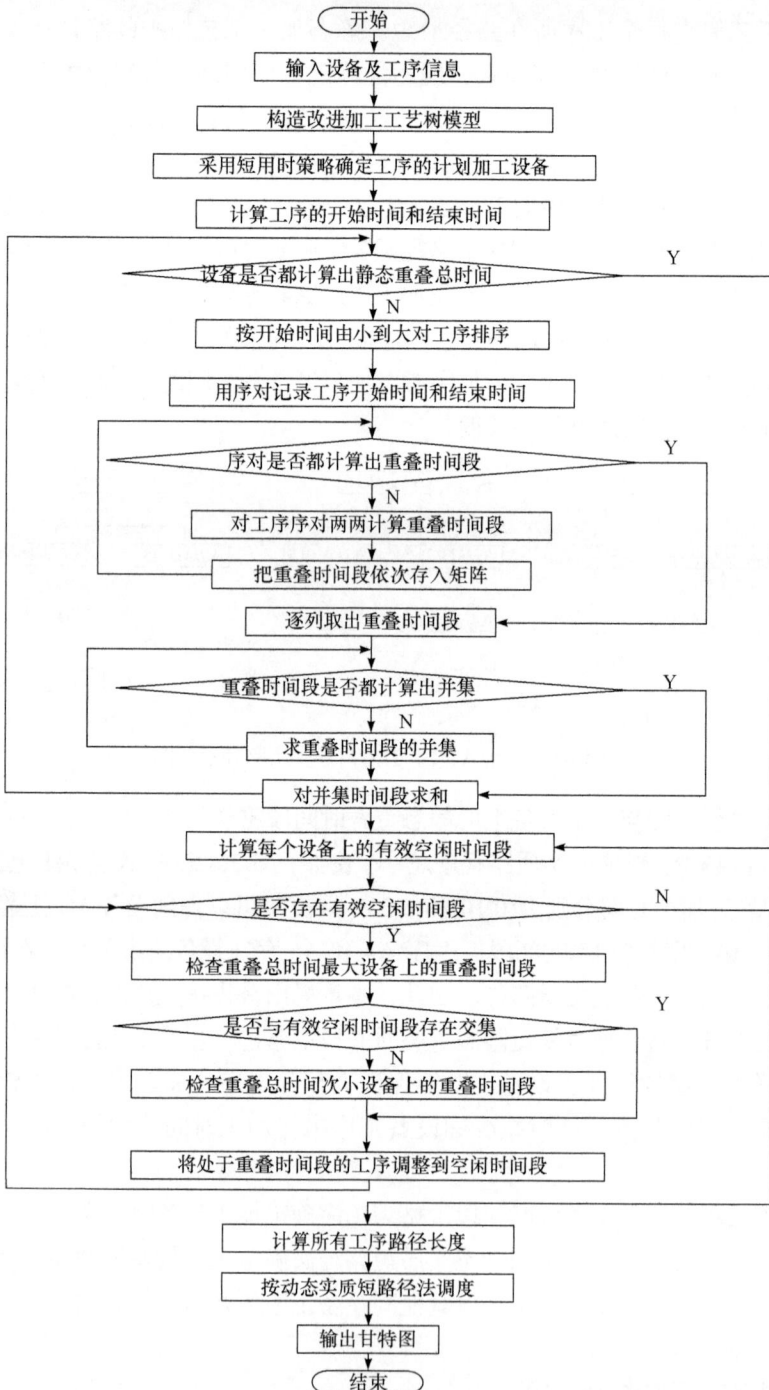

图 36-3　算法流程图

36.4　实 例 分 析

为了说明本章算法的性能与特点，体现缩短设备静态重叠时间段策略可以缩短实质路径长度，对调度结果产生积极影响，设复杂单产品 B 有 17 个工序，分别在 4 台设备上加工。产品 B 构造的加工工艺树如图 36-4 所示。

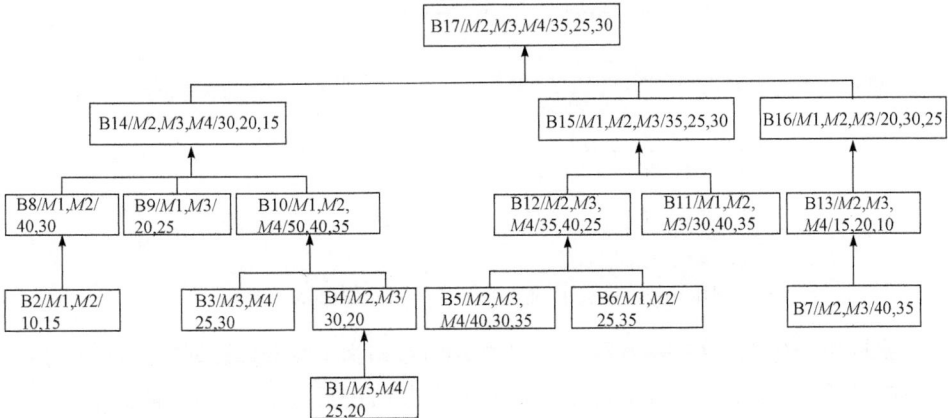

图 36-4　产品 B 构造的加工工艺树

下面分别用文献[48]中的柔性综合调度算法(记为算法①)、本章提出的基于缩短实质路径的柔性综合调度算法(记为算法②)对产品 B 调度，并说明算法的特点。

算法①首先按短用时策略为工序选择加工设备，建立的加工工艺树如图 36-5 所示。

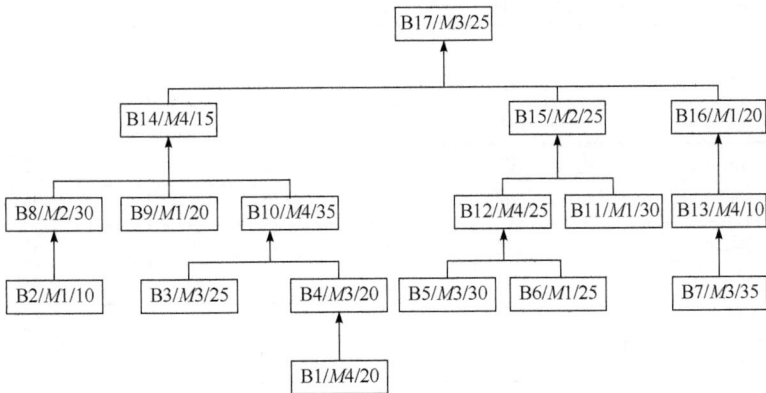

图 36-5　算法①建立的产品 B 加工工艺树

算法①采用 ACPM 对产品 B 进行调度，确定所有工序顺序为 B1、B4、B3、

B10、B9、B2、B8、B14、B5、B6、B12、B11、B15、B7、B13、B16、B17。甘特图如图 36-6 所示。

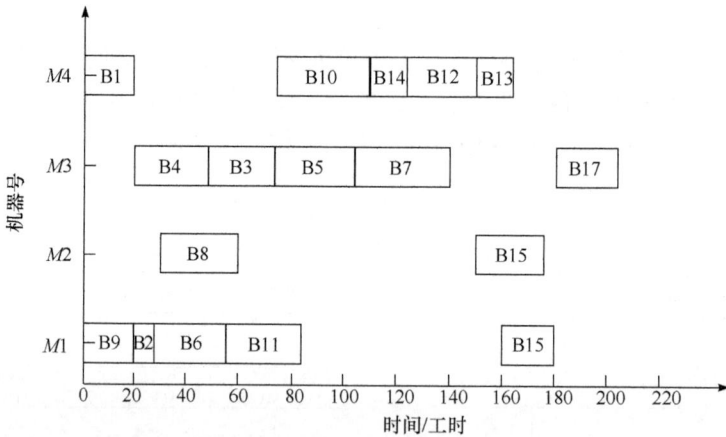

图 36-6　算法①调度产品 B 的甘特图(205 工时)

按算法②对产品 B 进行调度，首先短用时策略为工序选择计划加工设备，然后生成同设备工序集，最后统计除根节点工序外的工序静态加工时间信息表(表 36-1)。

表 36-1　工序静态加工时间信息表

设备	工序号	开始时间/工时	结束时间/工时
M1	B6	0	25
M1	B2	0	10
M1	B11	0	30
M1	B9	0	20
M1	B16	45	65
M2	B8	10	40
M2	B15	55	80
M3	B7	0	35
M3	B5	0	30
M3	B4	20	40
M3	B3	0	25
M4	B10	40	75
M4	B12	30	55
M4	B13	35	45
M4	B14	75	90
M4	B1	0	20

由于表 36-1 中工序 B14 的结束时间最大为 90 工时，因此可调整总加工时间段为(0,90)。首先，计算设备 $M1$ 的静态空闲时间段 $\{(0,90)-(0,10)\bigcup(0,20)\bigcup(0,25)\bigcup(0,30)\bigcup(45,65)\}=\{(30,45),(65,90)\}$。然后，计算设备 $M1$ 的静态重叠时间段，生成静态重叠时间矩阵。

① 按照开始时间由小到大对设备 $M1$ 上的工序进行排序，用序对记录排序后工序的开始时间和结束时间。工序开始时间和结束时间的序对如表 36-2 所示。

表 36-2 工序开始时间和结束时间的序对

工序	序对编号	序对值
B2	(s_{2s},s_{2e})	(0,10)
B9	(s_{9s},s_{9e})	(0,20)
B6	(s_{6s},s_{6e})	(0,25)
B11	(s_{11s},s_{11e})	(0,30)
B16	(s_{16s},s_{16e})	(45,65)

② 计算两两工序的重叠时间段，把得到的重叠时间段存入矩阵，(s_{2s},s_{2e}) 和 (s_{9s},s_{9e}) 的重叠时间段是(0,10)，赋值给矩阵元素 a_{12}；(s_{9s},s_{9e}) 和 (s_{6s},s_{6e}) 的重叠时间段是(0,20)，赋值给矩阵元素 a_{23}。由于 (s_{16s},s_{16e}) 和其他工序都不存在重叠时间，因此第 5 列记为 Φ。同样的方法依次处理所有序对，得到的严格上三角矩阵为

$$\begin{bmatrix} (0,10) & (0,10) & (0,10) & \Phi \\ & (0,20) & (0,20) & \Phi \\ & & (0,25) & \Phi \\ & & & \Phi \end{bmatrix}$$

③ 按顺序取出矩阵每一列上的非 Φ 元素求并集，即第 2 列是(0,10)，第 3 列是 $(0,10)\bigcup(0,20)$，第 4 列是 $(0,10)\bigcup(0,20)\bigcup(0,25)$，合并后的静态重叠时间段是 $(0,10),(0,20),(0,25)$。

④ 用静态重叠时间段中各时间段的结束时间减去起始时间,对结果累加求和 10+20+25＝55。

⑤ 判断有效空闲时间段，检查设备 $M1$ 空闲时间段 $\{(30,45),(65,90)\}$。由于静态空闲时间段(30,45)之前存在静态重叠时间段(0,10)、(0,20)、(0,25)，且重叠时间值大于空闲时间值，因此(30,45)为无效空闲时间段。同理，(65,90)也为无效空闲时间段。

设备 $M1$ 上无效空闲时间段，静态重叠时间段为(0,10),(0,20),(0,25)，静态重叠总时间为 45 工时，处于静态重叠时间段的工序为 B2、B6、B9、B11。

同理可得设备 $M2$、$M3$、$M4$ 的有效空闲时间段、静态重叠时间段、静态重

叠总时间和串行加工工序集。加工设备信息表如表 36-3 所示。

表 36-3　加工设备信息表

设备名	有效空闲时间段	静态重叠时间段	静态重叠总时间/工时	串行加工工序集
M1	—	(0,10),(0,20),(0,25)	55	B2,B6,B9,B11
M2	(0,10),(40,55),(80,90)	—	0	
M3	—	(0,25),(0,30),(20,35)	70	B3,B4,B5,B7
M4	(20,30)	(35,45),(40,55)	25	B10,B12,B13

表 36-3 中加工设备 M4 上存在有效空闲时间段(20,30)，设备 M1、M2 和 M3 的静态重叠总时间分别为 45、0、70 工时。由于 M3 上的静态重叠总时间最大，因此先检查加工设备 M3 上的重叠时间段。时间段(0,25)、(0,30)与有效时间段 (20,30)存在交集，处于静态重叠时间段的工序为 B3、B4、B5 和 B7，其中工序 B3、B5 可以在 M4 上加工，用时分别为 $t_{3,4}=30$，$t_{5,4}=35$。由于 $|t_{5,4}-10|>|t_{3,4}-10|$，因此修改 B3 的加工设备为 M4，则 M3 与 M4 上的情况改变。改变后各个加工设备信息表如表 36-4 所示。

表 36-4　改变后各个加工设备信息表

设备名	有效空闲时间段	静态重叠时间段	静态重叠总时间/工时	串行加工工序集
M1	—	(0,10),(0,20),(0,25)	55	B2,B6,B9,B11
M2	(0,10),(40,55),(80,90)	—	0	
M3	—	(0,30),(20,35)	45	B4,B5,B7
M4	—	(0,20),(35,45),(40,55)	45	B3,B10,B12,B13

由于加工设备 M2 上存在空闲时间段(0,10)、(40,55)、(80,90)，M1 的静态重叠总时间为 55 工时，且其上处于静态重叠时间段的工序 B2、B6、B11 与时间段 (0,10)有交集，其中 B2 在 M2 上的加工时间与空闲时间段(0,10)最为匹配，因此调整 B2 到设备 M2 上加工。

加工设备 M2 上依然存在空闲时间段(40,55)、(80,90)，设备 M1、M3 的静态重叠时间段与(40,55)无交集，因此考虑设备 M4 上静态重叠时间段(35,45)与(40,55)有交集，且相关可调整工序为 B10、B12 和 B13，其中 B13 在 M2 上的加工时间与空闲时间段(40,55)最为匹配，因此调整 B13 到设备 M2 上加工。调整后各加工设备信息表如表 36-5 所示。

表 36-5　调整后各加工设备信息表

设备名	有效空闲时间段	静态重叠时间段	静态重叠总时间/工时	串行加工工序集
$M1$	—	(0,20),(0,25)	45	B6,B9,B11
$M2$	—	(35,45)	10	B8,B13
$M3$	—	(0,30),(20,35)	45	B4,B5,B7
$M4$	—	(0,20),(40,55)	35	B1,B3,B10,B12

由于表 36-5 中各加工设备上无有效空闲时间段,因此结束调整。算法②建立的产品 B 加工工艺树如图 36-7 所示。

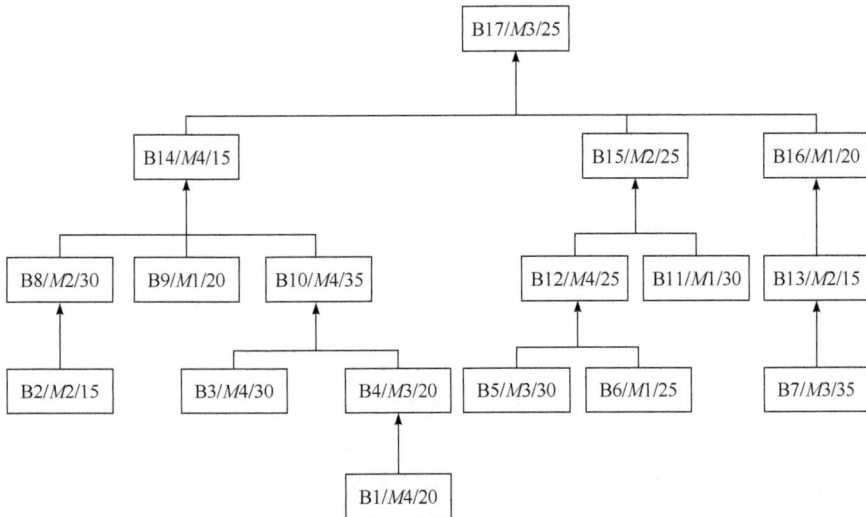

图 36-7　算法②建立的产品 B 加工工艺树

对加工工艺树采用动态实质短路径法调度,初始时备选工序集中工序路径长度为(B2:85、B9:60、B3:105、B1:115、B5:105、B6:100、B11:80、B7:95)。由于工序 B1 路径最长,确定为预调度工序,工序 B3 与其同设备加工,计算实质路径长度为($H_{1,3}$:115、$H_{3,1}$:100)。首先选择实质路径较短的工序 B1 优先调度,然后在工序备选集中删除工序 B1,将新生成的叶节点工序 B4 加入备选工序集。在更新后的备选工序集中,B5、B3 所在的路径相同且最长,任选其一为预调度工序,因此确定 B5 为预调度工序。在备选工序集中,工序 B7、工序 B4 与预调度工序 B5 同设备加工,将这两个工序分别与工序 B5 交叉相加到各自所在的路径之前,构造实质路径并统计路径长度为($H_{5,7}$:140、$H_{7,5}$:125)、($H_{5,4}$:125、$H_{4,5}$:125),因此应选择可能造成较短实质路径的工序 B5、B4 优先加工。由于这两个工序形成的实质路径相同都为 125,因此选择预调度工序加工,即优先调度工序 B5,在备选工序集中删除 B5。重复上述操作，直至备选工序集为空。工序调度顺序为 B1、B5、B3、B6、B4、B7、B2、B11、B12、B10、B13、B8、B9、B15、B16、B14、B17，产品完工时间为 150 工时，则算法②调度产品 B 的甘特图如图 36-8 所示。

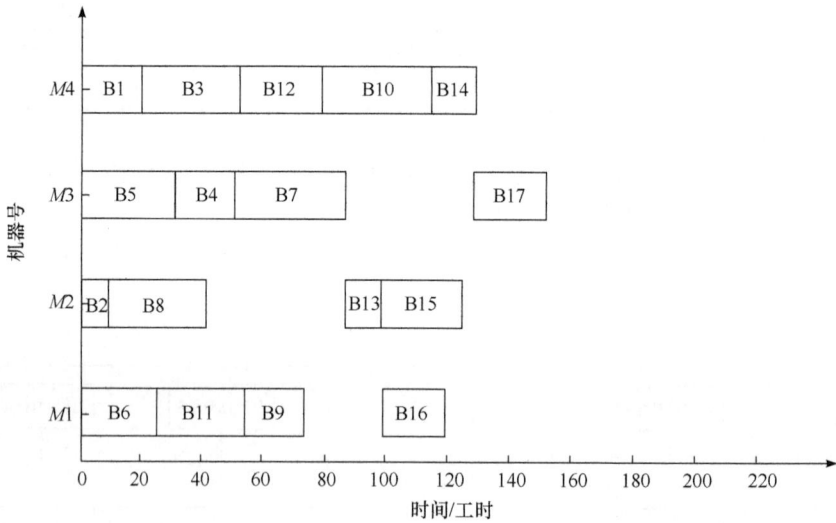

图 36-8　算法②调度产品 B 的甘特图(150 工时)

　　对比甘特图可以看出，在不提高算法复杂性的前提下，采用算法①对实例进行调度耗时为 205 工时，采用算法②对实例进行调度耗时为 150 工时，即算法②比算法①缩短 55 个工时，因此算法②明显优于算法①。

　　算法②比算法①更优，因为算法②采用缩短静态重叠时间策略，可以缩短实质路径长度。例如，图 36-5 所示产品 B 的静态加工工艺树中叶子节点工序及其所在路径长度分别为(B2,80)、(B9,60)、(B3,100)、(B1,115)、(B5,105)、(B6,100)、(B11,80)和(B7,90)，静态最长路径为 115。设备 $M3$ 上工序串行加工，并且 B7 最后加工形成实质路径 B1、B4、B3、B5、B7、B13、B16、B17，长度为 185。设备 $M1$ 上工序串行加工最后加工 B11，形成实质路径 B9、B2、B6、B12、B15、B17，长度为 130，因此实质长路径为 185。图 36-8 所示产品 B 的静态最长路径为工序 B1 所在的路径，长度为 115。工序 B5 和工序 B3 所在路径的长度都为 105。相对于图 36-5 所示的算法①，对确定的产品静态加工工艺树，工序 B7、B3、B2 所在的路径有所延长。按算法②确定工序的调度顺序，形成最长实质路径 B5、B4、B7、B13、B16、B17，长度为 145。由此采用缩短静态重叠时间策略为工序确定加工设备，尽管静态工艺树中的部分路径延长，但是实质长路径却缩短了，从而导致产品完工时间缩短。

　　另外，因为算法②采用缩短静态重叠时间策略，增加了工序间的并行加工时间，减少了同设备工序串行加工的时间。例如，在甘特图中，设备 $M2$ 与 $M4$ 分别在(0,30)和(20,65)时间段空闲；设备 $M3$ 上的工序 B3、B4、B5、B7 都是叶节点工序，之间并不存在约束关系，在设备 $M3$ 上串行加工，导致其后继工序 B10、B14 的加工时间延后；当将处于静态重叠时间段的工序 B3 调整至设备 $M4$ 加工时，可以减少设备 $M3$ 上的静态重叠时间，使后继工序 B10、B14 提前加工，缩短产品的完工时间。同理，按算法②的缩短静态重叠时间段策略还将工序 B2 从设备 $M1$ 调整到设备 $M2$ 加工；工序 B13 从设备 $M4$ 调整到 $M2$ 上加工，使工序 B8、B16 提前加工。算法②将处于静态重叠时间段的工序 B13、B3 和 B2 调整至其他设备加工，尽管工序 B13、B3 和 B2 的加工用时比算法①多，但是工序间的并行加工时间增加，工序间的串行加工时间减少，原本在算法①中串行加工的工序对(B5,B3)、(B6,B2)、(B14,B13)在算法②中都是并行加工的，因此可以缩短产品完工时间。

　　综合以上分析，算法②与算法①都是采用分步式算法解决柔性综合调度问题。在工序选择加工设备子问题上，算法②吸收了算法①中的短用时策略，进一步提出通过缩短静态重叠时间段确定最终加工设备，尽可能缩短实质路径长度。在工序调度子问题上，算法②采用动态实质短路径法，在调度过程中避免形成较长的实质路径。因此，算法②能较好地为工序选择合适的加工设备，缩短实质路径长度，使产品尽早完工。

36.5　本 章 小 结

　　本章针对复杂单产品综合柔调度问题，提出通过缩短静态重叠时间段策略为工序选择加工设备，通过动态实质短路径法确定工序调度顺序的算法。

　　① 该算法可以缩短实质路径长度，增加工序间并行加工时间，减少产品的加工时间。

　　② 算法复杂度较低，只有二次多项式。

　　③ 当将多产品虚拟成单个产品后。该算法可推广解决复杂多产品柔性综合调度问题。

　　因此，该算法对柔性综合调度的深入研究有一定的借鉴作用，具有一定的理论和实际意义。

第 37 章　基于设备驱动和实质路径的动态并行综合柔性调度算法

37.1　引　言

FJSSP 更符合实际生产需要，主要解决产品纯加工或纯装配问题。文献[48]提出一种分步式算法，解决加工和装配统一处理的综合柔性调度算法，但该算法采用短用时策略为每个工序确定加工设备，有可能导致多个工序的加工设备相同，使负载较重的加工设备形成生产瓶颈。

文献[102]在文献[48]短用时策略的基础上，通过将处于静态重叠时间段上的工序调整至可柔性加工的设备上，增加工序间的并行处理，同时减少某些设备上存在较多工序的情况。虽然文献[102]的算法在一定程度上降低了设备的负载，减少了瓶颈设备出现的可能，但产品的加工是一个动态调整的过程。加工前某些静态重叠时间段上的工序在调度后未必重叠；相反，某些加工前不属于静态重叠时间段上的工序在调度的过程中可能重叠。因此，将静态重叠时间段上的工序分配到不同设备上加工的并行处理效果有一定的局限性，影响产品的完成时间。

为了解决静态重叠时间段不能真实反映工序并行处理的问题，本章将实际调度中动态重叠的工序分配到不同的设备上并行处理，提高工序的实质并行处理率。由于空闲设备驱动策略可以较好地在设备驱动时刻动态发现可同时并行加工的工序，因此本章采用空闲设备驱动策略调度工序，当空闲设备存在可重叠加工的工序时，可重叠加工的工序动态地分配给其他可加工设备并行处理，实现重叠工序的并行处理。

为了设计使工序充分并行和缩短产品完成时间的复杂单产品综合柔性调度算法，对空闲设备驱动时刻可重叠加工的工序分别采用并行优化分配策略和最早加工结束策略进行调度分配。

①当某空闲设备上存在多个可调度计划加工工序，并且其中的某些可调度计划加工工序的其他可柔性加工设备也空闲，即这些可调度计划加工工序可以同时并行加工处理时，通过并行优化分配策略，将这些可调度计划加工工序分配到不同的空闲设备上并行加工处理，尽量保证各空闲设备上分配的工序的加工时间最小。由于可调度计划加工工序未必能被全部分配出去，可能会有一部

分剩余，剩余部分的可调度计划加工工序只能在原来的空闲设备上串行加工。此时，为了合理安排该空闲设备上工序的加工顺序，避免该设备上工序的串行加工顺序不当出现较长实质路径影响调度结果的情况，采用动态实质短路径策略对工序选择调度。

② 当某空闲设备上不存在可计划加工工序，但存在可调度加工的工序时，为了避免该空闲设备处于闲置状态，提出最早加工结束策略，从可调度工序集中为该空闲设备寻找最早加工结束的工序。实例表明，本章提出的算法可以提高复杂单产品综合柔性调度问题的并行处理率，缩短产品的制造时间。

37.2　调度方案设计

37.2.1　相关概念定义

定义 37-1(计划加工设备)　每个工序最短加工时间的柔性可加工设备。

定义 37-2(计划加工工序)　计划加工设备上的工序。

定义 37-3(可调度计划加工工序)　设备驱动时刻，空闲设备上可加工的计划加工工序。

定义 37-4(备选柔性工序集)　可在设备驱动时刻开始加工且加工结束时间比在计划加工设备上早的计划加工工序组成的集合。

定义 37-5(并行分配工序集)　设备驱动时刻，某空闲设备上可以分配到其他空闲设备上并行加工处理的可调度计划加工工序组成的集合。

37.2.2　调度策略设计

研究设计综合柔性调度算法是为加工和装配可在多个设备上一同处理的工序选择合适的加工设备，在满足工序间前后约束关系的前提下，使产品的完工时间尽可能地短，即产品尽早加工结束。本章设计的算法应考虑三个要求，即动态重叠加工工序分解、串行加工工序合理排序、空闲设备忙。因此，设计和采用相应的三个调度策略，即并行优化分配策略、实质短路径策略、最早加工结束策略。动态实质短路径策略的相关内容在前面章节已经介绍过，这里主要介绍并行优化分配策略和最早加工结束策略。

1. 并行优化分配策略

当某一空闲设备上存在多个可同时分配到其他空闲设备上加工处理的可调度计划加工工序时，将这些工序分配到其他空闲设备上并行加工处理。如果该空闲设备最后仍存在一个以上的可调度计划加工工序时，采用动态实质短路径策略，确定该设备上的加工工序。通过使动态重叠加工工序并行处理和减少串行加工，缩短产品完工时间。

2. 最早加工结束策略

采用并行优化分配策略处理之后，某些空闲设备上可能还没有被分配到加工工序，为达到空闲设备尽量忙的要求，设计最早加工结束策略。当某空闲设备上不存在可调度计划加工工序时，为避免该空闲设备闲置和减轻可调度工序集中工序排队等待各自的计划加工设备的压力，从可调度工序集中搜索能在该空闲设备上加工且加工结束时间比在原计划加工设备上的加工结束时间早的工序。

该策略与并行优化分配策略进行工序到设备和设备到工序的匹配，实现可调度计划加工工序和可调度计划加工工序之外的可调度工序充分并行和尽早结束，可以有效地避免空闲设备的闲置问题，使设备尽量忙，同时也分担了可调度计划加工工序多的设备上工序等待加工的压力，使设备得到均衡利用。

37.2.3 调度方案设计

首先，按短用时策略确定各设备上的计划加工工序。然后，采用空闲设备驱动策略。设备驱动时刻，当某空闲设备上存在多个可调度计划加工工序且其中的某些可调度计划加工工序的其他可柔性加工设备也空闲时，采用并行优化分配策略对工序进行分配调度。当某空闲设备不存在可调度计划加工工序，但可调度工序集中存在可同时并行处理的可调度工序时，采用最早加工结束策略调度工序。

37.2.4 调度问题的数学模型

给定一个产品，假定 N 为该产品的工序数量，M 为加工设备数量，Mi 为第 i 个工序的计划加工设备，T_k $(0 \leqslant k \leqslant n)$ 为设备驱动时刻，t'_{iD} 为工序 i 在设备 D 上的加工时间，T_{Mi} 为设备 M 加工第 i 道工序的设备驱动时刻，t_{Mi} 为设备 M 上第 i 道工序的加工时间，Mk 为设备驱动时刻 T_k 时正在处理的空闲设备，A_i 为 T_k 时刻的备选柔性加工工序集。当 Mk 上存在可调度计划加工工序 i 时，$Y_{Mi}=1$，否则 $Y_{Mi}=0$；当 Mk 上存在可调度计划加工工序以外的可调度工序时，$Y_{\text{search}}=1$，否则 $Y_{\text{search}}=0$。因此，本章研究问题的数学描述为

$$T = \min\{\max\{T_k\}\} \tag{37-1}$$

$$t_{iM} = \min\{t'_{i1}, t'_{i2}, \cdots, t'_{iD}\} \tag{37-2}$$

$$t_{Mi} = (L_{Mj} + t_{Mi}) < (L_{Mi} + t_{Mj}) t_{Mi}, \quad Y_{Mi} = 1 \bigcap Y_{\text{search}} = 0 \tag{37-3}$$

$$A_i = (T_k + t_{Mki}) \leqslant (T_{Mi} + t_{Mi}) t_{Mki}, \quad Y_{Mi} = 0 \bigcap Y_{\text{search}} = 1 \tag{37-4}$$

$$t_{Mi} = \min\{A_i\}, \ A_i \neq \text{NULL} \tag{37-5}$$

$$T_{M(i+1)} \geq T_{Mi} + t_{Mi} \tag{37-6}$$

$$T_{xy} \geq \max\{T_{Mi} + t_{Mi}\} \tag{37-7}$$

其中，式(37-1)表示目标函数 T 是使最后一次设备驱动发生时刻，即产品总加工时间 $\max\{T_k\}$ 尽可能短；式(37-2)表示工序 i 的短用时计划加工时间为 t_{Mi}；式(37-3)表示采用动态实质短路径策略确定某空闲设备上的加工工序；式(37-4)表示搜索符合在空闲设备上的加工结束时间比在计划加工设备上的最早加工结束时间早的可调度工序，并将其加入备选柔性工序集 A_i 中；式(37-5)表示将 A_i 中加工结束时间最早的工序确定为该空闲设备上的加工工序，并将其加工时间值赋给 t_{Mi}；式(37-6)表示同一设备上，后一道工序的设备驱动时刻必须在当前工序加工结束之后才能开始；式(37-7)表示任意工序的设备驱动时刻必须在其所有前续工序全部加工完毕后才能开始。

37.3　相关调度策略设计

37.3.1　并行优化分配策略

1. 并行优化分配策略设计思想

设备驱动时刻，当某一空闲设备上存在可以分配到其他空闲设备上并行加工处理的可调度计划加工工序时，首先为该空闲设备上可并行加工处理的可调度计划加工工序建立一个并行分配工序集；然后并行分配工序集中加工时间最短的工序预分配给该空闲设备；最后将并行分配工序集中的其他工序按加工时间由小到大分配到其他不存在可调度计划加工工序且加工时间少的空闲设备上并行处理。若处理后并行分配工序集中还有多个工序，则采用动态实质短路径策略确定该空闲设备上的加工工序。

2. 并行优化分配策略实现的步骤

步骤 1，在 T_k 设备驱动时刻，计算可调度计划加工工序的空闲设备数 M_Δ。

求 M_Δ 具体方法是，在 T_k 时刻，令 $M_\Delta=0$，如果某一空闲设备满足可调度计划加工工序数≥2，则 $M_\Delta = M_\Delta+1$，判断所有设备后可确定 M_Δ。

步骤 2，按设备号递增的顺序，寻找存在多个可调度计划加工工序的空闲设备。若设备 M_i 在 T_k 时刻存在 $N_\Delta(N_\Delta \geq 2)$ 个可调度计划加工工序 P_x $(N_\Delta \geq x)$，则为 P_x 建立并行分配工序集 S_i，即 $P_x \in S_i$。

　　求 N_Δ 具体方法是，在 T_k 时刻，令 N_Δ=0，比较可调度工序集中工序的计划加工设备属性，当存在计划加工设备为空闲设备 Mi 时，$N_\Delta = N_\Delta$+1，比较结束时的 N_Δ 即可。

　　步骤 3，将 S_i 中的工序按在设备 Mi 上的加工时间由小到大的顺序排序，若存在加工时间相同的工序，则路径长的工序排在前面。

　　步骤 4，首先将 S_i 中的第 1 个工序 P_1 预分配给 Mi，然后将其他工序 P_x ($x \geq 2$) 分配到其他空闲设备上并行处理。具体操作如下。

　　① 对于工序 P_x ($x \geq 2$)，根据工序的加工设备属性找出该工序所有其他可柔性加工设备，若未找到，转步骤 4 中的⑤。

　　② 根据设备驱动方法中已调度工序的加工时间和加工设备，确定正在加工的工序对应的加工设备是否空闲，若均不空闲，转步骤 4 中的⑤。若 T_k 时刻，可柔性加工设备上不存在正在加工的工序，则空闲；否则，非空闲。

　　③ 判断可柔性加工设备上是否有可调度计划加工工序，若均有可调度计划加工工序，转步骤 4 中的⑤。具体方法是，比较可调度工序集中工序的计划加工设备属性，当存在计划加工设备为该柔性加工设备时，有可调度计划加工工序；否则，没有可调度计划加工工序。

　　④ 判断找到的可柔性加工设备是否唯一。若唯一，则将工序 P_x ($x \geq 2$) 在该可柔性加工设备上加工；否则，比较工序 P_x ($x \geq 2$) 在所有找到的可柔性加工设备上的加工时间，将工序 P_x ($x \geq 2$) 分配到加工时间最短的设备上加工。将工序 P_x 从可调度工序集中删除，并将加工的空闲设备标记为非空闲。

　　⑤ $N_\Delta = N_\Delta$–1，当 N_Δ=0 时，S_i 中的工序全部判断完毕，转步骤 5，否则转步骤 4 中的①。

　　步骤 5，若 S_i 中除了 P_1 外还有其他工序，则对 S_i 中剩余的工序采用实质短路径策略确定 Mi 在 T_k 时刻的加工工序；否则，P_1 在 Mi 上加工，将确定的加工工序从可调度工序集中删除。

　　实质路径策略确定加工工序的步骤是，首先将 P_1 作为计划调度工序，设 P_j (j=1,2,…,k) 为 S_i 中除 P_1 以外的剩余工序，t_{i1} 和 t_{ij} 分别为工序 P_1 和工序 P_j 在设备 Mi 上的加工用时数，L_1 和 L_j 分别为工序 P_1 和工序 P_j 到根节点的路径长度，H_{1j} 和 H_{j1} 分别为工序 P_1 和 P_j 交叉相加形成的实质路径长度，即 $H_{1j}= L_j + t_{i1}$、$H_{j1}= L_1 + t_{ij}$。选择实质路径长度最短 $H_{xy}=\min\{H_{1j}, H_{j1}\}$ 的路径为实质短路径，优先调度实质短路径上的可调度工序。若实质短路径的条数大于 1，则优先调度加工用时数最多的可调度工序。

　　实质短路径策略流程图如图 37-1 所示。

　　步骤 6，$M_\Delta = M_\Delta$–1，当 M_Δ=0 时，可调度计划加工工序存在的设备处理完毕，转步骤 7；否则，转步骤 2。

步骤 7, 结束。

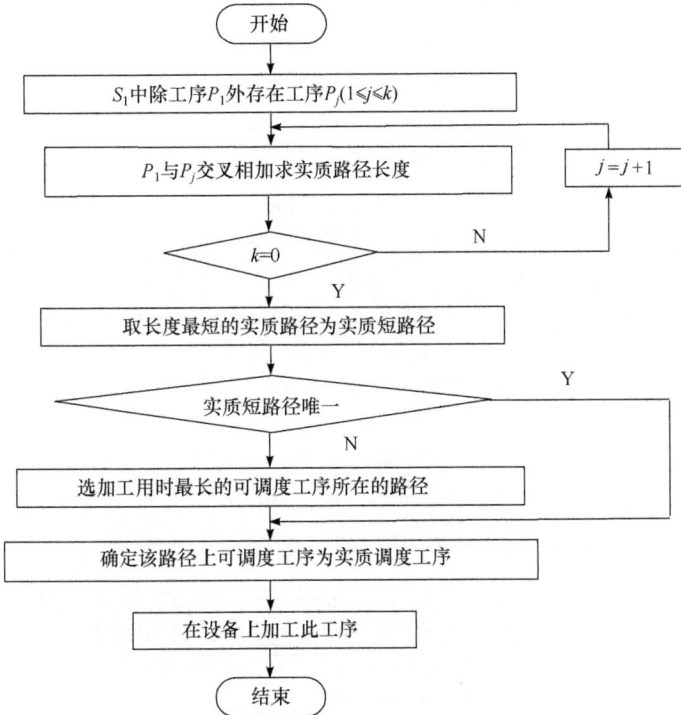

图 37-1　实质短路径策略流程图

3. 并行优化分配策略实现的流程图

为了降低算法复杂度, 本章采用对所有设备进行 1 次循环。判断存在可并行处理工序设备的方法。并行优化分配流程图如图 37-2 所示。

37.3.2　最早加工结束策略

1. 最早加工结束策略设计思想

在设备驱动时刻, 某些空闲设备上可能存在可调度工序, 但这些可调度工序却不是该空闲设备的可调度计划加工工序。对于该空闲设备而言, 可调度工序在该空闲设备上的加工时间比在其计划加工设备上的加工时间长, 但该空闲设备的驱动时刻较早, 可能存在工序在该设备上加工比在计划加工设备上加工结束时刻早的情况。因此, 最早加工结束策略的思想是, 在设备驱动时刻, 寻找能在某空闲设备上加工且结束时间比在其计划加工设备上早的工序, 并将找到的工序加入该空闲设备的备选柔性加工工序集; 从备选柔性加工工序集中选择加工结束时间最早的工序作为该空闲设备的当前加工工序。

```
                        ┌─────────┐
                        │  开始   │
                        └─────────┘
                             │
              ┌──────────────────────────────┐
              │  i初值为1，M为设备总数        │
              └──────────────────────────────┘
                             │
          N        ╱───────────────────╲
       ┌─────────<      设备Mi空闲        >
       │          ╲───────────────────╱
       │                   │Y
       │   ┌────────────────────────────────────────────┐
       │   │ 计算空闲设备Mi上存在的可调度计划加工工序数N△ │
       │   └────────────────────────────────────────────┘
       │                   │
       │   ┌────────────────────────────────────────────┐
       │   │   为N△个可调度计划加工工序建立                │
       │   │   并行分配工序集Si，并由小到大排序            │
       │   └────────────────────────────────────────────┘
       │                   │
       │   ┌────────────────────────────────────────────┐
       │   │ 将Si中第1个工序预分配给Mi，N△=N△-1          │
       │   └────────────────────────────────────────────┘
       │                   │
       │   ┌────────────────────────────────────────────┐
       │   │  为其余工序Px(x≥2)寻找其他可柔性加工设备      │
       │   └────────────────────────────────────────────┘
       │                   │
       │  N       ╱───────────────────╲
       │ ┌──────<    可柔性加工设备存在   >
       │ │        ╲───────────────────╱
       │ │                 │Y
       │ │  N      ╱───────────────────╲
       │ ┌──────<        无可调度          >
       │ │        ╲    计划加工工序       ╱
       │ │         ╲───────────────────╱
       │ │                 │Y
       │ │        ╱───────────────────╲     N   ┌──────────────┐
       │ │       <  可柔性加工设备数≥2   >───────│ Px(x≥2)在该可柔性│
       │ │        ╲───────────────────╱          │ 加工设备上加工 │
       │ │                 │Y                     └──────────────┘
       │ │   ┌──────────────────────┐                  │
       │ │   │ 将Px(x≥2)分配给其中加工 │                  │
       │ │   │ 时间最短的可柔性加工设备 │                  │
       │ │   └──────────────────────┘                  │
       │ │                 │◄──────────────────────────┘
       │ │   ┌──────────────────────┐
       │ │   │     N△=N△-1           │
       │ │   └──────────────────────┘
       │ │                 │
       │ │  N      ╱───────────────────╲
       │ └──────<        N△=0             >
       │          ╲───────────────────╱
       │                   │Y
       │          ╱───────────────────╲     N   ┌──────────────┐
       │         <     Si中工序个数>1     >───────│ 第1个工序在Mi上加工│
       │          ╲───────────────────╱          └──────────────┘
       │                   │Y                          │
       │   ┌────────────────────────────────────┐      │
       │   │ 采用实质短路径策略确定Mi上的加工工序  │      │
       │   └────────────────────────────────────┘      │
       │                   │◄──────────────────────────┘
       │   ┌──────────────────────┐
       │   │        i=i+1          │
       │   └──────────────────────┘
       │                   │
       │  N       ╱───────────────────╲
       └───────<           i>M           >
                 ╲───────────────────╱
                           │Y
                      ┌─────────┐
                      │  结束   │
                      └─────────┘
```

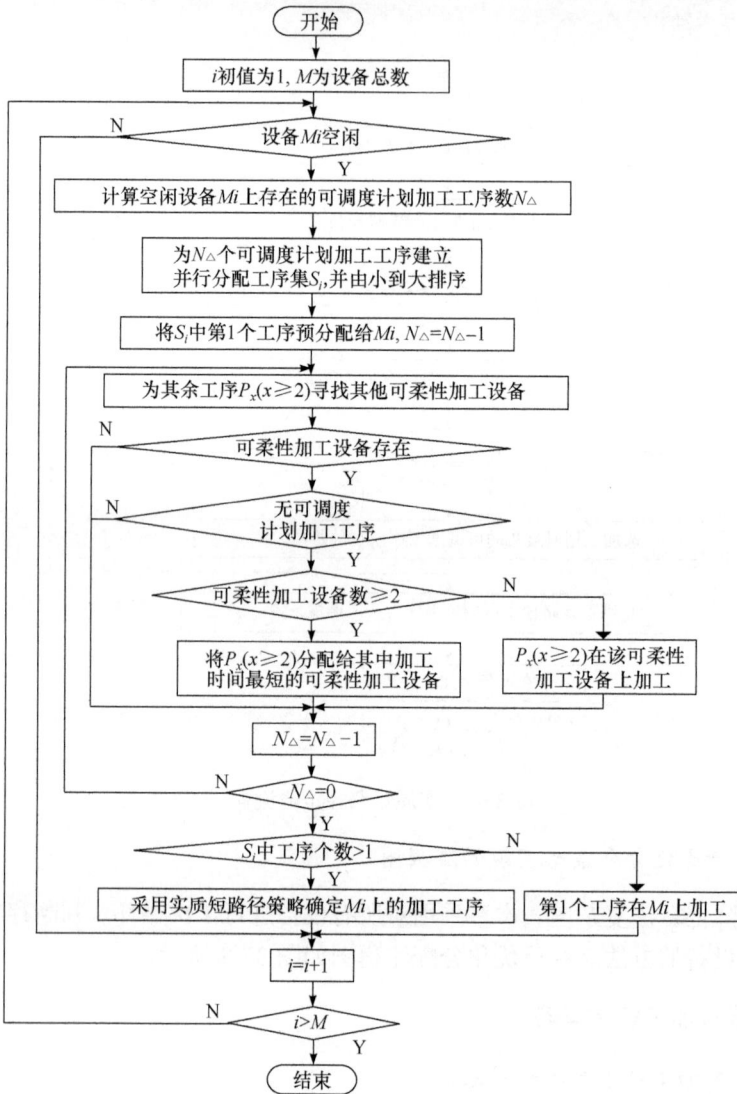

图 37-2　并行优化分配流程图

2. 最早加工结束策略实现的具体步骤

步骤 1，在 T_k 设备驱动时刻，按设备号递增的顺序，寻找可调度计划加工工序不存在的空闲设备，如果找到，转步骤 2；否则，转步骤 8。

步骤 2，对找到的满足条件的设备 Ω，遍历可调度工序集中剩余的可调度工序(设 T_k 时刻可调度工序集中剩余的工序数为 N_k)。

步骤 3，判断可调度工序集中工序 P_i 的可柔性加工设备中是否有 Ω，如果有，转步骤 4；否则，转步骤 6。

步骤 4，计算并比较工序 P_i 在设备 Ω 上的加工结束时间 f 和其在计划加工设备 M_i 上的结束时间 f'。

① 设此可调度工序 $P_i(1 \leqslant i \leqslant N_k)$ 在 Ω 上的加工时间为 $t_{\Omega i}$，在 M_i 上的开始加工时间为 T_{Mi}，相应的加工时间为 t_{Mi}，则 $f=(T_k+t_{\Omega i})$、$f'=(T_{Mi}+t_{Mi})$。

② 比较 f 和 f' 的大小，如果 $f \leqslant f'$，转步骤 5；否则，转步骤 6。

步骤 5，将工序 P_i 加入设备 Ω 的备选柔性加工工序集 S_Ω。

步骤 6，$N_k=N_k-1$，若 $N_k=0$，此时可调度工序集中的工序遍历完毕，转步骤 6；否则，转步骤 2。

步骤 7，选择备选柔性加工工序集 S_Ω 中加工结束时间最早的工序在设备 Ω 上加工，如果存在最小加工结束时间值相同的情况，遵循长路径优先原则选择其中路径长度最大的作为加工工序并将该加工工序从可调度工序集中删除。

步骤 8，所有设备调度完毕，转步骤 8；否则，转步骤 1。

步骤 9，结束。

3. 最早加工结束策略的实现算法

算法 GET_EARLIEST_END_OPERATIONS，用于确定最早加工结束工序。

输入：对无可调度计划调度工序的空闲设备进行可最早加工结束工序的寻找。

输出：为无可调度计划调度工序的空闲设备分配一个可最早加工结束的工序，记下最早加工结束时间，并将该空闲设备标记为非空闲。

令 Dev 表示设备，设备编号为 1,2,…,D，则 $0 \leqslant \text{Dev} \leqslant D$；Device[]表示设备集数组；Flexible_D[]表示可柔性加工设备集数组；Plan_D 表示计划加工设备；T_k 表示当前设备驱动时刻(初始时刻 $T_k=0$)；T_{Plan_Min} 表示在计划加工设备上最早开始加工的设备驱动时刻；hour 表示加工时间；Selected_Operation 表示可调度计划加工工序；Earliest_End_Operation 表示找到的最早加工结束工序；Schedulable_Operations[]表示可调度工序组集合；Sch_Op[Dev][]表示设备 Dev 上的可调度工序组成的集合。

```
Begin
For Dev do
If Device[Dev].idle ==True and Device[Dev].Selected_Operation==0 Then
//空闲设备 Dev 上的可调度计划加工工序不存在

For p, 0<p≤ sizeof(Schedulable_operations[]) do
If Dev∈Schedulable_operations[p].Flexible_D[] Then
// 如果空闲设备 Dev 属于可调度工序 p 的可柔性加工设备

If Tk+Sch_Op[Dev][p].hour≤ Sch_Op[Plan_D][p].TPlan_Min+Sch_Op[Plan_D][p].
```

hour Then

A[j]= Sch_Op[Dev][p]　　　// 记下该工序

$\Gamma_{A[j]}$= T_k+Sch_Op[Dev][p].hour　　// 记下该工序的结束时间

End if

End if

For i=0 to Length[A] do　　// 选择加工结束时间最早的工序

　　If $\Gamma_{A[i]} < \Gamma_{A[i+1]}$ Then

　　　Exchange A[i] and A[i+1]

　　End if

Device[Dev].Earliest_End_Operation= A[i+1]

// 将工序 A[i+1]确定为空闲设备 Dev 上的最早加工结束加工工序

Γ_{Dev} = $\Gamma_{A[i+1]}$

Device[Dev].idle=False

End if

End

4. 最早加工结束策略的流程图

最早加工结束策略流程图如图 37-3 所示。

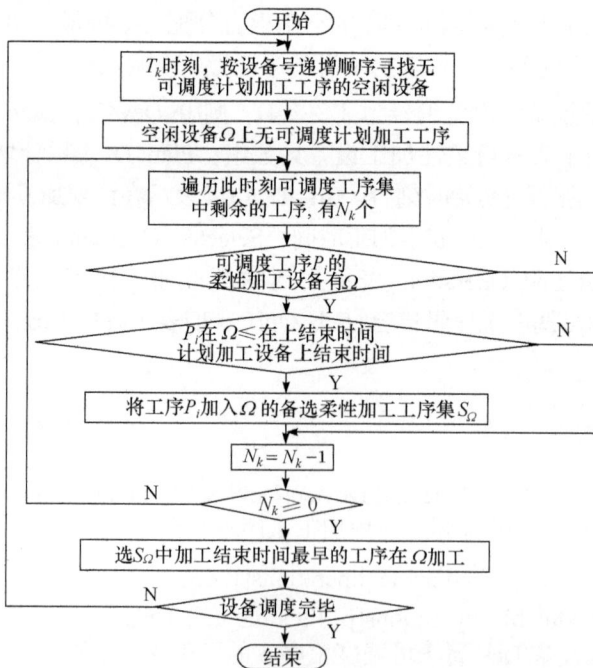

图 37-3　最早加工结束策略流程图

37.4　调度策略设计

按照前面的调度策略，本章算法的具体设计过程如下。

步骤 1，设置工序 P_i (P_i 为所有工序的集合)的属性为 $P_i/T_i/Mi/C_i/L_i/N_i$。其中，T_i 表示 P_i 的加工时间集；Mi 表示 P_i 的加工设备集；L_i 为 P_i 到根节点的路径长度；C_i 为 P_i 的紧前工序个数；N_i 为 P_i 的紧后工序，当 $N_i=0$ 时表示无紧后工序，即根节点工序。

步骤 2，短用时策略确定计划加工设备，计算相关属性值 C_i 和 L_i。

短用时策略是设工序 P_i 可在 m 个设备上加工，取最短加工时间 $\min\{t_{i1}, t_{i2}, \cdots, t_{im}\}$ 的设备为工序 P_i 的计划加工设备。

计算紧前工序个数 C_i 和路径长度 L_i。

步骤 3，设置设备状态属性，用 M_{busy} 信号表示，$M_{busy}=0$ 表示设备空闲，$M_{busy}=1$ 表示设备忙碌。

步骤 4，空闲设备驱动策略。

初始时刻 $T_0=0$。

① 处理可调度工序集 S。

初始时刻 T_0，叶节点工序无紧前工序，因此叶节点工序属于 S。

非初始时刻，根据工序 P_i 的紧前工序个数属性 C_i，将紧前工序个数 $C_i=0$ 的工序动态添加到可调度工序集 S 中。

② 建立空闲设备集 M_{idle}。

初始时刻 T_0，所有设备均处于空闲状态，因此所有设备属于 M_{idle}。

非初始时刻，根据设备的状态属性，将 $M_{busy}=0$ 的设备动态地添加到 M_{idle} 中。

③ 确定 T_k 时刻空闲设备上的加工工序。

第一，判断某空闲设备上是否存在可以并行加工处理的可调度计划加工工序，若是，转第二步；否则，转第四步。

第二，采用并行优化分配策略，将相应的加工设备的 M_{busy} 信号置 1。

第三，若某些空闲设备仍未分配到加工工序，转第四步；否则，转④。

第四，采用最早加工结束策略，将相应加工设备的 M_{busy} 信号置 1，转④。

④ 确定下一设备驱动时刻 T_k ($0 \leqslant k \leqslant n-1$)。

非初始时刻，根据当前设备驱动时刻 T_k 的所有加工工序的加工结束时间，将最早加工结束时间 $T_{k+1}=\min\{T_k+t_i\}$ ($1 \leqslant i \leqslant m$) 确定为下一设备驱动时刻，将加工完毕的工序从可调度工序集中删除，并将其紧前工序个数属性 C_i-1，同时将具有最早加工结束时间的工序的加工设备的 M_{busy} 信号标记为 0。

⑤ 判断可调度工序集中的工序是否全部加工完毕，若是，转步骤 4；否则，转步骤 3。

步骤 5，结束。

37.5　算法复杂度分析

设产品工序数为 n，加工设备数为 m，由算法设计知，本章提出算法的主要操作有短用时策略确定计划加工设备；计算所有工序路径长度；计算空闲设驱动时刻；并行优化分配策略确定加工工序；最早加工结束策略确定加工工序。计算所有工序路径长度和计算空闲设备驱动时刻的时间复杂度分别为 $O(n^2)$ 和 $O(n)$。

1. 短用时策略确定计划加工设备

遍历 n 个工序的可柔性加工设备及对应的加工时间，由于每个工序最多可在 m 个设备上加工，最多需要比较 $m-1$ 次确定该工序的计划加工设备，因此确定所有工序的计划加工设备最多需要 $n(m-1)$ 次操作，即时间复杂度为 $O(n)$。

2. 并行优化分配策略确定加工工序

① 建立并行分配工序集。空闲设备 Mi 上最多有 $n-1$ 个需并行处理的可调度计划加工工序，将这些可调度计划加工工序加入并行分配工序集 S_i 中对应 $n-1$ 次操作；对并行分配工序集 S_i 中的工序采用快速排序需要 $nlogn$ 次操作。

② 对 S_i 中的工序进行分配处理。S_i 中最多有 $n-1$ 个工序，将 S_i 中的第 1 个工序分配给该空闲设备 Mi，对应 1 次操作。对第 2 个工序，找出该工序的非计划可柔性加工设备最多需 $m-1$ 次操作，判断非计划可柔性加工设备是否有可调度计划加工工序，最多需 $m-1$ 次操作。由于第 2 个工序最多有 $m-1$ 个非计划可柔性加工设备，将该工序分配到这 $m-1$ 个设备中加工时间最小的设备上需比较 $m-2$ 次操作，因此为第 2 个工序分配加工设备共需 $m-1+m-1+m-2=3m-4$ 次操作。由于此时最多有 $n-2$ 个可调度计划加工工序，需要按照第 2 个工序的方式分配加工设备，总操作次数为 $(n-2)(3m-4)$，因此对并行分配工序集中的工序进行分配处理最多需要 $1+(3m-4)(n-2)$ 次操作。

③ 动态实质短路径策略确定 Mi 上的加工工序。最坏情况下，所有空闲设备上均有可并行分配的工序，则每个空闲设备上的可并行分配工序均不能被分配出去。对于每个空闲设备 Mi 而言，最多有 $n-1$ 个工序在 Mi 上串行加工，将并行分配工序集中第 1 个工序 P_1 分别与其余工序 P_j 执行操作，即 $H_{ji}=L_i+t_j$、$H_{ij}=L_j+t_i$。由于并行分配工序集中除 P_1 外最多有 $n-2$ 个工序，需执行上述加法操作 $2(n-2)$

次，共产生 $2(n-2)$ 条实质路径，从这 $2(n-2)$ 条实质路径中选最短的一条需比较 $2(n-2)-1$ 次。因此，确定 Mi 上的实质调度工序最多需要进行 $2(n-2)+(2(n-2)-1)=5n-11$ 次操作。由于最多有 m 个空闲设备，因此动态实质短路径策略的操作次数最多为 $m(5n-11)$ 次，复杂度为 $O(n)$。

因此，并行优化分配策略的总操作次数为 $n-1+n\log n+1+1+(3m-4)(n-2)+m(5n-11)$。由于 $m \ll n$，因此复杂度为 $O(n\log n)$。

3. 最早加工结束策略确定加工工序

由于每个工序最多有 $m-1$ 个非计划可柔性加工设备，因此最多需要比较 $m-1$ 次确定某一可调度工序的非计划可柔性加工设备中是否有此时的空闲设备。如果有，计算该工序在此空闲设备上加工结束时间 f 和在计划加工设备上的最早加工结束时间 f'，需要 2 次操作，比较 f 和 f' 的大小需 1 次操作。如果 $f \leqslant f'$，将该工序加入此时的备选柔性加工工序集，对应 1 次操作，因此找到一个备选加工工序需要 $m-1+2+1+1=m+3$ 次操作。由于设备驱动时刻最多有 $n-1$ 个工序的非计划可柔性加工设备中含有此时的空闲设备，因此找到所有的备选加工工序需要 $(n-1)(m+3)$ 次操作。从备选加工工序集中选择一个加工结束时间值最早的工序最多需要比较 $n-2$ 次。如果最小加工结束时间值不唯一，即最多有 $n-1$ 个最小值，选择其中路径长度最大的工序作为空闲设备上的加工工序需要 $n-2$ 次比较操作。因此，完成一个设备驱动时刻最早加工结束工序的选择需要 $(n-1)(m+3)+n-2+n-2=mn+5n-m-7$ 次操作。由于产品完成加工最多需要 n 次设备驱动，因此最早加工结束策略最多需要 $n(mn+5n-m-7) \approx mn^2$ 次操作。由于 $1 \leqslant m \ll n$，因此时间复杂度为 $O(n^2)$。

因此，基于设备驱动和实质路径的动态并行算法的复杂度为 $O(n^2)$。

37.6 实例分析

设柔性单产品 G 由 18 个工序组成，在 4 台设备上加工。柔性产品 G 的加工工艺树如图 37-4 所示。

下面采用基于静态加工时间的柔性调度算法(记为算法①)[102]和本章提出的算法(记为算法②)对产品 G 进行调度。

算法①按短用时为产品 G 中各工序确定计划加工设备，如图 37-5 所示。计算各设备有效的空闲时间段、静态重叠的时间段、静态重叠的总时间和串行加工的工序集，如表 37-1 所示。

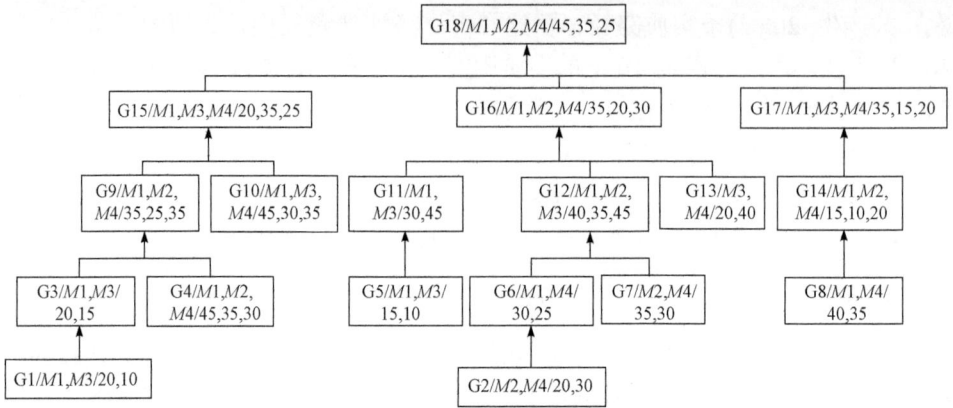

图 37-4　柔性产品 G 的加工工艺树

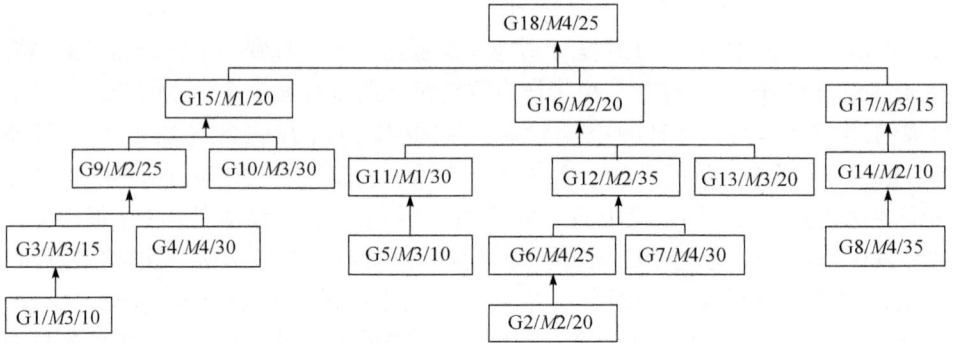

图 37-5　短用时策略建立产品 G 的加工工艺树

表 37-1　算法①的加工设备驱动表

设备	有效空闲时间/工时	静态重叠时间段/工时	静态重叠总时间/工时	串行加工工序集
$M1$	(0,10)(40,55)(75,100)	—	0	—
$M2$	(20,30)	(35,45)(45,55)	20	G9,G14,G12
$M3$	—	(0,10)(0,10)(0,20)(10,25)	55	G1,G5,G10,G13
$M4$	—	(0,30)(0,30)(20,35)	75	G4,G6,G7,G8

　　由表 37-1 知，设备 $M4$ 的静态重叠总时间最大且与设备 $M2$ 的有效空闲时间段的重叠最多。调整 $M2$ 和 $M4$ 上工序的最终加工设备，重新建立加工工艺树，按上述过程对工序进行最终加工设备的调整，直到所有设备上的有效空闲时间段与静态重叠时间不存在交集。算法①对产品 G 建立的加工工艺树如图 37-6 所示。

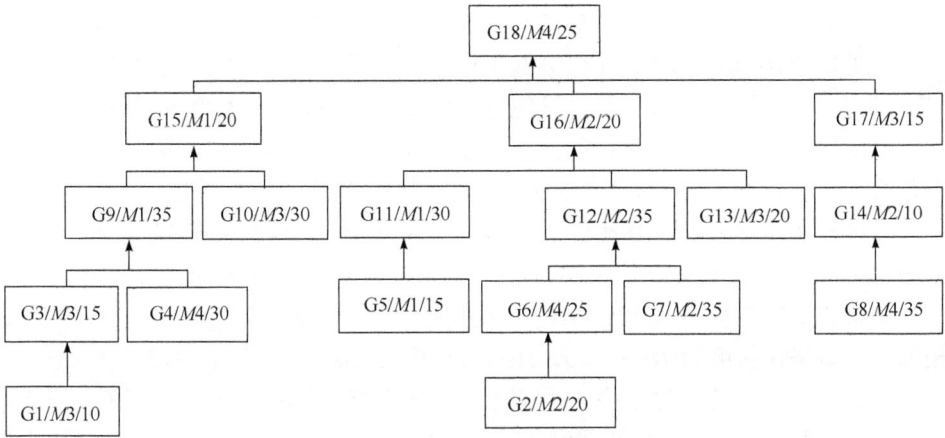

图 37-6 算法①对产品 G 建立的加工工艺树

采用动态实质短路径策略对产品 G 的工艺树上的工序进行调度。开始时，备选工序集 S 中，叶节点工序 G2 的路径最长，确定 G2 为计划调度工序。工序 G7 与 G2 为同设备加工的工序，实质路径长度为($H_{2,7}$ =135，$H_{7,2}$ =155)。由于 G2 所在的实质路径长度 $H_{2,7}$ 最短，因此优先调度工序 G2，将工序 G2 从备选工序集 S 中删除，新的叶节点工序 G6 加入备选工序集 S。在新状态下的备选工序集 S 中，重新按上述过程对产品 G 的剩余工序进行调度。产品 G 的各工序的调度顺序为 G2、G7、G4、G1、G6、G3、G5、G8、G9、G12、G10、G11、G13、G14、G15、G16、G17、G18。算法①调度产品 G 的甘特图如图 37-7 所示。

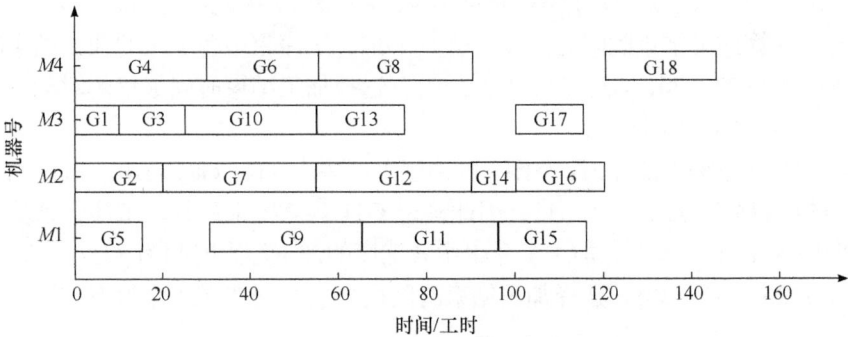

图 37-7 算法①调度产品 G 的甘特图(145 工时)

算法②即本章提出的基于设备驱动和实质短路径的动态并行综合调度算法，按短用时策略对产品 G 中的各工序确定计划加工设备，如图 37-5 所示。

初始时刻 T_0=0，可调度工序集中的工序为{G1，G4，G10，G5，G2，G7，G13，G8}，空闲设备 M3 和 M4 存在多个可调度计划加工工序，为 M3 和 M4 建立并行分配工序集并排序，即 S_3｛G1，G5，G13，G10｝、S_4｛G7，G4，G8｝。

先处理空闲设备 $M3$ 的并行分配工序集 S_3，将 S_3 中第 1 个工序 G1 分配给 $M3$。对 S_3 中的第 2 个工序 G5，其他可柔性加工设备为 $M1$ 且空闲设备 $M1$ 此时无可调度计划加工工序，将 G5 分配给 $M1$。第 3 个工序 G13 的其他可柔性加工设备为 $M4$，且此时有可调度计划加工工序，因此对 G13 不作处理，G13 仍在 S_3 中。对第 4 个工序 G10，其他可柔性加工设备为 $M1$、$M4$。由于 $M1$ 已经被分配工序，$M4$ 有可调度计划加工工序，因此对 G10 不作处理，G10 仍在 S_3 中。此时，S_3 中剩余的工序为｛G1，G13，G10｝，采用实质短路径法将 G1 与 G13、G10 交叉相加。实质路径长度为（$H_{1,13}$ =75，$H_{13,1}$=115）、（$H_{1,10}$ =85，$H_{10,1}$=125），两组数据中实质路径长度 $H_{1,13}$ =75 最短，因此确定 G1 为实质调度工序，调度 G1 到 $M3$上加工。同理，按上述方法处理设备 $M4$ 的工序，确定 G7 在 $M4$ 上加工。空闲设备 $M2$ 上只有一个可调度计划加工工序 G2，因此确定 G2 在 $M2$ 上加工。

因此，在时刻 T_0，各空闲设备全部处理完毕，加工工序集中各工序的加工结束时间为｛G5：15，G2：20，G1：10，G7：30｝，选择加工结束时间最早的时刻 T_1=10 作为下一设备驱动时刻。

在 T_1=10 时刻，设备 $M3$ 空闲，可调度工序集中的为｛G3，G4，G8，G10，G13｝，为设备 $M3$ 建立并行分配工序集 S_3｛G3，G10，G13｝，将 G3 分配给 $M3$，由于 G10 和 G13 的其他可柔性加工设备在此时均未空闲，因此 G10 和 G13 没有被分配，仍在 S_3 中，即 G3，G10，G13 只能在 $M3$ 上串行加工，将 G3 与 G10 和 G13 分别交叉相加，得到的实质路径长度为（$H_{3,10}$ =90，$H_{10,3}$ =105），（$H_{3,13}$ =80，$H_{13,3}$ =105）。两组数据中实质路径长度 $H_{3,13}$ =80 最短，因此确定 G3 为 $M3$ 上的加工工序，计算加工结束时间为 T=25。此时，加工工序集中各工序的加工结束时间为｛G5：15，G2：20，G3：25，G7：30｝，选择加工结束时间最早的时刻 T_2=15 作为下一设备驱动时刻。

在 T_2=15 时刻，设备 $M1$ 空闲，可调度工序集为｛G4，G8，G10，G11，G13｝。$M1$ 上的计划加工工序只有 G11，因此确定 G11 为 $M1$ 上的加工工序，计算加工结束时间为 T=45。此时，加工工序集中各工序的加工结束时间为｛G11：45，G2：20，G3：25，G7：30｝，选择加工结束时间最早的时刻 T_3=20 作为下一设备驱动时刻。

在 T_2=20 时刻，设备 $M2$ 空闲，可调度工序集为｛G4，G6，G8，G10，G13｝，$M2$ 不存在计划加工工序，但存在可调度工序 G4。采用最早加工结束策略，计算 G4 在计划加工设备 $M4$ 上的最早加工结束时间为 30+30=60。空闲设备 $M2$ 上的加工结束时间为 20+35=55，由于 55<60，因此选择 G4 在设备 $M2$ 上加工。此时，加工工序集中各工序的加工结束时间为｛G11：45，G4：55，G3：25，G7：30｝，选择加工结束时间最早的时刻 T_3=20 作为下一设备驱动时刻。

按上述过程重新对可调度工序集中的工序进行调度。按此方法确定的调度顺序为 G2、G1、G7、G5、G3、G11、G4、G10、G6、G8、G12、G13、G9、G14、G16、G15、G17、G18。算法②调度产品 G 的甘特图如图 37-8 所示。

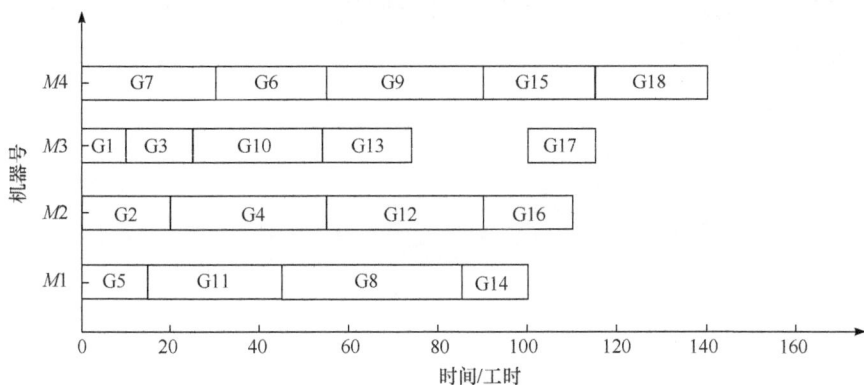

图 37-8　算法②调度产品 G 的甘特图(140 工时)

由此可知，在不增加算法复杂性的前提下，算法②调度产品 G 用 140 工时，比算法①调度产品 G 少 5 个工时，算法②的调度结果比算法①好。

在设备驱动时刻，算法②采用并行优化分配策略，将可调度计划加工工序多的空闲设备上的工序调度到无可调度计划加工工序的空闲设备上加工，分解可调度计划加工工序多的空闲设备上的负担，同时避免无可调度计划加工工序的空闲设备闲置问题，实现工序并行处理。同时，采用最早加工结束策略，进一步让无可调度计划加工工序的空闲设备能够分配到加工结束时间早的工序。例如，虽然算法②中工序 A8 在设备 $M1$ 上的加工时间为 40 工时，比算法①在短用时设备 $M4$ 上的加工时间 35 长，但算法②中工序 G8 在 $M1$ 上的开始加工时间为 45 工时，早于算法①工序 G8 在设备 $M1$ 上的开始加工时间 55 工时，因此算法②中工序 G8 的加工结束时间为 85 工时，比算法①工序 G8 的加工结束时间早。

37.7　本 章 小 结

本章针对复杂单产品综合柔性调度问题，提出基于设备驱动和实质路径的复杂单产品动态并行综合柔性调度算法。

① 采用空闲设备驱动策略，寻找能够同时并行加工处理的可调度工序。

② 提出并行优化分配策略，将可同时并行加工处理的可调度的工序并行分配加工处理，缩短产品完成时间。

③ 采用动态实质短路径策略解决并行分配后部分剩余工序的串行加工顺序

问题，缩短产品完成时间。

④ 提出最早加工结束策略分担瓶颈设备上的工序，同时避免空闲设备闲置，即实现加工设备负载均衡的同时增加工序间并行处理。

本章提出的算法对进一步研究柔性车间调度的并行处理问题有一定的借鉴作用。

第38章 基于并行工序确定可增加瓶颈设备的调度算法

38.1 引　　言

一般综合调度问题基于每种加工设备仅有一台的情况，实际调度中经常会出现较严重的瓶颈现象，使整个产品调度受到约束。解决制造加工系统中的瓶颈问题是提高生产效率最有效的方法之一。企业为了得到更大的生产效率，需要增加必要的设备，但是由于设备高额的成本和折旧费用，企业希望把有限的资金用在通过增加的设备解决加工瓶颈问题上，这时就需要对调度瓶颈设备进行分析，确定增加引起调度瓶颈的、可增加的主要设备，解决调度瓶颈问题，提高生产效率[103]。通过对具有紧前、紧后相关工序，以及独立工序进行比较分析，对并行工序的研究，提出可增加瓶颈设备的方法。

38.2 单产品综合问题描述

作业 P_i 在满足以下两个约束条件的情况下，使加工 P_i 的时间最短。令作业 P_i 需要工序 P_{i1}, P_{i2}, $\cdots$, P_{ij}, $\cdots$, P_{il} ($l=1,2,\cdots$)。

① 满足 $P_{ij} \prec P_{ik}$ ($j,k=1,2,\cdots,l$)，$\prec$ 为偏序关系，即必须等待工序 P_{ij} 加工完毕后才能加工工序 P_{ik}。

② 对于机器集合 $M=\{M1,M2,\cdots,Mi,\cdots,Mk\}$。若 P_{ij} 在 Mi 上加工，则必须等待 P_{ij} 加工完毕 Mi 方可成为空闲机器。

由于 Mi ($i=1,2,\cdots,k$) 上加工的工序是已知的，E_i 为 Mi 上加工完最后工序的时间，问题的解可以表示为

$$T = \min\{\max\{E_1, E_2, \cdots, E_i, \cdots, E_k\}\} \tag{38-1}$$

38.3　瓶颈设备分析

38.3.1　瓶颈设备

一般来说，生产加工调度中的关键设备容易成为调度中的瓶颈，但对于关键设备也没有统一的定义[104]。关键设备的衡量指标应包括负荷的大小、资源竞争的程度，以及对生产成本的影响程度。一些文献采用设备利用率确定关键设备，有可能是不合理的，因为有时设备利用率可能接近 1，但是很少产生资源竞争。

各个设备上加工工序的加工时间求和，加工总时间最大的设备为关键设备[105]。一般情况下，关键设备上的工序对产品加工周期影响较大，因为它的实际加工总时间最长，要加工的工序可能比其他设备上要加工的工序多。特别地，当关键设备上的很多工序影响着其他设备上的工序加工时，关键设备就成为影响整个加工的瓶颈。

任何一个制造组织都可以看作将原材料转化为产品的系统。在这个系统中，制造资源是关键的部分。通常制造资源指生产产品所需的全部资源，如机器、工人、厂房和其他固定资产等[106]。按照一般的假设，在设计一个产品的加工时，可以使各个设备的加工能力相同，达到一种被加工的工序平衡，但这是一种理想的状态，很难实现。实际情况往往是有的机器加工能力较强，有的很薄弱。加工能力薄弱的一般就成为瓶颈，影响整个产品的生产，因此还出现知识化制造系统中生产瓶颈的分析[107]。

解决制造加工系统中的瓶颈是提高生产效率最有效的方法之一，但无论在学术界，还是实际生产中，人们对瓶颈的概念都没有很好地理解，也没有很完善的定义。一般地，瓶颈被理解为整个系统中加工能力最弱的那台机器。在某些情况下，缓冲区中在制品或待加工的工序数量最大的机器被视为瓶颈[108]。最优生产技术的瓶颈指的是实际生产能力小于或等于生产负荷的资源。因此，加工调度中的瓶颈设备通常被理解为加工效率最低或待加工工序数量最大的设备。瓶颈的确定必须建立在系统分析的基础上。

马尔可夫机器组成的串联制造系统的瓶颈指示器[109]定义为

$$\frac{\Delta PR_{BN}}{\Delta C_{BN}} = \max\left\{\frac{\Delta PR}{\Delta C_i}\right\}, \quad i \in [1, M] \tag{38-2}$$

其中，PR 为系统产出率；C_i 为机器 i 的产能；ΔPR 为一个(或一批)订单引起的系统产出率；ΔC_i 为该(批)订单消耗的机器 i 的产能。

式(38-2)中的瓶颈指示器是对只包含添加或去除加工的非装配制造系统提出的。实际的制造系统通常都是串联子系统和装配子系统的组合，因此瓶颈指示器的定义必须考虑生产工艺。尤其是，装配工艺关系将上述瓶颈指示器的定义进行修正，即

$$\frac{\Delta PR_{BN}}{\Delta C_{BN}} = \max\left\{\frac{\Delta PR_i}{\Delta C_i}\right\}, \quad i \in [1, M] \tag{38-3}$$

其中，PR_i 为相对于机器 i 的系统产出率，即机器 i 在单位时间生产出的装配件成品消耗的机器 i 的产能；C_i 为机器 i 的产能，即机器 i 在单位时间生产出的部件或零件树；ΔPR_i 为一个(批)订单引起的相对于机器 i 的系统产出率；ΔC_i 为该(批)订单消耗的机器 i 的产能。

瓶颈设备的确定有很多不统一的方法，但必须考虑装配工艺关系。

38.3.2　可增加瓶颈设备

实际调度中往往存在一台或多台瓶颈设备，影响整个生产调度的效率。一般来讲，对这种情况，求解方法也往往采用确定各个工序中工件的加工顺序[110]，因为综合调度有工艺路径约束和设备独占性约束。前者要求工件的每个加工必须在其前一个加工完成之后，这反映了工件不同加工之间的时间顺序关系，也保证了同一个工件不会同时在两台设备上加工。后者要求每台设备每次只能加工一个工件，并且一旦工件开始加工，不能中断，这反映了设备加工队列中工件的时序关系。由于这两个约束，有时某些设备上的加工路线是确定的，即设备上的所有工序都是唯一紧前、紧后的关系。特别地，当某个有确定加工路线设备的待加工工序数量最大时，该设备就成了瓶颈设备，但它是不可增加的。因为它的加工路线是不可改变的，每一个工序都必须在它的紧前工序加工完毕后才能加工。这时增加该设备不但不会提高它的加工效率，而且会造成资源的浪费，对整个产品的加工效率无济于事。若该设备上的某些工序之间存在并行性，即该台设备上的某些工序在某时间内可并行加工，则它是可增加的设备。可增加的设备对产品加工效率的影响一般也是不同的，有的比较明显，有的则同不可增加的设备一样，增加之后不能使整个生产效率得到明显的提高。

本章研究的瓶颈设备是可增加的，定义为增加与该设备作用相同的一台设备进行生产，使生产效率最大限度地提高的设备。因此，确定可增加瓶颈设备并通过增加该设备，就可以有效地提高产品的生产效率。

38.4　算法描述及复杂度分析

38.4.1　算法描述

因为并行是可增加的前提，所以该算法主要以并行工序为主。计算并行工序总的加工时间。

①标注所有工序节点的路线号。

在产品加工工艺树中，为每条从叶子到树根的路线标记不同的路线号。检索每条路线上的工序，为其标它们所在的路线号。若某些节点在不同的路线上，则它们所在的路线号全都被标注，即前面的不被后面的覆盖。

② 记录每台设备上并行工序的总数，计算并行工序的加工总时间。

每台设备都有一个工序集，既要在这台设备上加工的所有工序。计算每台设备工序集中独立工序的总数，并把该值设为每台设备上并行工序数量的初值 number。同时，计算它们的加工总时间，把该值作为每台设备上并行工序加工总时间的初值 sum。另外，为每台设备设两个增值 N、S，初值均为空，其中 N 为每台设备的并行工序数量的增值集，S 为并行工序加工总时间的增值集。

判断每台设备工序集中除独立工序以外的所有工序的并行工序数量，设每台设备的工序集中除独立工序以外的所有工序集为 set=$\{i_0, i_1, i_2, \cdots, i_{n-1}\}$。比较算法如下。

① 初始化 $n=0$，$N=\{i_n, i_{n+1}\}$。

② 若 $n<$maxnum，maxnum 为最大工序数，转③；否则，转④。

③ 比较 N 中的工序元素之间是否为并行工序，即比较它们的路线号。若为可并行工序，即路线号全不相同，$n=n+1$，将 i_{n+1} 放入集合 N 中，转③。

若为非可并行工序，即存在 1 个或多个相同的路线号，则比较与其有相同路线号工序的加工时间。若加工时间少的工序在 N 中，则用加工时间多的工序将其覆盖；$n=n+1$，将 i_{n+1} 放入 N 集合中，转③。

④ 把每台设备的并行工序数量的初值 number 与 N 集合中工序的个数相加后作为该设备并行工序的总数量。把每台设备的并行工序加工总时间的初值 sum 与 N 中工序的加工时间和该设备并行工序的加工总时间。

⑤ 判断每台设备并行工序加工总时间和并行工序总数，若某台设备的并行工序加工总时间最长，则其为可增加瓶颈设备，增加一台与其相同的设备，算法结束。

38.4.2　复杂度分析

本算法复杂之处在于较多的计算，较多的计算也没增加算法的复杂度。设产品加工工艺树中总工序数是 n ，分支数(即每一个叶子节点到树根节点的路线总数)为 I ，设备数为 m 。

1. 在产品加工工艺树中为所有工序节点标记路线号

除去根节点，剩余工序节点为 $n-1$ 。在最坏的情况下，路线总数为 $n-1$ 。此时，每条路线上的工序节点为 2 个，命名每条路线的路线号需 $n-1$ 次，为每条路线上的工序节点做路线号标记需 $2\times(n-1)$ 次，因此产品加工工艺树中所有的工序节点标记路线号的复杂度为 $O(n)$ 。假设把 n 个工序分到 I 个分支上，则每条路线上平均分配到的工序为 $(n-1)/I+1$ ，因此为所有的工序节点标记路线号的时间复杂度为 $O(I\times((n-1)/I+1))$ ，即 $O(n)$ 。

2. 判断每台设备上的并行工序

由于将总数为 n 的工序分配到 m 台设备上，因此平均每台设备上分配到的工序为 n/m 。判断每台设备上的并行工序为 $C_{n/m}^2$ 次，因此判断所有设备的并行工序的复杂度为 $O(m\times C_{n/m}^2)$ ，记录每台设备并行工序的个数为 $O(m)$ 。

因此，判断每台设备上的并行工序复杂度为 $O(mC_{n/m}^2)$ 。

3. 计算比较并行工序的加工总时间

一般每台设备上的并行工序最多为 n/m ，计算每台设备上并行工序的加工时间之和，需 $m(n/m-1)$ 次，即 $n-m$ ，但比较并行工序加工时间和的大小只需 $m-1$ 次，因此找出并行工序加工总时间最长的设备复杂度为 $O(\max\{n-m,m-1\})$ ，即 $O(n)$ 。

综上所述，最后的时间复杂度为 $O(\max\{mC_{n/m}^2,n\})$ 。

38.5　实例分析

设某产品加工工艺树实例如图 38-1 所示。其中方框内的数字分别为序号/设备/加工时间。

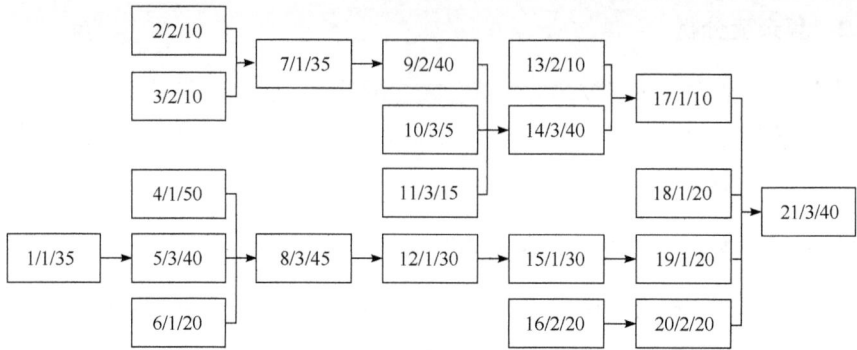

图 38-1　加工工艺树实例

假设存在设备资源的限制，即设备 $M1$、$M2$、$M3$ 各有一台。文献[13]中的算法是一种 JSSP 的近优解方案[111]，用该算法对图 38-1 中的实例进行加工调度，未增加设备的产品调度甘特图如图 38-2 所示。可以看出，整个产品的加工总时间为 300 工时。

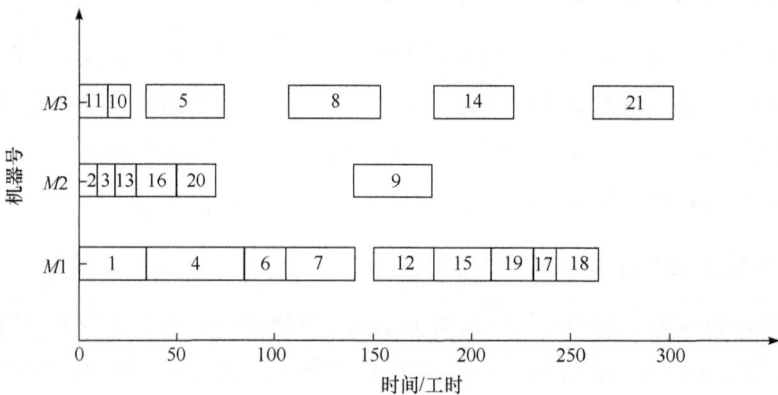

图 38-2　未增加设备的产品调度甘特图(时间为 300)

假设在资金充足的情况下，不做任何分析比较，直接增加一台与 $M2$ 相同的设备，即在 $M2$ 上加工的工序也可在该增加的设备上加工，仍然用文献[13]中的算法进行加工调度，得到的产品调度甘特图如图 38-3 所示。可以看出，增加与 $M2$ 相同的一台设备后，$M2$ 的设备之一在加工完工序 3 和工序 16 后，直到整个产品完工都处于空闲状态，最后整个产品的总工时也是 300 工时。

同样，直接增加一台与 $M3$ 相同的设备，得到的产品调度甘特图如图 38-4 所示。可以看出，增加与 $M3$ 相同的一台设备后，调度 $M3$ 的设备在加工完工序 10 之后，到整个产品完工一直都是空闲状态，最后总工时也是 300 工时。

因此，在直接增加与 $M2$ 或 $M3$ 相同的一台设备进行加工调度后，整个产品的生产效率并没有提高，而且还会造成资源的浪费、经济的损失。这是企业不愿意看到的结果。

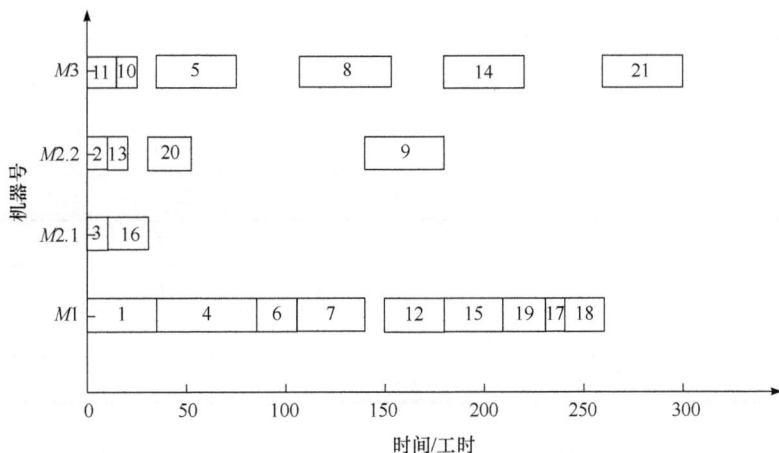

图 38-3 增加 $M2$ 后的产品调度甘特图(300 工时)

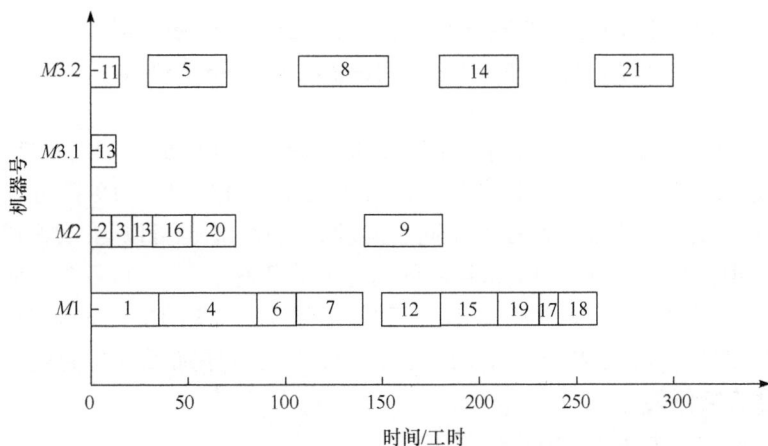

图 38-4 增加 $M3$ 后的产品调度甘特图(300 工时)

既然增加与 $M2$ 或 $M3$ 相同的设备，产品的生产效率没有提高，是否可增加的瓶颈设备就一定是 $M1$ 下面采用提出的算法进行分析，判断可增加的瓶颈设备，根据算法，首先为每个叶子工序到根工序节点的路线命名路线号(表 38-1)。

表 38-1　路线号

路线	路线号
1~21	7
2~21	1
3~21	2
4~21	4
6~21	9
13~21	3
10~21	5
11~21	6
18~21	8
16~21	10

然后，执行第一步，得到所有工序被标记的路线号的结果，如表 38-2 所示。三台设备的并行工序的加工时间和并行工序的数量初值分别为

$M1$：$\text{sum1}=T1+T4+T6+T18=35+50+20+20=125$，$\text{number1}=4$

$M2$：$\text{sum2}=T2+T3+T13+T16=10+10+10+20=50$，$\text{number2}=4$

$M3$：$\text{sum3}=T11+T10=15+5=20$，$\text{number3}=2$

三台设备除去独立工序后的工序集分别为 set1={7,12,15,19,17}、set2={20,9}、set3={5,8,14,21}。set1 集合中的工序 7 分别与工序 12、15、19 都可以并行，因为工序 7 的路线号与三者各不相同。同理，工序 17 也可以与工序 12、15、19 并行，但工序 12、15、19 相互之间为非并行工序，因为工序 7 的加工时间 35 工时大于工序 17 的加工时间 10 工时，工序 12、15 的加工时间 30 工时大于工序 19 的加工时间 20 工时，所以设备 $M1$ 并行工序加工时间的增值和并行工序数量的增值为

$M1$：$s1=T7+T12=35+30=65$，$n1=2$

同样可得，设备 $M2$ 和 $M3$ 并行工序加工时间的增值和并行工序数量的增值，即

$M2$：$s2=T20+T9=60$，$n2=2$

$M3$：$s3=T8+T14=45+40=85$，$n3=2$

最后，三台设备总的并行工序加工的总时间和总的并行工序的数量分别为

$\text{sum}M1=125+65=190$，$\text{number}M1=4+2=6$

$\text{sum}M2=50+60=110$，$\text{number}M2=4+2=6$

$\text{sum}M3=20+85=105$，$\text{number}M3=2+2=4$

表 38-2　各个工序所在的路线号

工序	1	2	3	4	5	6	7	8	9	10	11
路线号	7	1	2	4	7	9	1 2	4 7 9	1 2	5	6

工序	12	13	14	15	16	17	18	19	20	21
路线号	4 7 9	3	1 2 5 6	4 7 9	10	1 2 3 5 6	8	4 7 9	10	1 2 3 4 5 6 7 8 9 10

因为 $M1$ 的并行加工总时间为 190 工时，大于 $M2$ 和 $M3$ 的并行工序加工总时间，因此可增加瓶颈设备 $M1$，增加一台与 $M1$ 相同的设备进行调度，得到的产品调度甘特图如图 38-5 所示。

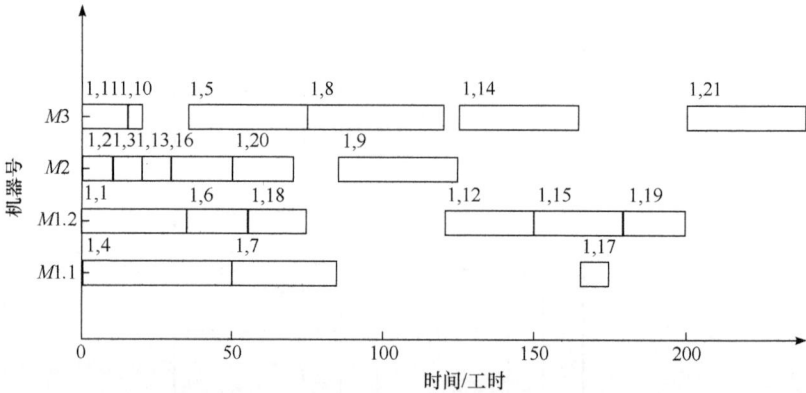

图 38-5　增加 $M1$ 后的产品调度甘特图(240 工时)

可以看出，增加与 $M1$ 相同的一台设备后进行调度，整个产品的加工周期为240 工时，缩短 60 工时，效率提高 20%，并且相对于增加与 $M2$、$M3$ 相同的一台设备，设备的利用率较高，没有造成太大的资源浪费。

在现代企业生产中，增加必要的瓶颈设备已成为提高调度效率的方法之一，但关键是确定可增加瓶颈设备。通过分析及实例验证，本章方法的约束条件较少，不会增加算法的复杂度，而且可获得比较满意的结果。特别是，当某一台加工设备上待加工的作业特别多且并行性较高时，算法的效果会更好。

38.6　本 章 小 结

本章介绍瓶颈设备，并给出可增加瓶颈设备的定义，说明瓶颈设备与可增加瓶颈设备的区别；提出基于并行工序确定可增加瓶颈设备的算法，给出算法的描述及复杂度分析，最后给出调度的实例验证和比较分析。通过分析及实例验证比较可以看出，并行工序的加工总时间对判断可增加的瓶颈设备起着关键作用，提出的算法对寻找综合调度问题的可增加瓶颈设备能够得到较优的解。

第39章 基于紧前工序确定可增加瓶颈设备的调度算法

39.1 引 言

一般的综合调度中存在工序约束问题，即每道工序都必须在其紧前工序加工完后，方可开始加工；任何一种产品加工调度的总时间都不是无限长的，在总时间有一定限度的前提下，一道工序的加工时间(包括开始加工时间和需要的加工时间)，必定影响此工序的紧前、紧后工序的时间，从而影响整个产品的加工总时间。

本章研究紧前工序对可增加瓶颈设备的影响，同时提出一种主要考虑紧前工序的影响来寻找可增加瓶颈设备的算法。

39.2 多作业综合调度问题描述

作业集合 $P = \{P_1, P_2, \cdots, P_i, \cdots, P_n\}$。加工作业 $P_i (P_i \in P, 1 \leqslant i \leqslant n)$ 需要工序 P_{i1}, $P_{i2}, \cdots, P_{ij}, \cdots, P_{il}$ ($l = 1, 2, \cdots$)。

所有工序需要在 m 个机器($M1, M2, \cdots, Mi, \cdots, Mm$)上加工，有如下要求。

① 一台设备在某一时刻只能加工一道工序。

② 一道工序在某一时刻只能被一台设备加工。

③ 一台设备一旦加工某道工序，则直到该工序加工完毕后，这台设备才能加工其他工序。

④ 每道工序都必须在其紧前工序加工完后，方可开始加工。

⑤ 当上一道工序加工完后，立即送下一道工序加工。

⑥ 每道工序的加工时间已知，且与加工顺序无关。

⑦ 允许工序之间等待，允许设备在工序达到之前闲置。

由于在机器 Mi ($i = 1, 2, \cdots, m$)上加工的工序是已知的，设 E_i 为在 Mi 上加工完最后工序的时间，则问题的解可表示为

$$T = \min\{\max\{E_1, E_2, \cdots, E_i, \cdots, E_m\}\} \tag{39-1}$$

39.3　紧前工序的分析

在综合调度中，每道工序都必须在其紧前工序之后加工，如图 39-1 为 B 产品的加工工艺树，紧前工序如表 39-1 所示。

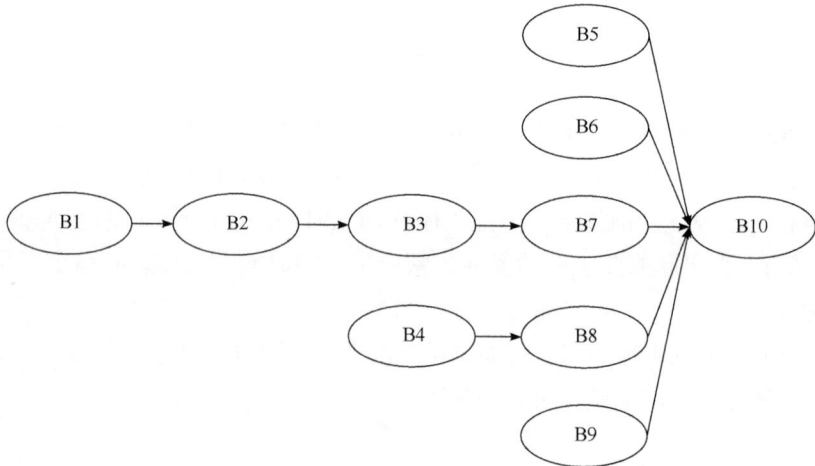

图 39-1　B 产品的加工工艺树

表 39-1　紧前工序表

工序	紧前工序
B1	无
B2	B1
B3	B2
B4	无
B5	无
B6	无
B7	B3
B8	B4
B9	无
B10	B5 B6 B7 B8 B9

设备 M1 上的工序为 B1、B4、B5、B8、B9；M2 上的工序为 B2、B3、B6、B7、B9。因为 B1 为 B2 的紧前工序，B2 必须在 B1 加工完成后才能加工，因此 M1 再加工 B1 时，M2 必须等待，当 M1 加工完 B1，M2 开始加工 B2，直到最后

B10 的加工时间受 B5、B6、B7、B8、B9 的影响。

在一个相互紧密联系的调度系统中，设备的等待和阻塞是相互的，因此一台设备如果处在加工阶段，即不是等待或阻塞状态，持续加工的时间越长，该台设备造成其他加工设备等待或阻塞的可能性就越大，因为正在加工的工序很可能就是其他设备上将要加工工序的紧前工序。由此看来，在很多个时刻最长持续加工时间的设备成为瓶颈设备的可能性较大，从而紧前工序对产品的加工调度总时间起着非常重要的作用。

39.4　算法描述及复杂度分析

39.4.1　算法描述

因为并行是可增加的前提，因此该算法的前提是并行工序，同时重点考虑紧前工序的影响。

①判断每台设备上的并行工序并计算每台设备上并行工序的加工总时间。

根据第 38 章中的算法计算判断每台设备上的并行工序，并计算它们总的加工时间。

②计算每台设备上并行工序中的工序为另外设备工序紧前工序的个数。

在第 1 步中每台设备上的并行工序已经得出，计算每台设备并行工序中不与紧前工序在同一设备上的并行工序个数。

③比较每台设备的并行工序加工总时间和并行工序中为另外设备工序的紧前工序的个数，并行工序加工总时间最长的设备为可增加瓶颈设备；若并行工序加工的总时间相等，则选并行工序中是另外设备工序紧前工序的个数较多的设备为可增加的瓶颈设备。

39.4.2　复杂度分析

设产品加工工艺树中总工序数是 n，分支数(即每一个叶子节点到树根节点的路线总数)为 I，设备数为 m。通常情况是把 n 个工序平均分配到 m 个设备上。

根据第 38 章中的分析，为产品加工工艺树中所有工序标记路线号的复杂度为 $O(n)$，判断每台设备上的并行工序复杂度为 $O(m\times C_{n/m}^2)$，因此找出并行工序加工总时间最长设备的复杂度为 $O(\max\{n-m,m-1\})$，即 $O(n)$。

计算每台设备上并行工序中是另外设备工序上的紧前工序的个数时，一台设备中的平均工序为 n/m，最坏的情况是全部为其他设备上工序的紧前工序，要记录 n/m 次，因为 $n>m$，因此复杂度为 $O(n)$。

最后一步，比较并行工序加工总时间的复杂度为 $O(C_m^2)$，比较紧前工序的

为 $O(C_m^2)$，因此时间复杂度为 $O(C_m^2)$。因为 $n>m$，所以最后的时间复杂度为 $O(\max\{n, m\times C_{n/m}^2\})$。

39.5　实 例 分 析

设产品 A、B、C 的加工工艺树如图 39-2 所示，其中，长方框内数字分别为产品工序号/加工设备号/工序加工时间。

未增加设备时的产品调度甘特图如图 39-3 所示。

可以看出，在未增加设备的情况下，所有产品的完工时间为 460 工时。下面根据提出的算法分析并找出可增加的瓶颈设备。

由产品加工工艺树可得，设备 $M1$ 上的工序集为{B1、A5、A6、B7、A2、C1、C6、C7、A13、A14、C11}，$M2$ 的工序集为{B5、B3、C2、B6、A1、A4、A8、C3、A12、A10、A15、C8、C10}，$M3$ 的工序集为{B2、B4、A3、B8、B9、A11、A9、A7、C9、C4、C5}。

如前所述，当一个工序与最后一个工序类似时，该道工序不参与并行工序的分类和运算，工序 A14 类似于产品 A 的最后一道工序 A15，工序 B7、B8 类似于产品 B 的最后一道工序 B9，工序 C10 类似于产品 C 的最后一道工序 C11，由此可得各设备并行工序及并行工序的加工总时间，如表 39-2 所示。

表 39-2　设备的并行工序及并行工序的加工总时间

设备	并行工序	并行工序加工总时间/工时
$M1$	B1 A5 A13 A2 C1 C6 C7	200
$M2$	B5 B3 C8 A8 A12 C3 A10	200
$M3$	B4 A3 A9 A7 C9 C4 C5	180

由表 39-2 可以看出，$M1$ 的并行工序加工总时间为 200 工时，与 $M2$ 的并行工序加工总时间相同，且大于 $M3$ 并行工序加工总时间，因此接着分析比较设备 $M1$ 和 $M2$ 上的紧前工序，如表 39-3 所示。

表 39-3　设备上的紧前工序

设备	紧前工序	紧前工序的个数
$M1$	B1 A5 A2 C1 C6 C7	6
$M2$	B5 B3 C8 A8 A12 C3 A10	7

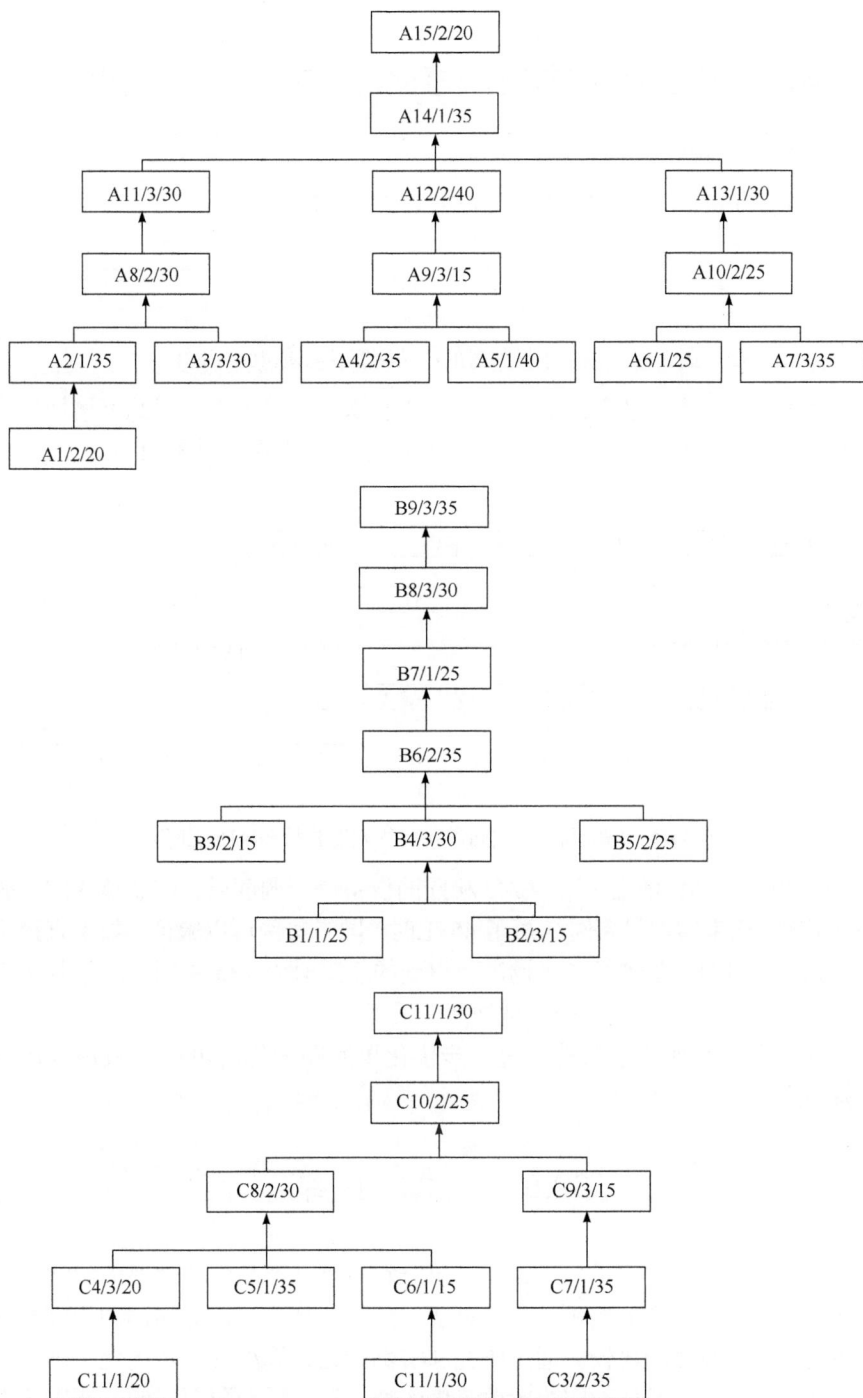

图 39-2　产品 A、B、C 的加工工艺树

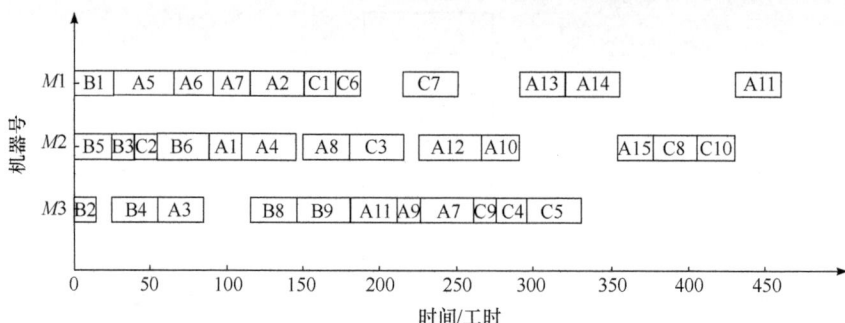

图 39-3　设备不增加时的产品调度甘特图(460 工时)

因为 $M1$ 的紧前工序个数是 6，小于 $M2$ 的紧前工序个数，因此可增加瓶颈设备为 $M2$，增加一台与 $M2$ 相同的设备进行调度，甘特图如图 39-4 所示。

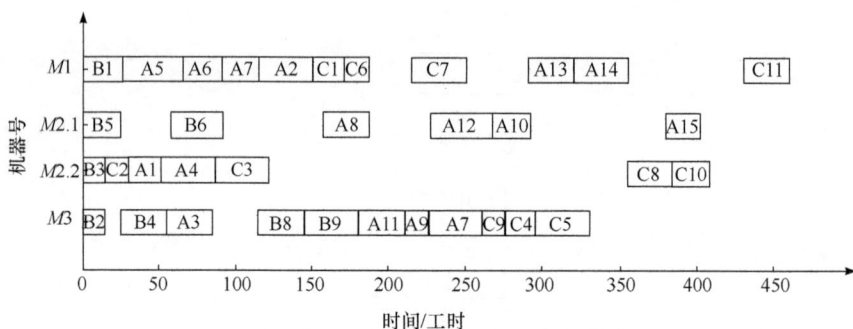

图 39-4　增加与 $M2$ 相同设备后的调度甘特图(415 工时)

由图 39-4 可知，增加一台与 $M2$ 相同的设备进行调度后，产品总的加工时间为 415 工时，比未增加设备时缩短了 45 工时。同时实例可以验证，如果直接增加一台与 $M1$ 相同的设备进行加工调度，得到的总工时为 435 工时，较增加 $M2$ 多出 20 工时，因此 $M2$ 为较优的可增加瓶颈设备。

该算法没有增加约束条件，进一步优化了判断较优的可增加瓶颈设备的算法，易于应用。

39.6　本章小结

本章对紧前工序进行了分析，重点研究它对整个产品生产效率的影响，提出基于紧前工序确定可增加瓶颈设备的算法，给出了算法设计的描述和相应的复杂度，并进行实例验证和比较，通过研究和实例验证，算法进一步优化了确定可增加瓶颈设备的方法。另外，因为紧前工序的加工涉及瞬间瓶颈问题，所以本章可作为研究在动态综合调度中确定可增加瓶颈设备的基础。

第40章 复杂单产品确定可增加瓶颈设备的调度算法

40.1 引　言

一般的调度问题是每种加工设备一台[86]，且同一时间只能加工一道工序，即每种加工设备都属于一种瓶颈设备。企业为了提高生产效率，往往需要通过增加设备实现，但是由于设备高额的成本和折旧费用，企业不可能盲目地增加设备，因此研究通过增加一台有效提高生产效率的可增加瓶颈设备有理论和实际意义。

通过研究发现，目前没有较好判断复杂产品加工和装配综合调度时可增加瓶颈设备的方法。谢志强等提出的通过计算每台设备上并行工序总加工时间确定复杂产品综合调度可增加瓶颈设备的方法，虽然在一定程度上缩短了产品加工时间，但是该方法计算设备上并行工序的总时间与实质并行时间有较大的出入，为了更好地确定复杂产品综合调度瓶颈设备并将所设计的方法应用到更为广泛的领域，本章提出通过计算设备上工序的静态并行总时间，选取静态并行总时间最大的设备为复杂产品综合调度可增加瓶颈设备的算法。本章提出的确定可增加瓶颈设备的算法，首先按产品工艺树模型计算工序的开始时间和结束时间，然后按重叠投影的方式计算工序的静态并行总时间，选出静态并行总时间最大的设备为可增加瓶颈设备。分析和实例表明提出的算法简单且效果更好。

40.2 复杂单产品的数学模型

定义 40-1(瓶颈设备)　一般的调度问题中每种加工设备都是单一的，并且同一时间只能加工一道工序，这样的设备称为瓶颈设备。

定义 40-2(可增加瓶颈设备)　通过增加一台已有的瓶颈设备，能使生产效率大幅度提高的设备。

定义 40-3(静态并行时间)　相同设备上工序初始重叠的加工时间，即按产品工艺树模型通过投影方式计算工序重叠的加工时间。

定义 40-4(实质并行时间)　相同设备上工序真正重叠的加工时间，即增加某瓶颈设备后调度过程中工序实际并行的加工时间。

给定一个产品和 m 台设备，此产品具有 n 道工序，需满足如下条件。

① 加工顺序按产品工艺树模型预先确定。

② 每道工序只能在一台设备上加工。

③ 一台设备一次只能加工一道工序。

④ 任何工序只能在其紧前工序加工完毕后，才能开始加工。

⑤ 一台设备上，一个工序完成后，才能开始另一个工序的加工。

本章讨论的复杂产品调度问题是在满足上述情况下，按照工艺树模型确定工序的静态并行总时间，确定静态并行总时间最大的设备为可增加瓶颈设备，通过增加一台设备使产品生产效率最大幅度地提高。

由于在 $Mi(i=1, 2,\cdots,k)$ 上加工的工序是已知的，设 E_i 为在 Mi 上加工完最后工序的时间，问题的数学描述为

$$T= \min\{\max\{E_1, E_2,\cdots, E_i,\cdots, E_k\}\} \tag{40-1}$$

40.3　算法分析与设计

40.3.1　算法分析

通过计算设备的静态并行时间判断可增加的瓶颈设备，需要将初始状态各设备上工序可能并行的时间求和。基本方法是，先按产品工艺树模型计算工序的开始时间和结束时间，然后按重叠投影的方式计算工序的静态并行总时间。

按照产品工艺树模型计算工序的开始时间和结束时间，用序对中第一元素表示工序的开始时间，第二元素表示工序的结束时间。为计算设备上工序初始静态并行总时间，首先对同一设备上的所有工序序对两两求交集，计算出可能并行的时间段，然后对所有可能并行的时间段求并集，计算出该设备初始静态并行总时间，比较各设备初始静态并行总时间，其中最大的设备为可增加瓶颈设备。

由于产品总工序数是 n，设备数是 m，则每台设备平均有 n/m 个工序，每台设备上的工序序对两两求交集需要计算 $C_{n/m}^2$ 次，其算法复杂度为 $O(n^2)$。由于这样计算出的交集可能存在重复计算的部分，因此需要对所有的交集求并集，一般可采用两两交集求并集的方法。此时需要计算 $C_{C_{n/m}^2}^2$ 次，其算法复杂度达到 $O(n^4)$。

为了降低算法复杂度，本章设计了新的算法：按工序的开始时间由小到大对同一设备上的所有工序序对排序，按照已排顺序对序对两两求交集，计算出可能并行的时间段，由于这些时间段可能存在重叠，为了剔除重叠产生的重复计算，把时间段按行存入矩阵；由于矩阵中每一列的元素起始时间相同，通过将矩阵中一列元素从上到下求并集，以此去掉并行时间段重叠部分，可以得到该设备初始静态并行总时间。

40.3.2 算法设计

算法具体步骤如下。

步骤 1，输入设备及产品工序的数据，建立复杂产品的工艺树模型结构。

步骤 2，按照工艺树模型计算工序的开始时间和结束时间。

步骤 3，对同一设备上的工序采用重叠投影方式计算工序的静态并行总时间。

① 按照工序开始时间由小到大对各个工序进行排序，开始时间相同的工序之间顺序任意，用序对 (s_{i1}, s_{i2}) 记录工序的开始时间和结束时间，其中 i 表示设备上的按照工序开始时间由小到大排序的第 i 个工序。

② 计算同一设备上两两工序的重叠时间段，取 (s_{i1}, s_{i2}) 依次与 (s_{j1}, s_{j2}) $(i < j)$ 做交集运算，将重叠时间段 $(s_{j1}, \min\{s_{i2}, s_{j2}\})$ 赋值给 k 阶矩阵元素 a_{ij}，其中 k 为该设备上的工序数。当 $\min\{s_{i2}, s_{j2}\} \leqslant s_{j1}$ 时，不存在重叠时间。此时，将重叠时间段记为 Φ（Φ 表示空集），得到的 k 阶矩阵实际上是一个严格上三角矩阵。

③ 由于工序序对是按照工序开始时间由小到大排序的，因此 k 阶矩阵每一列元素起始时间相同，且各列元素起始时间逐渐增大。按列取出矩阵上非 Φ 元素，则它们是按起始时间由小到大排序的重叠时间段。按已排重叠时间段的顺序依次计算这些重叠时间段的并集。设 (s_{i1}, s_{i2}) 和 (s_{j1}, s_{j2}) 是前后相邻的两个重叠时间段，每次计算有三种情况。第一种情况是两个重叠时间段是包含关系，得到的并集是较大的重叠时间段，即若 $(s_{i1}, s_{i2}) \supset (s_{j1}, s_{j2})$，则两者的并集是 (s_{i1}, s_{i2})；第二种情况是两个重叠时间段存在交集关系，得到并集的起始时间是排在前面重叠时间段的开始时间，结束时间是后面重叠时间段的结束时间，即若 $(s_{i1}, s_{i2}) \cap (s_{j1}, s_{j2}) = \Phi$，则两者的并集是 (s_{i1}, s_{j2})；第三种情况是无共同元素，得到的并集就是两个重叠时间段。通过以上分析，三种情况计算重叠时间段并集的结果始终排在未计算并集的重叠时间段序列之前，因此循环并集计算，可得到该设备上所有重叠时间段的并集。

把设备上重叠时间段并集中各时间段的结束时间减去起始时间，再把得到的结果累加求和可失得到设备静态并行总时间。该时间作为最后判断可增加瓶颈设备的依据。

④ 判断是否还有设备没有计算静态并行总时间，若有则转到 3；否则，转到 5。

⑤ 选取静态并行总时间最大的设备为可增加瓶颈设备，计算增加该设备后的调度结果，算法结束。

算法流程如图 40-1 所示。

```
                          ┌─────────┐
                          │  开始   │
                          └────┬────┘
                               │
                  ┌────────────────────────┐
                  │   输入设备及工序信息    │
                  └────────────┬───────────┘
                               │
              ┌────────────────────────────────┐
              │  建立复杂产品加工工艺树模型结构 │
              └────────────────┬───────────────┘
                               │
              ┌────────────────────────────────┐
              │   计算工序的开始时间和结束时间  │
              └────────────────┬───────────────┘
                               │
              ◇ 设备是否都计算出静态并行总时间 ◇──Y──┐
                               │ N                   │
              ┌────────────────────────────────┐    │
              │   按开始时间由小到大对工序排序  │    │
              └────────────────┬───────────────┘    │
                               │                     │
              ┌────────────────────────────────┐    │
              │ 用序对记录工序开始时间和结束时间│    │
              └────────────────┬───────────────┘    │
                               │                     │
              ◇  序对是否都计算出重叠时间段  ◇──Y──┐│
                               │ N                  ││
              ┌────────────────────────────────┐   ││
              │  对工序序对两两计算重叠时间段   │   ││
              └────────────────┬───────────────┘   ││
                               │                    ││
              ┌────────────────────────────────┐   ││
              │   把重叠时间段依次存入矩阵      │   ││
              └────────────────┬───────────────┘   ││
                               │                    ││
              ┌────────────────────────────────┐◄──┘│
              │     逐列取出重叠时间段          │    │
              └────────────────┬───────────────┘    │
                               │                     │
              ◇  重叠时间段是否都计算出并集  ◇──Y──┐│
                               │ N                  ││
              ┌────────────────────────────────┐   ││
              │     求重叠时间段的并集          │   ││
              └────────────────┬───────────────┘   ││
                               │                    ││
              ┌────────────────────────────────┐◄──┘│
              │      对并集时间段求和           │◄────┘
              └────────────────┬───────────────┘
                               │
              ┌────────────────────────────────┐
              │ 选出静态并行总时间最大的设备    │
              └────────────────┬───────────────┘
                               │
              ┌────────────────────────────────┐
              │   增加一台该设备进行调度        │
              └────────────────┬───────────────┘
                               │
              ┌────────────────────────────────┐
              │        输出甘特图               │
              └────────────────┬───────────────┘
                               │
                          ┌─────────┐
                          │  结束   │
                          └─────────┘
```

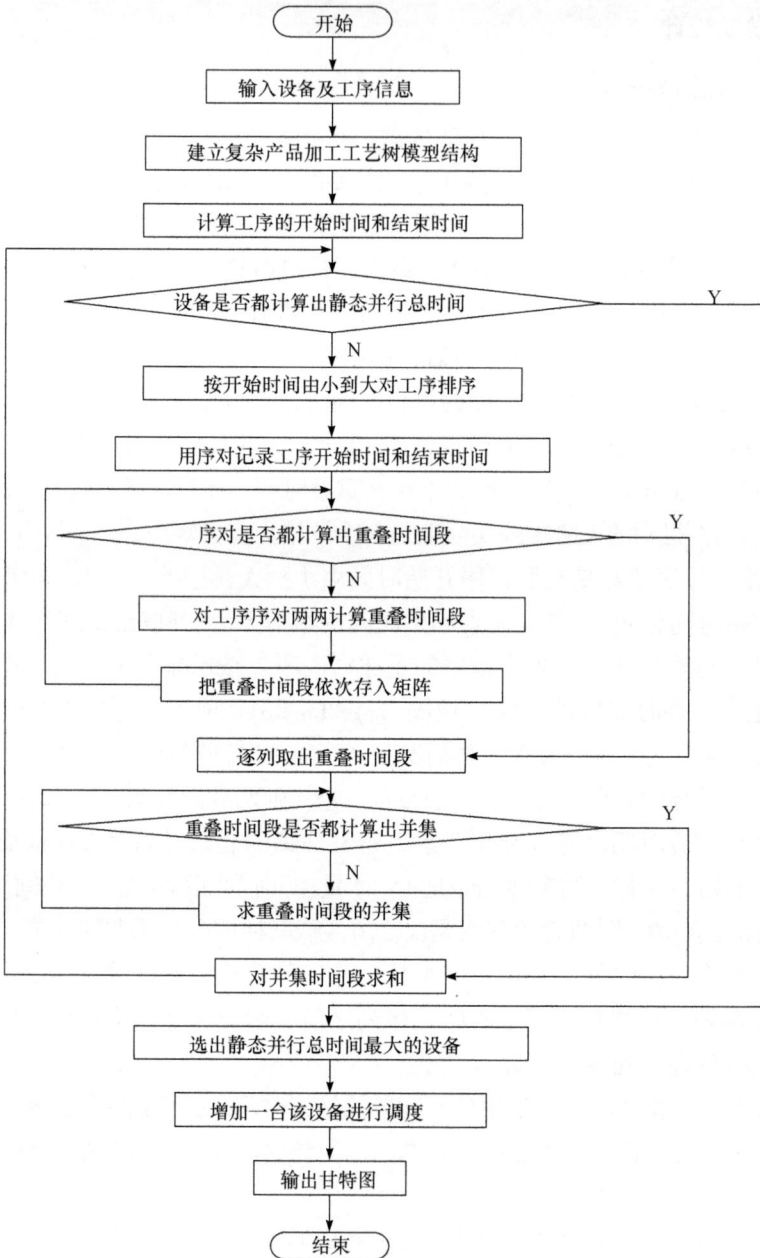

图 40-1　算法流程图

40.4　算法复杂度分析

40.4.1　计算工序开始时间和结束时间

由于工序总数是 n，最坏情况下每个工序最多有 $n–1$ 个紧前工序。该工序的静态开始时间为其紧前工序中最晚结束的静态时间，计算最晚结束的静态时间需要进行 $n–2$ 次紧前工序结束时间的比较，计算 n 个工序开始时间最多比较 $(n–2)(n–1)$ 次，因此其复杂度为 $O(n^2)$。由于每个工序加工时间是已知的，计算出工序的开始时间就能求出工序的结束时间，因此计算工序开始时间和结束时间的复杂度为 $O(n^2)$。

40.4.2　计算工序静态并行总时间

由于工序总数是 n，设备数是 m，因此每台设备上平均有 n/m 个工序，按照工序开始时间由小到大对工序排序，采用冒泡排序法的复杂度为 $O(n^2)$。对排序后工序静态加工时间序对两两计算重叠时间段，最多产生 $C_{n/m}^2$ 个重叠时间段，其复杂度为 $O(n^2)$。

40.4.3　计算重叠时间段的并集

计算设备上所有重叠时间段的并集，每次计算分三种情况。第一种情况，两个重叠时间段是包含关系，得到的并集是一个连续区间，其开始时间是两个重叠时间段最早的开始时间，因此得到的并集排在未计算并集的重叠时间段序列之前。第二种情况，两个重叠时间段存在交集关系，得到的并集的起始时间是排在前面重叠时间段的开始时间，结束时间是后面重叠时间段的结束时间，因此得到的并集也是一个连续区间，排在未计算并集的重叠时间段序列之前。第三种情况，无共同元素，得到的并集是两个连续的时间段，后面的时间段排在未计算并集的重叠时间段序列之前。因此，三种情况计算重叠时间段并集始终是未计算并集的重叠时间段序列与前面产生的一个连续时间段进行依次比较，因此计算设备上所有重叠时间段并集的运算次数最多是 $C_{n/m}^2$，即计算设备上所有重叠时间段并集的复杂度为 $O(n^2)$。

综合以上的分析，算法的复杂度为 $O(n^2)$，较一般算法复杂度 $O(n^4)$ 大大降低。

40.5　实　例　分　析

设产品 A 的加工工艺树模型如图 40-2 所示。其中，方框内数字分别为产品工序号/加工设备号/工序加工时间。采用本章提出算法，首先按照产品加工工艺树模型计算设备上工序的开始时间和结束时间，如表 40-1 所示。

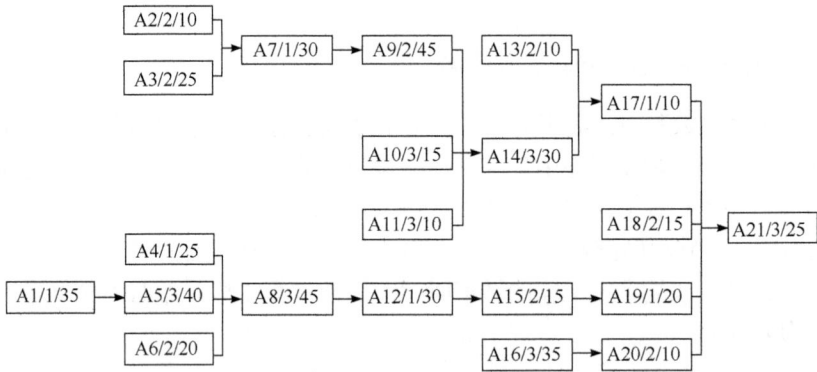

图 40-2　产品 A 的加工工艺树

表 40-1　工序的开始时间和结束时间

设备	工序号	开始时间/工时	结束时间/工时
$M1$	A1	0	35
$M1$	A4	0	25
$M1$	A7	25	55
$M1$	A12	120	150
$M1$	A17	130	140
$M1$	A19	165	185
$M2$	A2	0	10
$M2$	A3	0	25
$M2$	A6	0	20
$M2$	A9	55	100
$M2$	A13	0	10
$M2$	A15	150	165
$M2$	A18	0	15
$M2$	A20	35	45
$M3$	A5	35	75
$M3$	A8	75	120
$M3$	A10	0	15
$M3$	A11	0	10
$M3$	A14	100	130
$M3$	A16	0	35
$M3$	A21	185	210

　　然后，按照重叠投影方式计算每台设备上工序的静态并行总时间。这一步首先计算设备 $M1$ 上工序的静态并行总时间。

　　① 按照开始时间由小到大对设备 $M1$ 上的工序进行排序，用序对记录排序后工序的开始时间和结束时间，如表 40-2 所示。

表 40-2　工序开始时间和结束时间的序对

工序	序对编号	序对值
A1	(s_{11},s_{12})	(0,35)
A4	(s_{21},s_{22})	(0,25)
A7	(s_{31},s_{32})	(25,55)
A12	(s_{41},s_{42})	(120,150)
A17	(s_{51},s_{52})	(130,140)
A19	(s_{61},s_{62})	(165,185)

　　② 计算两两工序的重叠时间段，把得到的重叠时间段存入矩阵，(s_{11},s_{12}) 和 (s_{21},s_{22}) 的重叠时间段是 (0,25)，赋值给矩阵元素 a_{12}；(s_{11},s_{12}) 和 (s_{31},s_{32}) 的重叠时间段是 (25,35)，赋值给矩阵元素 a_{13}。由于 (s_{11},s_{12}) 和 (s_{41},s_{42}) 、(s_{51},s_{52})、(s_{61},s_{62}) 都不存在重叠时间，因此 a_{14}、a_{15}、a_{16} 均记为 Φ。同样的方法依次处理所有序对，得到的严格上三角矩阵为

$$\begin{bmatrix} (0,25) & (25,35) & \Phi & \Phi & \Phi \\ & \Phi & \Phi & \Phi & \Phi \\ & & \Phi & \Phi & \Phi \\ & & & (130,140) & \Phi \\ & & & & \Phi \end{bmatrix}$$

　　③ 按顺序取出矩阵每一列上的非 Φ 元素，即 (0,25)、(25,35)、(130,140)。对 (0,25) 和 (25,35) 求并集，合并后的重叠时间段是 (0,35)。由于 (0,35) 和 (130,140) 无共同元素，因此并集就是两个重叠时间段。

　　④ 用重叠时间段并集中各时间段的结束时间减去起始时间，即 35–0=35，140–130=10，对结果累加求和，即 35+10＝45。

　　然后，用同样的方法求出设备 $M2$ 和 $M3$ 的静态并行总时间分别为 20 工时和 35 工时。设备 $M2$ 和 $M3$ 的重叠时间段矩阵分别为

$$\begin{bmatrix} (0,10) & (0,10) & (0,10) & (0,10) & \varPhi & \varPhi & \varPhi \\ & (0,20) & (0,10) & (0,15) & \varPhi & \varPhi & \varPhi \\ & & (0,10) & (0,15) & \varPhi & \varPhi & \varPhi \\ & & & (0,10) & \varPhi & \varPhi & \varPhi \\ & & & & \varPhi & \varPhi & \varPhi \\ & & & & & \varPhi & \varPhi \\ & & & & & & \varPhi \end{bmatrix}$$

$$\begin{bmatrix} (0,10) & (0,15) & \varPhi & \varPhi & \varPhi & \varPhi \\ & (0,10) & \varPhi & \varPhi & \varPhi & \varPhi \\ & & \varPhi & \varPhi & \varPhi & \varPhi \\ & & & \varPhi & \varPhi & \varPhi \\ & & & & (100,120) & \varPhi \\ & & & & & \varPhi \end{bmatrix}$$

　　按照本章算法，选取静态并行总时间最大的设备为可增加瓶颈设备，即 $M1$ 为可增加瓶颈设备。计算设备上并行工序总加工时间，选取总时间最大的设备为可增加瓶颈设备，本例中即 $M3$ 为可增加瓶颈设备。

　　分别增加一台 $M1$ 和 $M3$ 对产品 A 进行调度，首先采用文献[26]中方法对相同设备进行调度，然后采用 ACPM[38] 进行调度，得到的甘特图如图 40-3 和图 40-4 所示。为了便于比较产品加工总时间，当不增加任何设备时，采用相同的调度算法，产品的调度甘特图如图 40-5 所示。

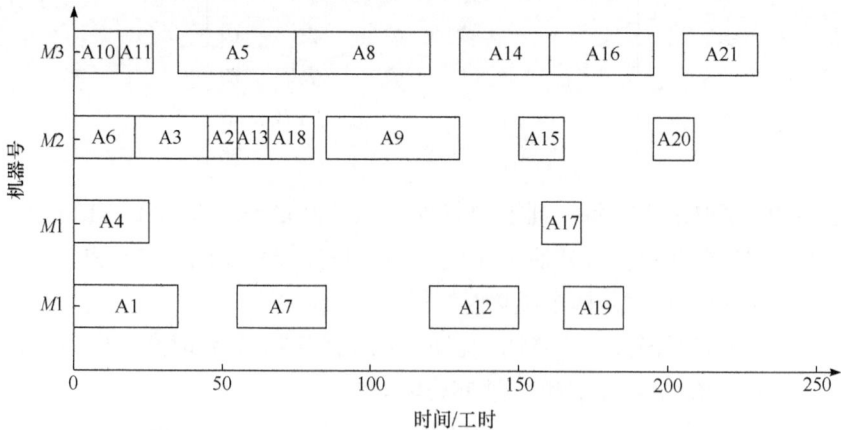

图 40-3　增加 $M1$ 设备的产品调度甘特图(230 工时)

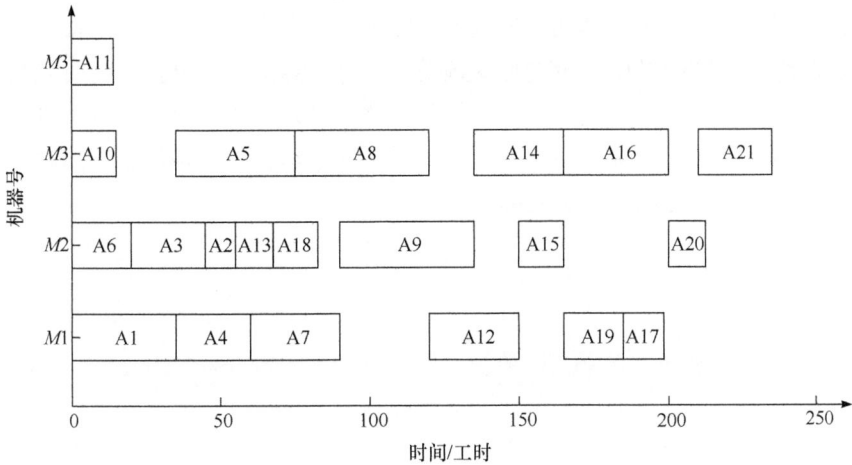

图 40-4　增加 $M3$ 设备的产品调度甘特图(235 工时)

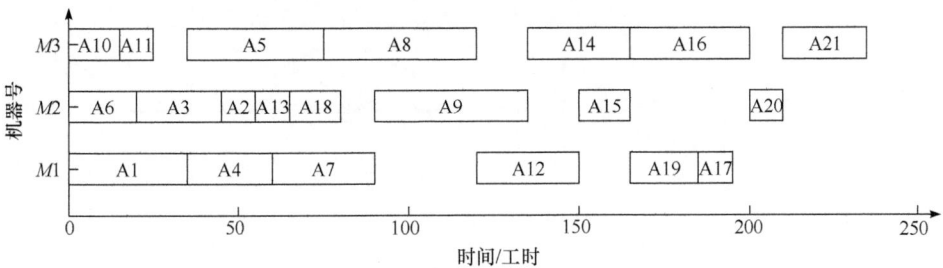

图 40-5　产品原始的调度甘特图(235 工时)

　　实例表明，采用本章提出的算法增加一台 $M1$ 设备，产品总加工时间为 230 工时，而采用文献[112]中的算法，增加一台 $M3$ 设备和不增加任何设备对产品进行调度时，产品总加工时间都为 235 工时。可见，增加 $M3$ 设备没有缩短总加工时间，也不会造成资源浪费。增加一台 $M1$ 设备比增加 $M3$ 设备所需的总加工时间节省 5 工时，增加一台 $M1$ 设备后工序的实质并行时间为 30 工时，增加一台 $M3$ 设备后工序的实质并行时间为 10 工时，可见设备 $M1$ 上工序并行加工时间较长。因此，通过计算静态并行总时间确定可增加瓶颈设备的算法能得到更好的结果。

40.6　本 章 小 结

　　通过分析和实例验证，本章提出的通过计算工序静态并行总时间确定复杂产品综合调度可增加瓶颈设备的方法使工序实质并行时间更长，产品总加工时间更短，最大限度地提高了产品加工的效率。因此，本章提出的算法可以很好的确定复杂产品综合调度问题中的可增加瓶颈设备，并且算法简练可行，为研究复杂产品调度中确定可增加瓶颈设备提供了新的思路。另外，本章提出的算法可以在二次复杂度的情况下求解区间集合并集运算，是并集运算的一种创新。因此，本章提出的算法具有重要的理论和实际意义。

第41章 动态产品确定可增加瓶颈设备的调度算法

41.1 引 言

实际中往往存在影响生产效率的瓶颈设备。企业为了提高生产效率,需要对调度瓶颈问题进行分析,解决调度瓶颈问题。解决调度瓶颈问题最有效的方法是增加可增加的瓶颈设备,由于随机事件的发生和新的加工产品的到达,可增加瓶颈设备也会随时变化。

随着社会对多品种、小批量产品需求的增加,复杂产品加工和装备综合调度逐渐成为研究的热点。Xie 等[113]提出通过计算每台设备上并行工序总加工时间,确定不同时加工的复杂产品动态综合调度中可增加瓶颈设备的方法。增加该方法确定的瓶颈设备,可以在一定程度上缩短产品的加工时间。由于该方法将设备上并行工序的加工时间和确定为总并行时间,与实际调度中的实质并行时间有较大的出入,影响确定动态可增加瓶颈设备。同时,该方法在进行动态处理时,将正在加工的工序中断、分割处理了,不符合一般的调度要求。为了解决该方法的不足,本章采用先将剩余产品(含剩余工序)和动态到达的产品构造虚拟工艺树;然后根据虚拟工艺树模型上工序的开始时间和结束时间,按重叠投影方式计算工序静态并行总时间;选取静态并行总时间最大的设备为可动态增加瓶颈设备;调度时,优先调度剩余工序,其余工序按 ACPM 确定调度顺序。由于静态并行总时间考虑调度后工序的可能位置,又由于优先调度剩余工序,可以保证正在被加工的工序不被中断。因此,本章提出的算法更符合实际,确定的可动态增加的瓶颈设备更合理。

41.2 问题描述与方案设计

基于静态并行时间确定动态综合调度中可增加瓶颈设备的问题主要有两部分内容,一是确定动态综合调度中可增加瓶颈设备,二是增加所确定设备后,存在相同设备的动态综合调度。

41.2.1　确定可动态增加的瓶颈设备描述

本章研究的动态综合调度是对不同时加工的复杂产品，加工和装配同时处理。确定可动态增加的瓶颈设备，是指新产品到来时，为了提高生产效率，根据当时准备处理工序情况，动态地确定可增加的设备，主要涉及两个方面的工作：一是动态确定瓶颈设备，二是动态确定可增加的瓶颈设备。

瓶颈设备主要是指加工时间最长的设备，但加工时间最长的设备不一定是可增加的。例如，某设备上的工序不能并行处理，增加该设备不能缩短产品加工时间。可增加设备是指该设备上存在可并行处理的工序，通过增加该设备减少加工时间。因此，确定可动态增加的瓶颈设备，是指新产品到来时，选择工序可并行处理时间较长的设备。通过增加所选择的设备，达到比增加任何其他一台设备减少加工时间多的目的。

41.2.2　存在相同设备的动态综合调度问题描述

由文献[114]可知，复杂产品动态综合调度时，工序是分批调度的，一般可描述为初始时，产品集合 $P^0 = \{ P_1^0, P_2^0, \cdots, P_k^0 \}$，$t_i$ 时刻，产品集合 $P^i = \{ P_{i1}^0, P_{i2}^0, \cdots, P_{ij}^0 \}$，且 $P^i \subseteq P^0$，同时又有新的产品 $P_1^i, P_2^i, \cdots, P_l^i$ 加入产品集合 P^i 中，使 $P^i = \{ P_{i1}^0, P_{i2}^0, \cdots, P_{ij}^0, P_1^i, P_2^i, \cdots, P_l^i \}$，或产品加工工艺临时调整，增加以前没有的工序。将 t_i 时刻所有没处理完的工序按工艺顺序构成一个虚拟工艺树，按ACPM，优先调度最长路径上的工序。

对所选择的工序，按文献[86]确定设备和开始加工时间。当工序只能由设备集合 $M = \{ M1, M2, \cdots, Mi, \cdots, Mk \}$ 中一台处理时，采用前沿贪心法，即工序尽早开始加工；当所选择的工序相由相同设备处理时，先通过设备加工时间均衡法确定工序的具体处理设备，再用前沿贪心法确定其开始加工时间。假设设备 Mi ($i = 1, 2, \cdots, k$) 的最后完工时间为 E_i，复杂产品动态综合调度问题的数学描述为

$$T = \min\{\max\{E_1, E_2, \cdots, E_i, \cdots, E_k\}\} \tag{41-1}$$

41.2.3　方案设计

根据剩余产品和动态到达的产品构造虚拟工艺树，按工序所在路径的静态位置，计算各工序的开始时间和结束时间。根据设备上工序的开始时间和结束时间，采用投影方式计算重叠时间，有重叠时间的工序是可并行处理的。重叠时间最多的设备是动态综合调度中可增加的瓶颈设备。增加选择的设备，在有相同设备的条件下，确定各工序的开始时间，形成调度甘特图。

41.3　算法描述与分析

41.3.1　算法描述

根据以上分析，得到算法的具体步骤如下。

① 输入设备及产品工序的数据，对剩余产品和动态到达的产品构造虚拟工艺树模型结构。

② 按照虚拟工艺树模型计算工序的开始时间和结束时间。

③ 对同一设备上的工序采用重叠投影方式计算工序的静态并行总时间，具体步骤如下。

第一，按照工序开始时间由小到大对各个工序进行排序，开始时间相同的工序之间顺序任意，用序对(s_{i1}, s_{i2})记录工序的开始时间和结束时间，其中 i 表示设备上的按照工序开始时间由小到大排序的第 i 个工序。

第二，计算同一设备上两两工序的重叠时间段，取(s_{i1}, s_{i2})依次与(s_{j1}, s_{j2}) $(i < j)$做交集运算，将重叠时间段$(s_{j1}, \min\{s_{i2}, s_{j2}\})$ 赋值给 k 阶矩阵元素 a_{ij}，其中 k 为该设备上的工序数。当 $\min\{s_{i2}, s_{j2}\} \leqslant s_{j1}$ 时，不存在重叠时间，此时将重叠时间段记为 Φ，所得到的 k 阶矩阵实际上是一个严格上三角矩阵。

第三，由于工序序对是按照工序开始时间由小到大排序的，因此 k 阶矩阵每一列上的元素起始时间相同，且各列元素起始时间逐渐增大。按列取出矩阵上非 Φ 元素，则取出的元素是按起始时间由小到大排序的重叠时间段。按已排重叠时间段的顺序计算这些重叠时间段的并集。循环并集计算，可得到该设备上所有重叠时间段的并集。

第四，计算设备静态并行总时间，该时间作为最后判断可增加瓶颈设备的依据。

④ 判断是否还有设备没有计算静态并行总时间，若有则转到第三；否则，转到第五。

⑤ 选取静态并行总时间最大的设备为可增加瓶颈设备，计算增加该设备后的调度结果，算法结束。

算法流程图如图 41-1 所示。

41.3.2　算法复杂度分析

1. 计算工序开始时间和结束时间

由于工序总数是 n，最坏情况下每个工序最多有 $n-1$ 个紧前工序。该工序的

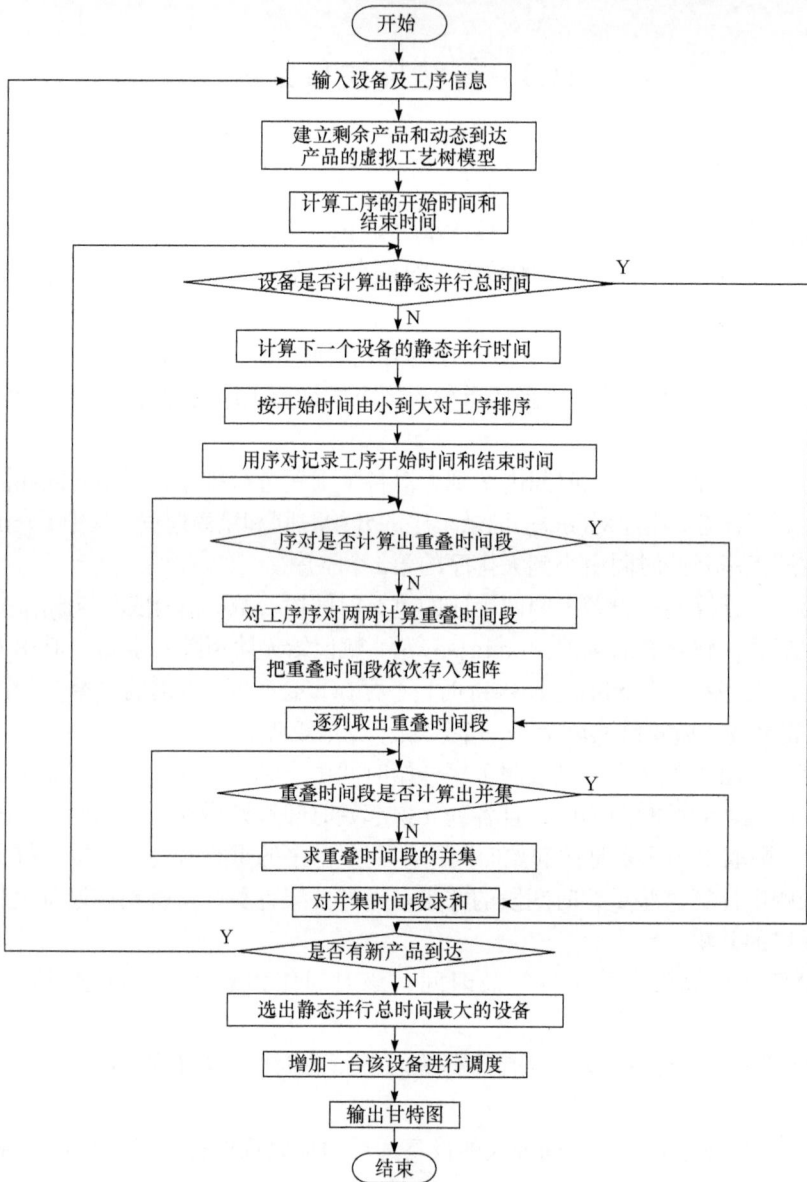

图 41-1　算法流程图

静态开始时间为其紧前工序中最晚结束的静态时间，计算最晚结束的静态时间需要进行 $n-2$ 次紧前工序结束时间的比较，计算 n 个工序开始时间最多比较 $(n-2)(n-1)$ 次，因此其复杂度为 $O(n^2)$，即计算工序开始时间和结束时间的复杂度就是 $O(n^2)$。

2. 计算工序静态并行总时间

静态并行时间复杂度分析由三部分组成。

① 由于工序总数是 n，设备数是 m，因此每台设备上平均有 n/m 个工序，对每台设备上的工序按照工序开始时间由小到大对工序排序，需要计算 $C_{n/m}^2 = [n(n-m)]/(2m^2)$ 次。因为 $1 \leqslant m \ll n$，所以其复杂度为 $O(n^2)$。

② 对排序后工序的时间序对两两计算重叠时间段,因为两个工序时间序对的重叠时间段的开始时间是两者开始时间的最大值，结束时间是两者结束时间的最小值，即需要比较 2 次，计算所有的重叠时间段需要比较重叠的次数是 $C_{n/m}^2$ 次，因此计算全部重叠时间的次数是 $2 C_{n/m}^2$，因此计算重叠时间段的复杂度为 $O(n^2)$。

③ 计算设备上所有重叠时间段的并集,由于按重叠时间段开始时间由小到大顺序计算，每一个重叠时间段的开始时间需要与已产生并集的最后时间段的结束时间比较，如果小于结束时间，则并集的最后时间为这两个时间段结束时间的最大值；否则，将此重叠时间段作为已产生并集的最后时间段。因此，每个重叠时间段需要比较 1 次开始时间和 1 次结束时间。根据上面分析，重叠时间段的个数为 $2 C_{n/m}^2$，因此计算设备上所有重叠时间段并集的次数为 $2(2 C_{n/m}^2 - 1) = 2\{2[n(n-m)]/(2m^2) - 1\}$。因为 $1 \leqslant m \ll n$，所以其复杂度为 $O(n^2)$。

综合以上分析，算法的复杂度为 $O(n^2)$。

41.4　动态调度实例分析

图 41-2 为产品 A 的加工工艺树，当采用 ACPM 对产品 A 进行调度且加工到 30 时，产品 B 到达。产品 B 的加工工艺树如图 41-3 所示。此时，工序 A1，A2，A3，A5，A6，A7，A10 已经加工完毕。工序 A4 和 A14 是剩余工序，且都剩余

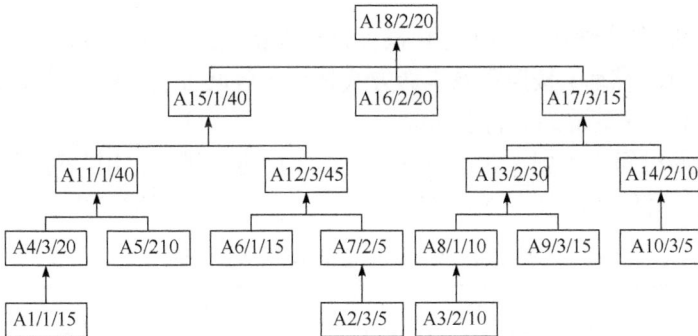

图 41-2　产品 A 的加工工艺树

5 工时没加工完。产品 A 剩余工序的工艺树和产品 B 重新构造成虚拟工艺树如图 41-4 所示。由于新产品的到达，可增加瓶颈设备可能已经发生变化，需要重新确定可增加瓶颈设备。

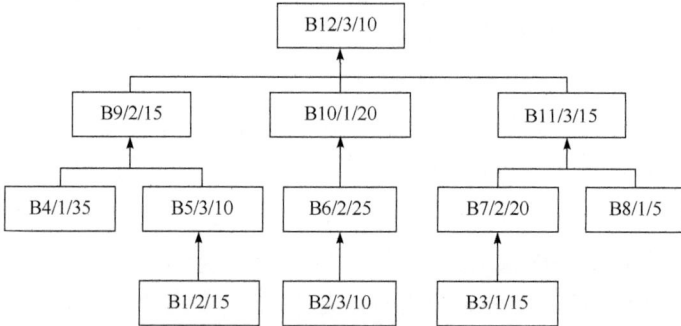

图 41-3　产品 B 的加工工艺树

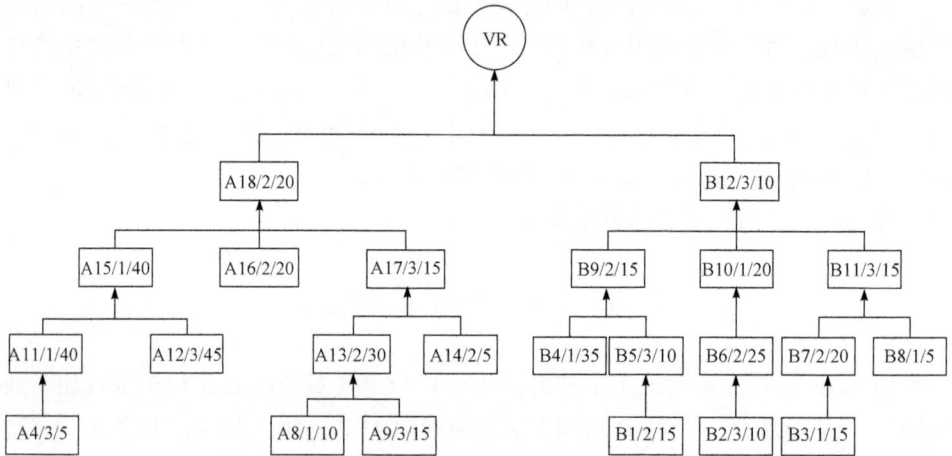

图 41-4　产品 A 的剩余工序和产品 B 的虚拟加工工艺树

按照算法，首先按照产品工艺树模型计算设备上工序的开始时间和结束时间，如表 41-1 所示。然后，按照重叠投影方式计算每台设备上工序的静态并行总时间和设备 $M1$ 上工序的静态并行总时间。

按照开始时间由小到大对设备 $M1$ 上的工序进行排序，用序对记录排序后工序的开始时间和结束时间，如表 41-2 所示。

表 41-1　工序的开始时间和结束时间

设备	工序号	开始时间/工时	结束时间/工时
$M1$	A8	0	10
$M1$	A11	5	45
$M1$	A15	45	85

续表

设备	工序号	开始时间/工时	结束时间/工时
$M1$	B3	0	15
$M1$	B4	0	35
$M1$	B8	0	5
$M1$	B10	35	55
$M2$	A14	0	5
$M2$	A13	15	45
$M2$	A16	0	20
$M2$	A18	85	105
$M2$	B1	0	15
$M2$	B6	10	35
$M2$	B7	15	35
$M2$	B9	35	50
$M3$	A4	0	5
$M3$	A9	0	15
$M3$	A12	0	45
$M3$	A17	45	60
$M3$	B2	0	10
$M3$	B5	15	25
$M3$	B11	35	50
$M3$	B12	55	65

表 41-2　工序开始时间和结束时间的序对

工序	序对编号	序对值
A8	(s_{11},s_{12})	(0,10)
B3	(s_{21},s_{22})	(0,15)
B4	(s_{31},s_{32})	(0,35)
B8	(s_{41},s_{42})	(0, 5)
A11	(s_{51},s_{52})	(5,45)
B10	(s_{61},s_{62})	(35,55)
A15	(s_{71},s_{72})	(45,85)

计算设备 $M1$ 上已排序工序序对的重叠时间段，将这些时间段赋值给矩阵元素，把不存在并行时间的记为 Φ。设备 $M1$ 的重叠时间段矩阵为

$$
\begin{bmatrix}
(0,10) & (0,10) & (0,5) & (5,10) & \varPhi & \varPhi \\
 & (0,15) & (0,5) & (5,15) & \varPhi & \varPhi \\
 & & (0,5) & (5,35) & \varPhi & \varPhi \\
 & & & \varPhi & \varPhi & \varPhi \\
 & & & & (35,45) & \varPhi \\
 & & & & & (45,55)
\end{bmatrix}
$$

按顺序取出矩阵每一列的非空集元素，即(0,10)、(0,10)、(0,15)、(0,5)、(0,5)、(0,5)、(5,10)、(5,15)、(5,35)、(35,45)、(45,55)。对这些时间段取并集，即(0,10)∪(0,15)∪(0,5)∪(5,10)∪(5,15)∪(5,35)∪(35,45)∪(45,55)，并集结果是(0,55)，则设备 $M1$ 上的静态并行总时间就是 55 工时。

由于工序的不可中断性，当新产品到达时，A4 和 A14 正在加工，必须等剩余工序加工完毕才能加工新工序。因此，在考虑剩余工序后，设备 $M2$ 和 $M3$ 的静态并行总时间均为 45 工时。按照本章算法，选取静态并行总时间最大的设备为可增加瓶颈设备，即 $M1$ 为可增加瓶颈设备。

采用文献[113]中的方法计算设备上并行工序总加工时间，选取总时间最大的设备为可增加瓶颈设备，即 $M2$ 为可增加瓶颈设备。设备的并行工序和并行总时间如表41-3所示。

表 41-3　设备的并行工序和并行总时间

设备	并行工序	并行工序总加工时间/工时
$M1$	A8 B3 B4 B8 A11 B10	125
$M2$	A16 A14 B1 A13 A18 B6 B7 B9	150
$M3$	A4 A9 A12 B2 A17 B5 B11	115

如果不考虑产品 B，在产品 A 开始加工时，根据产品 A 计算设备的静态并行总时间，则设备 $M1$、$M2$ 和 $M3$ 的静态并行总时间分别为 40、50 和 60 工时，即 $M3$ 为静态可增加瓶颈设备。

下面对动态形成的虚拟工艺树，分别增加一台 $M1$ 或 $M2$ 调度。增加一台 $M1$ 得到的调度甘特图如图 41-5 所示。增加一台 $M2$ 得到的调度甘特图如图 41-6 所示。当产品 B 到达时，不重新确定可增加瓶颈设备，直接增加一台静态可增加瓶颈设备 $M3$，则动态形成的虚拟工艺树的调度甘特图如图 41-7 所示。

实例表明，采用本章算法增加一台 $M1$ 设备，虚拟工艺树的总加工时间为 180 工时，而采用文献[113]中的算法，增加一台 $M2$ 设备进行调度，虚拟工艺树的总加工时间为 190 工时，增加一台 $M1$ 设备比增加 $M2$ 设备所需的加工时间节省 10 工时。若当产品 B 到达时，不重新确定可增加瓶颈设备，直接增加一台静态可增

加瓶颈设备 $M3$，虚拟工艺树的总加工时间为 205 工时。因此，通过计算静态并行总时间确定动态可增加瓶颈设备的算法能得到更好的结果。

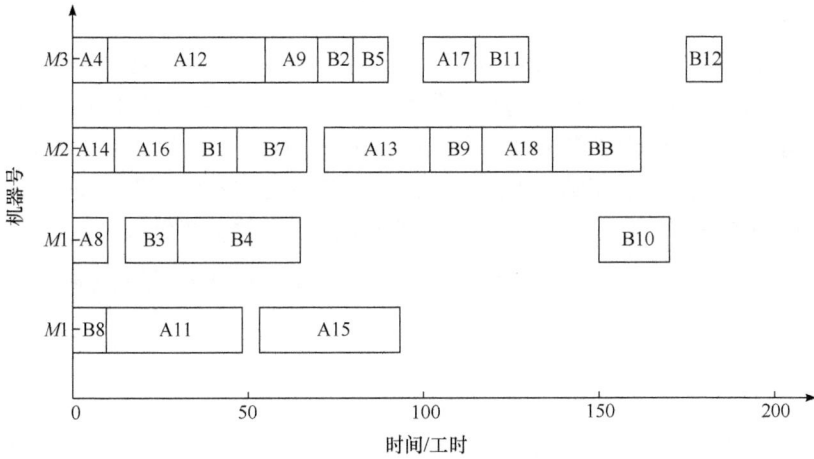

图 41-5　增加设备 $M1$ 后的调度甘特图(180 工时)

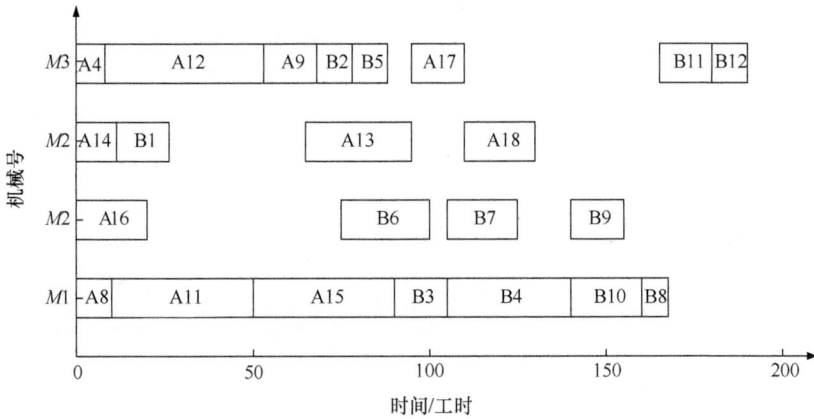

图 41-6　增加设备 $M2$ 后的调度甘特图(190 工时)

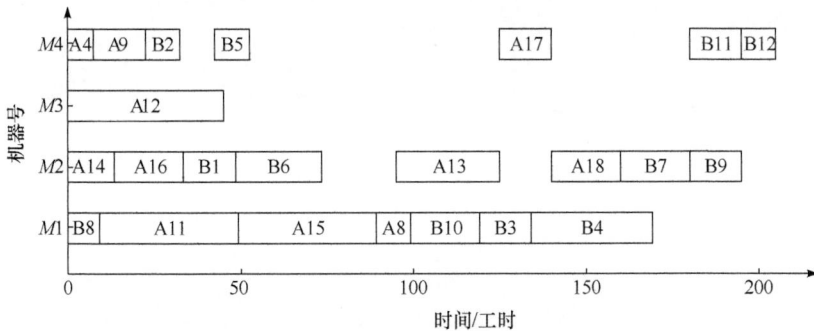

图 41-7　增加设备 $M3$ 后的调度甘特图(205 工时)

41.5　本　章　小　结

　　本章提出的基于静态并行时间确定动态综合调度中可增加瓶颈设备的算法，由于计算工序的静态并行总时间与实质并行时间出入较小，确定的可动态增加的瓶颈设备更合理。由于优先调度剩余工序，其余工序按 ACPM 调度，符合不中断剩余产品中正在加工工序的一般要求。因此，该算法在不增加算法复杂度的情况下，通过增加确定的瓶颈设备，可以更好地提高产品的生产效率。

参 考 文 献

[1] Adams J, Balas E, Zawack D. The shifting bottleneck procedure for Job-Shop scheduling. Management Sciences, 1988, 34: 391-401.

[2] Osman H I. Metaheuristics: a bibliography. Annals of Operations Research, 1996, 63: 513-623.

[3] 邢文训, 谢金星. 现代优化计算方法. 北京: 清华大学出版社，1999.

[4] Silberschatz A, Galvin P. Operating System Concepts. New York: Addison-Wesley, 1994.

[5] Brualdi R A. Introductory Combinatorics. North-Holland: Elsevier, 1977.

[6] 黄志, 黄文奇. 一种基于禁忌搜索方法的作业车间调度. 华中科技大学学报(自然科学版), 2005, 33(12): 109-111.

[7] 郝文育, 李亚白, 王宁生. 一种启发式车间作业调度算法的研究与应用. 机械科学与技术, 2005, 221(7): 861-864.

[8] 黄志, 黄文奇. 作业车间调度问题的一种混合式算法. 小型微型计算机系统, 2006, 27(1): 97-100.

[9] 师瑞峰, 周泓, 上官春霞. 一种求解 Job-Shop 问题的混合多目标遗传算法. 计算机工程与应用, 2005, 41(30): 1-5.

[10] 曾立平, 黄文奇. 求解 Job-Shop 调度问题的一种新的邻域搜索算法. 计算机研究与发展, 2005, 42(4): 582-587.

[11] Zou Z M, Li C X. Integrated and events-oriented Job-Shop scheduling. The International Journal of Advanced Manufacturing Technology, 2006, 29 (5): 551-556.

[12] Drobouchevitch I G, Strusevich V A. Heuristics for short route Job-Shop scheduling problems. Mathematical Methods of Operations Research, 1998, 48(3): 359-375.

[13] 谢志强, 刘胜辉, 乔佩利. 基于 ACPM 和 BFSM 的动态 Job-Shop 调度算法. 计算机研究与发展, 2003, 40(7): 977-983.

[14] 谢志强. 基于 ACPM 和 BFSM 的 Job-Shop 调度算法的研究与实现. 哈尔滨: 哈尔滨理工大学, 2002.

[15] 黄泽森. CIMS 环境下 Job-Shop 装配调度算法的研究. 哈尔滨: 哈尔滨理工大学, 1999.

[16] 乔佩利, 谢志强. 基于关键设备工序紧凑的工序分类、分批的 Job-Shop 调度算法. 机械工程学报, 2004, 40(8): 13-17.

[17] Della C F, Ghirardi M, Tadei R. An improved branch-and-bound algorithm for the two machine total completion time Flow-Shop problem. European Journal of Operational Research, 2002, 139: (2) 293-301.

[18] EI-Bouri A, Shah P. A neural network for dispatching rule selection in a Job-Shop. The International Journal of Advanced Manufacturing Technology, 2006, 31(3): 342-349.

[19] Gao J, Gen M, Sun L. Scheduling jobs and maintenances in flexible Job-Shop with a hybrid genetic algorithm. The International Journal of Advanced Manufacturing Technology, 2006, 17(4): 493-507.

[20] Amirthagadeswaran K S, Arunachalam V P. Improved solutions for Job-Shop scheduling problems through genetic algorithm with a different method of schedule deduction. The

International Journal of Advanced Manufacturing Technology, 2006, 28(5): 532-540.

[21] Mattfeld D C, Bierwirth C, Kopfer H. A search space analysis of the Job-Shop scheduling problem. Annals of Operations Research, 1999, 86: 441-453.

[22] Huang W Q, Kang Y. A short note on a simple search heuristic for the diskspacking problem. Annals of Operations Research, 2004, 131(1): 101-108.

[23] 谢志强, 周勇, 杨光. 动态生成优先工序集的多产品制造过程优化控制. 电机与控制学报, 2008, 12(6): 734-738.

[24] Wu C S, Li D C, Tsai T I. Applying the fuzzy ranking method to the shifting bottleneck procedure to solve scheduling problems of uncertainty. The International Journal of Advanced Manufacturing Technology, 2006, 31(1): 98-106.

[25] 谢志强, 刘秋杉, 丛景, 等. 基于缩短装配设备空闲时间的车间装配方法. 黑龙江大学自然科学学报, 2007, 24(3): 291-300.

[26] Xie Z Q, Ye G J. Study on Job-Shop scheduling with many function-same machines// Proceedings of the 2007 IEEE international Conference on Mechatronics and Automation, Harbin, 2007: 1278-1282.

[27] 孙志峻. 智能制造系统车间生产优化调度. 南京: 南京航空航天大学, 2002.

[28] Rabelo L, Sahinoglu M, Avula X. Flexible manufacturing systems scheduling using Q-learning// Proceedings of the World Congress on Neural Networks, San Diego, 2004: 378-385.

[29] Brizuel A C A, Sannomiya N. From the classical Job-Shop to a real problem: a genetic algorithm approach// Proceedings of the 39th IEEE Conference on Decision and Control, Sydney, 2000: 4174-4180.

[30] Wang L, Zheng D Z. A modified genetic algorithm for Job-Shop scheduling. International Journal Manufacturing Technology, 2002, 20(1): 72-76.

[31] Imed K, Slim H, Pierre B. Approach by localization and multi-objective evolutionary optimization for flexible Job-Shop scheduling problems. IEEE Transactions on Systems and Cybernetics-Part C: Applications and Reviews, 2002, 32(1): 1-13.

[32] 石威, 郑纬民. 相关任务图的均衡动态关键路径调度算法. 计算机学报, 2001, 24(9): 991-997.

[33] 范路桥, 常会友, 朱旭东. 一种改进的作业车间调度算法及其实现. 计算机集成制造系统, 2005, 11(5): 716-720.

[34] Xie Z Q. Scheduling algorithm of special assembly problems based on classifying operations// ADM, Harbin, 2006: 337-340.

[35] 张德富, 李新. 求解作业车间调度问题的快速启发式算法. 计算机集成制造系统, 2005, 11(2): 237-241.

[36] Peter B, Silvia H, Johann H, et al. Job-Shop scheduling with limited capacity buffers. OR Spectrum, 2006, 28(2): 151-176.

[37] 谢志强, 刘胜辉, 乔佩利. 电机产品加工的动态调度算法. 计算机集成制造系统, 2003, 9(6): 444-448.

[38] 谢志强, 杨静, 杨光, 等. 可动态生成具有优先级工序集的动态 Job-Shop 调度算法. 计算机学报, 2008, 31(3): 502-508.

[39] 熊禾根, 李建军, 孔建益, 等. 考虑工序相关性的动态 Job-Shop 调度问题启发式算法. 机械工程学报, 2006, 42(8): 50-55.

[40] 金锋赫, 孔繁森, 金东园. 基于设备可用时间约束的装配作业车间调度规则. 计算机集成制造系统, 2008, 14(9): 1727-1732.

[41] Xie Z Q, Wang P, Gui Z Y, et al. Integrated scheduling algorithm based on dynamic essential short path. Advances in Intelligent and Soft Computing, 2012, 169: 709-715.

[42] Xie Z Q, Yang G, Tan G Y. An algorithm of JSSP with dynamic collection of job with priority//International Technology and Innovation Conference 2006-Advanced Manufacturing Technologies, Hangzhou, 2006: 106-111.

[43] 柳毅, 叶春明. 模糊交货期 Flow-Shop 调度问题的改进微粒群算法. 哈尔滨工业大学学报, 2009, 41(1): 145-148.

[44] 何泽林, 叶春明. 模糊交货期Flow-Shop调度文化进化算法研究. 上海理工大学学报, 2009, 31(1): 99-102.

[45] 刘兴初, 赵千川, 郑大钟. 用GA算法解不同交货期窗口下的E/T调度问题. 清华大学学报, 2000, 40(7): 59-62.

[46] 范路桥, 常会友, 林荣辉. 有交货期的 Job-Shop 调度问题的改进倒排序算法. 计算机工程与应用, 2005, 41(4): 46-49.

[47] Brucker P. Resource-constrained project scheduling: notation, classification, models and methods. European Journal of Operational Research, 1999, 112(1): 3-41.

[48] Xie Z Q, Hao S Z, Ye G J, et al. A new algorithm for complex product flexible scheduling with constraint between jobs. Computers & Industrial Engineering, 2009, 57(3): 766-772.

[49] Dimitris B, Jay S. From fluid relaxations to practical algorithms for job shop scheduling: the makespan objective. Mathematical Programming, 2002, 92(1): 61-102.

[50] 熊锐, 陈浩勋, 胡保生. 一种生产计划与车间调度的集成模型及其拉氏松弛求解法. 西安电子科技大学学报, 1996, 23(4): 509-516.

[51] 姜思杰, 马玉林. 一种新的 Job-Shop 动态优化调度算法. 哈尔滨工业大学学报, 1998, 30(5): 62-64.

[52] 谢志强, 刘胜辉. 基于拟关键路径法和最佳适应调度算法的调度算法. 应用科技, 2003, 30(3): 36-38.

[53] Holthaus O. Scheduling in job shops with machine breakdowns: an experimental study. Computers & Industrial Engineering, 1999, 36 (1): 137-162.

[54] Yeo K K, Kitae P, Jesuk K. A symbiotic evolu-tionary algorithm for the integration of process planning and Job-Shop scheduling. Computers & Operations Research, 2006, 30(8): 1151-1171.

[55] Hurink J, Knust S. List scheduling in a parallel machine environment with precedence constraints and setup times. Operations Research Letters, 2001, 29(5): 231-239.

[56] Christoph S T. Job-Shop scheduling with alternative process plans. International Journal of Production Economics, 2005, 74 (1-3): 125-134.

[57] Herrmann J, Proth J M, Sauer N. Heuristics for unrelated machine scheduling with precedence constraints. European Journal of Operational Research, 1997, 102(3): 528-537.

[58] Cheng T C, Ding Q. Single machine scheduling with step-deteriorating process times. EJOR,

2001, 134(3): 623-630.

[59] 郑大钟, 赵千川. 离散事件动态系统. 北京: 清华大学出版社, 2001.

[60] Wang G Q, Cheng T C. An approximation algorithm for parallel machine scheduling with a common server. JORS, 2001, 52(2): 234-237.

[61] He Y, Tan Z Y. Ordinal on-line scheduling for maximizing the minimum machine completion time. Journal of Combinatorial Optimization, 2006, 6(2): 199-206.

[62] Lee Z Y, Leon J. Machine scheduling with a rate-modifying activity. EJOR, 2001, 128(1): 119-128.

[63] Sourd F, Nuijten W. Scheduling with tails and deadlines. Journal of Scheduling, 2001, 4(2): 105-121.

[64] 王磊, 黄文奇. 求解工件车间调度问题的一种新的邻域搜索算法. 计算机学报, 2005, (5): 809-816.

[65] Garey M, Johnson D, Sethi R.The complexity of Flow-Shop and Job-Shop scheduling. Mathematics of Operations Research, 1976, 1(2): 117-129.

[66] 张长胜, 孙吉贵, 欧阳丹彤, 等. 求解车间调度问题的自适应混合粒子群算法. 计算机学报, 2009, 32(11): 2137-2146.

[67] Goncalves J F, de Magalhaes M J, Resende M G C. A Hybrid genetic algorithm for the Job-Shop scheduling problems. European Journal of Operation Research, 2005, 167(1): 77-95.

[68] 崔健双, 李铁克. 求解作业车间调度问题的全局邻域搜索方法. 计算机集成制造系统, 2009, 15(7): 1383-1388.

[69] 谢志强.工件间有约束的复杂产品工序调度研究. 哈尔滨: 哈尔滨理工大学, 2008.

[70] Peter B, Sigrid K. Scheduling chains with identical jobs and constant delays on a single machine. Mathematical Methods of Operations Research, 2006, 63(1): 63-75.

[71] Munier A, Sourd F. Scheduling chains on a single machine with nonnegative time lags. Mathematical Methods of Operations Research, 2003, 53(7): 111-123.

[72] 谢志强, 莫涛, 谭光宇.非紧密衔接工序动态车间调度算法.机械工程学报, 2008, 44(1): 155-166.

[73] 余建军, 孙树栋, 刘易勇. 基于免疫算法的多目标柔性 Job-Shop 调度研究. 系统工程学报, 2007, 22(5): 511-519.

[74] 曾立平, 黄文奇. 一种求解车间作业调度问题的混合邻域结构搜索算法. 计算机科学, 2005, 32(5): 177-181.

[75] 金志勇, 周祖德, 胡业发. 基于多代理的车间调度系统研究. 机械工程与自动化, 2006, 139(6): 34-36.

[76] 刘琳, 谷寒雨, 席裕庚. 工件到达时间未知的动态车间滚动重调度. 机械工程学报, 2008, 44(1): 68-75.

[77] Mascis A, Pacciarelli D. Job-Shop scheduling with blocking and no-wait constraints. European Journal of Operational Research, 2002, 143(3): 498-517.

[78] Liu B, Wang L, Jin Y H. An effective hybrid particle swarm optimization for no-wait Flow-Shop scheduling. International Journal Advanced Manufacturing Technology, 2007, 31(9):1001-1011.

[79] Pan Q K, Wang L, Zhao B H. An improved iterated greedy algorithm for the no-wait Fow-Shop

scheduling problem with makespan criterion. International Journal Advanced Manufacturing Technology, 2008, 38(7):778-786.

[80] 谢志强, 李志敏, 郝淑珍, 等. 工序间存在零等待约束的复杂产品调度研究. 自动化学报, 2009, 35(7): 983-989.

[81] 王凤儒, 徐蔚文, 徐洪副. 用效率调度算法求解非标准作业车间调度问题. 计算机集成制造系统, 2001, 7(7): 12-15.

[82] 周燕飞, 王林博, 袁普及. 分段式车间作业调度算法. 机械科学与技术, 2002, 22(2): 183-185.

[83] Yu W C, Hoogeveen H, Lenstra J K. Minimizing make-span in a two-machine Flow-Shop with delays and unit-time operations is NP-hard. Journal of Scheduling, 2004, 7(5): 333-348.

[84] 王书锋, 邹益仁. 车间作业调度(JSSP)技术问题简明综述. 系统工程理论与实践, 2003, 1(1): 49-56.

[85] Albert Y Z. Scheduling: theory and applications. International Journal of Foundations of Computer Science, 2001, 12(5): 559-564.

[86] Xie Z Q, Ye G J, Zhang D L, et al. New nonstandard Job-Shop scheduling algorithm. Chinese Journal of Mechanical Engineering, 2008, 21(4): 97-100.

[87] Jansen K, Mastrolilli M, Solisoba R. Approximation algorithms for flexible Job-Shop problems. International Journal of Foundations of Computer Science, 2005, 16(2): 361-379.

[88] Garey M R, Johnson D S. Computers and Intractability: A Guide to the Theory of NP-Completeness. San Francisco: Wielly, 1979.

[89] 熊禾根, 李建军. 考虑工序相关性的 Job-Shop 调度问题及其析取图模型. 中国制造业信息化, 2006, 35(5): 6-9.

[90] 谢志强, 郝淑珍, 丛璟. 缩短空闲时间的动态装配调度优化控制方法. 电机与控制学报, 2008, 12(1): 69-73.

[91] Nabil N, Elsayed E A. Job-Shop scheduling with alternative machine. International Journal of Production Research, 1990, 28(9): 1595-1609.

[92] Kacem I, Hammadi S, Borne P. Approach by localization and multi-objective evolutionary optimization for flexible Job-Shop scheduling problems. IEEE Transactions on Systems, Man, and Cybernetics, Part C: Applications and Reviews, 2002, 32(1): 1-13.

[93] 张超勇, 饶运清, 李培根. 柔性车间调度问题的两级遗传算法. 机械工程学报, 2007, 43(4): 119-124.

[94] Bruker P, Schlie R. Job-Shop scheduling with multi-purpose machines. Computing, 1990, 45(4): 369-375.

[95] Nhu B H, Joc C T. Solving multiple-objective flexible Job-Shop problem by evolution and local search. IEEE Transactions On Systems, Man, and Cybernetics-Part C: Applications and Reviews, 2008, 38(5): 674-684.

[96] 刘晓冰, 吕强. 免疫克隆选择算法求解柔性生产调度问题. 控制与决策, 2008, 23(7): 781-785.

[97] Xia W J , Wu Z M. An effective hybrid optimization approach for multi-objective flexible Job-Shop scheduling problems. Computers and Industrial Engineering , 2005, 48(2): 409-425.

[98] Deming L. A genetic algorithm for flexible Job-Shop scheduling with fuzzy processing time. International Journal of Production Research, 2010, 48(10): 2995-3013.

[99] Wang S J, Zhou B H, Xi L F. A filtered-beam-search-based heuristic algorithm for flexible Job-Shop scheduling problem. International Journal of Production Research, 2008, 46(11): 3027- 3058.

[100] 谢志强, 杨静, 周勇, 等. 基于工序集动态关键路径多产品制造调度算法.计算机学报, 2011, 34(2): 406-412.

[101] 宾雪莲, 杨玉海, 金士尧. 一种基于分组与适当选取策略的实时多处理器系统的动态调度算法. 计算机学报, 2006, 29(1): 81-91.

[102] 谢志强, 常宁宁, 杨静. 基于交货期紧迫度的综合柔性调度算法. 机械工程学报, 2011, 47(22): 181-190.

[103] Ho T F, Li R K. Bottleneck-based heuristic dispatching rule for optimizing mixed TDD/IDD performance in various factories. International Journal of Advanced Manufacturing Technology, 2008, 36(7): 773-779.

[104] Krebs N, Barbier A, BillonPierron D, et al. Fabrication of sub-micrometer SIS junctions for radio astronomy. Applied Superconductivity IEEE Transactions, 2007, 17(2): 191-193.

[105] 谢志强, 李树生, 刘胜辉. 关键设备工序紧凑的调度算法. 哈尔滨理工大学学报, 2003, 8(1): 37-41.

[106] 石柯, 李培根, 阳富民. 敏捷制造单元动态重构算法的研究. 计算机集成制造系统, 2001, 7(11): 16-21.

[107] 施文武, 严洪森. 知识化制造系统中生产瓶颈的分析方法. 计算机集成制造系统, 2006, 12(2): 271-279.

[108] Cox J I, Spencer M S. The Constraints Management Handbook. Florida: CRC Press, 1997.

[109] Chiang S Y. Bottlenecks in Production Systems with Markovian Machines: Theory and Applications. MI: The University of Michigan, 1999.

[110] Roser C, Masaru N, Minoru T. Shifting bottleneck detection// Proceedings of the 2002 Winter Simulation Conference, New York, 2002: 1079-1086.

[111] Noorul H A, Saravanan M, Vivekrai A R, et al. A scatter search approach for general Flow-Shop scheduling problem. The International Journal of Advanced Manufacturing Technology, 2007, 31(7): 731-736.

[112] 李原, 张开富, 王挺, 等. 基于遗传算法的飞机装配序列规划优化方法. 计算机集成制造系统, 2006, 12(2): 188-191.

[113] Xie Z Q, Liu Y, Hao S Z. Study on confirming increasable bottleneck device in complex product dynamic scheduling//The 2009 ICCMS International Conference on Computer Modeling and Simulation, Macau, 2009: 213-217.

[114] Xie Z Q, Liu S H, Qiao P L. Dynamic Job-Shop scheduling algorithm based on ACPM and BFSM. Journal of Computer Research and Development, 2003: 40(7): 977-983.